ଭାରତୀୟ ପରମ୍ପରାରେ ଲୋକନାଟ୍ୟ ଓ ଲୋକନୃତ୍ୟ

ଅଶ୍ୱିନୀ କୁମାର ଶତପଥୀ

ଭାରତୀୟ ପରମ୍ପରାରେ ଲୋକନାଟ୍ୟ ଓ ଲୋକନୃତ୍ୟ
ଅଶ୍ୱିନୀ କୁମାର ଶତପଥୀ
ବ୍ଲାକ୍ ଇଗଲ୍ ବୁକ୍ସ : ଭୁବନେଶ୍ୱର, ଓଡ଼ିଶା ● ଡବ୍ଲିନ୍, ଯୁକ୍ତରାଷ୍ଟ୍ର ଆମେରିକା

BLACK EAGLE BOOKS

USA address:
7464 Wisdom Lane
Dublin, OH 43016

India address:
E/312, Trident Galaxy, Kalinga Nagar,
Bhubaneswar-751003, Odisha, India

E-mail: info@blackeaglebooks.org
Website: www.blackeaglebooks.org

First International Edition Published by
BLACK EAGLE BOOKS, 2025

BHARATIYA PARAMPARARE LOKANATYA O LOKONRUTYA
by **Aswini Kumar Satpathy**
Gayatri Bhaban, Nalamganj, Balasore
Cell: 8328842209 / 9437138109

Copyright © **Aswini Kumar Satpathy**

All rights reserved. No part of this publication may be reproduced, stored in a retrieval system, or transmitted, in any form or by any means, electronic, mechanical, photocopying, recording or otherwise without the prior permission of the publisher.

Cover & Interior Design: Ezy's Publication

ISBN- 978-1-64560-698-7 (Paperback)

Printed in the United States of America

ଉତ୍ସର୍ଗ

ମୋର ଦିବଂଗତ ପିତୃଦେବଙ୍କ ସଜଳ ସ୍ମୃତିରେ
ଏହି ପୁସ୍ତକଟିକୁ ଭକ୍ତିପୂତ ସମର୍ପଣ କରୁଛି ।

ପୁତ୍ର

Professor Ganeshi Lal
Governor, Odisha
ପ୍ରଫେସର ଗଣେଶୀ ଲାଲ

ରାଜ୍ୟପାଳ, ଓଡ଼ିଶା
Raj Bhavan
Bhubaneswar - 751 008
ରାଜ ଭବନ
ଭୁବନେଶ୍ୱର -୭୫୧ ୦୦୮
ତା- -୩୦.୦୫.୨୦୨୩

ବାର୍ତ୍ତା

ବିଶିଷ୍ଟ ଲେଖକ ଓ ସ୍ତମ୍ଭକାର ଶ୍ରୀ ଅଶ୍ୱିନୀ କୁମାର ଶତପଥୀଙ୍କ ପୁସ୍ତକ 'ଭାରତୀୟ ପରମ୍ପରାରେ ଲୋକନାଟ୍ୟ ଓ ଲୋକନୃତ୍ୟ'ର ପ୍ରକାଶନ ଅବସରରେ ଲେଖକ ଶ୍ରୀ ଶତପଥୀଙ୍କୁ ଶୁଭେଚ୍ଛା ଓ ଅଭିନନ୍ଦନ ଜଣାଉଛି ।

ଭାରତୀୟ ନାଟ୍ୟ ପରମ୍ପରା ଅତି ପ୍ରାଚୀନ । ନାଟକ ପଞ୍ଚମ ବେଦ ଭାବରେ ଗୃହୀତ । ଜଟିଳ ତତ୍ତ୍ୱ ଓ ଦର୍ଶନ ନାଟକ ମାଧ୍ୟମରେ ସରଳ ଭାବରେ ଲୋକମାନଙ୍କ ପାଖରେ ପହଞ୍ଚିଥାଏ । ଶିକ୍ଷା, ସୂଚନା ଓ ମନୋରଞ୍ଜନର ଏହି ପ୍ରଭାବଶାଳୀ ମାଧ୍ୟମ ସମୟର ଆହ୍ୱାନ ଓ ଆବଶ୍ୟକତାକୁ ଆଧାର କରି ବିବର୍ତ୍ତିତ ହୋଇଛି । ଆଂଗିକ ଓ ଆତ୍ମିକ ପରିବର୍ତ୍ତନ ଘଟିଛି । କିନ୍ତୁ ମୂଳ ଆଭିମୁଖ୍ୟ ଅପରିବର୍ତ୍ତିତ ରହିଛି । ଲୋକନାଟ୍ୟ ଓ ଲୋକନୃତ୍ୟରେ ରହିଛି ଗୋଟେ ଜାତିର ଅସଲ ଇତିହାସ । ସେ ଜାତିର ସ୍ୱପ୍ନ, ସଂଘର୍ଷ, ସଂଗ୍ରାମ, ଅଭୀପ୍ସା ଓ ଜୀବନବୋଧ ମିଳେ ଲୋକ ପରମ୍ପରା ଓ ଲୋକ ସଂସ୍କୃତିରୁ । ଏହାର ବ୍ୟାଖ୍ୟାନ ଓ ବିଶ୍ଳେଷଣ ଏକାନ୍ତ ଆବଶ୍ୟକ । ଓଡ଼ିଶାର 'ଲୋକନାଟ୍ୟ ଓ ଲୋକନୃତ୍ୟ'ର ବିଶେଷ ପରିଚୟ ଓ ପ୍ରତିଷ୍ଠା ରହିଛି; ଯାହା ଧାରଣ କରିଛି ସଭ୍ୟତା ଓ ସଂସ୍କୃତିର ଉପଲବ୍ଧି । ଶ୍ରୀ ଶତପଥୀ ଅତି ସରଳ ଓ ସାବଲୀଳ ଢଙ୍ଗରେ ତଥ୍ୟ ଓ ସୂଚନା ସହ ଏକଥା ତାଙ୍କ ପୁସ୍ତକରେ ବର୍ଣ୍ଣନା କରିଛନ୍ତି ଯାହା ଉଭୟ ପାଠକ ଓ ଗବେଷକଙ୍କ ପାଇଁ ବେଶ୍ ଉପାଦେୟ ହୋଇଛି ।

ପୁସ୍ତକର ବିପୁଳ ପ୍ରସାର କାମନା କରିବା ସହିତ ଲେଖକ ଶ୍ରୀ ଅଶ୍ୱିନୀ କୁମାର ଶତପଥୀଙ୍କ ଅର୍ଥପୂର୍ଣ୍ଣ ସାରସ୍ୱତ ଯାତ୍ରା କାମନା କରୁଛି ।

ଗଣେଶୀ ଲାଲ
(ଗଣେଶୀ ଲାଲ)

Tel.: 91-674-2536111 / 2536222, Fax : 91-674-2536582, E-mail govodisha2nic.in, Website : wwwrajbhavanodisha.gov.in

Prof. Hari Hara Hota
Retd. Vice-Chanellor
Shri Jagannath Sanskrit
Vishvavidyalaya

Cell : 9438080454
e-mail : hariharahota@gmail.com

ଗ୍ରନ୍ଥ ଶୁଭେଚ୍ଛା

ଭାରତୀୟ ସଂସ୍କୃତି ଲୋକସମାଜର ବହୁବିଧ ସଂସ୍କାର ନିମନ୍ତେ ଯୁଗେ ଯୁଗେ ସୁପରିଚିତ, ଏହି ସଂସ୍କୃତି ଯେପରି ବହୁବିଧ ସଂସ୍କାରମାନଙ୍କର ମାର୍ଗ ସେହିପରି ତାହା ମଧ୍ୟ ବହୁଭାବରେ ବିଶ୍ୱସ୍ତରରେ ପରିବ୍ୟାପ୍ତ । ଏହି ସମସ୍ତ ସମ୍ପତ୍ତି ବୈଦିକ ସନାତନଧର୍ମର ପରିପୂରକ ତଥା ପାର୍ଥିବ ଲୋକସମାଜ ପାଇଁ ଉତ୍ତମ ଶିକ୍ଷା ପ୍ରଦାୟକ ଅଟେ । ଏହି ପ୍ରସଙ୍ଗରେ ମହର୍ଷି ମନୁଙ୍କ ନିମ୍ନପ୍ରଦତ୍ତ ଉକ୍ତିଟି ଉଦାହରଣ ଯୋଗ୍ୟ ଅଟେ; ଯଥା

"ଏତଦ୍ଦେଶପ୍ରଷୂତସ୍ୟ ସକାଶାଦଗ୍ରଜନ୍ମନଃ
ସ୍ୱଂସ୍ୱଂଚରିତ୍ର ଶିକ୍ଷେରନ୍ ପୃଥିବ୍ୟାଂ ସର୍ବମାନବାଃ ।"

ସେହି ସନାତନ ସଂସ୍କୃତିର ବହୁବିଧତା ମଧ୍ୟରେ ନାଟ୍ୟ ସଂସ୍କୃତି ଏକ ଅନବଦ୍ୟ ମାର୍ଗ ଯାହା ସାମାଜିକ ଜଞ୍ଜାଳରେ ଭାରାକ୍ରାନ୍ତ । ମନୁଷ୍ୟର ମାନସପଟଳକୁ ଉଜ୍ଜୀବିତ ଓ ରଞ୍ଜିତ କରିବା ସହ ଆଧ୍ୟାତ୍ମିକତା ପ୍ରଚୋଦନରେ ମନୁଷ୍ୟଜୀବନର ସମ୍ପନ୍ନତା ତଥା ମାର୍ଗଗୁଡ଼ିକୁ ପ୍ରଶସ୍ତ ଓ ପ୍ରସାରିତ କରିଥାଏ । ଏହି ଅମୂଲ୍ୟ ସଂସ୍କୃତିର ଜନ୍ମସ୍ଥାନ ବୈଦିକ ସଂସ୍କୃତି ଅଟେ ତଥା ତଦାଧାରିତ ଭରତମୁନିଙ୍କ ନାଟ୍ୟଶାସ୍ତ୍ର ରଚନା ଫଳରେ ତାହାର ସମ୍ମାନ ପଞ୍ଚମବେଦ ଭାବରେ ବିଶ୍ୱପ୍ରସିଦ୍ଧ ।

ଏହି ମହନୀୟ ନାଟ୍ୟସଂସ୍କୃତିର ମନୋରମତା ଆଜି ବିଶ୍ୱୀଭୂତସମାଜରେ ବିଶେଷ ଆକର୍ଷଣର କାରଣ ତଥା ଅର୍ଥନୈତିକ ସମୃଦ୍ଧି ଦୃଷ୍ଟିରୁ ଏକ ଅଗ୍ରଗାମୀ ଶିଳ୍ପଭାବରେ ଦଣ୍ଡାୟମାନ ଥିବା ସମୟରେ ଡଃ ଅଶ୍ୱିନୀ କୁମାର ଶତପଥୀଙ୍କ ନାଟ୍ୟ ଓ ନୃତ୍ୟ ସଂସ୍କୃତିର ତତ୍ତ୍ୱବିଷୟକ ଗବେଷଣା ଅତ୍ୟନ୍ତ ପ୍ରାସଙ୍ଗିକ ଓ

ଯୁଗୋପଯୋଗିତା ନିମନ୍ତେ ଉପଯୁକ୍ତ ପଦକ୍ଷେପ ଭାବରେ ଗ୍ରହଣୀୟ ଅଟେ । ଡଃ ଶତପଥୀ ପ୍ରାଚୀନ ଓ ବର୍ତ୍ତମାନ ଓଡ଼ିଶାର ପ୍ରଚଳିତ ଥିବା ସମସ୍ତ ଲୋକନୃତ୍ୟ ତଥା ଲୋକନାଟ୍ୟ ଗୁଡ଼ିକର ତର୍ଜମା ତଥା ପର୍ଯ୍ୟାଲୋଚନା କରି ଏକ ଅମୂଲ୍ୟ ଗ୍ରନ୍ଥ ମାଧମରେ ଓଡ଼ିଶାର ଲୋକନାଟ୍ୟକଳା ଓ ନୃତ୍ୟକଳା ନିମନ୍ତେ ନୂତନ ଦିଶା ପ୍ରଦାନ କରିବାରେ ଜଣେ ସଫଳ ବ୍ୟକ୍ତିତ୍ୱ ।

ଏଣୁ ଉକ୍ତ ଗ୍ରନ୍ଥଟିର ପ୍ରଚାର ଓ ପ୍ରସାର ପାଠକପାଠିକାମାନଙ୍କ ଠାରେ ବିଶେଷଭାବରେ ପ୍ରତିଫଳିତ ହେଉ ଏହାହିଁ ଶୁଭେଚ୍ଛା ତଥା ଶୁଭକାମନା ।

ହରିହର ହୋତା
ପ୍ରାକ୍ତନ କୁଳପତି
ଶ୍ରୀ ଜଗନ୍ନାଥ ସଂସ୍କୃତ ବିଶ୍ୱବିଦ୍ୟାଳୟ,
ଶ୍ରୀବିହାର, ପୁରୀ-୩, ଓଡ଼ିଶା

ପୁସ୍ତକ ସମ୍ବନ୍ଧରେ କିଂଚିତ୍

ଡାଃ ଅଶ୍ୱିନୀ କୁମାର ଶତପଥୀଙ୍କ 'ଭାରତୀୟ ପରଂପରାରେ ଲୋକନାଟ୍ୟ ଓ ଲୋକନୃତ୍ୟ' ଶୀର୍ଷକ ସମୀକ୍ଷାତ୍ମକ ପୁସ୍ତକରେ ସ୍ଥାନିତ ସତର ଗୋଟି ପ୍ରବନ୍ଧକୁ ମୁଁ ଗଭୀର ମନୋନିବେଶ ସହକାରେ ପଢ଼ି ଆନନ୍ଦ ଲାଭ କଲି । ଡାଃ ଶତପଥୀ ଲୋକ ନାଟକ ଓ ଲୋକ ନୃତ୍ୟ ସଂପର୍କିତ ବିବିଧ ସିଦ୍ଧାନ୍ତ ଗ୍ରନ୍ଥ ଓ ଆଲୋଚନା ପୁସ୍ତକ ଅଧ୍ୟୟନ କରିବା ସହିତ କିଛି କ୍ଷେତ୍ର ଅଧ୍ୟୟନ କରିଥିବା ଜଣାଯାଏ । ସେ ଭାରତକୁ ନାଟ୍ୟକଳା ଓ ନାଟ୍ୟମଂଚର ଆଦି ଭୂମି ଭାବରେ ଗ୍ରହଣ କରି ଭଗବାନ ଶିବଙ୍କୁ ଆଦି ନଟ ରୂପେ ଉଲ୍ଲେଖ କରିଛନ୍ତି । ଋଗ୍‌ବେଦଠାରୁ ଆରମ୍ଭ କରି ଭରତଙ୍କ ନାଟ୍ୟଶାସ୍ତ୍ରରୁ ଉପାଦାନ ସଂଗ୍ରହ କରି ଭାରତକୁ ନାଟ୍ୟକଳାର ଆଦି ଭୂମି ଭାବରେ ଯେପରି ପ୍ରମାଣ କରିଛନ୍ତି ଓ ଭାରତର ନାଟ୍ୟ ପରଂପରାରେ ସାର୍ଥକ ନୀତିନିଷ୍ଠ ଜୀବନ ଯାପନ ଓ ସାମାଜିକ ଶୃଙ୍ଖଳା ପାଇଁ ଯେପରି ପ୍ରେରଣା ପ୍ରଦାନ କରାଯାଇଛି ତାହା ଉପରେ ଆଲୋକପାତ କରିଅଛନ୍ତି । ପ୍ରସଙ୍ଗ କ୍ରମେ ଲୋକ ନାଟକ ଭାରତର ବିଭିନ୍ନ ପ୍ରଦେଶରେ ଉନ୍ମେଷ ଘଟି କିପରି ଅଭିଜାତ ନାଟକ ଓ ନୃତ୍ୟ ସୃଷ୍ଟି ପାଇଁ ପ୍ରେରଣା ଦେଇଥିଲା ସେ ସଂପର୍କରେ ସୂଚନା ଦେଇଛନ୍ତି । ଭାରତରେ ଲୋକନାଟକ ଓ ନୃତ୍ୟ ପରଂପରା ଯେ ଏକ ଅନୁପମ ସୃଷ୍ଟି ତାହା ଉପରେ ଦୃଷ୍ଟିପାତ କରି କଥକ, ଓଡ଼ିଶୀ, ଭାରତନାଟ୍ୟମ୍, କୁଚିପୁଡ଼ି, କଥକଲୀ, ଛଉନୃତ୍ୟ, ଘୋଡ଼ାନାଚ, କଣ୍ଢେଇନାଚ, ସଖୀନାଟ, ଢୁମସା, ଶବରଶବରୁଣୀ ନାଚ, ଡାଲଖାଇ, ଦଣ୍ଡନାଚ, ପାଟୁଆ ନାଚ ଆଦି ଓଡ଼ିଶାର ନୃତ୍ୟକଳା ଉପରେ ବିଶେଷ ଗୁରୁତ୍ୱ ଦେଇଥିବା ଲକ୍ଷ୍ୟ କରାଯାଏ । ଏହା ସହିତ ମଣିପୁର, ରାଜସ୍ଥାନ, ପୂର୍ବୋତ୍ତର ଭାରତ, ଗୁଜୁରାଟ, କେରଳ, ପଞ୍ଜାବ ଆଦି ବିଭିନ୍ନ ଅଂଚଳରେ ପ୍ରଚଳିତ ଲୋକ-ନାଟକ ଓ ନୃତ୍ୟ ଉପରେ ମଧ୍ୟ ସୂଚନା ପ୍ରଦାନ କରିଅଛନ୍ତି ।

ଲୋକନାଟକ ସଂପର୍କରେ ଆଲୋକପାତ କରୁ କରୁ ଗୁଣ ଓ ପ୍ରକୃତି ଭେଦରେ ନାଟକର ପ୍ରକାରଭେଦ, ଓଡ଼ିଆ ନାଟକର ଉନ୍ମେଷ ଓ ଉତ୍ତରଣ, ଉତ୍କଳର ରଙ୍ଗମଂଚର କ୍ରମ ବିକାଶ, ଓଡ଼ିଶାରେ ସଂସ୍କୃତନାଟକର ଇତିହାସ ଓ ସେସବୁ ଓଡ଼ିଆ ଲୋକ

ନାଟକକୁ କିପରି ପ୍ରଭାବିତ କରିଛି ତାହାକୁ ମଧ୍ୟ ଦର୍ଶାଇ ଦେଇଛନ୍ତି । ଓଡ଼ିଶାରେ ଲୋକ ନାଟ୍ୟ ପରଂପରାରେ ପାଲା ଓ ତାହାର ବୈଶିଷ୍ଟ୍ୟକୁ ଗଭୀର ନିଷ୍ଠା ସହକାରେ ବିଚାର କରିଅଛନ୍ତି । ଭାରତର ବିଭିନ୍ନ ରାଜ୍ୟରେ ବିଶେଷ ଲୋକାଦୃତି ଲାଭ କରିଥିବା ଯକ୍ଷଗଣ, କୁଟ୍ଟିୟାଟ୍ଟମ୍, ଉମା କଳାପମ୍, ଚାକ୍ୟାର, ନାଟ୍ୟମେଳ, ଲୀଳା, ରାସ, ଭାଣ୍ଡଜସ୍ନ, ଅଙ୍କିଆନାଟ, ଛଉନୃତ୍ୟ, ଯାତ୍ରା, ସୁଆଙ୍ଗ, କୁଚିପୁଡ଼ି, କଥକଲୀ, ମୋହିନୀଅଟ୍ଟମ୍ ଆଦି ସଂପର୍କରେ ଯେଉଁ ତଥ୍ୟ ପ୍ରଦାନ କରିଛନ୍ତି ତାହା ଗବେଷକମାନଙ୍କ ପାଇଁ ଉପାଦେୟ । ଓଡ଼ିଶାରେ ଆଦିବାସୀମାନଙ୍କର ନୃତ୍ୟ ଓ ନାଟକ ନିଶ୍ଚୟ ଏକ ତଥ୍ୟଭିତ୍ତିକ ବିବରଣୀ, ଯାହା ଆଲୋଚକ ଓ ଗବେଷକମାନଙ୍କ ପାଇଁ ପ୍ରେରଣାପଦ ।

'ନାଟ୍ୟଶାସ୍ତ୍ରର ସ୍ରଷ୍ଟା ଶଙ୍କର ଭଗବାନ' ଏକ ଭିନ୍ନ ଦୃଷ୍ଟିକୋଣର ପ୍ରବନ୍ଧ । ଡକ୍‌ଟର ଶତପଥୀ ଲୋକନାଟ୍ୟ ଓ ଲୋକନୃତ୍ୟ ସଂପର୍କରେ ଆଲୋଚନା କରୁ କରୁ ସଂସ୍କୃତ ନାଟକ, ଓଡ଼ିଆ ନାଟକର କ୍ରମ ବିକାଶ, ଆଧୁନିକ ପ୍ରୟୋଗବାଦୀ ନାଟକ ଇତ୍ୟାଦି ବିଷୟରେ ଏହି ପୁସ୍ତକରେ ସନ୍ନିବେଶିତ କରିଛନ୍ତି । ଏହା ନକରି ଯଦି ଏସବୁ ନାଟକରେ ଲୋକ ଉପାଦନ କିପରି ଅଛି ଓ ଆଧୁନିକ ନାଟକଆଡ଼କୁ ତାହା ଦ୍ୱାରା କିପରି ଲୋକଙ୍କୁ ଆକର୍ଷଣ କରାଯିବାକୁ ଉଦ୍ୟମ ହୋଇଛି ସେ ବିଷୟରେ ଚର୍ଚ୍ଚା କରାଯାଇଥାନ୍ତା ତେବେ ଭଲ ହୋଇ ଥାଆନ୍ତା । ଉତ୍ତର ଓଡ଼ିଶାରେ ଯେଉଁ ଲଳିତାପାଲା ପ୍ରଚଳିତ ତାହା ବିଷୟରେ ଓ ଲୋକ ନାଟକର ଆଦିରୂପ ଯେ ନିର୍ବାକ ପାଲା ଓ ପରେ ସେଥିରେ ସଂଳାପ ପ୍ରଦାନ କରାଗଲା ସେ ବିଷୟରେ ଉଲ୍ଲେଖ କରାଯାଇ ନାହିଁ । ଏହି ପୁସ୍ତକର ଲକ୍ଷ୍ୟ ଭାରତର ଲୋକନାଟ୍ୟ ଓ ନୃତ୍ୟ ସେଥିରେ ଅଭିଜାତ ନାଟକ ବିଷୟରେ ଆଲୋଚନା ପୁସ୍ତକର ଶୀର୍ଷକକୁ ଖାପ ଖାଉ ନାହିଁ ।

ଏହା ସତ୍ତ୍ୱେ ପୁସ୍ତକଟି ଛାତ୍ରଛାତ୍ରୀ, ପାଠକ ଓ ଗବେଷକମାନଙ୍କ ପାଇଁ ଏକାନ୍ତ ଉପାଦେୟ । ଭାରତର ବିଭିନ୍ନ ରାଜ୍ୟର, ଓଡ଼ିଶାର, ଆଦିବାସୀ ସମ୍ପ୍ରଦାୟର ଲୋକନାଟକ ଓ ନୃତ୍ୟ, ଲୋକଜୀବନ ଓ ଲୋକଙ୍କ ଆଚାର ବିଚାରକୁ ନେଇ ଯେମିତି ପରିକଳ୍ପିତ ଓ ରଚିତ ହୋଇଛି ତାହା ନିଶ୍ଚିତ ଭାବରେ ଆମ ସମାଜ, ସଂସ୍କୃତି ଓ ଜାତୀୟ ମାନସର ପରିଚୟ ପ୍ରଦାନ କରେ । ପ୍ରବନ୍ଧଗୁଡ଼ିକ ଗଭୀର ଅଧ୍ୟୟନର ସ୍ପଷ୍ଟ ସୂଚନା ଦିଏ । ଡାଃ ଶତପଥୀଙ୍କର ଏହି ଶ୍ରମ ସାପେକ୍ଷ ଉଦ୍ୟମ ପାଇଁ ଅନେକ ଅନେକ ସାଧୁବାଦ ।

ବୈଷ୍ଣବ ଚରଣ ସାମଲ
ଅବସରପ୍ରାପ୍ତ ପ୍ରଫେସର,
ବିଶ୍ୱଭାରତୀ, ଶାନ୍ତିନିକେତନ

ମୋ କଥା

'ନାଟ୍ୟଶାସ୍ତ୍ରର ଆଦ୍ୟ ପ୍ରଣେତା ଭଗବାନ ଶଙ୍କର ଓ ନାଟ୍ୟକଳାର ଆଦ୍ୟପୀଠ ସ୍ୱର୍ଣ୍ଣପ୍ରସୂ ଭାରତ' - ବିଷୟରେ ଏହି ପୁସ୍ତକ ମଧ୍ୟରେ କିଛି ପ୍ରବନ୍ଧ ସନ୍ନିବେଶିତ ହୋଇଛି । ଆମ ଦେଶର ଅଧିକାଂଶ ବ୍ୟକ୍ତିଙ୍କର ଧାରଣା ଏହା ଯେ, ଆଜି ସମଗ୍ର ବିଶ୍ୱରେ ଯାହା କିଛି ଜ୍ଞାନ-ବିଜ୍ଞାନ, ଭାଷା-ଲିପି-ସଂଗୀତ-ଧ୍ୱନି, ନୃତ୍ୟ-ନାଟକ, ବିଦ୍ୟୁତ ଶାସ୍ତ୍ର, ନୌକା ଶାସ୍ତ୍ର, ଗଣିତ, ରସାୟନ, ଚିକିତ୍ସା-ସ୍ୱାସ୍ଥ୍ୟ, କୃଷି, ମହାକାଶ ଯାତ୍ରା, ବିମାନ ନିର୍ମାଣ, ଧାତୁ, କଳା-ସ୍ଥାପତ୍ୟ, ବୈଜ୍ଞାନିକ ଉଦ୍ଭାବନ ଓ ଧର୍ମ-ଦର୍ଶନ ଇତ୍ୟାଦି ବିଷୟକ ବିଶେଷ ଜ୍ଞାନ ଦୃଷ୍ଟିଗୋଚର ହେଉଛି; ସେ ସବୁକିଛି ପାଶ୍ଚାତ୍ୟ ସଭ୍ୟତାର ଦାନ । କିନ୍ତୁ ପାଶ୍ଚାତ୍ୟ ବିଜ୍ଞାନୀ ଓ ବହୁ ମନୀଷୀ ମାନଙ୍କ ଗହନ ଅଧ୍ୟୟନ ଓ ଗବେଷଣା ଲବ୍ଧ ତଥ୍ୟ ଅନୁଯାୟୀ 'ଭାରତ ହିଁ ହେଉଛି ସକଳ ଜ୍ଞାନ-ବିଜ୍ଞାନ ଓ କଳା-କୌଶଳ'ର ଆଦ୍ୟଭୂମି ଓ ଜନନୀ । ଏଣୁ ଏହାକୁ ଜଗତ୍‌ଗୁରୁ ରୂପେ ନାମିତ କରାଯାଇଛି ।

ବିଶ୍ୱ ପ୍ରସିଦ୍ଧ ମନୀଷୀ ସାମୁଏଲ ହଟିଙ୍ଗଟନ୍ ତାଙ୍କ ପୁସ୍ତକ 'ଦି କ୍ଲାସ ଅଫ୍ ସିଭିଲାଇଜେସନ'ରେ କହନ୍ତି ୧୭୫୦ ମସିହାରେ ସୁଦ୍ଧା ଭାରତର ଉତ୍ପାଦନ ସମଗ୍ର ୟୁରୋପ ଓ ଅବିଭକ୍ତ ସୋଭିଏଟ୍ ସଂଘର ସାମୁହିକ ଉତ୍ପାଦନ ଠାରୁ ଅଧିକ

ଥିଲା । ସେଇପରି ପାଶ୍ଚାତ୍ୟ ଦାର୍ଶନିକ 'ମାର୍କଟ୍ୱାଇନ୍' ଭାରତକୁ 'ଆଧ୍ୟାତ୍ମିକତା, ଭାଷା ଓ ଇତିହାସର ଜନନୀ ତଥା ସମସ୍ତ ଶ୍ରେଷ୍ଠ ସାମଗ୍ରୀର ଭଣ୍ଡାର' ରୂପେ ଅଭିହିତ କରିଛନ୍ତି । ପ୍ରସିଦ୍ଧ ସୁଇସ୍ ଲେଖକ ବଜୋରଲ୍ୟାଣ୍ଡ ଷ୍ଟ୍ରାମ୍, ମ୍ୟାକ୍ସ ମୁଲାର ଓ ଅସଂଖ୍ୟ ବିଦ୍ୱାନ ମାନେ ଜ୍ଞାନ-ବିଜ୍ଞାନର ଆଦ୍ୟ ସ୍ରଷ୍ଟା, ଧନ-ରତ୍ନ-ସମ୍ପତ୍ତି ଦୃଷ୍ଟିରୁ ଭାରତକୁ 'ସୁନା ଚଢ଼େଇ'ର ଦେଶ ଭାବରେ ଆଖ୍ୟାୟିତ କରି ଗୌରବ ମଣ୍ଡିତ କରିଛନ୍ତି । ନାଟ୍ୟ ଜ୍ଞାନ ଓ ନୃତ୍ୟକଳାର ପ୍ରଚୀନତ୍ୱ ସମ୍ବନ୍ଧରେ ଜର୍ମାନ୍ ଗବେଷକ 'ପିଶେଲ୍' ଭାରତର ପୁତ୍ତଳିକା ନୃତ୍ୟରୁ ଏହି କଳା ବିକଶିତ ହୋଇଥିବା ଏବଂ ଭାରତ ହିଁ ଏହାର ଆଦ୍ୟ ଭୂମି ବୋଲି ମାନ୍ୟତା ପ୍ରଦାନ କରନ୍ତି । ମାକ୍ସମୁଲାର, ହାର୍ଟଲେ, ଶ୍ରୋଏଡର ଇତ୍ୟାଦି ଦାର୍ଶନିକ ଗଣ ନାଟ୍ୟକଳାର ଆଦ୍ୟପୀଠ ରୂପେ ଭାରତକୁ ହିଁ ସ୍ୱୀକୃତି ପ୍ରଦାନ କରିଛନ୍ତି ।

ଭାରତୀୟ ଶାସ୍ତ୍ରାନୁଯାୟୀ ଭଗବାନ ଶଙ୍କର ନାଟ୍ୟଶାସ୍ତ୍ରର ସ୍ରଷ୍ଟା ହୋଇଥିବାରୁ ତାଙ୍କୁ 'ନଟରାଜ' ବୋଲି କୁହାଯାଏ । ଏ ସମ୍ପର୍କରେ ପ୍ରଚଳିତ ତଥ୍ୟ ଅନୁଯାୟୀ ତ୍ରେତା ଯୁଗରେ ଲୋକମାନଙ୍କ ମଧ୍ୟରେ କାମ, କ୍ରୋଧ, ଈର୍ଷା, ଲୋଭ ଇତ୍ୟାଦି ବୃଦ୍ଧି ହେବାରୁ ଦେବତାମାନେ ପିତାମହ ବ୍ରହ୍ମାଙ୍କୁ ଜନସମାଜ ମଧ୍ୟରେ ଆଧ୍ୟାତ୍ମିକ -ଚେତନାର ବିକାଶ ତଥା ମନୋରଞ୍ଜନ ମାଧ୍ୟମରେ ଲୋକଶିକ୍ଷା ପ୍ରଦାନ ନିମନ୍ତେ ସାର୍ବବର୍ଣ୍ଣିକ ପଞ୍ଚମ ବେଦ (ନାଟ୍ୟଶାସ୍ତ୍ର) ରଚନା ନିମନ୍ତେ ପ୍ରାର୍ଥନା କରିଥିଲେ । କାରଣ ଋଗ୍, ସାମ, ଯଜୁଃ ଓ ଅଥର୍ବ-ଏସବୁ ବେଦ ଗୁଡ଼ିକ ସର୍ବ ସାଧାରଣ ଲୋକଙ୍କ ନିମନ୍ତେ ଅତ୍ୟନ୍ତ କଷ୍ଟସାଧ ଥିବାରୁ କେବଳ ବ୍ରାହ୍ମଣ, କ୍ଷତ୍ରୀୟ ଓ ବୈଶ୍ୟ ମାନଙ୍କ ମଧ୍ୟରେ ଏହାର ଜ୍ଞାନ ସୀମିତ ଥିଲା । ସେମାନଙ୍କୁ ଦ୍ୱିଜ ବୋଲି କୁହାଯାଉଥିଲା । ଏଣୁ ସର୍ବ ସାଧାରଣ ସଭିଙ୍କ ନିମନ୍ତେ ନାଟ୍ୟବେଦ ଅଥବା ପଞ୍ଚମ ବେଦ ପ୍ରଣୀତ ହୋଇଥିଲା । ପ୍ରଥମେ ନାଟକ ମଧ୍ୟରେ ରୋଚକତା, ସଂଗୀତ ଓ ନୃତ୍ୟ ଇତ୍ୟାଦି ସମାବିଷ୍ଟ ହୋଇ ନଥିବାରୁ ତାହା ସେପରି ସରସ, ସୁନ୍ଦର, ଆକର୍ଷକ ତଥା ସାର୍ବତ୍ରିକ ମନୋରଞ୍ଜନର ମାଧମ ହୋଇ ପାରି ନଥିଲା । ପରେ ସେଥି ମଧ୍ୟରେ ଅଙ୍ଗହାର, କରଣ ଇତ୍ୟାଦି ସଂଯୋଜିତ ହେବାରୁ ତାହା ସଭିଙ୍କ ଦ୍ୱାରା ଉପଭୋଗ୍ୟ ତଥା ଆକର୍ଷକ ହୋଇ ପାରିଥିଲା । ପରେ ଏହା ସହ ସ୍ୱର ବିଜ୍ଞାନର ମଧ୍ୟ ଆବିଷ୍କାର ହେଲା ଏବଂ ସେ ଅନୁଯାୟୀ ଚାରିପାଦ ବିଶିଷ୍ଟ ସ୍ୱର, ସଂଗୀତ ମଧ୍ୟରେ ସମାବିଷ୍ଟ ହେଲା :

"ଚତ୍ୱାରି ବାକ୍ ପରିମିତା ପଦାନି ତାନି ବିଦୁର୍ବାହ୍ମଣା ୟେ ମନୀଷିଣଃ
ଗୁହା ତ୍ରୀଣି ନିହିତା ନେଙ୍ଗୟନ୍ତି ତୁରୀୟଂ ବାଚୋଂ ମନୁଷ୍ୟା ବଦନ୍ତି ॥"
(ଋଗ୍ ୧/୧୬୪/୪୫)

ଉପରୋକ୍ତ ଶ୍ଳୋକରେ ବର୍ଣ୍ଣିତ ସ୍ୱରର ସେଇ ଚାରିପାଦକୁ ପାଣିନୀ- ପରା, ପଶ୍ୟନ୍ତି, ମଧ୍ୟମା ଓ ବୈଖରୀ ରୂପେ ଉଲ୍ଲେଖ କରିଛନ୍ତି । ଏବଂ ସେହି ସ୍ୱରଗୁଡ଼ିକର ମୂଳ ଆଧାର, 'ଆତ୍ମା' ବୋଲି ପ୍ରକାଶ କରିଛନ୍ତି । ଅତଏବ ଆତ୍ମାରୁ ହିଁ ସମସ୍ତ ଧ୍ୱନି ଗୁଡ଼ିକର ସୃଷ୍ଟି ହୋଇଥାଏ । ସ୍ୱର ଉଚ୍ଚ, ନିମ୍ନ ଓ ମଧ୍ୟମ- ଏପରି ତ୍ରିବିଧା ହୋଇଥାଏ ଯାହାକୁ ସଂଗୀତ ଶାସ୍ତ୍ରରେ 'ସା, ରେ, ଗା, ମା, ପା, ଧା, ନି' ଇତ୍ୟାଦି ପ୍ରତୀକ ଦ୍ୱାରା ଅଭିବ୍ୟକ୍ତ କରାଯାଏ । ଏହି ସପ୍ତପ୍ରତୀକ ଗୁଡ଼ିକ ସର୍ବଶେଷରେ ଉପରୋକ୍ତ ତ୍ରିବିଧ ସ୍ୱର ମଧ୍ୟରେ ବିଭାଜିତ ହୁଏ ।

ଭାରତୀୟ ସଂଗୀତରେ ପ୍ରୟୋଜିତ ସ୍ୱରଜ୍ଞାନର ବୈଜ୍ଞାନିକ ଆଧାର ଏତେ ଉନ୍ନତ ଯେ ତାର କାଣିଚାଏ ସୁଦ୍ଧା ପାଶ୍ଚାତ୍ୟ ପ୍ରଣାଳୀରୁ ଆଶା କରାଯାଇ ନପାରେ । ଗୋଟିଏ ମାତ୍ର ସତ୍ୟ ଘଟଣାରୁ ଏହି ତଥ୍ୟର ଯଥାର୍ଥତା ପ୍ରମାଣିତ ହୋଇ ପାରିବ । ୧୯୩୩ ମସିହାରେ ଇଟାଲିର ଫ୍ଲୋରେନ୍ସ ସହର ରେ ଏକ ଭବ୍ୟ ବିଶ୍ୱ ସଙ୍ଗୀତ ସମ୍ମିଳନୀ ଆୟୋଜିତ ହୋଇଥିଲା । ସେଥିରେ ଭାରତରୁ ଅଂଶ ଗ୍ରହଣ କରିଥିଲେ ପ୍ରଖ୍ୟାତ ସଙ୍ଗୀତଶାସ୍ତ୍ରୀ ପଣ୍ଡିତ ଓଁକାର ନାଥ ଠାକୁର । ଏହି ସମୟରେ ସେଠାକାର ଶାସକ ମୁସୋଲିନଙ୍କ ଆଗ୍ରହ କାରଣରୁ ପଣ୍ଡିତ ମହାଶୟ ଭାରତୀୟ ସ୍ୱର / ରାଗର ବୈଶିଷ୍ଟ୍ୟ ବିଷୟରେ ତାଙ୍କ ସହ ଗମ୍ଭୀର ଆଲୋଚନା କରିଥିଲେ । ଏହି ଆଲୋଚନା କ୍ରମରେ ମୁସୋଲିନ୍ ଏତେ ଆଗ୍ରହାନ୍ୱିତ ହୋଇ ପଡ଼ିଲେ ଯେ- "ତାଙ୍କୁ ବେଶ୍ କିଛିଦିନ ଧରି ଆଦୌ ନିଦ୍ରା ହେଉନଥିବା ଏବଂ ଏହି ଅନିଦ୍ରା ରୋଗର ଉପଚାର ଭାରତୀୟ ସଙ୍ଗୀତ ଦ୍ୱାରା ସମ୍ଭବ କି (?) ବୋଲି ପଚାରିଥିଲେ ।" ପଣ୍ଡିତ ଓଁକାର ନାଥ ତାଙ୍କର ତାନପୁରା ନାମକ ଭାରତୀୟ ବାଦ୍ୟଯନ୍ତ୍ର ଦ୍ୱାରା 'କୋମଳ ଧୈବତ (ପୂରିଆ)' ରାଗ ବିଶିଷ୍ଟ ସଂଗୀତ ଗାୟନ କରିଥିଲେ । ମାତ୍ର କିଛି ସମୟ ମଧ୍ୟରେ ସଂଗୀତର ପ୍ରଭାବ ଏତେ ଚମତ୍କାର ହେଲା ଯେ ମୁସୋଲିନ୍ ସେଇଠାରେ ଗଭୀର ନିଦ୍ରାରେ ନିଦ୍ରିତ ହୋଇଗଲେ ଯାହା କୌଣସି ଔଷଧ ଦ୍ୱାରା ସମ୍ଭବ ହୋଇ ପାରି ନଥିଲା । ଏହାପରେ ସେ ସେଠାକାର 'ରୟାଲ ଏକାଡେମୀ ଅଫ୍ ମ୍ୟୁଜିକ' ର ମୁଖ୍ୟଙ୍କ ଦ୍ୱାରା ଏହି ଭାରତୀୟ ସଂଗୀତକୁ

ରେକର୍ଡିଂ କରାଇ ନେଇଥିଲେ ଓ ଭାରତୀୟ ସଂଗୀତର ସର୍ବକାଳୀନ ପ୍ରଶଂସକ ପାଲଟି ଯାଇଥିଲେ ।

ଏହିପରି ଅନାଦି କାଳରୁ କେବଳ ନାଟ୍ୟଜ୍ଞାନର ଆଦ୍ୟଭୂମି ରୂପେ ନୁହେଁ ବରଂ ଜ୍ଞାନ-ବିଜ୍ଞାନର ସର୍ବବିଧ ବିଭାଗ, ଧର୍ମ-ଦର୍ଶନ, ତତ୍ତ୍ୱଜ୍ଞାନ ଓ ବାଣିଜ୍ୟ-କଳା ଇତ୍ୟାଦି ଜ୍ଞାନର ପ୍ରଣେତା ତଥା ମାନବ ଜାତିର ସବୁକିଛି ସୃଜନଶୀଳ ଏବଂ ମୂଲ୍ୟବାନ ବିଭବର ଗନ୍ତାଘର ଭାବରେ ଭାରତ ଚିର ସମ୍ମାନିତ ହୋଇଆସିଛି । ଆଜି ଆମର ପୁଣ୍ୟଭୂମି ଭାରତ ଯେତେବେଳେ ଅମୃତକାଳ ମଧ୍ୟ ଦେଇ ଏକ ବିକଶିତ ରାଷ୍ଟ୍ର, ଆତ୍ମନିର୍ଭର ଭାରତ ତଥା ବିଶ୍ୱଗୁରୁ ଭାରତ ରୂପେ ପ୍ରତିଷ୍ଠିତ ହେବା ଦିଗରେ ଦ୍ରୁତ ଧାବମାନ ହେଉଛି ସେତେବେଳେ ଅନ୍ଧ ପାଶ୍ଚାତ୍ୟାନୁକରଣ ସର୍ବଥା ପରିତ୍ୟଜ୍ୟ ମନେହୁଏ ।

ପ୍ରସ୍ତୁତ 'ଭାରତୀୟ ପରମ୍ପରାରେ ଲୋକନାଟ୍ୟ ଓ ଲୋକନୃତ୍ୟ' ପୁସ୍ତକଟିରେ ଯାହା କିଛି ସନ୍ନିବେଶିତ ହୋଇଛି ସେ ସମସ୍ତ ବିଭିନ୍ନ ପୁସ୍ତକ, ପତ୍ରପତ୍ରିକାରେ ପ୍ରକାଶିତ ପ୍ରବନ୍ଧଗୁଡ଼ିକର ଅଧ୍ୟୟନର ସାରଭୂତ ସଂକଳନ କହିଲେ ଅତ୍ୟୁକ୍ତି ହେବନାହିଁ । ଏଥିପାଇଁ ସନ୍ଦର୍ଭ ଗ୍ରନ୍ଥସୂଚୀରେ ଉଲ୍ଲିଖିତ ପୁସ୍ତକଗୁଡ଼ିକର ରଚୟିତା, ବିଦ୍ୱାନ, ସମାଲୋଚକ, ନାଟ୍ୟ ବିଶାରଦ ଓ ମୂର୍ଦ୍ଧନ୍ୟ ଗବେଷକ ମାନଙ୍କ ନିକଟରେ ମୋର ବିନମ୍ର କୃତଜ୍ଞତା ଜଣାଉଛି ।

ଗଭୀର କୃତଜ୍ଞତା ଜଣାଉଛି ଓଡ଼ିଶାର ମହାମହିମ ରାଜ୍ୟପାଳ ପ୍ରଫେସର ଗଣେଶୀ ଲାଲଙ୍କୁ ତାଙ୍କର ମୂଲ୍ୟବାନ ବାର୍ତ୍ତା ପାଇଁ, ଯାହା ସେ ଏହି ପୁସ୍ତକର ପାଣ୍ଡୁଲିପି ଟି ପାଠ କରି ସହୃଦୟତାର ସହ ମୋତେ ଅର୍ପଣ କରିଛନ୍ତି । କରବଦ୍ଧ କୃତଜ୍ଞତା ପ୍ରକଟ କରୁଛି ମୋର ପୂଜ୍ୟପାଦ ଗୁରୁଦେବ ପ୍ରଫେସର ବୈଷ୍ଣବ ଚରଣ ସାମଲ, ଓଡ଼ିଶା ମାଟିର ମୂର୍ଦ୍ଧନ୍ୟ ଗବେଷକ, ଲେଖକ, ସମାଲୋଚକ ଓ ବାଗ୍ମୀ-ମହୋଦୟଙ୍କୁ ଯିଏ କି ଆଲୋଚିତ ପୁସ୍ତକର ପାଣ୍ଡୁଲିପିଟିକୁ ପାଠ କରି ନିଜର ସମୀକ୍ଷାତ୍ମକ ଅଭିମତ ପ୍ରଦାନ କରି ମୋତେ ଚିର ଋଣୀ କରାଇ ଦେଇଛନ୍ତି । ମୋର ଗଭୀର କୃତଜ୍ଞତା ନିବେଦନ କରୁଛି ମାନନୀୟ ପ୍ରଫେସର ହରିହର ହୋତା, ପ୍ରାକ୍ତନ କୁଳପତି, ଶ୍ରୀଜଗନ୍ନାଥ ସଂସ୍କୃତ ବିଶ୍ୱବିଦ୍ୟାଳୟ, ପୁରୀ, ଓଡ଼ିଶା ମହୋଦୟଙ୍କୁ -ଏହି ପୁସ୍ତକ ନିମିତ୍ତ ସେ ପ୍ରେରଣ କରିଥିବା ତାଙ୍କର ଉପାଦେୟ 'ଗ୍ରନ୍ଥ ଶୁଭେଚ୍ଛା' ସକାଶେ ।

ଏତଦ୍‌ବ୍ୟତୀତ ପୁସ୍ତକଟିର ପ୍ରକାଶନ ନିମନ୍ତେ ବ୍ଲାକ୍ ଇଗଲ୍ ବୁକ୍ସର ପ୍ରକାଶକ ମହୋଦୟ ଗୁରୁଦାୟିତ୍ୱ ବହନ କରିଥିବାରୁ ଏବଂ ପ୍ରଚ୍ଛଦ ପାଇଁ ଓଡ଼ିଶାର ସୁନାମଧନ୍ୟ ଚିତ୍ରଶିଳ୍ପୀ ଶ୍ରୀମାନ୍ ତାପସ ପଣ୍ଡା, ରାଣୀ ପାଟଣା, ବାଲେଶ୍ୱର ଓ ପୁସ୍ତକର ଲିପି ସଂଯୋଜନା ପାଇଁ ପ୍ରଖ୍ୟାତ ମୁଦ୍ରଣୀ ସଂସ୍ଥା 'ସୃଜନୀ', ସିନେମା ବଜାର, ବାଲେଶ୍ୱରଙ୍କୁ ଆନ୍ତରିକ ଧନ୍ୟବାଦ ଅର୍ପଣ କରୁଛି । ଆହୁରି ମଧ୍ୟ ମୋର ଅଜ୍ଞତାବଶତଃ ହେଉ ବା ପୁସ୍ତକର ସୀମିତ କଳେବରକୁ ଦୃଷ୍ଟିରେ ରଖି ହେଉ 'ଲୋକନାଟ୍ୟ ଓ ଲୋକନୃତ୍ୟ'ର ଅସୀମ କ୍ଷେତ୍ରକୁ ସ୍ପର୍ଶ କରିବାର ଅସାମର୍ଥ୍ୟ ତଥା ଅନ୍ୟାନ୍ୟ ତ୍ରୁଟିଗତ ଉପସ୍ଥାପନା ଯଦି କିଛି ନଜରକୁ ଆସେ, ସେଥିପାଇଁ ବିଜ୍ଞ ପାଠକ ପାଠିକାମାନଙ୍କଠାରୁ କ୍ଷମା ମାଗି ନେଉଛି । ସର୍ବଶେଷରେ ପୁସ୍ତକଟିକୁ ରୂପ ଦେବାର ପ୍ରତିଟି ପର୍ଯ୍ୟାୟରେ ମୋର ସହଧର୍ମିଣୀ ଶ୍ରୀମତୀ ଜୟନ୍ତୀ ଶତପଥୀ ମୋତେ ଗୃହକାର୍ଯ୍ୟରୁ ମୁକ୍ତ ରଖି ଅସୀମ ସହଯୋଗର ହାତ ବଢ଼େଇ ଥିବା ହେତୁ ତାଙ୍କର ଏହି ଅମୂଲ୍ୟ ଯୋଗଦାନକୁ ସ୍ମରଣ କରୁଛି ।

ଅଶ୍ୱିନୀ କୁମାର ଶତପଥୀ
'ଗାୟତ୍ରୀ ଭବନ'
ଅଶ୍ୱିନୀ ଆୟୁର୍ବେଦ କ୍ଲିନିକ୍ ରୋଡ଼,
ମୋତିଗଞ୍ଜ, ବାଲେଶ୍ୱର-୩
ଦୂରଭାଷ : ୮୩୨୮୮୪୨୨୦୯ /
୯୪୩୭୧୩୮୧୦୯

ସୂଚୀପତ୍ର

୧. ନାଟ୍ୟକଳା ଓ ରଂଗମଂଚର ଆଦ୍ୟ ପୀଠ ଭାରତ ୧୭

୨. ଭାରତରେ ଲୋକନାଟ୍ୟ ଓ ନୃତ୍ୟ ପରମ୍ପରା : ଏକ ଅନୁପମ ସୃଷ୍ଟି ୨୬

୩. ନାଟ୍ୟଶାସ୍ତ୍ରର ସ୍ରଷ୍ଟା ଶଙ୍କର ଭଗବାନ ୩୮

୪. ଗୁଣ ଓ ପ୍ରକୃତି ଭେଦରେ ନାଟକର ବର୍ଗୀକରଣ ୪୩

୫. ନାଟ୍ୟକଳାର ଉତ୍ପତ୍ତି ତଥା ଓଡ଼ିଆ ନାଟକର ଅତୀତ ଓ ବର୍ତ୍ତମାନ ୪୮

୬. ଇତିହାସର ସ୍ୱର୍ଣ୍ଣିମ ପୃଷ୍ଠାରେ ଉତ୍କଳୀୟ ରଂଗମଞ୍ଚ ୬୩

୭. ଓଡ଼ିଶାରେ ସଂସ୍କୃତ ନାଟକର ଇତିହାସ ଓ
ଉତ୍କଳୀୟ ଲୋକନାଟ୍ୟ ଉପରେ ଏହାର ପ୍ରଭାବ ୬୮

୮. ଉତ୍କଳୀୟ ସାଂସ୍କୃତିକ ଚେତନାର ବାର୍ତ୍ତାବହ : ପାଲା ସଂସ୍କୃତି ୭୪

୯. ଭାରତର ବିଭିନ୍ନ ରାଜ୍ୟରେ ବିଶେଷ ଜନାଦୃତି
ଲାଭ କରିଥିବା ଲୋକନାଟ୍ୟ ସମୂହ ୮୧

ଭାରତୀୟ ପରମ୍ପରାରେ ଲୋକନାଟ୍ୟ ଓ ଲୋକନୃତ୍ୟ

୧୦. ଓଡ଼ିଆ ନାଟ୍ୟଧାରାରେ ପରିବର୍ତ୍ତନର ସ୍ୱର	୯୦
୧୧. ଦକ୍ଷିଣ ଓଡ଼ିଶାର ଲୋକପ୍ରିୟ ପ୍ରହ୍ଲାଦ ନାଟକ	୯୫
୧୨. ଓଡ଼ିଶାର ଆଦିବାସୀ (ବନବାସୀ) ଲୋକ ନୃତ୍ୟ ଓ ଲୋକନାଟ୍ୟ	୯୯
୧୩. ଚାଙ୍ଗୁ ନୃତ୍ୟର ପରମାର୍ଥିକ ବିଭବ	୧୨୧
୧୪. ଲୋକନାଟ୍ୟର ପ୍ରାଚୀନତମ ସ୍ୱରୂପ - ସ୍ୱାଙ୍ଗ	୧୨୩
୧୫. ଲୋକନାଟ୍ୟର ଅନ୍ୟତମ ବିଭବ : ଲୀଳା	୧୨୫
୧୬. ଉଭଟ ନାଟକର ସଂଜ୍ଞା, ଶୈଳୀ ଓ ବିକାଶଧାରା	୧୩୨
୧୭. ଓଡ଼ିଆ ନାଟ୍ୟକଳାର ସାମ୍ପ୍ରତିକ ସ୍ଥିତି- ଏକ ସଂକ୍ଷିପ୍ତ ବିଶ୍ଳେଷଣ	୧୪୬
୧୮. ନାଟକ, ସଂଗୀତ ଓ ନୃତ୍ୟକଳା ସମ୍ପର୍କରେ ସେମାନେ ଯାହା କୁହନ୍ତି	୧୪୯
୧୯. ସନ୍ଦର୍ଭ ଗ୍ରନ୍ଥ ସୂଚୀ	୧୫୮
୨୦. ଲୋକ କଲ୍ୟାଣ ଗ୍ରନ୍ଥମାଳା	୧୭୦
୨୧. ପ୍ରକାଶ ଅପେକ୍ଷାରେ...	୧୭୧
୨୨. ଲେଖକ ଡାଃ ଅଶ୍ୱିନୀ କୁମାର ଶତପଥୀଙ୍କ ସାହିତ୍ୟକୃତି ନିମନ୍ତେ ବିବିଧ ପୁରସ୍କାର ଓ ସମ୍ବର୍ଦ୍ଧନା ସୂଚୀ	୧୭୨

ନାଟ୍ୟକଳା ଓ ରଂଗମଂଚର ଆଦ୍ୟ ପୀଠ ଭାରତ

ଇଏ ହେଉଛି ସେହି ଦେଶ ଯେଉଁଠି ନାଟ୍ୟକଳା ଓ ରଂଗମଂଚର ସୃଷ୍ଟି ସର୍ବ ପ୍ରଥମେ ହୋଇଥିଲା। ଋଗ୍‌ବେଦରେ କେତେକ ଶ୍ଳୋକରେ ଯମ ଓ ଯମୀ, ପୁରୁରବା ଓ ଉର୍ବଶୀ ଆଦିଙ୍କ ସମ୍ବାଦ ଦୃଷ୍ଟିଗୋଚର ହୁଏ। ସେଇ ପ୍ରକାର ସମ୍ବାଦଶୈଳୀରୁ ନାଟକର ବିକାଶ ସମ୍ବନ୍ଧୀୟ ପ୍ରମାଣ ପ୍ରାପ୍ତ ହୁଏ। ନାଟ୍ୟକଳା ପ୍ରାଚୀନ ଭାରତୀୟ ଜନ ଜୀବନର ଏକ ଅଭିନ୍ନ ଅଂଗ ଥିଲା। ନାଟ୍ୟକଳାର ପ୍ରଦର୍ଶନ ନିମିତ୍ତ ରଂଗମଂଚର ପରଂପରା ମଧ୍ୟ ଭାରତରେ ଅତ୍ୟନ୍ତ ପ୍ରାଚୀନ। ତାର ଭୁରି ଭୁରି ପ୍ରମାଣ ସଂସ୍କୃତ ତଥା ପାଲି ଭାଷାର ବହୁ ଗ୍ରନ୍ଥରୁ ପ୍ରାପ୍ତ ହୋଇଥାଏ। ଅଗ୍ନିପୁରାଣ, କାବ୍ୟ ମୀମାଂଶା, ମହାଭାରତ, ଶିଳ୍ପରତ୍ନ, କୌଟିଲ୍ୟଙ୍କ ଅର୍ଥଶାସ୍ତ୍ର ଆଦିରୁ ନାଟ୍ୟଗୃହର ବର୍ଣ୍ଣନା ତଥା ରାଜପ୍ରାସାଦମାନଙ୍କରେ ନାଟ୍ୟମଣ୍ଡପର ଅବସ୍ଥିତି ବିଷୟ ଉଲ୍ଲେଖ ରହିଛି। ରାମାୟଣ ଓ ହରିବଂଶ ପୁରାଣ ଆଦିରୁ ମଧ୍ୟ ସେ କାଳରେ ନାଟକ ଅଭିନୀତ ହେଉଥିବା ବିଷୟ ଦୃଷ୍ଟିଗୋଚର ହୁଏ ।

ଭଗବାନ ଶଂକର ହେଉଛନ୍ତି ଆଦ୍ୟ ନାଟ୍ୟ ପ୍ରବର୍ତ୍ତକ। ନାଟ୍ୟକଳାର ପ୍ରଥମ ସ୍ରଷ୍ଟା ହୋଇଥିବାରୁ ସେ (ଶଂକର) ନଟରାଜ ନାମରେ ପ୍ରସିଦ୍ଧି ଲାଭ କରିଛନ୍ତି। ଭଗବାନ ଶଂକରଙ୍କୁ ଏଥିପାଇଁ ଆଦି ନଟ ଏବଂ ତାଙ୍କର ସହଯୋଗିନୀ ଭାବରେ ମହାମାୟା ପାର୍ବତୀଙ୍କୁ ଆଦିନଟୀ ରୂପେ ଆଖ୍ୟାୟିତ କରାଯାଏ। ପ୍ରାଚୀନ

କାଳରେ ମହର୍ଷି ଭରତଙ୍କ ଅନୁରୋଧକୁ ଏଡ଼ି ନପାରି ବ୍ରହ୍ମା ଋଗ୍‌ବେଦରୁ 'ସମ୍ବାଦ', ଯଜୁର୍ବେଦରୁ 'ଅଭିନୟ', ସାମବେଦରୁ 'ଗାନ' ଏବଂ ଅଥର୍ବ ବେଦରୁ 'ରସ-ବୃତ୍ତି' ଗ୍ରହଣ କରି ସେଇ ଚାରି ଗୋଟି ତତ୍ତ୍ୱ ସମ୍ବଳିତ 'ପଞ୍ଚମବେଦ ବା ନାଟ୍ୟବେଦ'ର ସୃଜନ କରିଥିଲେ (ନାଟ୍ୟଶାସ୍ତ୍ର ୧/୧୭)। ନାଟ୍ୟବେଦର ସର୍ଜନା ପରେ ବ୍ରହ୍ମାଙ୍କ ନିର୍ଦ୍ଦେଶରେ ଭରତ ମୁନି ଦୁଇଟି ନାଟକ ରଚନା କରିଥିଲେ। ସେ ଗୁଡ଼ିକର ସାର୍ବଜନୀନ ପ୍ରଦର୍ଶନ ସକାଶେ ସେ ତାଙ୍କ ନିଜର କେତେକ ପୁତ୍ର ଓ ଅପ୍‌ସରାମାନଙ୍କ ସହଯୋଗ ଦ୍ୱାରା ମଞ୍ଚସ୍ଥ କରାଇଥିଲେ। ଏହି ଅଭିନୟକୁ ସ୍ୱୟଂ ଭଗବାନ ଶଂକର ଓ ତାଙ୍କର ଭୂତଗଣ ମାନେ ଦର୍ଶନ କରି ଆନନ୍ଦିତ ଓ ଅତିଶୟ ସନ୍ତୁଷ୍ଟ ହୋଇଥିଲେ। ତଥାପି ଏଥିରେ ରହି ଯାଇଥିବା କିଛି ଦୋଷ ତ୍ରୁଟି ଆଦିକୁ ସଂଶୋଧନ ନିମିତ୍ତ ଭଗବାନ ଶଂକର ପରାମର୍ଶ ପ୍ରଦାନ କରିଥିଲେ। ତାଙ୍କର ପରାମର୍ଶ ଅନୁଯାୟୀ ନାଟକର ରୋଚକତା ବୃଦ୍ଧି ସକାଶେ ସେଥିରେ ନୃତ୍ୟକଳାର ସନ୍ନିବେଶ କରାଯାଇଥିଲା –(ନାଟ୍ୟଶାସ୍ତ୍ର ୪/୧୩-୧୫)। ଏ ସମ୍ବନ୍ଧରେ ନାଟ୍ୟାଚାର୍ଯ୍ୟ ଭରତମୁନି, ବ୍ରହ୍ମାଙ୍କ ସହ ଆଲୋଚନା କରି ତାଙ୍କର ନିର୍ଦ୍ଦେଶ **'କୌଶିକୀମପି ଯୋଜୟ'** – (ନାଟ୍ୟ-ଶାସ୍ତ୍ର ୧/୪୨ ଉତ୍ତରାର୍ଦ୍ଧ)କୁ ପାଳନ କରିଥିଲେ । ଫଳରେ ଭରତମୁନିଙ୍କର ନାଟକର ରୋଚକତା ଅନେକଗୁଣ ବଢ଼ିଯାଇଥିଲା ଓ ତାହା ସଫଳତା ପୂର୍ବକ ଅଭିନୀତ ହୋଇଥିଲା। ଏହାକୁ ନାଟ୍ୟାଚାର୍ଯ୍ୟ ଭରତମୁନି ନିମ୍ନମତେ ବ୍ୟାଖ୍ୟା କରିଛନ୍ତି- **"ହସ୍ତପାଦ ସମାଯୋଗୋ ନୃତ୍ୟସ୍ୟ କରଣଂ ମତମ୍** – (ତତୈବ ୪/୩୦)" – (ଅର୍ଥାତ ନାଟ୍ୟଶାସ୍ତ୍ରରେ ନୃତ୍ୟ ସମ୍ପାଦନ କ୍ରିୟା ଅଂଗଚାଳନା ଦ୍ୱାରା ପରିପୁଷ୍ଟ ହୋଇଥାଏ ଯାହା 'କରଣ' ଉପରେ ନିର୍ଭରଶୀଳ। ସାମଞ୍ଜସ୍ୟ ପୂର୍ଣ୍ଣ ଅଂଗ ଚାଳନା ଦ୍ୱାରା ହସ୍ତାଦି ଶରୀରର ଉପରିଭାଗ ତଥା ପାଦାଦି ଶରୀରର ଅପରିଭାଗ ଅର୍ଥାତ କଟି, ଉରୁ ଦୀର୍ଘ ତଥା ଚରଣ ଆଦିର ପ୍ରଭାବପୂର୍ଣ୍ଣ ବିନ୍ୟାସ ସମ୍ପାଦିତ ହୁଏ। ଏହା ହିଁ କରଣ ଅଟେ। ନୃତ୍ୟର ସଫଳ ସଂଯୋଜନା ଦ୍ୱାରା ନାଟକରେ ଅଲୌକିକ ସରସତା, ଅନନ୍ୟ ଆକର୍ଷଣ, ତଥା ସାର୍ବଜନୀନ ମନୋରଞ୍ଜନ ପ୍ରତିଫଳିତ ହୁଏ)"

ଏଠାରେ ଏହା ଉଲ୍ଲେଖନୀୟ ଯେ ଭଗବାନ ଶଂକର ଆଙ୍ଗିକ, ବାଚିକ, ଆହାର୍ଯ୍ୟ ଏବଂ ସାତ୍ତ୍ୱିକ ଅଭିନୟ ସହ ଗାୟନ-ବାଦନ-ନର୍ତ୍ତନ ଆଦି ବିଦ୍ୟାର ଶ୍ରେଷ୍ଠ ଗୁରୁ ତଥା ସର୍ବଜ୍ଞାନର ଅତଳ ସାଗର ଅଟନ୍ତି। ଏଣୁ ତାଙ୍କୁ **'ବିଦ୍ୟା ତୀର୍ଥଂ**

ମହେଶ୍ୱରମ୍' ରୂପେ ସମ୍ବୋଧନ କରାଯାଏ। ଏଥି ସକାଶେ ଯେକୌଣସି ବିଦ୍ୟାର ପ୍ରାପ୍ତି ନିମନ୍ତେ ତାଙ୍କର (ଶଙ୍କର) ଉପାସନା କରିବାପାଇଁ ଶାସ୍ତ୍ରରେ ନିର୍ଦ୍ଦେଶ ଦିଆଯାଇଛି - **"ବିଦ୍ୟା କାମସ୍ତୁ ଗିରିଶମ୍** (ଶ୍ରୀମଦ୍‌ଭାଗବତ ୨/୩/୭)" ଯେହେତୁ ଭଗବାନ ଶଂକର ନାଟ୍ୟ-ପରଂପରାର ସ୍ରଷ୍ଟା, ତେଣୁ ନାଟ୍ୟମଣ୍ଡପରେ ମଧ୍ୟ ସର୍ବପ୍ରଥମେ ଭୂତଗଣ ଏବଂ ତାଙ୍କ ସହ ଶଂକରଙ୍କର ସ୍ଥାପନା ଓ ଅର୍ଚ୍ଚନା କରିବା ନିମିତ୍ତ ବିଧାନ ରହିଛି –**"ଆଦୌ ନିବେଶ୍ୟୋ ଭଗବନ୍ ସାର୍ଧଂ ଭୂତଗଣୈଃ ଶିବଃ।** - (ନାଟ୍ୟଶାସ୍ତ୍ର:୩/ ୧୩ ଉତ୍ତରାର୍ଦ୍ଧ)"

ପ୍ରାଚୀନ ସଂସ୍କୃତ ସାହିତ୍ୟରେ ନାଟ୍ୟକଳା ସମ୍ପର୍କୀତ ଉତ୍କୃଷ୍ଟ ଗ୍ରନ୍ଥମାନ ବହୁ ସଂଖ୍ୟାରେ ଉପଲବ୍ଧ ହୁଏ। ଏହି ଗ୍ରନ୍ଥଗୁଡ଼ିକର ତଥ୍ୟ ଅନୁଯାୟୀ ତତ୍କାଳୀନ ନାଟକଗୁଡ଼ିକ ଶ୍ରେଷ୍ଠ ଶୈଳୀ ଏବଂ ଉତ୍କୃଷ୍ଟ ପରିପାଟୀରେ ରଚିତ ହୋଇ ପ୍ରଦର୍ଶିତ ହେଉଥିଲା। ସଂଗୀତମାର୍ତ୍ତଣ୍ଡ ଓ ଶିଳ୍ପରତ୍ନ ଆଦି ଅନେକ ଗ୍ରନ୍ଥରୁ ସେ ସମୟର ରାଜପ୍ରାସାଦମାନଙ୍କରେ ନାଟକ ଅଭିନୀତ ହେବା ସକାଶେ ନାଟ୍ୟମଣ୍ଡପ ବା ରଂଗମଞ୍ଚମାନ ନିର୍ମିତ ହୋଇଥିବା ପ୍ରମାଣ ପ୍ରାପ୍ତ ହୁଏ। ମହାଭାରତର ଉଲ୍ଲେଖ ଅନୁଯାୟୀ ରଂଗଶାଳାଗୁଡ଼ିକରେ ମନୋରଂଜନ ସକାଶେ ନାଟକମାନ ପ୍ରଦର୍ଶିତ ହେଉଥିଲା। ଆଧୁନିକ ଅନୁସଂଧାନ ଅନୁଯାୟୀ ସୀତାବେଙ୍ଗା ଓ ଛତିଶଗଡ଼ସ୍ଥ ସରଗୁଜା ଜିଲ୍ଲାରେ ସ୍ଥିତ ରାମଗଡ଼ ପାହାଡ଼ ଉପରେ ମହାକବି କାଳିଦାସଙ୍କର ସମୟର ଐତିହ୍ୟପୂର୍ଣ୍ଣ ରଂଗମଂଚର ଅବଶେଷ ପରିଦୃଷ୍ଟ ହୁଏ । ମହାକବି କାଳିଦାସଙ୍କ 'ମେଘଦୂତମ୍' ମହାକାବ୍ୟରେ ରାମଗଡ଼ ପାହାଡ଼ର ବର୍ଣ୍ଣନା ଅତି ଚମତ୍କାର ଭାବରେ କରାଯାଇଛି। ସେଥିରୁ ମଧ୍ୟ ଏଠାକାର ରଂଗମଂଚ ବିଷୟକ ତଥ୍ୟ ପ୍ରମାଣିତ ହୋଇଥାଏ। ସୀତାବେଙ୍ଗା ବ୍ୟତୀତ ଯୋଗୀମାରା ଗୁମ୍ଫା, ରାଣୀଗୁମ୍ଫା, ଉଦୟଗିରି ପାହାଡ଼ ସ୍ଥିତ ଖ୍ରୀ.ପୂ. ୨ୟ ଶତାବ୍ଦୀରେ ନିର୍ମିତ ଜୈନଗୁହାର ଖୋଦିତ ଶିଳାଲେଖରୁ ତତ୍କାଳୀନ ଭାରତରେ ରଂଗମଂଚର ପରଂପରା ବିକଶିତ ହୋଇଥିବା ପ୍ରମାଣ ମିଳେ। ଏ ତଥ୍ୟ ପ୍ରଦାନ କରନ୍ତି ପ୍ରାଚୀନ ରଂଗମଂଚ ସମ୍ପର୍କରେ ଅନୁଧ୍ୟାନକାରୀ ଗବେଷକ ଚାର୍ଲସ ଫାବ୍ରୀ। ସେ ତାଙ୍କର 'ପ୍ରାଚୀନ ଭାରତୀୟ ରଂଗମଂଚ' ନାମକ ପୁସ୍ତକରେ କହିଛନ୍ତି–"ପ୍ରାଚୀନ ଭାରତୀୟ ରଂଗମଂଚର ପ୍ରାଞ୍ଜଳ ପ୍ରତିଲେଖ ମଧ୍ୟ ମୁଁ ଖ୍ରୀ.ପୂ. ୨ୟ ଶତାବ୍ଦୀରେ ଉଦୟଗିରି ଗୁହାର ଭାସ୍କର୍ଯ୍ୟ ମଧ୍ୟରେ ଆବିଷ୍କାର କରିଛି।" ସୀତାବେଙ୍ଗାଗୁମ୍ଫା,

ହାତୀଗୁମ୍ଫା ଏବଂ ନାସିକ ସ୍ଥିତ ପୁଲୁମଇ ଗୁମ୍ଫାରେ ବିଦ୍ୟମାନ ପ୍ରାଚୀନ ନାଟ୍ୟମଣ୍ଡପ, ତତ୍କାଳୀନ ଆଦିବାସୀମାନଙ୍କ ଶୈଳୀ ଅନୁରୂପ ନିର୍ମିତ ହୋଇଥିବା ଅନୁମାନ କରାଯାଏ, ଯାହା ନାଟ୍ୟମଂଚର ପ୍ରାଥମିକ ସ୍ୱରୂପ ଥିଲା। ପରବର୍ତ୍ତୀ କାଳରେ କାଷ୍ଠ ନିର୍ମିତ ପ୍ରାସାଦ ଶୈଳୀ ଏଥିରେ ସମିଶ୍ରିତ ହୋଇ ଏକ ନୂତନ କୌଶଳରେ ରଂଗମଂଚ ମାନ ଗଢ଼ି ଉଠିଥିଲା। ମୋଗଲ ଶାସକମାନଙ୍କ ଆକ୍ରମଣ ଓ ଅତ୍ୟାଚାର ସମୟରେ ଭାରତୀୟ କଳା କୌଶଳରେ ନିର୍ମିତ ନାଟ୍ୟମଣ୍ଡପ, ପ୍ରେକ୍ଷାଗାର ଆଦି ଗଭୀର ଭାବରେ କ୍ଷତିଗ୍ରସ୍ତ ହୋଇଥିଲା। କିନ୍ତୁ ଏହି ସମୟରେ ରାମଲୀଳା, ଗୋପଲୀଳା, କୃଷ୍ଣଲୀଳା, ଆଦି ମାଧ୍ୟମରେ ଭାରତୀୟ ଲୋକନାଟ୍ୟ କୌଣସି ମତେ ନିଜର ସ୍ଥିତି କାଏମ୍ ରଖି ପାରିଥିଲା । ଇଂରେଜ ଶାସନ ସମୟରେ ଅର୍ଥାତ ପଲାସୀଯୁଦ୍ଧ (୧୭୭୫) ପୂର୍ବରୁ ତଥା ପରେ ଅର୍ଥାତ ୧୭୯୫ ରୁ ୧୮୧୩ ମସିହା ମଧ୍ୟରେ ୩/୪ଟି ଥିଏଟର ମାଧ୍ୟମରେ ପାଶ୍ଚାତ୍ୟ ନାଟକମାନ ସର୍ବପ୍ରଥମେ କଲିକତାଠାରେ ଅଭିନୀତ ହେବାକୁ ଆରମ୍ଭ କରିଥିଲା। ପରେ ବଂଗ ପ୍ରଦେଶରେ ପାଶ୍ଚାତ୍ୟ ଥିଏଟର ଶୈଳୀରେ ରଂଗମଂଚମାନ ନିର୍ମିତ ହେଲା। ଏହାପରେ ବମ୍ବେଠାରେ ପାର୍ଶୀମାନେ ମଧ୍ୟ ଏହାର ଅନୁକରଣରେ ନୂତନ ସ୍ୱାଦର ନାଟକଶାଳାମାନ ପ୍ରତିଷ୍ଠାକରି ସେଥିରେ ଭାରତୀୟ ନାଟକମାନଙ୍କୁ ପ୍ରଦର୍ଶିତ କରିବାକୁ ଲାଗିଲେ ।

ଶୁଦ୍ଧ ଭାରତୀୟ ଶୈଳୀ ନିର୍ମିତ ପ୍ରାଚୀନ ରଂଗମଂଚ ବା ନାଟ୍ୟମଣ୍ଡପ ଗୋଟିଏ ଗୃହ ମଧ୍ୟରେ ନିର୍ମିତ ହେଉଥିବା ବେଳେ ତା ସହ ପ୍ରାଚୀନ ରୋମାନ ଓ ୟୁନାନୀ ପଦ୍ଧତିର ନାଟ୍ୟମଣ୍ଡପର କୌଣସି ସମ୍ବନ୍ଧ ନଥିଲା। କାରଣ ପାଶ୍ଚାତ୍ୟ ପଦ୍ଧତିରେ ଏହା ଖୋଲା ପଡ଼ିଆରେ ନିର୍ମିତ ହେଉଥିଲା ଏବଂ ସେଥିରେ ଅର୍ଦ୍ଧଚନ୍ଦ୍ରାକାର ସିଡ଼ି ସଦୃଶ ସ୍ଥାନ ଦର୍ଶକମାନଙ୍କ ନିମିତ୍ତ ବସିବା ସକାଶେ ଉଦ୍ଦିଷ୍ଟ ଥିଲା। ଏ ଦୃଷ୍ଟିରୁ ସୀତାବେଙ୍ଗାର ଗୁମ୍ଫାସ୍ଥିତ ନାଟ୍ୟମଣ୍ଡପ ପ୍ରାଚୀନ ଭାରତୀୟ ନିର୍ମାଣ କୌଶଳର ଉଦାହରଣ ପ୍ରସ୍ତୁତ କରିଥାଏ। ଏହି ଗୁମ୍ଫା ୧୩.୮ ମିଟର ଦୈର୍ଘ୍ୟ ତଥା ୭.୨ ମିଟର ପ୍ରସ୍ଥ ବିଶିଷ୍ଟ ଥିଲା। ଅଭିନେତାମାନଙ୍କ ପ୍ରବେଶ ନିମିତ୍ତ ଏହାର ବାମ ପାର୍ଶ୍ୱରେ ପାହୁଚର ଶୃଙ୍ଖଳା ମାନଥିଲା। ଭିତର ଭାଗରେ ସିଡ଼ି ସଦୃଶ ତିନୋଟି ଚଉତରା ନିର୍ମିତ ହୋଇ ରଂଗମଂଚ ଭାବରେ ବ୍ୟବହୃତ ହେଉଥିଲା। ଏଗୁଡ଼ିକ ୨.୩ମିଟର ଚଉଡ଼ା ଏବଂ ପରସ୍ପର ଠାରୁ ୭୫ ସେ.ମି.

ଉଚ୍ଚତା ବିଶିଷ୍ଟ ଥିଲା । ଏଗୁଡ଼ିକର ସମ୍ମୁଖ ଭାଗରେ ଦୁଇଟି ଲେଖାଏଁ ଗର୍ତ୍ତ ଉଭୟ ପାର୍ଶ୍ୱରେ ରଖାଯାଇଥିଲା । ଏହି ଗର୍ତ୍ତମାନଙ୍କରେ ଖମ୍ବ ପୋତାଯାଇ ସେଥିରେ ବୋଧହୁଏ ପର୍ଦ୍ଦା ଟଂଗା ଯିବାର ବ୍ୟବସ୍ଥା କରାଯାଉଥିଲା । ଦର୍ଶକମାନଙ୍କ ନିମନ୍ତେ ଉଦ୍ଦିଷ୍ଟ ସ୍ଥାନରେ ପ୍ରାୟ ପଚାଶ ଜଣ ବସିବା ବ୍ୟବସ୍ଥା ଥିଲା । ଏହି ରଂଗମଂଚ ଆଦିମକାଳୀନ ହେଲେ ମଧ୍ୟ ବର୍ତ୍ତମାନର ଅତ୍ୟାଧୁନିକ ନାଟ୍ୟମଣ୍ଡପ ଠାରୁ ଯେ କୌଣସି ଭାବରେ ନ୍ୟୁନ କୋଟିର ନଥିଲା ଏହା ସହଜରେ ଅନୁମାନ କରାଯାଇପାରେ ।

ନାଟ୍ୟଚାର୍ଯ୍ୟ ଭରତମୁନି ନାଟ୍ୟମଂଚ ନିର୍ମାଣ ନିମନ୍ତେ ଯେଉଁ ବିଧି ବ୍ୟବସ୍ଥା ପ୍ରଦାନ କରିଛନ୍ତି ତଦନୁଯାୟୀ ନାଟ୍ୟମଣ୍ଡପର ନିର୍ମାଣଶୈଳୀକୁ ମୁଖ୍ୟତଃ ୩ଭାଗରେ ବିଭକ୍ତ କରାଯାଇ ପାରେ – (୧) ଆୟତାକାର, ଏହାକୁ ଶାସ୍ତ୍ରୀୟ ଭାଷାରେ ବିକୃଷ୍ଟ ଶୈଳୀ ରୂପେ ରେଖାଙ୍କିତ କରାଯାଏ, (୨) ଦ୍ୱିତୀୟରେ ବର୍ଗାକାର ଯାହାକୁ ଚତୁରସ୍ର ଶୈଳୀ ବୋଲି କହନ୍ତି ୩) ତୃତୀୟରେ ତ୍ରିଭୁଜାକାର ଯାହାକୁ 'ତ୍ରୟସ୍ର' ବୋଲି କୁହାଯାଏ । ସେ ଏହି ତିନି ମଧ୍ୟରୁ ପ୍ରତ୍ୟେକ ପ୍ରକାରକୁ ପୁଣି ତିନିଭାଗରେ ବିଭାଜିତ କରାଇଥିଲେ – ଯଥା – ଦେବତାମାନଙ୍କ ଉଦ୍ଦେଶ୍ୟରେ ସମର୍ପିତ ନାଟ୍ୟମଣ୍ଡପକୁ 'ଜ୍ୟେଷ୍ଠ', ରାଜାଙ୍କ ପାଇଁ ଉଦ୍ଦିଷ୍ଟ ମଣ୍ଡପକୁ 'ମଧ୍ୟମ' ଏବଂ ଶେଷରେ ଅନ୍ୟମାନଙ୍କ ସକାଶେ ନିର୍ମିତ ନାଟ୍ୟମଣ୍ଡପକୁ 'ଅବର' ବୋଲି କୁହାଯାଉଥିଲା । ଜ୍ୟେଷ୍ଠ ନାଟ୍ୟମଣ୍ଡପର ଲମ୍ବ ପ୍ରାୟ ୫୧ମିଟର, ମଧ୍ୟମର ପ୍ରାୟ ୨୯ ମିଟର, ବର୍ଗାକାର ମଣ୍ଡପର ଲମ୍ବ ଓ ପ୍ରସ୍ଥ ବାହୁ ସମାନ ଥିବା ବେଳେ ବିକୃଷ୍ଟର ପ୍ରସ୍ଥ ତାହାର ଲମ୍ବର ଅର୍ଦ୍ଧେକ ହେବା ବାଂଛନୀୟ ଥିଲା । ଆଚାର୍ଯ୍ୟ ଭରତମୁନିଙ୍କର ଉପରୋକ୍ତ ନିର୍ଦ୍ଦେଶିତ ନାଟ୍ୟମଣ୍ଡପଗୁଡ଼ିକରେ ନିର୍ମାଣ ସକାଶେ ଯେଉଁ ମାପର ଏକକ ବ୍ୟବହୃତ ହେଉଥିଲା ତାହା ଥିଲା - "ଅଣୁ, ରଜ, ବାଳ, ଲିକ୍ଷା, ୟୂକା, ଯବ, ଅଙ୍ଗୁଳି, ହସ୍ତ (ଅର୍ଥାତ୍ ୨୪ ଅଙ୍ଗୁଳି) ଏବଂ ଦଣ୍ଡ (ଅର୍ଥାତ୍ ୪ ହସ୍ତ) ଆଦି । ସେଇ ଅନୁଯାୟୀ ୧ ଅଙ୍ଗୁଳି ଅର୍ଥାତ୍ ୮ ଯବ, ୧ଯବ ଅର୍ଥାତ୍ ୮ ୟୂକା, ୧ ୟୂକା ଅର୍ଥାତ୍ ୮ ଲିକ୍ଷା, ୧ ଲିକ୍ଷା ଅର୍ଥାତ୍ ୮ ବାଳ, ୧ ବାଳ ଅର୍ଥାତ ୮ ରଜ ଏବଂ ୧ରଜ ସମାନ ୮ ଅଣୁ ରୂପେ ଗଣନା କରାଯାଉଥିଲା ।

ପ୍ରେକ୍ଷାଗୃହର ଅର୍ଦ୍ଧଭାଗ ଦର୍ଶକମାନଙ୍କ ପାଇଁ ଉଦ୍ଦିଷ୍ଟ ଥିବା ବେଳେ ଅନ୍ୟ

ଭାରତୀୟ ପରମ୍ପରାରେ ଲୋକନାଟ୍ୟ ଓ ଲୋକନୃତ୍ୟ

ଅର୍ଦ୍ଧଅଂଶରେ ନାଟ୍ୟମଣ୍ଡପ ତଥା ତାହାର ଅର୍ଦ୍ଧଭାଗରେ ନେପଥ୍ୟ ପାଇଁ ସ୍ଥାନ ନିର୍ଦ୍ଦିଷ୍ଟ ରହୁଥିଲା। ନେପଥ୍ୟ ପାଇଁ ସଂରକ୍ଷିତ ସ୍ଥାନର ଅଧା ସାମନା ଆଡ଼କୁ 'ରଂଗଶୀର୍ଷ' ଏବଂ ପୃଷ୍ଠ ଭାଗରେ ନେପଥ୍ୟ ଆଡ଼କୁ 'ରଂଗପୀଠ' ରହୁଥିଲା। ନେପଥ୍ୟରୁ ରଂଗପୀଠକୁ ଯାତାୟାତ ପାଇଁ ପାର୍ଶ୍ୱବର୍ତ୍ତୀ ଦୁଇଟି ଦ୍ୱାର ଥିଲା। ପ୍ରେକ୍ଷାଗୃହରେ ସିଡ଼ି ବା ପାହାଚର ବ୍ୟବସ୍ଥା ଥିଲା। ପ୍ରେକ୍ଷାଗୃହର କାନ୍ଥକୁ ଚୂନ, ମାଟି ଓ ଭୂଷି ଆଦି ମିଶ୍ରିତ ଚିକ୍କଣ ପ୍ରଲେପ ଦ୍ୱାରା ପଲିସ କରାଯାଉଥିଲା ଏବଂ ଏହା ଉପରେ ସୁନ୍ଦର କାରୁକାର୍ଯ୍ୟ ଅଙ୍କିତ ହେଉଥିଲା। ଭରତ ମୁନିଙ୍କ ଦୃଷ୍ଟିକୋଣ ଅନୁଯାୟୀ ଈଶ୍ୱରଙ୍କର ଏହି ବିଶାଳ ସୃଷ୍ଟି ରୂପୀ ବିଶ୍ୱ ମଧ୍ୟ ଏକ ରଂଗମଂଚ ସଦୃଶ। ଏଥିରେ ମଣିଷ ଜନ୍ମ ନିଏ ହସ-କାନ୍ଦ, ଦୁଃଖ-ଆନନ୍ଦ, ବଡ଼-ସାନ, ଭିନ୍ନ ଭିନ୍ନ ସମ୍ପର୍କ ଓ କର୍ତ୍ତବ୍ୟ କରିବାର ଅଭିନୟ ସମ୍ପାଦନ କରିବାପାଇଁ। ନିଜ ଅଭିନୟ ଶେଷ ପରେ ରଂଗମଂଚରୁ ଅଭିନେତା ବା ଅଭିନେତ୍ରୀ ନେପଥ୍ୟକୁ ପ୍ରସ୍ଥାନ କରନ୍ତି (ଲୀନ ହୋଇଯାଆନ୍ତି) – **"ରହି ନାହିଁ କେହି ରହିବେ ନାହିଁ ଏ ଭବରଂଗ ଭୂମି ତଳେ। ସର୍ବେ ନିଜ ନିଜ ଅଭିନୟ ସାରି ବାହୁଡ଼ିବେ କାଳ ବଳେ।"** ସଂସାର ରୂପୀ ରଂଗମଂଚରେ କେହି ଚିରଦିନ ରହିପାରିବେ ନାହିଁ । ସମସ୍ତେ ଅଭିନୟ କରିବା ପାଇଁ ଏଠାକୁ ଆସିଛନ୍ତି। ଯେ ଯାହାର ଅଭିନୟ ପରେ ପୁଣି ନିଜସ୍ଥାନକୁ (ନେପଥ୍ୟ) ବାହୁଡ଼ି ଯାଆନ୍ତି। ଏହା ହିଁ ମାନବର ଜୀବନ ଦର୍ଶନ। ଏହାକୁ ଦୃଷ୍ଟିରେ ରଖି ଭାରତୀୟ ଲୋକନାଟ୍ୟ ପରଂପରାର ସୃଷ୍ଟି ।

ଭାରତୀୟ ନାଟକରେ କର୍ମଯୋଗ ସହ ପୂର୍ବଜନ୍ମ ଓ ପୁନର୍ଜନ୍ମ ସିଦ୍ଧାନ୍ତ, କର୍ମ-କର୍ମଫଳ, ଧର୍ମର ଜୟ-ପାପର ପରାଜୟ, ଦୁଃଖର ଅଳୀକତା, କର୍ତ୍ତବ୍ୟବୋଧର ଶ୍ରେଷ୍ଠତ୍ୱ, ସତ୍ୟ-ଶିବ ସୁନ୍ଦର ତତ୍ତ୍ୱର ସାର୍ଥକତା, ନ୍ୟାୟପରାୟଣତା, ଆଧ୍ୟାତ୍ମିକତା, ଦୟା ଓ ଦାନର ପରାକାଷ୍ଠା, ଧର୍ମ ଓ ଆଦର୍ଶର ରକ୍ଷା ନିମନ୍ତେ ପ୍ରାଣବଳି ବା ବୀରତ୍ୱର ସହ ସଂଘର୍ଷ, କୁକର୍ମ ନିମନ୍ତେ ଦଣ୍ଡଭୋଗ ଆଦି ଆଦର୍ଶବାଦୀ ଚିନ୍ତାଧାରାଗୁଡ଼ିକର ପ୍ରାଚୁର୍ଯ୍ୟତା ସନ୍ନିବେଶିତ ହୋଇଥିବା ଦୃଷ୍ଟିଗୋଚର ହୋଇଥାଏ। ଏକ ସାର୍ଥକ ଜୀବନ ନିମନ୍ତେ ଭାରତୀୟ ନାଟକ ମାଧ୍ୟମରେ ପ୍ରେରଣା ପ୍ରଦାନ କରିବା ଥିଲା ନାଟ୍ୟକଳାର ଶ୍ରେଷ୍ଠ ଆଭିମୁଖ୍ୟ। କିନ୍ତୁ ତାର ବିପରୀତ, ଏ ପ୍ରକାର ଆଦର୍ଶବାଦକୁ ପାଶ୍ଚାତ୍ୟ ସାହିତ୍ୟରେ 'ପଳାୟନବାଦ' ରୂପେ ଚିତ୍ରିତ କରାଯାଉଥିଲା। ସେଇ ଅନୁଯାୟୀ, ସେଠାରେ

ନାଟକମାନ ମଧ୍ୟ ରଚିତ ହେଉଥିଲା। ଏଣୁ ଭାରତୀୟ ରଂଗମଂଚରେ ଆଦର୍ଶ ପରିପନ୍ଥୀ ନିଷିଦ୍ଧ ବସ୍ତୁଗୁଡ଼ିକୁ ପାଶ୍ଚାତ୍ୟ ବାସୀମାନେ ନିଜ ନାଟକମାନଙ୍କରେ ସ୍ୱୀକୃତି ଦେଇ ତାହାର ଭରପୂର ପ୍ରଦର୍ଶନ ମନୋରଂଜନ ନିମନ୍ତେ କରିଥାନ୍ତି। କିନ୍ତୁ ନାଟ୍ୟଶାସ୍ତ୍ରର ପ୍ରଣେତା ନାଟ୍ୟଚାର୍ଯ୍ୟ ଭରତମୁନି ସମାଜ ଜୀବନକୁ କଳୁଷିତ ବା ବିପଥଗାମୀ କରାଉଥିବା କୌଣସି ବି ବିଷୟବସ୍ତୁକୁ ନାଟକ ମାଧ୍ୟମରେ ପ୍ରଦର୍ଶନ ପାଇଁ ଅନୁପଯୁକ୍ତ ବୋଲି ମନେ କରନ୍ତି। କୁହାଯାଇଛି **'କାବ୍ୟେଷୁ ନାଟକଂ ରମ୍ୟମ୍''** ଅର୍ଥାତ କାବ୍ୟମାନଙ୍କ ମଧ୍ୟରେ ନାଟକ ସବୁଠାରୁ ରମଣୀୟ। ଏଣୁ ଭରତମୁନି ନାଟକକୁ ସତ୍ୟ-ଶିବ-ସୁନ୍ଦର ଅନୁରୂପ **ବିନୋଦ ଜନନମ୍, ହିତୋପଦେଶ ଜନନମ୍ ଓ ବିଶ୍ରାନ୍ତି ଜନନମ୍** ଅର୍ଥାତ ମନୋରଂଜନ ପ୍ରଦାନକାରୀ, ହିତୋପଦେଶ ପ୍ରଦାୟକ ତଥା ଶାନ୍ତି ଆନୟନକାରୀ ରୂପେ ବର୍ଣ୍ଣନା କରିଛନ୍ତି। ଏତଦ୍‌ବ୍ୟତୀତ ଏପ୍ରକାର ମୂଲ୍ୟବୋଧ ଭିତ୍ତିକ ନାଟକକୁ ସେ ଆୟୁ, ଯଶ, ଧର୍ମ ଏବଂ ବିବେକ ବୁଦ୍ଧି ଜାଗ୍ରତକାରୀ ବୋଲି ବର୍ଣ୍ଣନା କରିଛନ୍ତି। ଗବେଷକ ଓ ପଣ୍ଡିତମାନଙ୍କ ଦ୍ୱାରା ଭାରତକୁ ନାଟକର ଆଦ୍ୟଭୂମି ରୂପେ ମାନ୍ୟତା ପ୍ରଦାନ କରାଯାଇଛି। କାରଣ ଖ୍ରୀ.ପୂ. ୫୦୦୦ ବର୍ଷ ପୂର୍ବେ ଯେତେବେଳେ ବିଶ୍ୱସଭ୍ୟତା ଆଦୌ ବିକଶିତ ହୋଇନଥିଲା ସେତେବେଳେ ଭାରତ ସାହିତ୍ୟ, ସଂଗୀତ, ନୃତ୍ୟ, ବାଦନ, ଶିକ୍ଷା, ସ୍ୱାସ୍ଥ୍ୟ, ଚିକିତ୍ସା, ଆଧ୍ୟାତ୍ମିକତା, ଖଗୋଳ, ଭୂଗୋଳ ଆଦି ସର୍ବବିଜ୍ଞାନ କ୍ଷେତ୍ରରେ ଶିଖର ସ୍ଥାନରେ ଉପନୀତ ହୋଇଥିଲା। ଅତଏବ ସଂଗୀତ, ନୃତ୍ୟ ତଥା ନାଟକ ଆଦିର ପରସ୍ପର ସହ ଘନିଷ୍ଠ ସମ୍ପର୍କ ଥିବାରୁ ସେଇ କାଳରୁ ହିଁ ନାଟକ ସୃଷ୍ଟି ହୋଇଥିବା ସମ୍ଭବ ମନେହୁଏ। କାରଣ, ପାଶ୍ଚାତ୍ୟ ବିଦ୍ୱାନମାନଙ୍କ ମଧ୍ୟରେ ପ୍ରଫେସର ମାକ୍ସମୁଲାର ସର୍ବପ୍ରାଚୀନ ବୈଦିକ 'ସମ୍ବାଦ ସୂକ୍ତ' ଗୁଡ଼ିକୁ ନାଟକର ଆଦ୍ୟରୂପ ବୋଲି ମତ ପ୍ରଦାନ କରନ୍ତି। ହାର୍ଟଲେ, ଶ୍ରୋଏଡ଼ର, ସିଲଭାଁଲେଭି ଆଦି ପ୍ରସିଦ୍ଧ ଶିକ୍ଷାବିତ ତଥା ଜର୍ମାନର ନାଟ୍ୟତତ୍ତ୍ୱବିତ୍ ପିଶେଲ ଆଦି ମଧ୍ୟ ଭାରତକୁ ନାଟକର ଜନ୍ମଭୂମି ବୋଲି ସ୍ୱୀକାର କରନ୍ତି। ପିଶେଲ ଭାରତୀୟ 'ପୁତ୍ତଳିକା ନୃତ୍ୟ'କୁ ନାଟକ ସୃଷ୍ଟିର କାରଣ ବୋଲି କହନ୍ତି । ପ୍ରଫେସର ଉଇଲସନ୍ ଭାରତୀୟ ପ୍ରାଚୀନ ରାଜାମାନଙ୍କର ବୀରତ୍ୱପୂର୍ଣ୍ଣ ରାଜ୍ୟଜୟ, ରାଜ୍ୟାଭିଷେକ, ବିଭିନ୍ନ ଉତ୍ସବ, ପୂଜା, ବସନ୍ତୋତ୍ସବ, ଫସଲ ଅମଳ କାଳୀନ ଆନନ୍ଦୋତ୍ସବ ସମୟରେ ଅଭିନୀତ

ହେଉଥିବା ନୃତ୍ୟ, ଗୀତ ବା ଅଭିନୟ ଆଦିରୁ ନାଟକର ସୃଷ୍ଟି ହୋଇଥିବା କାରଣକୁ ସମର୍ଥନ କରନ୍ତି।

ଅତ୍ୟନ୍ତ ପ୍ରାଚୀନ କାଳରୁ ଉତ୍କଳ ମଧ୍ୟ ନିଜର ନାଟକ ବା ନୃତ୍ୟକଳା ନିମନ୍ତେ ବିଶ୍ୱପ୍ରସିଦ୍ଧି ଲାଭ କରିଥିବା ଇତିହାସରୁ ପ୍ରମାଣ ମିଳେ। ରାଣୀଗୁମ୍ଫା ଓ ହାତୀ ଗୁମ୍ଫାର ଶିଳାଲେଖରୁ ସମ୍ରାଟ୍ ଖାରବେଳ ନିଜେ ନୃତ୍ୟକଳା, ଗୀତ, ବାଦ୍ୟ, ଗନ୍ଧର୍ବ ବିଦ୍ୟା ବା ନାଟକ ଆଦିରେ ଅତ୍ୟନ୍ତ ନିପୁଣ ଥିବା ଏବଂ ପ୍ରଜାମାନଙ୍କୁ ମନୋରଂଜନ ମାଧ୍ୟମରେ ନୈତିକ ଶିକ୍ଷା ପ୍ରଦାନ କରିବା ନିମିତ୍ତ ତାଙ୍କ ରାଜ୍ୟର ଭିନ୍ନଭିନ୍ନ ଭାଗରେ ମୁକ୍ତମଂଚ (ଚଉତରା) ମାନ ନିର୍ମାଣ କରାଇଥିବା ପ୍ରମାଣ ପ୍ରାପ୍ତ ହୁଏ। ଏହା ଖ୍ରୀଷ୍ଟଜନ୍ମର ଅନ୍ତତଃ ଦୁଇଶହ ବର୍ଷ ପୂର୍ବ ଘଟଣା ହୋଇଥିବାରୁ ଓଡ଼ିଶାରେ ଏହି କଳାର ପ୍ରାଧାନ୍ୟ ଏବଂ ପ୍ରାଚୀନତା ସମ୍ବନ୍ଧରେ ସମ୍ୟକ ଧାରଣା କରାଯାଇପାରେ। ବୌଦ୍ଧଶାସ୍ତ୍ର, ବୌଦ୍ଧ ଗାନ ଓ ଭଜନ ମଧ୍ୟରେ 'ସୁଆଙ୍ଗ', 'ନାଟକ' ଆଦି ଶବ୍ଦର ଉଲ୍ଲେଖରୁ ସୁଆଙ୍ଗ, ଗଣନାଟ୍ୟ, ଲୀଳା, ଚଇତିଘୋଡ଼ା ନାଚ, ଯାତ୍ରା ଆଦି ମାଧ୍ୟମରେ ପ୍ରାଚୀନ କାଳରୁ ନାଟ୍ୟାଭିନୟ ଯେ ପରିପୁଷ୍ଟ ହୋଇଥିଲା ଏଥିରେ ସନ୍ଦେହର ଅବକାଶ ନାହିଁ। ପାଶ୍ଚାତ୍ୟ ସମାଲୋଚକ ଇ.ପି. ହାରୋ ଉଇଜ (E.P. Harrowitz)ତାଙ୍କର ଏକ ମନ୍ତବ୍ୟରେ ସ୍ୱୀକାର କରିଛନ୍ତି "Even the Vedic age know jatras - memorable heirloom of Aryan antiquity" ବୈଦିକ କାଳରେ ଆଧ୍ୟାତ୍ମିକ ଶୋଭାଯାତ୍ରାରେ ସାମବେଦର ମନ୍ତ୍ର ଗାନ ସହିତ ନୃତ୍ୟ ଓ ଅଭିନୟ ଆଦି ପ୍ରଦର୍ଶିତ ହେଉଥିଲା । ଯାହା ପରବର୍ତ୍ତୀ କାଳରେ ଯାତ୍ରାର ରୂପ ନେଇଥିବା ଅସମ୍ଭବ ମନେହୁଏ ନାହିଁ। ଆସାମ, ବଂଗଳା, ଓଡ଼ିଶା, ବିହାର, ଗୁଜୁରାଟ, ରାଜସ୍ଥାନ, ଉତ୍ତରାଖଣ୍ଡ ଆଦି ଅଞ୍ଚଳରେ କୃଷ୍ଣଲୀଳା ବା ରାସଲୀଳା ଏବଂ ଦକ୍ଷିଣ ଭାରତର କୁଚିୟାଗମ୍ ଓ ଯକ୍ଷଗାନ ପ୍ରଭୃତି ବିଭିନ୍ନ ଲୀଳା ମାଧ୍ୟମରେ ନାଟ୍ୟକଳା ବିକଶିତ ହୋଇଥିଲା। ଓଡ଼ିଶାରେ ଗଂଗବଂଶୀ ରାଜାମାନେ ମନ୍ଦିରମାନଙ୍କରେ ଦେବଦାସୀ ବା ମାହାରୀ ନୃତ୍ୟ ବ୍ୟବସ୍ଥା ନିମିତ୍ତ ନାଟମନ୍ଦିରମାନ ନିର୍ମାଣ କରାଇଥିଲେ। ପୁରୀ ଶ୍ରୀମନ୍ଦିରରେ ମଧ ମାହାରୀ ନିୟୋଗ ବ୍ୟବସ୍ଥା ଏବଂ ଦେବଦାସୀ ପରଂପରା ବିଷୟଟି ସର୍ବଜନ ବିଦିତ। ଏତଦ୍ ବ୍ୟତୀତ ରାୟ ରାମାନନ୍ଦଙ୍କର ଜଗନ୍ନାଥବଲ୍ଲଭ ନାଟକ, କବି ଜୟଦେବଙ୍କ ଅଭିନୟଧର୍ମୀ ସଂଗୀତ ନାଟକ ଗୀତଗୋବିନ୍ଦ ତଥା

ବାହୁଡ଼ାଯାତ୍ରା ଅନ୍ତେ 'ଲକ୍ଷ୍ମୀନାରାୟଣ' କଳି ସମୟରେ ମହାପ୍ରଭୁଙ୍କ ପକ୍ଷରୁ ସେବକମାନେ ତଥା ଶ୍ରୀମହାଲକ୍ଷ୍ମୀଙ୍କ ତରଫରୁ ଦେବଦାସୀମାନେ ନାନା ସଂଳାପ ବିନିମୟର ଅନୁଷ୍ଠାନ, ପାରଂପାରିକ ଭାବରେ ନାଟ୍ୟକଳାକୁ ଜନମାନସରେ ଉଜ୍ଜୀବିତ, ରୁଦ୍ଧିମନ୍ତ ଓ କାଳଜୟୀ କରାଇବା ଦିଗରେ ଏକ ବିଶେଷ ଭୂମିକା ନିର୍ବାହ କରିଆସିଛି। ସେଇପରି ଦକ୍ଷିଣ ଭାରତରେ ବହୁବିଧ ନୃତ୍ୟାଭିନୟ ଓ ସଂଳାପ ମାନ ମନ୍ଦିର ମାନଙ୍କରେ ଦେବ ସେବା ନିମନ୍ତେ ଉତ୍ସର୍ଗୀକୃତ ଥିଲା। ଏ ସବୁ ଲୋକକଳା ମାଧ୍ୟମରେ ନୃତ୍ୟନାଟକର ଏକ ବର୍ଣ୍ଣାଢ଼୍ୟ ପରଂପରା ସମଗ୍ର ଭାରତରେ ଅତି ପ୍ରାଚୀନ କାଳରୁ ବିକଶିତ ହୋଇ ଜନମାନସକୁ ଅଦ୍ୟାବଧ୍ି ଭକ୍ତିର ଭାବଧାରାରେ ରସାପ୍ଳୁତ ଏବଂ ନୈତିକ ଚେତନାରେ ଉଦ୍‌ବୁଦ୍ଧ କରି ଆସିଛି। ବାସ୍ତବରେ ଏକ ମୂଲ୍ୟବୋଧ ଭିତ୍ତିକ ସଫଳ ନାଟକରୁ କୌଣସି ଦେଶର ଶ୍ରେଷ୍ଠତ୍ୱ ଏବଂ ଅନ୍ତରାତ୍ମାର ପ୍ରତିଧ୍ୱନୀକୁ ଶୁଣାଯାଇପାରେ ଅଥବା ଅନୁଭବ କରିହୁଏ। ଏଣୁ ଯଥାର୍ଥରେ କୁହାଯାଇଛି "A nation is known by its theatre"। ମାତୃଗର୍ଭରୁ କେହି ନାଟ୍ୟକାର ହୋଇ ଜନ୍ମ ଗ୍ରହଣ କରିନଥାନ୍ତି। ଏଥିପାଇଁ ଆବଶ୍ୟକ ନିଜର ସାଧାରଣ ଜ୍ଞାନ, ସାଂସ୍କୃତିକ ଚେତନା, ପ୍ରତିଭା, ପରିବେଶ ଓ ଅଭିଜ୍ଞତା। ଏଇସବୁ ଉପାଦାନର ସମନ୍ୱୟରୁ ନାଟ୍ୟକାର ରଚନା କରିଥାନ୍ତି ସଫଳ ନାଟକ। ଏହି ତତ୍ତ୍ୱକୁ ନିଜ ଭାଷାରେ ରୂପ ଦେବାକୁ ଯାଇ ଡବ୍ଲୁ ଟି. ପ୍ରାଇସ୍ କହିଛନ୍ତି "The idea that one can be a born play wright is a monstrous lie"

■

ଭାରତରେ ଲୋକନାଟ୍ୟ ଓ ନୃତ୍ୟ ପରମ୍ପରା: ଏକ ଅନୁପମ ସୃଷ୍ଟି

ନାଟ୍ୟ ପରଂପରାର ଆଦ୍ୟ ପ୍ରବର୍ତ୍ତକ ଭାବରେ ଭଗବାନ ଶଙ୍କରଙ୍କୁ ଗ୍ରହଣ କରାଯାଏ। ଏଣୁ ସେ ନଟରାଜ ନାମରେ ନାମିତ। ମହାକବି କାଳିଦାସ ତାଙ୍କର 'ମାଳବିକାଗ୍ନି ମିତ୍ରମ୍'ରେ ଏହାର ମହତ୍ତ୍ୱ ପ୍ରତିପାଦିତ କରି ଉଲ୍ଲେଖ କରିଛନ୍ତି ।

"ଦେବାନାମିଦମାମନନ୍ତି ମୁନୟଃ ଶାନ୍ତଂ କ୍ରତୁଂ ଚାକ୍ଷୁଷଂ
ରୁଦ୍ରେଣେଦମୁମାକୃତବ୍ୟତିକରେ ସ୍ୱାଙ୍ଗେ ବିଭକ୍ତଂ ଦ୍ୱିଧା ।
ତ୍ରୈଗୁଣ୍ୟୋଭବମତ୍ର ଲୋକଚରିତଂ ନାନାରସଂ ଦୃଶ୍ୟତେ
ନାଟ୍ୟଂ ଭିନ୍ନରୁଚେର୍ଜନସ୍ୟ ବହୁଧାପ୍ୟେକଂ ସମାରାଧନମ୍ ।। (୧/୪)

ଯାହାର ଭାବାର୍ଥ: ନାଟ୍ୟ ହେଉଛି ଦେବତାମାନଙ୍କର ଚକ୍ଷୁ ଓ ମନକୁ ଆନନ୍ଦ ପ୍ରଦାନକାରୀ ଏକ ଯଜ୍ଞ ସଦୃଶ। ପାର୍ବତୀଙ୍କ ସହ ବିବାହ ଅନନ୍ତର ଶିବ ନିଜ ଶରୀର ମଧ୍ୟରେ ଏହାକୁ ଦୁଇ ଭାଗରେ ବିଭକ୍ତ କରିଥିଲେ। ଗୋଟିଏ ତାଣ୍ଡବ ଏବଂ ଅନ୍ୟଟି ଲାସ୍ୟ। 'ତାଣ୍ଡବ' ଯାହା ଉଦ୍ଧତ ଏବଂ ଆକର୍ଷକ। ଏହା ଶଙ୍କରଙ୍କର ନୃତ୍ୟ ହୋଇଥିବା ବେଳେ 'ଲାସ୍ୟ' ପାର୍ବତୀଙ୍କର ନୃତ୍ୟ ଅଟେ। 'ଲାସ୍ୟ' ହେଉଛି ସୁକୁମାର ତଥା ମନୋହର। ତ୍ରିଗୁଣରୁ ଉତ୍ପନ୍ନ ବିଭିନ୍ନ ଚରିତମାନ ନୃତ୍ୟରେ ସମାବିଷ୍ଟ ହୋଇଥାଏ। ଏଣୁ ଭିନ୍ନ ଭିନ୍ନ ରୁଚି ବିଶିଷ୍ଟ ବ୍ୟକ୍ତିମାନେ ମଧ୍ୟ ଏଥିରୁ ସମାନ ଆନନ୍ଦ ପ୍ରାପ୍ତ କରିଥାନ୍ତି। ଅତଏବ ମନୋରଂଜନର ମଧ୍ୟ ଏହା ବିଶେଷ ମାଧ୍ୟମ ରୂପେ ପରିଗଣିତ ହୋଇଥାଏ ।

ଶାସ୍ତ୍ରର ପ୍ରମାଣ ଅନୁଯାୟୀ ତ୍ରେତାଯୁଗରେ ଦେବତାମାନଙ୍କ ପ୍ରାର୍ଥନା ଦ୍ୱାରା ବ୍ରହ୍ମା ସନ୍ତୁଷ୍ଟ ହୋଇ ଭଗବାନ ଶଙ୍କରଙ୍କ ପ୍ରଦର୍ଶିତ ନୃତ୍ୟ ବିଦ୍ୟା ଧାରାରେ 'ନୃତ୍ୟବେଦ' ସୃଷ୍ଟି କରିଥିଲେ। ସେ ଋକ୍‌ବେଦରୁ ପାଠ୍ୟ, ସାମବେଦରୁ ଗୀତ, ଯଜୁର୍ବେଦରୁ ଅଭିନୟ ତଥା ଅଥର୍ବବେଦରୁ ରସ–ଏହିପରି ଚାରିବେଦରୁ ଚାରିଗୋଟି ତତ୍ତ୍ୱ ଦ୍ୱାରା 'ନାଟ୍ୟବେଦ'ର ରଚନା କରିଥିଲେ ଯାହା 'ନାଟ୍ୟଶାସ୍ତ୍ର'ରେ ସୁନ୍ଦର ଭାବରେ ବର୍ଣ୍ଣିତ –

"ଜଗ୍ରାହ ପାଠ୍ୟମୃଗ୍‌ବେଦାତ୍ ସାମଭ୍ୟୋ ଗୀତମେବ ଚ।
ଯଜୁର୍ବେଦାଦଭିନୟାନ୍ ରସାନାଥର୍ବଣାଦପି (ନାଟ୍ୟଶାସ୍ତ୍ର ୧/୧୭)

ଅତଏବ ଭାରତରେ ନୃତ୍ୟ ଓ ନାଟ୍ୟ ପରମ୍ପରାର ମୂଳଦୁଆ ଯେ ଅତ୍ୟନ୍ତ ପ୍ରାଚୀନ ଏଥିରେ ସନ୍ଦେହ ନାହିଁ। କାଳର ଅନନ୍ତ ଗତି କ୍ରମରେ ଏହି ବିଦ୍ୟାର ଭୂୟୋ ବିକାଶ ହୋଇ ଦେଶର ବିଭିନ୍ନ ଭାଗରେ ଏହା ବହୁବିଧ ନାମ ଓ ସ୍ୱରୂପ ଗ୍ରହଣ କରି ଆତ୍ମପ୍ରକାଶ କରିଛି। ସେମାନଙ୍କ ମଧ୍ୟରୁ କଥକ, ଓଡ଼ିଶୀ, ଭାରତ ନାଟ୍ୟମ୍, କୁଚିପୁଡ଼ି, କଥକଲୀ, ମଣିପୁରୀ, ଘୁମର, ଗରବା, ଭାଙ୍ଗଡ଼ା ଓ ଗିଦ୍‌ଦା, ସତ୍ରିଆ, ମୋହିନୀ ଅଟ୍ଟମ୍, ଦାଣ୍ଡିଆ ଆଦି ନୃତ୍ୟ ସୁପ୍ରସିଦ୍ଧ ଏବଂ ଉଲ୍ଲେଖଯୋଗ୍ୟ। ଏତଦ୍‌ବ୍ୟତୀତ ସୁଆଙ୍ଗ, ଛଉନାଚ, ଦାଶକାଠିଆ, ଲୀଳା, ମୋଗଲ ତାମସା, ଚଇତି ଘୋଡ଼ା ନାଚ, ଚଢ଼େୟା ଚଢ଼େୟାଣୀ ନାଚ, ପଶ୍ଚିମ ଓଡ଼ିଶାର ଲୋକନୃତ୍ୟ, ରସର କେଲି, କରମା ନାଚ ଇତ୍ୟାଦି ଉତ୍କଳୀୟ ଲୋକନାଟ୍ୟ ପରଂପରାର ଅବିଚ୍ଛେଦ୍ୟ ଅଙ୍ଗ ରୂପେ ଆଦୃତ। ଉପରୋକ୍ତ ନୃତ୍ୟମାନଙ୍କ ମଧ୍ୟରୁ କେତେକ ନିମ୍ନରେ ଆଲୋଚିତ ହେଲା।

(୧) **କଥକ** : ଏହି ନୃତ୍ୟ ହିନ୍ଦୁଧର୍ମ ଅନ୍ତର୍ଗତ ଧାର୍ମିକ କାହାଣୀମାନଙ୍କ ଆଧାରରେ ରଚିତ ହୋଇଥିବା ନାଟକୀୟ ରୂପାନ୍ତର ଅଟେ। ଉତ୍ତର ଭାରତରେ ଏହି ନୃତ୍ୟର ଜନ୍ମ। ପାଦରେ ଶତାଧିକ ଘୁଙ୍ଗୁର ସହ ତାଳବଦ୍ଧ ନୃତ୍ୟ ଏବଂ ବିହଙ୍ଗମ ତଥା ଆକର୍ଷକ ଘୂର୍ଣ୍ଣନ ପ୍ରକ୍ରିୟା ଏହି ନୃତ୍ୟର ବିଶେଷତ୍ୱ । ବନାରସ, ଲକ୍ଷ୍ନୌ ତଥା ଜୟପୁର ଆଦି ଅଞ୍ଚଳରେ କୃଷ୍ଣଲୀଳାକୁ କେନ୍ଦ୍ର କରି ଭକ୍ତି ଆନ୍ଦୋଳନ କାଳରେ ଏହି ନୃତ୍ୟ ବିକଶିତ ହୋଇଥିଲେ ମଧ୍ୟ ପରବର୍ତ୍ତୀ କାଳର ମୋଗଲ ଶାସକମାନେ ଏହାର ଉଚ୍ଚ ପ୍ରଶଂସକ ଥିଲେ। ଏଣୁ ଏହି ନୃତ୍ୟ ଶାହୀ ଦରବାରରେ ପ୍ରଦର୍ଶିତ

ହେବାକୁ ଲାଗିଲା ଏବଂ ଆଜିର ସ୍ୱରୂପକୁ ଗ୍ରହଣ କଲା। ପଞ୍ଚଦଶ ଶତାବ୍ଦୀରେ ମୋଗଲ ନୃତ୍ୟ ଏବଂ ସଂଗୀତ ଆଦି ସଂସ୍ପର୍ଶରେ ଆସି ଏଥିରେ ବିଶେଷ ପରିବର୍ତ୍ତନର ସୂତ୍ରପାତ ହୋଇଥିଲା ବୋଲି ଐତିହାସିକମାନଙ୍କ ମତ ।

(୨) **ଓଡ଼ିଶୀ :** ଏହି ନୃତ୍ୟର ଉଲ୍ଲେଖ କୋଣାର୍କ, ବ୍ରହ୍ମେଶ୍ୱର ମନ୍ଦିର ଆଦିର ଶିଳାଲେଖରୁ ମିଳିଥାଏ। ଏହାକୁ ସର୍ବପ୍ରାଚୀନ ନୃତ୍ୟ ରୂପେ ଗ୍ରହଣ କରାଯାଏ ଯାହା ଅଦ୍ୟାବଧି ଜୀବିତ ରହିଛି। କୃଷ୍ଣଲୀଳା ଆଧାରିତ କାହାଣୀକୁ ନେଇ ଏହି ସରସ ଓ କବିତାମୟ ଶାସ୍ତ୍ରୀୟ ନୃତ୍ୟ ପ୍ରଦର୍ଶିତ ହୋଇଥାଏ। ଏଥିରେ ଶ୍ରୀଜଗନ୍ନାଥଙ୍କ ମହିମା ତଥା ଉତ୍କଳୀୟ ପରଂପରା ଓ ପରିବେଶ ସ୍ଥାନିତ ହୋଇଥାଏ। ଏହି ନୃତ୍ୟ, ମନ୍ଦିରମାନଙ୍କରେ ପୂର୍ବେ ହେଉଥିବା ଦେବଦାସୀ ନୃତ୍ୟ ଆଧାରରେ ନିର୍ମିତ। ଓଡ଼ିଶୀ ନୃତ୍ୟର ଅଭିବ୍ୟକ୍ତି ଏବଂ ମୁଦ୍ରା ଆଦି ଭାରତନାଟ୍ୟମ୍ ଶୈଳୀ ସହ ସାଦୃଶ୍ୟ ରଖୁଥିବା ବେଳେ ଶରୀରର ତିନି ଅଂଗ ଯଥା – ଶିର, ଶରୀର ଏବଂ ପାଦ ଅଥବା ତ୍ରିଭଂଗ ଉପରେ ଧ୍ୟାନ କେନ୍ଦ୍ରିତ (ଏହି ନୃତ୍ୟରେ) କରାଯାଇଥାଏ। ଏଥିରେ ପ୍ରମୁଖତଃ ଦୁଇଟି ଆୟାମ ଦୃଷ୍ଟିଗୋଚର ହୁଏ : (୧) ନୃତ୍ୟ - ଯେଉଁଥିରେ ବିଭିନ୍ନ ଭଂଗିମା ଏବଂ ମୁଦ୍ରାମାନ ପ୍ରଦର୍ଶିତ ହୁଏ (୨) ଅଭିନୟ – ନୃତ୍ୟର ତାଳେତାଳେ ଅଭିନୟ, ହସ୍ତ ମାଧ୍ୟମରେ ସାଂକେତିକ ହାବଭାବ, ମୁଖମଣ୍ଡଳ ତଥା ଶାରୀରିକ ଅଭିବ୍ୟକ୍ତି ଦ୍ୱାରା ଶାସ୍ତ୍ରୀୟ କାହାଣୀଗୁଡ଼ିକୁ ଆକର୍ଷକ ଢଂଗରେ ଦର୍ଶକମାନଙ୍କୁ ବୁଝାଇ ଦିଆଯାଇଥାଏ ।

(୩) **ଭାରତନାଟ୍ୟମ୍ :** ଏହି ନୃତ୍ୟ ପ୍ରାଣରେ ଅଫୁରନ୍ତ ଉତ୍ସାହ ସୃଷ୍ଟିକରି ଜୀବନକୁ ଗତିଶୀଳ କରାଇବା ନିମିତ୍ତ ମାନବ ସମାଜକୁ ବ୍ରହ୍ମାଙ୍କ ଦ୍ୱାରା ପ୍ରଦାନ କରାଯାଇଛି ବୋଲି ଶାସ୍ତ୍ରରେ ଉଲ୍ଲେଖ ଅଛି। ସ୍ୱର୍ଗର ଦେବତାମାନଙ୍କ ପ୍ରାର୍ଥନାକୁ ସ୍ୱୀକାର କରି ବ୍ରହ୍ମା 'ନାଟ୍ୟ ବେଦ ବା ପଞ୍ଚମବେଦ'ର ସର୍ଜନା କରିଥିଲେ । ପରବର୍ତ୍ତୀ କାଳରେ ଭରତମୁନି ଏହାର ଉଦ୍ଧାର କରି ନାଟ୍ୟଶାସ୍ତ୍ର ରଚନା କରିଥିଲେ। ଏଣୁ ଏହାର ନାମକରଣ 'ଭାରତ ନାଟ୍ୟମ୍' ହୋଇଥିବା ସମ୍ଭବ ମନେହୁଏ। ପୂର୍ବେ ଏହି ନାଟ୍ୟକୁ ତଞ୍ଜାବୁର ନାଟ୍ୟମ୍, ସାଦିର ନାଟ୍ୟମ୍ ବା ଦାସୀ ଅଟ୍ଟମ୍ ବୋଲି କୁହାଯାଉଥବା ଅନେକ ମତ ପ୍ରକାଶ କରନ୍ତି। ଏହା ଯଦିଓ ଭାରତର ପ୍ରସିଦ୍ଧ

ନୃତ୍ୟମାନଙ୍କ ମଧ୍ୟରେ ଅନ୍ୟତମ ତଥାପି ଏହି ନୃତ୍ୟ ବିଶେଷ ଭାବରେ ଦକ୍ଷିଣ ଭାରତୀୟ ରାଜ୍ୟ ତାମିଲନାଡୁ ସହ ସମ୍ବନ୍ଧିତ। ଧର୍ମ, ବିଜ୍ଞାନ ଏବଂ ଦର୍ଶନଶାସ୍ତ୍ର ଆଦି ମାନବ ଜୀବନର ତିନି ମୂଳତତ୍ତ୍ୱକୁ ଆଧାର କରି ଏହି ନୃତ୍ୟ ଗଢ଼ିଉଠିଛି।

ଏହା ଏକ ଶ୍ରେଷ୍ଠ ରୁଚି ସମ୍ପନ୍ନ ତଥା ସୌନ୍ଦର୍ଯ୍ୟ ପ୍ରଧାନ ନୃତ୍ୟ ଅଟେ। ଭାରତନାଟ୍ୟମ୍‌ରେ ଭାବ, ରାଗ, ତାଳ, ସମୟ ପ୍ରବନ୍ଧନ ବା ସାମଞ୍ଜସ୍ୟ ତଥା ସ୍ୱର ମାଧୁର୍ଯ୍ୟ ଆଦି ତିନି ଚାରୋଟି ପ୍ରମୁଖ ତତ୍ତ୍ୱଗୁଡ଼ିକୁ ସନ୍ନିବେଶିତ ତଥା ବିଶେଷ ପ୍ରାଧାନ୍ୟ ଦିଆଯାଇଛି। ଏହି ନୃତ୍ୟର କୁଶଳ ସମ୍ପାଦନ ନିମିତ୍ତ ଶରୀର ଚାଳନା ଅଥବା ଅଙ୍ଗ ସଞ୍ଚାଳନ ସକାଶେ ବିଧି ଦୃଷ୍ଟିରୁ ୬୪ଗୋଟି ସିଦ୍ଧାନ୍ତ ଅନୁସୃତ ହୋଇଥାଏ। ଏହାଦ୍ୱାରା ସାଂସାରିକ ବିଷୟ ପ୍ରତି ବିରକ୍ତି ତଥା ଈଶ୍ୱରଙ୍କ ନିମିତ୍ତ ପୂର୍ଣ୍ଣ ସମର୍ପଣର ଭାବ ଉଦ୍ରେକ ହେଉଥିବାରୁ ଏହାର ପ୍ରଦର୍ଶନ ଫଳରେ କର୍ତ୍ତାଙ୍କ ଠାରେ ଚରମ ଆତ୍ମିକ ବିକାଶ ସମ୍ଭବ ହୋଇଥାଏ । ଏହି ନୃତ୍ୟର ବିଶ୍ୱବିଖ୍ୟାତ କଳାକାରମାନଙ୍କ ମଧ୍ୟରେ ମୃଣାଳିନୀ ସରାଭାଇ, ମାଳବିକା ସରକାର, ଲୀଳା ସାମସେନ, ଯାମିନୀ କୃଷ୍ଣମୂର୍ତ୍ତି, ସୋନଲ ମାନସିଂହ, ପଦ୍ମ ସୁବ୍ରହ୍ମଣ୍ୟମ୍, ରୁକ୍ମିଣୀ ଦେବୀ ଅରୁଣ୍ଡଲେ, ବୈଜୟନ୍ତୀମାଳା ବାଲୀ ଆଦି ଅନ୍ୟତମ ।

(୪) **କୁଚିପୁଡ଼ି :** ଆନ୍ଧ୍ରପ୍ରଦେଶର କୃଷ୍ଣା ଜିଲ୍ଲାରେ କୁଚେଲାପୁରୀ ବା କୁଚେଲାପୁରମ୍ ନାମରେ ଏକ ଗ୍ରାମ ବିଦ୍ୟମାନ। ସେହି ଗ୍ରାମରେ ଏହି ନୃତ୍ୟର ସୃଷ୍ଟି ଓ ବିକାଶ ହୋଇଥିବାରୁ ଏହାର ନାମ 'କୁଚିପୁଡ଼ି' ହୋଇଛି। ଏହି ନୃତ୍ୟ ଖ୍ରୀ.ପୂ. ତୃତୀୟ ଶତାବ୍ଦୀରେ ଜନ୍ମିତ ବୋଲି ଅନେକ ମତ ପ୍ରକାଶ କରନ୍ତି। ଏହା ପ୍ରଥମେ ନୈଷ୍ଠିକ 'ଭାଗବତଥାଲୁ' ନାମକ କେବଳ ବ୍ରାହ୍ମଣ ପୁରୁଷମାନଙ୍କ ଦ୍ୱାରା ଦେବତାଙ୍କ ଉଦ୍ଦେଶ୍ୟରେ ସମର୍ପିତ ଏକ ନୃତ୍ୟରୂପେ ପ୍ରଦର୍ଶିତ କରାଯାଉଥିଲା। ନାରୀମାନେ ଏହି ନୃତ୍ୟର ନିଷ୍ପାଦନ କରିପାରୁନଥିଲେ। କିନ୍ତୁ କାଳସ୍ରୋତରେ ଏହି ନୃତ୍ୟକଳାର ଅବକ୍ଷୟମୁଖୀସ୍ଥିତି ତଥା ସଂକଟ କାଳ ଉପସ୍ଥିତ ହେଲା। ସେହି ସମୟରେ ସିଦ୍ଧେନ୍ଦ୍ର ଯୋଗୀ ନାମରେ ଜଣେ ତପସ୍ୱୀସାଧକ ଏହି ନୃତ୍ୟକୁ ନୂତନ ଭାବରେ ପ୍ରତିଷ୍ଠିତ କରାଇଥିଲେ ଏବଂ କେତେକ ମୁଷ୍ଟିମେୟ ବ୍ରାହ୍ମଣ ପରିବାର ଏହି କଳାକୁ ସୁଦୀର୍ଘ ପାଞ୍ଚଶହ ବର୍ଷ ଧରି ପାରମ୍ପରିକ ଭାବରେ ସୁରକ୍ଷା ଦେବା ସଂଗେ ସଂଗେ ସମୃଦ୍ଧଶାଳୀ କରାଇଥିଲେ। ଡକ୍ଟର ବେମାପତି

ଚିନ୍ନା ସତ୍ୟମ୍ ଏହି କଳାରେ ଅନେକ ସୁଧାର ଆନୟନ କରିବା ସହିତ ଏହାର ରୂପରେଖକୁ ବ୍ୟାପକ କରିବା ନିମିତ୍ତ ଏଥିରେ ବହୁ ନୃତ୍ୟନାଟିକା ସଂଯୋଗ କରିଥିଲେ। ଏତଦବ୍ୟତୀତ ଚିନ୍ତାକୃଷ୍ଣମୂର୍ତ୍ତି, ତାଦେପଲ୍ଲୀ ପେରାୟା ଏବଂ ବେଦାନ୍ତମ୍ ଲକ୍ଷ୍ମୀ ନାରାୟଣ ଆଦି ସୁପ୍ରସିଦ୍ଧ ଗୁରୁମାନେ ଏଥିରେ ମହିଳାମାନଙ୍କୁ ପ୍ରବେଶ ଦେଇ ଏହି ନୃତ୍ୟକଳାକୁ ସମୃଦ୍ଧଶାଳୀ କରାଇଥିଲେ।

(୫) **କଥକଲୀ :** କଥକଲୀ ନୃତ୍ୟରେ ସାଧାରଣତଃ ମହାଭାରତ, ରାମାୟଣ ଆଦି ମହାଗ୍ରନ୍ଥ ଅଥିବା ପୁରାଣାଦିରୁ ସଂଗୃହିତ କଥା ବା କାହାଣୀକୁ ନୃତ୍ୟନାଟିକା ମାଧ୍ୟମରେ ପ୍ରଦର୍ଶିତ କରାଯାଏ। ଏହା କଥା ବା କାହାଣୀକୁ ଆଧାର କରି ଅଭିନୀତ ହେଉଥିବା ଏକ ପ୍ରକାର ନୃତ୍ୟନାଟିକା। ଏଥିରେ ଅଭିନେତା ବା ନର୍ତ୍ତକ ସୁନ୍ଦର ସାଜସଜ୍ଜା, ପରିଧାନ, ଆଭୂଷଣ, ମୁକୁଟ ଏବଂ ମନୋରମ ଦୁପଟା ପରିହିତ ହୋଇ ପୌରାଣିକ ଚରିତ୍ରଗୁଡ଼ିକରେ ଅଭିନୟ କରିଥାନ୍ତି। ଏହି ନୃତ୍ୟର ସବୁଠୁଁ ପ୍ରମୁଖ ବିଶେଷତ୍ୱ ହେଉଛି ଯେ ଏଥିରେ କଥାବାର୍ତ୍ତା ବା ବାକ୍ୟ ସଂଳାପ ପରିବର୍ତ୍ତେ କେବଳ ଆଙ୍ଗିକ ଅଭିବ୍ୟକ୍ତି ବା ହାବଭାବ ଦ୍ୱାରା ସମସ୍ତ ଭାବନାକୁ ପ୍ରକଟ କରାଯାଇଥାଏ। କୁଚିପୁଡ଼ି ସଦୃଶ ଏହା ମଧ୍ୟ ପୂର୍ବେ କେବଳ ପୁରୁଷ ପ୍ରଧାନ ନୃତ୍ୟଥିବା ବେଳେ ଏବେ ଏଥିରେ ମହିଳାମାନେ ମଧ୍ୟ ଅଂଶଗ୍ରହଣ କରୁଛନ୍ତି। ଏହି ନୃତ୍ୟ କେରଳ ରାଜ୍ୟର ଏକ ସମୃଦ୍ଧଶାଳୀ ତଥା ପ୍ରଭାବଶାଳୀ କଳା ଅଟେ। ଏହି ପାରମ୍ପରିକ ଓ ପ୍ରାଚୀନ ନୃତ୍ୟକଳା ଦ୍ୱାରା ବିଶେଷ ଭାବରେ ପ୍ରଭାବିତ ହୋଇ ସେଠାକାର କୁଡ଼ିୟାଟମ୍, ମୁଡ଼ିୟାଟମ୍, ମାର୍ଶଲକଳା ତଥା ଥେୟାମ ଆଦି ନୃତ୍ୟଗୁଡ଼ିକ ବିଶେଷଭାବରେ ସମୃଦ୍ଧ ଏବଂ ପରିପୁଷ୍ଟ ହୋଇଛନ୍ତି। କଥକଲୀ ନୃତ୍ୟ କେରଳ ପ୍ରଦେଶର ପାରମ୍ପରିକ ଏବଂ ଅତି ପ୍ରାଚୀନ ନୃତ୍ୟକଳା ଯାହା ବହୁ ଶତାବ୍ଦୀ ଧରି ବିକଶିତ ହୋଇ ଆଜିର ରୂପରେ ପ୍ରଦର୍ଶିତ ହେଉଛି ।

୬) **ଛଉନୃତ୍ୟ :** ଏହା ଏକ ବୀର ରସ ପ୍ରଧାନ ନୃତ୍ୟ। ଅତୀତର ସେନାଛାଉଣୀରେ ଏହି ନୃତ୍ୟର ସୃଷ୍ଟି ହୋଇଥିଲା। ଏହାର ପ୍ରଚଳନ ପ୍ରଥମେ ଓଡ଼ିଶାର ଆଦିବାସୀ, ବନବାସୀବହୁଳ ଜିଲ୍ଲା ମୟୂରଭଞ୍ଜରେ ହୋଇଥିବା ବିଦ୍ୱାନମାନଙ୍କ ମତ। ପୁଣି ଏଥିରେ 'ମୁଖା'ର ବ୍ୟବହାର ହେଉଥିବାରୁ ଏହାକୁ 'ମୁଖାନୃତ୍ୟ' ବୋଲି ମଧ୍ୟ କୁହାଯାଏ।

ବୀରରସ ପ୍ରଧାନ ହେଲେ ମଧ୍ୟ ପରବର୍ତ୍ତୀ କାଳରେ ଏଥିରେ ଲାସ୍ୟନୃତ୍ୟ ବ୍ୟବହୃତ ହୋଇ ଓଡ଼ିଶା ବ୍ୟତୀତ ପଶ୍ଚିମବଂଗର ପୁରୁଲିଆ ଏବଂ ଝାଡ଼ଖଣ୍ଡରେ ଏହା ଯଥେଷ୍ଟ ପ୍ରସିଦ୍ଧି ଲାଭ କରିଛି। ଏହି ଅଞ୍ଚଳଗୁଡ଼ିକ ଦିନେ ଓଡ଼ିଶା ରାଜ୍ୟର ଅଂଶବିଶେଷ ଥିଲା। ଏଣୁ ଏହି ନୃତ୍ୟକୁ ଓଡ଼ିଶାର ଅବଦାନ କହିଲେ ଅତ୍ୟୁକ୍ତି ହେବନାହିଁ। ଏହି ନୃତ୍ୟ ଶିକ୍ଷା ପାଇଁ କଳାକାରମାନେ ଦଶହରାଠାରୁ ଶୈବ ଓ ଶକ୍ତି (ଭୈରବ ଏବଂ ଅମ୍ବିକା)ଙ୍କର ପୂଜା ପରେ ଶୁଦ୍ଧପୂତ ଭାବରେ ଏକଜୁଟ୍ ହୋଇ ଶିକ୍ଷା ପ୍ରାରମ୍ଭ କରନ୍ତି ଏବଂ ଆଦିବାସୀମାନଙ୍କର ମୁଖ୍ୟ ଅବସର 'ଚୈତ୍ରପର୍ବ'ରେ ଛଉ ନୃତ୍ୟ ପ୍ରଦର୍ଶନର ଉଦ୍‌ଯାପନ କରାଯାଏ। 'ରଙ୍ଗବାଦ୍ୟ'ରୁ ଛଉନୃତ୍ୟର ପ୍ରାରମ୍ଭ ହୁଏ। ଧୁମ୍‌ସା, ଚଡ଼୍‌ଚଡ଼ି ଓ ମହୁରୀ ହେଉଛି ଏହାର ପାରମ୍ପରିକ ବାଦ୍ୟ। ତେବେ ଆଜିକାଲି ଆଧୁନିକ ବାଦ୍ୟଯନ୍ତ୍ର ହାର୍ମୋନିୟମ, କ୍ଲାରିଓନେଟ୍ ଆଦି ମଧ୍ୟ ବହୁଳ ଭାବେ ବ୍ୟବହୃତ ହେଉଥିବା ଦେଖିବାକୁ ମିଳେ। ଛଉନୃତ୍ୟରେ ମହାଭାରତ, ରାମାୟଣ, ପୌରାଣିକ, ଶିକାର ବିଷୟକ କଥାବସ୍ତୁମାନ ସ୍ଥାନିତ ହୋଇଥାଏ। ଓଡ଼ିଶୀ ସଂଗୀତ ଓ ଅନ୍ୟାନ୍ୟ ଉତ୍କଳୀୟ ଲୋକ ଗୀତ ସହ ଅନେକ ଶାସ୍ତ୍ରୀୟ ରାଗ ଏହି ନୃତ୍ୟରେ ଗୃହୀତ ହୋଇଥିବା ଦେଖାଯାଏ। ଏହି ନୃତ୍ୟ ଉତ୍କଳୀୟ ଲୋକକଳାର ପ୍ରତୀକ ଭାବରେ ବିଶ୍ୱପ୍ରସିଦ୍ଧି ଲାଭ କରିଛି। ଏହା ବ୍ୟତୀତ ଦାସକାଠିଆ, ବାଡ଼ିବୁଡଲ, ପାଲା, ଦାୟିକା, ରଣପା ନାଚ, କେଳା କେଳୁଣୀ ନାଚ, କଣ୍ଢେଇ ନାଚ, ଢୁମ୍ପା, ଶବରଶବରୁଣୀ ନାଚ ଓ ଡାଲଖାଇ ଆଦି 'ଓଡ଼ିଆ ନୃତ୍ୟକଳା'ଗୁଡ଼ିକ ଆମ ସାଂସ୍କୃତିକ ବୈଭବ କହିଲେ ଅତ୍ୟୁକ୍ତି ହେବ ନାହିଁ। ଏମାନଙ୍କର ସୁରକ୍ଷା ଆମର ମୌଳିକ କର୍ତ୍ତବ୍ୟ ଅଟେ ।

(୭) **ଘୋଡ଼ାନାଚ ଓ ଚଢ଼େୟା ଚଢ଼େୟାଣୀ ନାଚ :** ଓଡ଼ିଶାର କୈବର୍ତ୍ତମାନେ ନିଜର ଆରାଧ୍ୟ ଦେବୀ 'ବାସୁଳୀ'ଙ୍କ ପୂଜା 'ଚୈତ୍ରପୂର୍ଣ୍ଣିମା'ରେ କରି ଏହି ନାଚର ଆୟୋଜନ କରନ୍ତି। ଏଥିପାଇଁ ସେମାନଙ୍କୁ ଶାସ୍ତ୍ରୀୟ ନିର୍ଦ୍ଦେଶ ଥିବା କୈବର୍ତ୍ତମାନେ ବିଶ୍ୱାସ କରନ୍ତି। ପାର୍ବତୀଙ୍କ ପୂଜା ପରେ ବାଉଁଶର ବାରଖଣ୍ଡ ବତା ତିଆରି କରି ସେଥିରେ ଘୋଡ଼ା ପ୍ରସ୍ତୁତ କରାଯାଏ। ସେଥରେ ମାଟିର ଘୋଡ଼ା ମୁଣ୍ଡ ଯୋଡ଼ି ତାହାକୁ ରଙ୍ଗୀନ କନାରେ ଆବୃତ୍ତ କରାଯାଏ। ଏଇ ସମୟରେ ବ୍ରହ୍ମାଙ୍କୁ ପ୍ରାର୍ଥନା କରି ଘୋଡ଼ାର ପୂଜା କରାଯାଏ। ଏହାପରେ କୈବର୍ତ୍ତମାନେ ଘୋଡ଼ାକୁ ଏକ ପଟୁଆର ସହ ନେଇ ଗୀତଗାଇ ଗାଁ ଦାଣ୍ଡରେ ଘୋଡ଼ା ନାଚ ପ୍ରଦର୍ଶନ କରନ୍ତି।

ଏହି ଶୋଭାଯାତ୍ରା ସହ ଚଢ଼େୟା ଚଢ଼େୟାଣୀ ଯାଆନ୍ତି। ଘୋଡ଼ାର ପଞ୍ଜର ମଧ୍ୟରେ ଜଣେ ଲୋକ ପଶି ଢୋଲ ଓ ମହୁରୀ ବାଦ୍ୟ ସହ ଘୋଡ଼ାକୁ ନଚାଏ। ଗ୍ରାମ୍ୟ ପରିବେଶ ହାସ୍ୟରୋଳ ଓ ଆନନ୍ଦ ପରିପୂର୍ଣ୍ଣ ହୋଇଯାଏ। ଆବାଳବୃଦ୍ଧ ବନିତା ସମସ୍ତେ ଏହାକୁ ଉପଭୋଗ କରିଥାନ୍ତି।

ଘୋଡ଼ାନାଚ, ଦଣ୍ଡନାଚ, ପାଟୁଆନାଚ ଆଦିରେ ଚଢ଼େୟା ଓ ଚଢ଼େୟାଣୀ ରୂପରେ ସଜ୍ଜିତ ହୋଇ ଦୁଇଜଣ ନର୍ତ୍ତକ ପରସ୍ପର ପ୍ରଶ୍ନୋତ୍ତର ମାଧ୍ୟମରେ ଜୀବନ ମୃତ୍ୟୁ, ହର୍ଷ-ଶୋକ, ହାସ୍ୟ-କ୍ରନ୍ଦନ ଆଦି ମଣିଷ ଜୀବନର ଗୂଢ଼ତତ୍ତ୍ୱ ଓ ଦୈନନ୍ଦିନ ଘଟଣା ପ୍ରବାହକୁ ଅଭିନୀତ କରି ମନୋରଂଜନ ଓ ଲୋକଶିକ୍ଷା ମୂଳକ ସନ୍ଦେଶ ପ୍ରଦାନ କରିଥାନ୍ତି । ଏହା ମଣିଷକୁ ବିଭିନ୍ନ ପରିସ୍ଥିତିରେ ଧୈର୍ଯ୍ୟ ଧାରଣ ଓ ଆଧାତ୍ମିକତାର ଅନୁସରଣ ସମ୍ବଳିତ ଲୋକଶିକ୍ଷା ପାଇଁ ପ୍ରେରଣା ଦେଇଥାଏ। ଏ ସମସ୍ତ ସଂଳାପ ଓ ପ୍ରଶ୍ନୋତ୍ତର ସରଳ ଗ୍ରାମ୍ୟ କବିତା ମାଧ୍ୟମରେ ଅଭିନୀତ ହୁଏ।

(୮) **ସୁଆଙ୍ଗ :** ବ୍ୟାକରଣ ଶାସ୍ତ୍ରର ପ୍ରଣେତା ମହର୍ଷି ପାଣିନି ଏହି ଲୋକ ନାଟ୍ୟର ବିଶେଷତା ବର୍ଣ୍ଣନା କରିଛନ୍ତି । ଏହା ଏକ ବୀର ରସାତ୍ମକ ଏବଂ ମନୋରଂଜନଧର୍ମୀ ଲୋକନାଟ୍ୟ ଅଟେ । ବୌଦ୍ଧ ସାହିତ୍ୟରେ 'ସୁଆଙ୍ଗ' ଶବ୍ଦର ପ୍ରଚଳନ ଦେଖାଯାଏ। ବୀର ଓ ଶୃଙ୍ଗାର ରସକୁ ଆଧାର କରି ସୁଆଙ୍ଗ ବା ସ୍ୱାଙ୍ଗର କଥାବସ୍ତୁ ପଦ୍ୟ-ଗୀତ ମାଧ୍ୟମରେ ପ୍ରଦର୍ଶିତ ହୁଏ। ଏଥିରେ କରୁଣ, ଲଘୁହାସ୍ୟ ବା ହାସ୍ୟରସର ସଂଯୋଜନା ହେବା ଫଳରେ ଏହାର ଲୋକପ୍ରିୟତା ବହୁ ଗୁଣରେ ବୃଦ୍ଧି ପାଏ। କେବଳ ଓଡ଼ିଶା ନୁହେଁ ସମଗ୍ର ଭାରତରେ ବହୁବିଧ ରୂପରେ ଏହି ଲୋକନାଟ୍ୟ ପ୍ରଦର୍ଶିତ ହୋଇଆସିଛି। ସୁଆଙ୍ଗକୁ 'ଲୋକନାଟକ'ର ଆଦ୍ୟ ସ୍ୱରୂପ ରୂପେ ଗଣନା କରାଯାଏ। ଖ୍ରୀଷ୍ଟ ଜନ୍ମର ବହୁ ପୂର୍ବରୁ ଏହା ସୃଷ୍ଟି ହୋଇଥିବାରୁ ଏହାର ପ୍ରାଚୀନତା ସହଜରେ ହୃଦବୋଧ ହୁଏ।

(୯) **ମଣିପୁରୀ :** ଅଷ୍ଟାଦଶ ଶତାବ୍ଦୀରେ ଜନ୍ମିତ ଏହି ନୃତ୍ୟକଳା ବୈଷ୍ଣବ ସମ୍ପ୍ରଦାୟ ସହ ସାମଞ୍ଜସ୍ୟ ରଖେ। ଏହି ଶାସ୍ତ୍ରୀୟ ନୃତ୍ୟ ପୂର୍ବୋତ୍ତର ଭାରତର ମଣିପୁର ରାଜ୍ୟରୁ ବିକଶିତ ହୋଇଥିବାରୁ ଏହାକୁ 'ମଣିପୁରୀ ନୃତ୍ୟ' ଭାବରେ

ନାମକରଣ କରାଯାଇଛି। ସାଧାରଣତଃ ଭାଗବତ, ବିଷ୍ଣୁ ପୁରାଣ ଓ ଗୀତଗୋବିନ୍ଦରୁ ଆନିତ କଥାବସ୍ତୁକୁ ଆଧାର କରି ଏହି ନୃତ୍ୟ ପ୍ରଦର୍ଶିତ ହୋଇଥାଏ।

(୧୦) **ଘୁମର :** ଘୁମର ନୃତ୍ୟ ଆଜି ସମଗ୍ର ବିଶ୍ୱରେ ଏକ ପ୍ରସିଦ୍ଧ 'ରାଜସ୍ଥାନୀ କଳା' ରୂପେ ସ୍ୱୀକୃତି ଲାଭ କରିଛି। ଏହା ଏକ ଅତୀବ ଆନନ୍ଦପ୍ରଦାନକାରୀ ଘୂର୍ଣ୍ଣନଶୀଳ ନୃତ୍ୟ। ମହିଳାମାନେ ଲେହେଙ୍ଗା ପରିଧାନ କରି ଏହି ନୃତ୍ୟ ପରିବେଷଣ କରନ୍ତି। ବିବିଧ ରଂଗର ବେଶଭୂଷା ଆଭୂଷଣରେ ସୁସଜ୍ଜିତ ହୋଇ ମହିଳାମାନେ ଗୋଲାକାର ଘେର ସୃଷ୍ଟି କରି ଘୁମର ନୃତ୍ୟ ପ୍ରଦର୍ଶନ କରନ୍ତି ଯାହା ଅତୀବ ଆକର୍ଷଣୀୟ ହୋଇଥାଏ। ଏହି ନୃତ୍ୟ ହୋଲି, ଦୁର୍ଗାପୂଜା, ଗଣଗୌର, ତୀଜପର୍ବ, ବିବାହ ଉତ୍ସବ ଆଦିରେ ବିଶେଷ ଭାବରେ ପ୍ରଦର୍ଶିତ ହୋଇଥାଏ। ନୃତ୍ୟ ସମୟରେ ଦେବୀ ସରସ୍ୱତୀଙ୍କର ପୂଜନ କରି ନୃତ୍ୟାରମ୍ଭ କରାଯାଏ।

ଓଡ଼ିଶାର ସୁନ୍ଦରଗଡ଼, ସମ୍ବଲପୁର, ବଲାଙ୍ଗୀର, କଳାହାଣ୍ଡି ଓ କୋରାପୁଟ ଜିଲ୍ଲାରେ ଏହି ନାମରେ ଯେଉଁ ନୃତ୍ୟର ପ୍ରଚଳନ ଅଛି ତାହାକୁ 'ଘୁମରା' ନୃତ୍ୟ ବୋଲି କୁହାଯାଏ। ହରିଜନ ଓ ଆଦିବାସୀ ସମ୍ପ୍ରଦାୟର ଲୋକମାନେ ଏହି ନୃତ୍ୟ ପରିବେଷଣ କରିଥାନ୍ତି। ଏକ ମାଟି ନିର୍ମିତ ପାତ୍ରର ମୁଖକୁ ଚର୍ମାବୃତ କରାଇ ସେଥିରେ ବାଦ୍ୟଯନ୍ତ୍ର ପ୍ରସ୍ତୁତ କରାଯାଏ। ତାହାକୁ ଘୁମୁରା ବାଦ୍ୟ କହନ୍ତି ଯାହା ଏହି ନୃତ୍ୟ ପାଇଁ ଉପଯୋଗ କରାଯାଏ। ଏହା ମର୍ଦ୍ଦଳ ବାଦ୍ୟର ଘଣ୍ଟାକୃତି କ୍ଷୁଦ୍ରରୂପ। ଏହି ବାଦ୍ୟ ଅନୁଯାୟୀ ନୃତ୍ୟର ନାମକରଣ କରାଯାଇଛି। ଛଅ ସାତ ଜଣିଆ ସଦସ୍ୟ ବିଶିଷ୍ଟ କଳାକାରଙ୍କର ଏକ ସମୂହ ବେକରେ ଏହି ବାଦ୍ୟ ଝୁଲାଇ ଦୁଇ ହାତରେ ବଜାଇ ଘୁଙ୍ଗୁର ବଂଧା ପଦ ବିନ୍ୟାସ ସହ ବୃତ୍ତାକାରରେ ଘୁରିଘୁରି ଚମତ୍କାର ଶୈଳୀରେ ଏହି ନୃତ୍ୟ ପ୍ରଦର୍ଶନ କରନ୍ତି। ମଝିରେ ନିଶାଣ ବାଦ୍ୟ ଓ ଝାଞ୍ଜଧାରୀମାନେ ଥାନ୍ତି। ସରସ୍ୱତୀ ଓ ଅନ୍ୟ ଦେବାଦେବୀଙ୍କ ବନ୍ଦନା ପରେ ନୃତ୍ୟ ପ୍ରାରମ୍ଭ ହୁଏ। ସମସ୍ତେ ବେଶ୍ ରଙ୍ଗୀନ ସିଲ୍‌କନ୍ ଲୁଗା ପିନ୍ଧି ଛାନ୍ଦ ଓ ଚଉପଦୀ ପଦିଏ ପଦିଏ ଗାନ ସହ ରାମାୟଣ ବା ମହାଭାରତ ଆଦିରୁ ଆନୀତ କଥାବସ୍ତୁକୁ ନେଇ ନୃତ୍ୟ ପରିବେଷଣ କରିଥାଆନ୍ତି। ସେମାନେ ଆଗ ପଛକୁ ନୋଇଁ ନୃତ୍ୟର ବିବିଧ ଆକର୍ଷକ କୌଶଳମାନ ପ୍ରଦର୍ଶନ କରନ୍ତି। ଏଥିରେ ମହିଳାମାନେ ଭାଗନିଅନ୍ତି ନାହିଁ। ତେବେ କଟକ ଆଦି ସ୍ଥାନରେ ମହିଳା

ଓ ପୁରୁଷ ମିଳିତ ଭାବରେ ଏହି ନୃତ୍ୟରେ ସାମିଲ ଥାଆନ୍ତି। ଏହି ନୃତ୍ୟ କାହାଣୀ ଆଧାରିତ ହୋଇଥିବାରୁ ଏଥିରେ ସ୍ୱାଭାବିକ ଭାବେ ନାଟ୍ୟାଂଶର ମଧ୍ୟ ସମାବେଶ ଘଟିଥାଏ। ଏହି ନୃତ୍ୟ ସର୍ବଭାରତୀୟ ସ୍ତରରେ ଖୁବ୍ ଖ୍ୟାତି ଅର୍ଜନ କରିଅଛି। ଏହା ଏକ ପ୍ରକାର ସମର ନୃତ୍ୟ ହୋଇଥିବାରୁ ମହାଭାରତରେ ଏହାର ଉଲ୍ଲେଖ ଥିବା କେତେକ ମତ ଦିଅନ୍ତି। ଏଥିରେ ଗଦ୍ୟସଂଳାପ ପ୍ରୟୋଗ ହୁଏ ନାହିଁ।

(୧୧) **ସତ୍ରୀୟା :** ପୂର୍ବୋତ୍ତର ଭାରତର ମହାନ ସନ୍ଥ ଶଂକର ଦେବଙ୍କୁ ଏହି ନୃତ୍ୟର ସଂସ୍ଥାପକ ବୋଲି କୁହାଯାଏ । ୨୦୦୦ ମସିହାରେ ଏହି ନୃତ୍ୟକୁ ଭାରତର ଆଠୋଟି ଶାସ୍ତ୍ରୀୟ ନୃତ୍ୟ ମଧ୍ୟରେ ସାମିଲ ହେବାର ଗୌରବ ପ୍ରଦାନ କରାଯାଇଥିଲା। ଆସାମର 'ସତ୍ର' ନାମକ ମଠଗୁଡିକ ମଧ୍ୟରେ ପ୍ରଦର୍ଶିତ ହେଉଥିବାରୁ ଏହାକୁ ସତ୍ରିୟା ନୃତ୍ୟ ବୋଲି କୁହାଗଲା। ଏହି ନୃତ୍ୟ ପାରମ୍ପରିକ ଭାବରେ ମଠମାନଙ୍କ ମଧ୍ୟରେ 'ଭୋକୋଟ' ଅଥବା ପୁରୁଷ ଭିକ୍ଷୁଙ୍କ ଦ୍ୱାରା ବିଶେଷ ପର୍ବ ବା ଉତ୍ସବ ଅବସରରେ ପ୍ରଦର୍ଶିତ ହେଉଥିଲା। ଏହାକୁ ବିଭିନ୍ନ ଭାବରେ ବିଭାଜିତ କରାଯାଏ । ଯଥା – ବେହାର ନୃତ୍ୟ, ଦଶାବତାର ନୃତ୍ୟ, ନାଟୌନୃତ୍ୟ, ଗୋସାଇ ପ୍ରବେଶ, ଝୁମୁରା, ସୂତ୍ରଧାର, ଅପ୍ସରାନୃତ୍ୟ, ରସାନୃତ୍ୟ, ଛଲୀନୃତ୍ୟ, ବାରପ୍ରବେଶ, ମଂଚୋକନୃତ୍ୟ, ନାଡୁଭଂଗୀ, ରାଜଘାରିଆ ଛଲୀ ନୃତ୍ୟ ଇତ୍ୟାଦି। ଏହି ନୃତ୍ୟ ଅତ୍ୟନ୍ତ ମନୋରଂଜକ ତଥା ପୌରାଣିକ କଥାବସ୍ତୁ ଆଧାରିତ ଓ ପ୍ରେରଣାପ୍ରଦ ଅଟେ।

(୧୨) **ଗରବା :** ଏହି ଲୋକ ନୃତ୍ୟ ଗୁଜୁରାଟର ମୌଳିକ ନୃତ୍ୟକଳା ହେଲେ ମଧ୍ୟ ଏହା ସାରା ଦେଶରେ ପ୍ରସିଦ୍ଧି ଲାଭ କରି ପାରିଛି। ଗୁଜୁରାଟ ଓ ରାଜସ୍ଥାନରେ ଏହାକୁ ସୌଭାଗ୍ୟର ପ୍ରତୀକ ରୂପେ ଗ୍ରହଣ କରାଯାଏ। ଆଶ୍ୱିନମାସ ନବରାତ୍ରର ପ୍ରଥମ ରାତ୍ରିରେ ଗରବା ସ୍ଥାପିତ ହୁଏ। ଅର୍ଥାତ ଗୁଜରାଟରେ ନବରାତ୍ରରେ ଝିଅମାନେ ମୃତ୍ତିକା ନିର୍ମିତ ସଚ୍ଛିଦ୍ର ଘଟକୁ ପ୍ରଜ୍ଜ୍ୱଳିତ ଦୀପ ସହପତ୍ରପୁଷ୍ପରେ ସୁସଜ୍ଜିତ କରି ଏହାର ଚତୁର୍ଦ୍ଦିଗରେ ନୃତ୍ୟ କରନ୍ତି। ଏହି ଘଟକୁ ଦୀପଗର୍ଭ (ଗରବା) କହନ୍ତି। ଗରବା ସ୍ଥାପିତ ହେଲାପରେ ଏଥିରେ ଚାରୋଟି ବତୀ ପ୍ରଜ୍ଜ୍ୱଳିତ କରାଯାଏ। ଏହାପରେ ତାଳି, ଖଂଜଣି, ବାଡ଼ି, ମଂଜିରା ଏବଂ ଚୁଟକି ଆଦି ସାହାଯ୍ୟରେ ତାଳ

ସୃଷ୍ଟି କରି ଦେବୀ ମହିମା ବା କୃଷ୍ଣଲୀଳା ସମ୍ବନ୍ଧୀୟ ଗୀତ ଗାଇ ଦୁଇ ଦୁଇଜଣ ବା ଚାରିଜଣିକିଆ ସମୂହରେ ଆବର୍ତ୍ତନ କ୍ରମରେ ବହୁବିଧ ଆକର୍ଷକ ଓ ଉତ୍ସାହ ବ୍ୟଞ୍ଜକ ନୃତ୍ୟ ରଚନା କରନ୍ତି। ତାଳ ସୃଷ୍ଟି ସହ ଚାରିପଟେ ଏହି ବୃତ୍ତାକାର ନୃତ୍ୟକ୍ରିୟା ଅତୀବ ମନୋଜ୍ଞ ହୋଇଥାଏ ।

(୧୩) **ଡାଣ୍ଡିଆରାସ :** ଏହି ମନୋରଂଜକ ନୃତ୍ୟ ଗୁଜୁରାଟ ରାଜ୍ୟର ସାମାଜିକ ପରଂପରାର ଏକ ଅବିଚ୍ଛେଦ୍ୟ ଅଙ୍ଗ ଅଟେ। ଏହା ଦୁର୍ଗାପୂଜା, ବହୁବିଧ କୃଷି ସମ୍ବନ୍ଧୀୟ ଉତ୍ସବ ବା ସମାରୋହ, ନବରାତ୍ର ଆଦି ପର୍ବ ଉତ୍ସବ ଅବସରରେ ଆୟୋଜିତ ହୋଇଥାଏ। ପ୍ରଥମେ ଗରବାଦେବୀଙ୍କ ପୂଜା ଆରତୀ ଆଦି ଶେଷ ହେଲାପରେ ମହିଳାମାନେ ସୁନ୍ଦର ବେଶପୋଷାକ, ରଙ୍ଗୀନ ଚମକଦାର 'କଡ଼ାଇଚୋଲୀ', ଘାଗରା ଏବଂ ଚମତ୍କାର ଆଭୂଷଣ ତଥା ପୁରୁଷମାନେ ଏକ ବିଶେଷ ପ୍ରକାର ପଗଡ଼ି ପିନ୍ଧି ଏହି ନୃତ୍ୟରେ ଅଂଶଗ୍ରହଣ କରନ୍ତି। ଏହି ନୃତ୍ୟର ଅନ୍ୟନାମ 'ତଲବାର ନୃତ୍ୟ'। ଏଥିରେ ନକଲି ତଲବାର ଏବଂ ବାଡ଼ି ହସ୍ତରେ ଧାରଣପୂର୍ବକ ଲୟବଦ୍ଧ ସଂଗୀତ ଏବଂ ତାଳ ସହ ଏକ ଘୂର୍ଣ୍ଣନଶୀଳ, ଅତି ଜଟିଳ, ହୃଦୟଗ୍ରାହୀ ତଥା ମନୋଜ୍ଞ ନୃତ୍ୟ ପ୍ରଦର୍ଶିତ ହୁଏ। ଦେବୀ ଦୁର୍ଗା ଓ ମହିଷାସୁର ମଧ୍ୟରେ ଲଢ଼ାଇର ଅଭିନୟ ଏହା ସହ ଅଭିନୀତ ହୁଏ।

ଏହି ନାମ ସହ ସାମଞ୍ଜସ୍ୟ ରଖୁଥିବା ଦେବୀ କାଳୀ ଏବଂ ଭଗବାନ ଶିବଙ୍କ ସହ ସମ୍ବନ୍ଧିତ 'ଦଣ୍ଡନାଟ' ସମଗ୍ର ଓଡ଼ିଶା ବିଶେଷ କରି ଗଂଜାମ, ଫୁଲବାଣୀ, ସମ୍ବଲପୁର ଆଦି ଆଦିବାସୀ ତଥା କନ୍ଧ ଅଧୁଷିତ ଅଞ୍ଚଳରେ ଏକପ୍ରକାର ନୃତ୍ୟ ପ୍ରଦର୍ଶିତ ହୋଇଥାଏ। ସମଗ୍ର ଓଡ଼ିଶାରେ ଏହା ପ୍ରଦର୍ଶିତ ହେଉଥିଲେ ମଧ୍ୟ ଅଞ୍ଚଳ ଭେଦରେ କେତେକ ତାରତମ୍ୟ ଏଥିରେ ଦୃଷ୍ଟିଗୋଚର ହୋଇଥାଏ ।

ଚୈତ୍ରପର୍ବ ଅବସରରେ ସମ୍ବଲପୁର ତଥା କଂଧ ଅଧୁଷିତ ଅଞ୍ଚଳରେ ଏହା ଆୟୋଜିତ ହୁଏ। ଢୋଲ ଓ ମହୁରୀ ହେଉଛି ଏଥିର ମୁଖ୍ୟ ବାଦ୍ୟ। କନ୍ଧମାନେ ବିବାହ ପର୍ବ ଆଦିରେ ମଧ୍ୟ ଏହି ଆୟୋଜନ କରନ୍ତି। ରାମାୟଣ ମହାଭାରତ ଆଦିର ଉପାଖ୍ୟାନ ନୃତ୍ୟ ଓ ସଂଗୀତ ମାଧ୍ୟମରେ ପ୍ରଦର୍ଶିତ ହୁଏ। ଦେବାଦେବୀଙ୍କୁ ଆବାହନ ପରେ ନୃତ୍ୟ ଅନୁଷ୍ଠିତ ହୁଏ। ହରପାର୍ବତୀଙ୍କୁ ଉପାସନା କରି ତେର ଜଣ ଭୋକ୍ତା (ଭକତା) ବା ଭକ୍ତ ଘଟ ଧରି ଗାଁକୁ ଗାଁ ବୁଲିଥାନ୍ତି।

ପଣାସଂକ୍ରାନ୍ତିର ତେରଦିନ ପୂର୍ବରୁ ଏହା ଆରମ୍ଭ ହୋଇ ସଂକ୍ରାନ୍ତି ଦିନ ଶେଷ ହୁଏ। ପ୍ରଥମେ ଝୁଣାଖେଳ, ତା'ପରେ ଢୋଲଆଦି ବାଦ୍ୟ ସହ କାଳିକା ନାଚ ହୁଏ। ଏହାର କଳାକାରମାନେ ଖାଦ୍ୟପେୟରେ ଅତ୍ୟନ୍ତ ନିଷ୍ଠା ଅବଲମ୍ବନ କରନ୍ତି। ଦନ୍ତଭଂଗା, ଝୁଣା ଖେଳ, ତତଲା ବାଲିରେ ଗଡ଼ିବା ଆଦି ଏଥରେ ପ୍ରଦର୍ଶିତ କରାଯାଏ। ପ୍ରତ୍ୟେକ ଅଞ୍ଚଳର ଦଣ୍ଡନାଟରେ 'ବୀଣାକାର' ଏକ ଅପରିହାର୍ଯ୍ୟ ଚରିତ୍ର ରୂପେ ଅଂଶ ଗ୍ରହଣ କରନ୍ତି। ଶରୀରକୁ କଷ୍ଟ ପ୍ରଦାନ ଦ୍ୱାରା ଦୈବୀକୃପା ଲାଭ କରାଯାଏ ବୋଲି କଳାକାରମାନେ ବିଶ୍ୱାସ କରନ୍ତି। କେଉଁଠି ଚଢ଼େୟା-ଚଢ଼େୟାଣୀ, ଯୋଗୀ-ଯୋଗୀଆଣୀ, ଅଥବା କେଉଁଠି ଶବର, ଚଢ଼େୟା, ପତ୍ର ଶଉରା ଅଥବା ଚଢ଼େୟା, ସୌରା ଆଦି ବିଶେଷ ଭୂମିକାରେ ଅଂଶଗ୍ରହଣ କରନ୍ତି। କେଉଁଠି କେଉଁଠି ଏକୋଇଶ ଦିନ ପର୍ଯ୍ୟନ୍ତ ଏହି ନାଟ ଅନୁଷ୍ଠିତ ହୁଏ।

(୧୪) **କେରଳର ପାରମ୍ପରିକ ପ୍ରାଚୀନ ନୃତ୍ୟ :** 'କଥକଳୀ' ଅପେକ୍ଷା ବି ଅନେକ ପ୍ରାଚୀନ ପରଂପରାର ନୃତ୍ୟ ହେଉଛି 'ମୋହିନୀ ଅଟ୍ଟମ୍'। ଏହାର ଉଲ୍ଲେଖ ଷୋଡ଼ଶ ଶତାବ୍ଦୀରେ ରଚିତ 'ବ୍ୟବହାରମାଳା'ରୁ ପ୍ରାପ୍ତ ହୁଏ, ଯାହାର ରଚୟିତା ହେଉଛନ୍ତି 'ମାଜାମଂଗଳମ୍ ନାରାୟଣ ନମ୍ବୁଦିରୀ'। ଏହା ଏକ ଅର୍ଦ୍ଧଶାସ୍ତ୍ରୀୟ ମହିଳା ପ୍ରଧାନ ନୃତ୍ୟ। ଓଡ଼ିଶୀ, ଭାରତନାଟ୍ୟମ, କୁଚୀପୁଡୀ ସଦୃଶ 'ଦେବଦାସୀ ନୃତ୍ୟ' ପରଂପରାରୁ ଏହା ସୃଷ୍ଟ। ଏଣୁ ଏହା କେରଳର ମନ୍ଦିର ମାନଙ୍କରେ ଦେବତାମାନଙ୍କ ଉଦ୍ଦେଶ୍ୟରେ ସମର୍ପିତ ଏକ ପ୍ରାଚୀନ ନୃତ୍ୟକଳା। ଏହାର ନାମକରଣରୁ ଭଗବାନ ବିଷ୍ଣୁଙ୍କର 'ମୋହିନୀ' ରୂପ ଧାରଣ କାହାଣୀ ସ୍ୱତଃ ମନେ ପଡ଼ିଯାଏ। ଊନବିଂଶ ଶତାବ୍ଦୀରେ ସ୍ୱାତିତିରୁନାଲ ନାମକ ଜଣେ ରାଜା ଏହି ନୃତ୍ୟର ଉନ୍ନତି କଳ୍ପେ ବହୁ ଚେଷ୍ଟା କରିଥିଲେ। ତାଙ୍କ ପରେ ଏହି କଳାରେ ଅନେକ ପତନ ଘଟିଥିଲା। 'ବାଲାଠୋଲ' ନାମକ ଜଣେ ପ୍ରସିଦ୍ଧ କବି ଏହି ନୃତ୍ୟକୁ ପୁନର୍ଜୀବନ ପ୍ରଦାନ କରି ଏହାର ବିକାଶ ସାଧନ କରିଥିଲେ। ମୋହିନୀ ଆଟ୍ଟମ୍ ନୃତ୍ୟରେ – "ତଗାନମ୍, ଧଗାନମ୍, ଜଗାନମ୍, ସାମାଶ୍ରମ ଏହିପରି ଚାରିପ୍ରକାର ତାଳ ବ୍ୟବହୃତ ହୋଇଥାଏ। ପରବର୍ତ୍ତୀ କାଳରେ କଲ୍ୟାଣୀମା, କୃଷ୍ଣା ପଣୀକର, ମାଧବୀ ଅମ୍ମା ଏବଂ ତନ୍ନମ୍ମୁ ଅମ୍ମା ଆଦି ନୃତ୍ୟଗୁରୁମାନେ ଏହି ନୃତ୍ୟକଳାରେ ବୈପ୍ଳବିକ ପରିବର୍ତ୍ତନ ଆନୟନ କରି ଏହାକୁ ବିଶ୍ୱପ୍ରସିଦ୍ଧି ଆଣି ଦେଇଥିଲେ।

(୧୫) **ପଞ୍ଜାବରର ଲୋକନୃତ୍ୟ ଭାଁଙ୍ଗଡ଼ା :** ଫସଲ ଅମଳର ସମୟ 'ବୈଶାଖୀ ପର୍ବ' ଅବସରରେ ହେଉଥିବା ଭାଁଙ୍ଗଡ଼ା ନୃତ୍ୟ ପଞ୍ଜାବରେ ଅତ୍ୟନ୍ତ ପ୍ରସିଦ୍ଧ ଅଟେ। ଆଜିକାଲି ଏହି ନୃତ୍ୟ ନବବର୍ଷ ବା ବିବାହ ଆଦି ସମାରୋହରେ ଆୟୋଜିତ କରାଯାଉଛି। ପଞ୍ଜାବୀ ଲୋକଗୀତ ସହ ଲୋକେ ଲୁଂଗି, ପଗଡ଼ି ଆଦି ପିନ୍ଧି ବୃତ୍ତାକାର ଘେର ସୃଷ୍ଟି କରି ଏହି ନୃତ୍ୟ ପ୍ରଦର୍ଶନ କରନ୍ତି। ସେଇ ଘେର ମଧ୍ୟରେ ଜଣେ କଳାକାର ଢୋଲ ବାଦ୍ୟ ବଜାଇଥାଏ। ବିଗତ କେତେ ଦଶକ ମଧ୍ୟରେ ଏହି ନୃତ୍ୟ ବିଶ୍ୱସ୍ତରରେ ମଧ୍ୟ ପ୍ରସିଦ୍ଧିଲାଭ କରିଛି। ଏହି ନୃତ୍ୟ ପୁରୁଷ ପ୍ରଧାନ ଅଟେ। କିନ୍ତୁ ମହିଳାମାନଙ୍କ ଦ୍ୱାରା ଆୟୋଜିତ ନୃତ୍ୟ ମଧ୍ୟ ଏଠାରେ ଖୁବ୍ ଲୋକପ୍ରିୟ ତଥା ଆକର୍ଷକ ଅଟେ। ଏହି ନୃତ୍ୟ 'ଗିଦ୍‌ଦା' ନାମରେ ପ୍ରଖ୍ୟାତ। ଗୋଲାକାର ଭାବରେ ପଞ୍ଜାବୀ ଲୋକଗୀତ (ପଞ୍ଜାବୀ ବୋଲୀ) ସହ ତାଳି ବଜାଇ ଏହି ନୃତ୍ୟ ପରିବେଷଣ କରାଯାଏ । ମହିଳା କଳାକାର ସମୂହ ମଧ୍ୟରୁ ଦୁଇଜଣ ପଞ୍ଜାବୀ ବୋଲୀ (ଲୋକଗୀତ) ଆବୃତ୍ତି କରିବା ସହ ଅଭିନୟ ମଧ୍ୟ କରନ୍ତି ଏବଂ ଅନ୍ୟମାନେ ତାହାକୁ ଦୋହରାଇ ତିନିଚାରିବାର ପୁନରାବୃତ୍ତି କରନ୍ତି। ଏମିତି ନୂଆ ନୂଆ ବୋଲି ଅନ୍ୟମାନଙ୍କ ଦ୍ୱାରା ମଧ୍ୟ ଆବୃତ୍ତି କରାଯାଇ ଶେଷ କଳାକାରମାନଙ୍କ ଦ୍ୱାରା ତାଳି ବଜାଇ ତାହାର ପୁନରାବୃତ୍ତି ସହ ନୃତ୍ୟ ପ୍ରଦର୍ଶନ କରାଯାଏ। ଏତଦ୍‌ବ୍ୟତୀତ ଲୁଡ଼୍‌ଡ଼ୀ, ଧମାଲ, ଗଟକା, ଡାନକାରା, ଝୁମର, ସାମୀ, କିକ୍‌ଲୀ ଆଦି ଲୋକ ନୃତ୍ୟର ଧନାଢ଼୍ୟ ପରଂପରା ପଞ୍ଜାବ ଭୂମିରେ ଥିବାର ଦେଖାଯାଏ।

ଭାରତରେ ଲୋକନାଟ୍ୟ ଓ ନୃତ୍ୟକଳାର ପରଂପରା ଆମର ବୈଦିକ ଶାସ୍ତ୍ର ପୁରାଣ ସଦୃଶ ଅତ୍ୟନ୍ତ ପ୍ରାଚୀନ ଅଟେ । କାରଣ ଏହି ଧର୍ମଗ୍ରନ୍ଥ ମାନଙ୍କରେ ନୃତ୍ୟକଳାର ଉଲ୍ଲେଖ ଦୃଷ୍ଟିଗୋଚର ହୁଏ। ଏହା ଦ୍ୱାରା ଆତ୍ମିକ ଶାନ୍ତି ଓ ସ୍ୱର୍ଗୀୟ ଆନନ୍ଦ ପ୍ରାପ୍ତ ହୋଇଥାଏ। ଏହି କଳାର ସାଧନା ଦ୍ୱାରା ଆଧ୍ୟାତ୍ମିକ ଅନୁଭୂତି ତଥା ଈଶ୍ୱରୀୟ ଆଶୀର୍ବାଦ ପ୍ରାପ୍ତି ହୁଏ ବୋଲି ବିଶ୍ୱାସ ରହିଛି। ଏହା ଶାରୀରିକ, ମାନସିକ ତଥା ଆଧ୍ୟାତ୍ମିକ ଦୃଷ୍ଟିରୁ ମଧ୍ୟ ବିଶେଷ ଭାବରେ ଲାଭଦାୟକ ଅଟେ। ଏଣୁ **'ଅନ୍ତର୍ରାଷ୍ଟ୍ରୀୟ ନୃତ୍ୟଦିବସ'** ୟୁନେସ୍କୋ ଦ୍ୱାରା ୨୯ ଏପ୍ରିଲକୁ ସମଗ୍ର ବିଶ୍ୱରେ ପାଳିତ ହୋଇଥାଏ। ଜର୍ଜ ନାବେରେଙ୍କ ଜନ୍ମ ଦିବସ ସ୍ମୃତିରେ ଏହା ୧୯୮୨ ମସିହାରୁ ପାଳିତ ହୋଇ ଆସୁଛି ।

■

ନାଟ୍ୟଶାସ୍ତ୍ରର ସ୍ରଷ୍ଟା ଶଙ୍କର ଭଗବାନ

ଭଗବାନ ଶଙ୍କର ସମସ୍ତ ବିଦ୍ୟାର ଅଧିଶ୍ୱର ଅଟନ୍ତି । ଏଣୁ ସକଳ ବିଦ୍ୟାରେ ପାରଦର୍ଶୀ ହେବା ସକାଶେ ତାଙ୍କର ଶରଣାପନ୍ନ ହେବା ପାଇଁ ଶାସ୍ତ୍ରମାନେ ପରାମର୍ଶ ଦେଇଛନ୍ତି-

"ବିଦ୍ୟାକାମସ୍ତୁ ଗିରିଶମ୍"- (ଶ୍ରୀମଦ୍ ଭାଗବତ ୨/୩/୭)

ତାଙ୍କୁ ସମସ୍ତ ବିଦ୍ୟାର ମୂଳ, ଜ୍ଞାତା ଓ ସ୍ରଷ୍ଟା ରୂପେ ଗ୍ରହଣ କରାଯାଏ । ଏଣୁ ସେ : **'ବିଦ୍ୟାତୀର୍ଥଂ ମହେଶ୍ୱରମ୍'** ଭାବର ଅଭିହିତ ହୋଇଛନ୍ତି । ସେହିପରି ମାତା ପାର୍ବତୀ ଓ ଭଗବାନ ମହେଶ୍ୱର ନାଟ୍ୟକଳା ରୂପୀ ବିଦ୍ୟାର ଆବର୍ତ୍ତକ ସ୍ୱରୂପରେ ପୂଜିତ ହୁଅନ୍ତି । ଏ ସମ୍ପର୍କରେ ଏକ ସୁନ୍ଦର କାହାଣୀ ଶାସ୍ତ୍ରରେ ଦୃଷ୍ଟି ଆକର୍ଷଣ କରେ । ସର୍ବପ୍ରଥମେ ତ୍ରେତାଯୁଗରେ ଲୋକେ ସାଂସାରିକ ମାୟାରେ ବିଶେଷ ଭାବରେ ମୋହିତ ହୋଇପଡ଼ିଲେ । ଅତ୍ୟଧିକ ସାଂସାରିକ ଆସକ୍ତି କାରଣରୁ ଧିରେ ଧିରେ ଅବସାଦ, ନୈତିକ ସ୍ଖଳନ ଇତ୍ୟାଦି ଦୃଷ୍ଟିଗୋଚର ହେଲା । ବେଦବେଦାନ୍ତର ଗୂଢ଼ ତତ୍ତ୍ୱର ଅଧ୍ୟୟନ, ମନନ ମଧ ସଭିଙ୍କ ନିମନ୍ତେ ସମ୍ଭବ ହେଲା ନାହିଁ । ଫଳରେ ସମାଜକୁ ଦିଗ୍‌ଭ୍ରଷ୍ଟ ହେବା ତଥା ବ୍ୟକ୍ତିଗତ ଅବସାଦରୁ ସୁରକ୍ଷା ଦେବା ସକାଶେ ନୈତିକ ଶିକ୍ଷା ଅଥବା ଚେତନାମୂଳକ ମନୋରଂଜନଧର୍ମୀ କୌଣସି ଉପାୟର ପ୍ରବର୍ତ୍ତନ ନିମିତ୍ତ ଦେବରାଜ ଇନ୍ଦ୍ରଙ୍କ ନେତୃତ୍ୱରେ ସମସ୍ତ

ଦେବତାମାନେ ସମ୍ମିଳିତ ହୋଇ ପିତାମହ ବ୍ରହ୍ମାଙ୍କ ନିକଟରେ ଉପସ୍ଥିତ ହେଲେ। ଇନ୍ଦ୍ରଙ୍କ ସହ ଦେବତାମାନେ ମିଳିତ ଭାବରେ ବ୍ରହ୍ମାଙ୍କୁ ଏ ସମ୍ପର୍କରେ କରିଥିବା ପ୍ରାର୍ଥନା ନିମ୍ନ ଶ୍ଳୋକରୁ ପରିଦୃଷ୍ଟ ହୁଏ :

"ମହେନ୍ଦ୍ରପ୍ରମୁଖୈର୍ଦେବୈରୁକ୍ତଃ କିଲ ପିତାମହଃ।
କ୍ରୀଡ଼ନୀୟକମିଚ୍ଛାମୋ ଦୃଶ୍ୟଂ ଶ୍ରବ୍ୟଂ ଚ ଯଦ୍ ଭବେତ୍ ॥"

(ନାଟ୍ୟଶାସ୍ତ୍ର ୧/୧୧)

ଦେବତାମାନଙ୍କ ପ୍ରାର୍ଥନାର ଗୁରୁତ୍ୱ ଅନୁଭବ କରି ସେ ସମଗ୍ର ମାନବ ସମାଜ ଦ୍ୱାରା ହୃଦ୍‌ବୋଧ ହେବା ଭଳି ସର୍ବମଂଗଳମୟୀ, ଆନନ୍ଦ ପ୍ରଦାନ କାରୀ, ନୈତିକତା - ବୁଦ୍ଧି - ଯଶ - ଆୟୁ - ଧୈର୍ଯ୍ୟ - କୀର୍ତ୍ତି ବୃଦ୍ଧି ସହ ଶୋକ-ଦୁଃଖ ହରଣକାରୀ ନାଟ୍ୟଶାସ୍ତ୍ର ରୂପୀ ପଞ୍ଚମ ବେଦର ରଚନା କଲେ। ଏଥିସକାଶେ ବ୍ରହ୍ମାଙ୍କୁ ଋକ୍‌ବେଦରୁ ସମ୍ବାଦ, ଯଜୁର୍ବେଦରୁ ଅଭିନୟ, ସାମବେଦରୁ ଗାନ,ଏବଂ ଅଥର୍ବବେଦରୁ ରସ-ବୃତ୍ତି ଆଦି ବିଦ୍ୟାକୁ ଏକତ୍ରିତ କରି ଏଥି ମଧ୍ୟରେ ସନ୍ନିବେଶ କରିବାକୁ ପଡ଼ିଥିଲା:

ଜଗ୍ରାହ ପାଠ୍ୟମୃଗ୍‌ବେଦାତ୍ ସାମଭ୍ୟୋ ଗୀତମେବ ଚ।
ଯଜୁର୍ବେଦାଦଭିନୟାନ୍ ରସାନାଥର୍ବଣାଦପି ॥" - (ନାଟ୍ୟଶାସ୍ତ୍ର ୧/୧୭)

ଭଗବାନ ବ୍ରହ୍ମାଙ୍କ ଦ୍ୱାରା ନାଟ୍ୟଶାସ୍ତ୍ରରୂପୀ ପଞ୍ଚମବେଦ ବା 'ସାର୍ବବର୍ଣ୍ଣିକ ବେଦ' ଅଥବା 'ନାଟ୍ୟବେଦ'ର ରଚନା ହେବାର ବହୁଯୁଗ ପୂର୍ବରୁ ଭଗବାନ ଶଙ୍କର ଓ ମାତା ପାର୍ବତୀଙ୍କ କର୍ତ୍ତୃକ ଏହାର ପ୍ରତିଷ୍ଠାପନ ହୋଇସାରିଥିଲା । ଆଦ୍ୟ ନାଟ୍ୟକାର ଓ ନର୍ତ୍ତକ ରୂପରେ 'ମୁଦ୍ରାରାକ୍ଷସ' ନାମକ ସଂସ୍କୃତ ଗ୍ରନ୍ଥରେ ଭଗବାନ ଶଙ୍କରଙ୍କୁ ମହିମା ମଣ୍ଡିତ କରାଯାଇଛି :

ପାଦସ୍ୟାବିର୍ଭବନ୍ତୀମବନତିମବନେଃ ରକ୍ଷତଃ ସ୍ୱୈରପାତୈଃ
ସଂକୋଚେନୈବ ଦୋଷ୍ଣାଂ ମୁହୁରଭିନୟତଃ ସର୍ବଲୋକାତିଗାନାମ୍ ।
ଦୃଷ୍ଟିଂ ଲକ୍ଷେଷୁ ନୋଗ୍ରାଂ ଜ୍ୱଲନକଣମୁଚଂ ବଧ୍ନତୋ ଦାହଭିତେ-
ରିତ୍ୟାଧାରାନୁରୋଧାତ୍ ତ୍ରିପୁରବିଜୟିନଃ ପାତୁ ବୋ ଦୁଃଖନୃତ୍ୟମ୍ ॥"

(୧/୨)

ଅର୍ଥାତ୍ ଭଗବାନ ଶିବ ସଂପୂର୍ଣ୍ଣ ଆନନ୍ଦମଗ୍ନ ହୋଇ ଯେତେବେଳେ ନୃତ୍ୟରତ ହେଲେ ତାଙ୍କର ପଦାଘାତରେ ପୃଥିବୀ ଧ୍ୱସ୍ତବିଧ୍ୱସ୍ତ ହୋଇଯିବାର ଆଶଙ୍କା ପ୍ରକଟ ହେଲା । ଏଥିପାଇଁ ସେ ପୃଥିବୀକୁ ସୁରକ୍ଷା ଦେବା ସକାଶେ ଆବଶ୍ୟକ ସଂଯମତା ସହ ନୃତ୍ୟରତ ହେବା ନିମିତ୍ତ ସ୍ଥିର କଲେ । ଅନ୍ତରୀକ୍ଷ ସ୍ଥିତ ଗ୍ରହ ନକ୍ଷତ୍ର ମାନେ

ତାଙ୍କର ନୃତ୍ୟ ଜନିତ ହସ୍ତ ଚଳନାର ଆଘାତରେ ଖଣ୍ଡବିଖଣ୍ଡିତ ନହୋଇ ଯାଆନ୍ତୁ ସେଇ ଆଶଙ୍କାରେ ଅଧିକ ସଂଭ୍ରମତା ପୂର୍ବକ ନୃତ୍ୟମଗ୍ନ ହେଲେ । ନୃତ୍ୟକାଳରେ ତୃତୀୟ ନେତ୍ରରୁ ଅଗ୍ନିସ୍ଫୁଲିଙ୍ଗ ବିଚ୍ଛୁରିତ ହୋଇ ତ୍ରିଲୋକ ଭସ୍ମୀଭୂତ ନହେଉ ସେଥିସକାଶେ ନିଜର ଦୃଷ୍ଟିକୁ ସଂପୂର୍ଣ୍ଣ ଆୟତାଧୀନ ସହ ନୃତ୍ୟ ଅଧିଷ୍ଠାନ କରିଥିଲେ । ତ୍ରିପୁର ବିଜୟୀ ଭଗବାନ ଶଙ୍କରଙ୍କ ଦ୍ୱାରା ଏହି ନୃତ୍ୟ ସର୍ବଲୋକର ସୁରକ୍ଷା ତଥା ମଂଗଳ ନିମନ୍ତେ ସର୍ବଦା ପ୍ରବୃତ୍ତ ହେଉ ।

ନୃତ୍ୟର ସ୍ରଷ୍ଟା ହୋଇଥିବାରୁ ଭଗବାନ ଶଙ୍କରଙ୍କୁ 'ନଟରାଜ' ବୋଲି ସମ୍ବୋଧିତ କରାଯାଏ । ଏକଦା ଦକ୍ଷଯଜ୍ଞକୁ ଧ୍ୱଂସ କରିବା ନିମିତ୍ତ ସନ୍ଧ୍ୟାକାଳରେ ଭଗବାନ ଶଙ୍କର ପ୍ରଥମେ ନୃତ୍ୟରେ ପ୍ରବୃତ୍ତ ହୋଇଥିଲେ । ପରବର୍ତ୍ତୀ କାଳରେ ବ୍ରହ୍ମା ନାଟ୍ୟଶାସ୍ତ୍ରର ରଚନା କରି ସେ ଅନୁଯାୟୀ ତାହା ମଞ୍ଚସ୍ଥ କରିବା ସକାଶେ ଭରତ ମୁନିଙ୍କୁ ନିର୍ଦ୍ଦେଶ ଦେଇଥିଲେ । ଭଗବାନ ଶଙ୍କରଙ୍କ ଗଣମାନଙ୍କ ମଧ୍ୟରେ ପ୍ରମୁଖ 'ନନ୍ଦୀ' ଅଥବା 'ତଣ୍ଡୁ' ଭରତ ମୁନିଙ୍କୁ ଏହାର ମଞ୍ଚସ୍ଥ କରିବା ନିମିତ୍ତ ଯଥାର୍ଥ ମାର୍ଗଦର୍ଶନ କରାଇଥିଲେ । ଏହିଭଳି ଭାବରେ ଶିବଙ୍କ ନୃତ୍ୟ 'ତଣ୍ଡୁ'ଙ୍କ ସହ ସମ୍ପର୍କିତ ହୋଇଥିବା କାରଣରୁ ତାହା 'ତାଣ୍ଡବ' ନାମରେ ନାମକରଣ ହୋଇଥିଲା । ଭରତମୁନି ଉପରୋକ୍ତ ଶାସ୍ତ୍ର ଅନୁଯାୟୀ ଦୁଇଟି ନାଟକ ପ୍ରସ୍ତୁତ କରି ତାହା ନିଜ ପୁତ୍ର ଓ କେତେକ ଅପ୍‌ସରା ମାନଙ୍କ ସହଯୋଗରେ ପ୍ରଦର୍ଶିତ କରାଇଥିଲେ ଯାହାର ଦର୍ଶକ ରୂପେ ନିଜେ ଭଗବାନ ଶିବ ଶମ୍ଭୁ ଓ ତାଙ୍କର ଗଣମାନେ ମଧ୍ୟ ଉପସ୍ଥିତ ଥିଲେ । ମଞ୍ଚସ୍ଥ ନାଟକ ପ୍ରତ୍ୟକ୍ଷ କରି ଶିବ ଅତୀବ ସନ୍ତୁଷ୍ଟ ହୋଇ ଏହି ଶାସ୍ତ୍ରର ରଚନାକାର ବ୍ରହ୍ମାଙ୍କୁ ବହୁ ପ୍ରଶଂସା କରିଥିଲେ । ତେବେ ସେହି ନାଟକ ମଧ୍ୟରେ କେତେକ ଅଭାବ ପରିଲକ୍ଷିତ ହେଲା । ଏଣୁ ଭଗବାନ ଶଙ୍କର ଏହି ନାଟକକୁ ଅଧିକ ଆକର୍ଷକ ତଥା ମନୋରଂଜନ ଧର୍ମୀ କରାଇବା ନିମିତ୍ତ ଭରତ ମୁନିଙ୍କୁ ତାଙ୍କର (ଶିବଙ୍କର) ପ୍ରଦୋଷକାଳୀନ ନୃତ୍ୟକୌଶଳ ଅବଲମ୍ବନରେ ତାହାକୁ ଏଥିମଧ୍ୟରେ ସନ୍ନିବିଷ୍ଟ କରାଇବା ସକାଶେ ଆଗ୍ରହ ପ୍ରକାଶ କରିଥିଲେ । ଏହା କରାଯିବା ଫଳରେ ନାଟକର ରଞ୍ଜକତା ବହୁମାତ୍ରାରେ ବର୍ଦ୍ଧିତ ହୋଇ ଯାଇଥିଲା । ବ୍ରହ୍ମା ମଧ୍ୟ ଭରତମୁନିଙ୍କୁ ନାଟକରେ ରଞ୍ଜକତା ପ୍ରୟୋଗ ନିମିତ୍ତ ନିମ୍ନମତେ ଉପଦେଶ ଦେଇଥିଲେ : **"କୈଶିକୀମପି ଯୋଜୟ"** – (ନାଟ୍ୟଶାସ୍ତ୍ର ୧/୪୨ ଉତ୍ତରାର୍ଦ୍ଧ) ଉଜ୍ଜୟିନୀ ସ୍ଥିତ ମହାକାଳ ମନ୍ଦିରରେ ଆରତୀ ସମୟରେ ହେଉଥିବା

ଶିବ ନୃତ୍ୟର ଅତ୍ୟନ୍ତ ରୋଚକ ବର୍ଣ୍ଣନ ମହାକବି କାଳିଦାସ ତାଙ୍କର ମେଘଦୂତ କାବ୍ୟର 'ପୂର୍ବମେଘ ଅଧ୍ୟାୟ'ରେ କରିଅଛନ୍ତି :

ଅପ୍ୟନ୍ୟସ୍ମିନ୍ ଜଳଧର ମହାକାଳମାସାଦ୍ୟ କାଳେ
ସ୍ଥାତବ୍ୟଂ ତେ ନୟନବିଷୟଂ ଯାବଦତ୍ୟେତି ଭାନୁଃ ।...."

(ଶ୍ଳୋକ ୩୮)

ମହାକବି ଶିବ ନୃତ୍ୟ ଦର୍ଶନର ସୁଯୋଗ ଲାଭ କରିବା ନିମିତ୍ତ ମେଘକୁ ମହାକାଳ ମନ୍ଦିରରେ ସନ୍ଧ୍ୟା ପୂର୍ବରୁ ସେଠାରେ ଉପସ୍ଥିତ ହୋଇଯିବା ନିମନ୍ତେ ଆଗ୍ରହ କରିଛନ୍ତି ।

କେତେକ ଶାସ୍ତ୍ର ଅନୁଯାୟୀ ଭଗବାନ ଶିବ ନିଜ ବିବାହ ଅନନ୍ତର ନୃତ୍ୟର ବିଭାଜନ ତାଣ୍ଡବ ଓ ଲାସ୍ୟ - ଏହିପରି ଦୁଇଭାଗରେ କରାଇଥିଲେ । ଏଥିପାଇଁ ସେ ଦେବୀ ପାର୍ବତୀଙ୍କ ସହଯୋଗ ନେଇ 'ଲାସ୍ୟ' ନୃତ୍ୟର ସୃଷ୍ଟି କରି ତାହାକୁ ନାଟକ ମଧ୍ୟରେ ସନ୍ନିବେଶ କରାଇଥିଲେ ।

ରୁଦ୍ରେଣେଦମୁମାକୃତବ୍ୟତିକରେ
ସ୍ୱାଙ୍ଗେ ବିଭକ୍ତଂ ଦ୍ୱିଧା ।

(ମାଳବିକାଗ୍ନିମିତ୍ର ୧/୪ ପୂର୍ବାର୍ଦ୍ଧ)

ଏହା ଫଳରେ ନାଟକ ମଧ୍ୟରେ କୌଶିକୀ ବୃତ୍ତିର ଅଭିବୃଦ୍ଧି ଘଟି ତାହା ଦର୍ଶକ ମାନଙ୍କ ମଧ୍ୟରେ ଦିବ୍ୟ ଆନନ୍ଦାନୁଭୂତି ସୃଷ୍ଟି କରିବାରେ ସଫଳ କାମ ହୋଇଥିଲା । ଶିବ-ନୃତ୍ୟକୁ ତାଣ୍ଡବ କୁହାଯାଏ ଯାହା ଉଗ୍ର କିନ୍ତୁ ଆକର୍ଷକ ହୋଇଥିବାବେଳେ ଦେବୀ ପାର୍ବତୀଙ୍କ ନୃତ୍ୟର ନାମ ହେଉଛି 'ଲାସ୍ୟ' ଅର୍ଥାତ୍ ସୁକୋମଳ ଓ ମନୋହର । ନାଟକ ମଧ୍ୟରେ ଏ ସମସ୍ତ ବୃତ୍ତିର ସମ୍ୟକ୍ ଉପଯୋଗ ଫଳରେ ସର୍ବବିଧ ଶ୍ରେଣୀର ଦର୍ଶକ ମାନଙ୍କ ନିମନ୍ତେ ଏହା ହୋଇଉଠେ ଅତୀବ ଆକର୍ଷକ ଓ ଉପଭୋଗ୍ୟ । ଭଗବାନ ଶିବ ନାଟ୍ୟକଳାର ଆଦ୍ୟ ପ୍ରଣେତା ହୋଇଥିବାରୁ ସେ ନଟରାଜ ନାମରେ ପରିଚିତ । ତାଙ୍କର ଯଶୋଗାନ ନିମ୍ନଭାବରେ 'ଅଭିନବ ଦର୍ପଣ' ନାମକ ଶାସ୍ତ୍ରରେ କରାଯାଇଛି:

"ଆଙ୍ଗିକଂ ଭୁବନଂ ଯସ୍ୟ ବାଚିକଂ ସର୍ବବାଙ୍ମୟମ୍ ।
ଆହାର୍ଯ୍ୟଂ ଚନ୍ଦ୍ରତାରାଦି ତଂ ନୁମଃ ସାତ୍ତ୍ୱିକଂ ଶିବମ୍ ॥" (ଅଭିନବ ଦର୍ପଣ)

ଅତଏବ ଉପରୋକ୍ତ ଆଲୋଚନା ମାନଙ୍କରୁ ଏହା ସୁସ୍ପଷ୍ଟ ଯେ ଭଗବତୀ ପାର୍ବତୀ ଓ ଭଗବାନ ଶଙ୍କରଙ୍କ ଦ୍ୱାରା ପ୍ରଦର୍ଶିତ ମାଧୁର୍ଯ୍ୟପୂର୍ଣ୍ଣ ନୃତ୍ୟକଳା, ଅଙ୍ଗଚାଳନା (ଅଙ୍ଗଭଙ୍ଗିମା) ଶୈଳୀ ଇତ୍ୟାଦି ନାଟକ ମଧ୍ୟରେ ସନ୍ନିବେଶିତ ହେବା ଫଳରେ

ତାହାର ସାମଗ୍ରିକ ସଫଳତା, ମନୋରଞ୍ଜକତା, ଗୁଣଗ୍ରାହିତା ତଥା ସକଳ ଶ୍ରେଣୀର ଦର୍ଶକ ମାନଙ୍କ ନିମନ୍ତେ ଆକର୍ଷକତା ବୃଦ୍ଧି ପ୍ରାପ୍ତ ହେଲା । ଜଣେ ନୃତ୍ୟରତ କଳାକାରର ମୁଖମଣ୍ଡଳ, ଚକ୍ଷୁ (ଦୃଷ୍ଟି), ହସ୍ତ, ପଦ, କଟି, ଜଙ୍ଘ ଓ ଶରୀରର ପାର୍ଶ୍ୱବର୍ତ୍ତୀ ଅବୟବର ସଂକୋଚନ - ପ୍ରସାରଣ ମାଧ୍ୟମରେ ଦର୍ଶକ ମାନଙ୍କ ସମକ୍ଷରେ ଯେଉଁ କୌଶଳମାନ ପ୍ରଦର୍ଶିତ ହୁଏ ତାହାହିଁ ଅଙ୍ଗଚାଳନା ଅଥବା ନାଟ୍ୟଶାସ୍ତ୍ରର ଭାଷାରେ 'ଅଙ୍ଗହାର' ବୋଲି କୁହାଯାଏ । ଏହାକୁ ଭରତ ମୁନିଙ୍କ ଦ୍ୱାରା 'କରଣ' ନାମରେ ପରିଭାଷିତ କରାଯାଇଛି :

"ହସ୍ତପାଦସମାଯୋଗୋ ନୃତ୍ୟସ୍ୟ କରଣଂ ମତମ୍ ।"

ନାଟ୍ୟଶାସ୍ତ୍ରରେ ଏହି 'କରଣ' ୧୦୮ ପ୍ରକାର ବୋଲି ଉଲ୍ଲେଖ ଅଛି । ଏହାର ୯୩ପ୍ରକାର ଶୈଳୀ ପ୍ରାଚୀନ ପ୍ରସ୍ତର ଖୋଦେଇ ଦ୍ୱାରା 'ନଟରାଜ' ଶିବଙ୍କ ମୂର୍ତ୍ତି ମାଧ୍ୟମରେ ଏବେ ମଧ୍ୟ ଦକ୍ଷିଣଭାରତ ସ୍ଥିତ ଚିଦାମ୍ବରମ୍ ଠାରେ ପରିଦୃଷ୍ଟ ହୁଏ । ଅନ୍ୟଗୁଡ଼ିକ ସମୟ ସ୍ରୋତରେ ଧ୍ୱଂସ ପ୍ରାପ୍ତ ହୋଇ ଯାଇଥିବା ଅନୁମାନ କରାଯାଏ। ପୁଣି ଏହି ୯୩ପ୍ରକାର କରଣ ମଧ୍ୟରୁ କେତେକଙ୍କ ମତରେ ମାତ୍ର ୩୨ପ୍ରକାର ଶୈଳୀ ଅଧୁନା ନାଟ୍ୟକଳା ମଧ୍ୟରେ ପ୍ରଦର୍ଶିତ ହୋଇଥାଏ । ସେ ଯାହାହେଉ ନଟରାଜ ଶିବଙ୍କ ନୃତ୍ୟ ଯେ ଜଗତର ସଂହାର ପାଇଁ ନୁହେଁ ବରଂ ସୃଷ୍ଟିର ମଂଗଳ ନିମନ୍ତେ ଉଦ୍ଦିଷ୍ଟ ଏଥିରେ ସନ୍ଦେହର ଅବକାଶ ନାହିଁ । ମୁଦ୍ରାରାକ୍ଷସ ନାମକ ଗ୍ରନ୍ଥରେ ତାଙ୍କର ଅଭିନୟ ସକାଶେ ପୃଥିବୀ କୁରଙ୍ଗ ପୀଠ, ଅନ୍ତରୀକ୍ଷକୁ ରଙ୍ଗମଣ୍ଡପ ଏବଂ ଚରାଚର ଜୀବଗଣଙ୍କୁ ରଙ୍ଗସ୍ଥ ସମାଜ ରୂପେ ବର୍ଣ୍ଣନା କରାଯାଇଛି, ଯେଉଁମାନଙ୍କ ସୁରକ୍ଷା, ଅଭ୍ୟୁଦୟ ଓ ମଂଗଳ ନିମନ୍ତେ ସେ ଅତୀବ କଷ୍ଟସାଧ୍ୟ ତାଣ୍ଡବ ନୃତ୍ୟର ପ୍ରଯୋଜନା କରିଥାନ୍ତି । ସେ ନାଟ୍ୟଶାସ୍ତ୍ରର ଆଦ୍ୟ ପ୍ରଣେତା ହୋଇଥିବାରୁ ରଙ୍ଗମଞ୍ଚରେ ଭୂତଗଣଙ୍କ ସହିତ ତାଙ୍କର ଆବାହନ କରାଯିବାର ଶାସ୍ତ୍ରୀୟ ମାନ୍ୟତା ରହିଛି :

'ଆଦୌ ନିବେଶ୍ୟୋ ଭଗବନ୍ ସାର୍ଦ୍ଧଂ ଭୂତଗଣୈଃ ଶିବଃ ।'

(ନାଟ୍ୟଶାସ୍ତ୍ର ୩।୨୩ ଉତ୍ତରାର୍ଦ୍ଧ)

ସେ ନାଟ୍ୟକଳା ସହିତ ଗାୟନ ବାଦନ ଇତ୍ୟାଦି ସର୍ବବିଧ ବିଦ୍ୟାର ଆଦ୍ୟସ୍ରଷ୍ଟା ଭାବରେ ଚିରବନ୍ଦିତ ଓ ମହିମା ମଣ୍ଡିତ : **'ନାଟ୍ୟତି ଅବସ୍କନ୍ଦୟତି'**

ତାଙ୍କର ମହିମା ମଣ୍ଡନ କରାଯାଇ ଏଥିପାଇଁ କୁହାଯାଇଛି -

'ଗୀତଂ ବାଦ୍ୟଂ ତଥା ନୃତ୍ୟଂ ତ୍ରୟଂ ସଙ୍ଗୀତମୁଚ୍ୟତେ'

ଅର୍ଥାତ୍ ନଟରାଜ ଭଗବାନ ଶିବ ସଂଗୀତ-ବାଦ୍ୟ-ଏବଂ ନୃତ୍ୟ ଇତ୍ୟାଦି ବିଦ୍ୟାର ଆଦ୍ୟପ୍ରଣେତା ଓ ସମଗ୍ର ସଂସାରର ଗୁରୁ ରୂପେ ଅଧିଷ୍ଠିତ ।■

ଭାରତୀୟ ପରମ୍ପରାରେ ଲୋକନାଟ୍ୟ ଓ ଲୋକନୃତ୍ୟ

ଗୁଣ ଓ ପ୍ରକୃତି ଭେଦରେ ନାଟକର ବର୍ଗୀକରଣ

ଐତିହ୍ୟ, ଆବେଗ ପ୍ରବଣତା, ସାମାଜିକ ତଥା ମାନବ ଜୀବନର ବିବିଧ ସମସ୍ୟା, ପୌରାଣିକ କଥାବସ୍ତୁ, ଐତିହାସିକ ଘଟଣାବଳୀ, ମାନସିକ ପ୍ରବୃତ୍ତିର ଅତିଶୟ ପ୍ରବଣତା, ନୃତ୍ୟକେନ୍ଦ୍ରିତ ନାଟକ, ସଂଗୀତ ପ୍ରଧାନ ନାଟକ, ଲଘୁରସଯୁକ୍ତ କମେଡି କେନ୍ଦ୍ରିତ ନାଟକ, ଉଜ୍ଜ୍ୱଳ ଓ ଆଦର୍ଶ ଚରିତ୍ର ଆଦିକୁ ଆଧାର କରି ସାଧାରଣତଃ ନାଟକମାନ ରଚିତ ହୋଇଥାଏ। ସେ ଅନୁଯାୟୀ ଗୁଣ ଓ ପ୍ରକୃତି ଭେଦରେ ନାଟକମାନଙ୍କର ବର୍ଗୀକରଣ ଅଥବା ଭେଦାଭେଦ ବିଚାର କରାଯାଏ। ପ୍ରାଚ୍ୟ ନାଟ୍ୟକାରମାନଙ୍କ ମତରେ ନାଟକକୁ ପ୍ରଧାନତଃ ଦଶ ଭାଗରେ ବିଭକ୍ତ କରାଯାଏ। ଏତଦ୍‌ବ୍ୟତୀତ ଏଥିରେ ଆହୁରି ଅନେକ ଉପବିଭାଗ ମଧ୍ୟ ଅନ୍ତର୍ଭୁକ୍ତ। ଯାହାର ସଂଖ୍ୟା ଅଠର ବୋଲି କୁହାଯାଏ।

ତେବେ ବର୍ତ୍ତମାନର ନାଟ୍ୟ ତତ୍ତ୍ୱବିତ୍‌ମାନେ ନିମ୍ନମତେ ନାଟକଗୁଡ଼ିକର ବର୍ଗୀକରଣ କରିଥାନ୍ତି।

(୧) **ପୌରାଣିକ ନାଟକ :** ଶାସ୍ତ୍ର, ପୁରାଣ, ରାମାୟଣ, ମହାଭାରତ ଓ ଭାଗବତ ଆଦିରୁ କଥାବସ୍ତୁଗୁଡ଼ିକୁ ଆଧାର କରି ସମାଜରେ ଆଧ୍ୟାତ୍ମିକତା, ନିଷ୍ପାପ ଚରିତ୍ରର ପ୍ରବର୍ତ୍ତନ ନିମନ୍ତେ ଏ ଧରଣର ନାଟକମାନ ରଚିତ ହୋଇଥାଏ। ଏଥିରେ ସଂଳାପ

ଓ ସଂଗୀତର ଛନ୍ଦୋବଦ୍ଧତା ସହ ଭକ୍ତିରସର ପ୍ରାବଲ୍ୟ ଦୃଷ୍ଟିଗୋଚର ହୁଏ। ଏପରି ନାଟକ ଅତି ପ୍ରାଚୀନ କାଳରୁ ବିଭିନ୍ନ ଭାବରେ ପ୍ରଦର୍ଶିତ ହୋଇ ସମାଜକୁ ଦିଗ୍‌ଦର୍ଶନ ଦେଇ ଆସିଛି।

(୨) **ଐତିହାସିକ ନାଟକ :** ଐତିହାସିକ ଘଟଣାବଳୀରୁ ବିବିଧ ଉପାଦାନ ଓ ଚରିତ୍ରକୁ ଆଧାର କରି ଏପରି ନାଟକ ରଚିତ ହୁଏ । ଐତିହାସିକ ତଥ୍ୟ ସହ କାବ୍ୟରଂଜନ ଦ୍ୱାରା ରସାଣିତ କରି ଏହି ନାଟକର ସୃଷ୍ଟି କରାଯାଏ। ଇତିହାସର ସତ୍ୟାନୁସରଣକୁ ଏଥିରେ ଗୁରୁତ୍ୱ ଦିଆଗଲେ ମଧ୍ୟ ଆବଶ୍ୟକସ୍ଥଳେ କିଛି କଳ୍ପନା ପ୍ରସୂତ କାବ୍ୟରସର ସଂଯୋଗୀକରଣ ଦ୍ୱାରା ଇତିହାସର ମୃତ ଚରିତ୍ରଗୁଡ଼ିକ ପୁନଃ ଜୀବନ୍ତ, ହୃଦୟଗ୍ରାହୀ, ପ୍ରେରଣାପ୍ରଦ ତଥା ସୌନ୍ଦର୍ଯ୍ୟମଣ୍ଡିତ ହୋଇ ଉଠନ୍ତି। ଏହା ରାଷ୍ଟ୍ରୀୟ ଭାବନାର ଜାଗୃତିରେ ସହାୟକ ହୋଇଥାଏ।

(୩) **ସାମାଜିକ ସମସ୍ୟା ମୂଳକ ନାଟକ :** ଏପରି ନାଟକଗୁଡ଼ିକର ରଚନା ସକାଶେ ସମସାମୟିକ ସାମାଜିକ, ରାଜନୈତିକ, ଆର୍ଥିକ ତଥା ନୈତିକ ସମସ୍ୟାଗୁଡ଼ିକୁ ଆଧାର ରୂପେ ଗ୍ରହଣ କରାଯାଇଥାଏ। ଯାହାଫଳରେ ଏହି ନାଟକ ସମାଜରେ ବ୍ୟାପକ ଜନାଦୃତି ଲାଭ କରିଥାଏ।

(୪) **ପ୍ରତୀକଧର୍ମୀ ନାଟକ :** ଏହି ଧରଣର ନାଟକ, ସମାଜ ଅଥବା ବ୍ୟକ୍ତିବିଶେଷଙ୍କ ନିମନ୍ତେ ନିର୍ଦ୍ଦିଷ୍ଟ ସନ୍ଦେଶ ବା ପରାମର୍ଶ ପ୍ରଦାନ କରିଥାଏ। ନାଟକର ପୃଷ୍ଠଭାଗରେ ବା ପ୍ରଚ୍ଛଦ ପଟରେ ନିଜେ ନାଟ୍ୟକାର ସେଥି ଅନ୍ତର୍ଗତ ସଂଳାପ ଆଦି ମାଧ୍ୟମରେ ସ୍ୱତନ୍ତ୍ର ସନ୍ଦେଶମାନ ଦର୍ଶକମାନଙ୍କ ଉଦ୍ଦେଶ୍ୟରେ ଜ୍ଞାପନ କରିଥାନ୍ତି।

(୫) **ସାମାଜିକ ନାଟକ :** ଏହି ଧରଣର ନାଟକ ସମାଜ ନିମିତ୍ତ ନିର୍ଦ୍ଦିଷ୍ଟ ସନ୍ଦେଶ ଅଥବା ଦିଗଦର୍ଶନ ପ୍ରଦାନ କରିଥାଏ । ଏଥିରେ ସମାଜସ୍ଥିତ ବିବିଧ ଶ୍ରେଣୀ ମଧ୍ୟରେ ଘଟୁଥିବା ଭିନ୍ନଭିନ୍ନ ସଂଘର୍ଷ ଅଥବା ସମ୍ଭାବ୍ୟ ସଂଘର୍ଷର ସୂତ୍ରପାତକୁ ପ୍ରଦର୍ଶିତ କରି ନବ୍ୟରୂପ ଦିଆଯାଇଥାଏ। ଏହି ନାଟକର ପୃଷ୍ଠଭାଗରେ ନିଜେ

ନାଟ୍ୟକାର ଏକ ବ୍ୟବସ୍ଥିତ ଓ ଆଦର୍ଶ ସମାଜ ନିମନ୍ତେ ଆବଶ୍ୟକୀୟ ସନ୍ଦେଶଗୁଡ଼ିକ ଦର୍ଶକମାନଙ୍କ ଉଦ୍ଦେଶ୍ୟରେ ପ୍ରଦାନ କରିଥାନ୍ତି।

(୬) **ରୋମାଣ୍ଟିକ୍ ନାଟକ :** ରୋମାନସ୍‌କୁ କେତେକ ପଳାୟନ ପ୍ରବୃତ୍ତି ବୋଲି କହିଥାନ୍ତି । କାରଣ 'ଆକାଶ କୟାଁ ଚିଲିକା ମାଛ' ଅଥବା କାଳ୍ପନିକ ଚିନ୍ତାଧାରା ପ୍ରସୂତ ଜୀବନପ୍ରଣାଳୀ ଆଡ଼କୁ ମନୁଷ୍ୟକୁ ଆକର୍ଷିତ କରାଇଥାଏ। ଏହା ଜୀବନର ବାସ୍ତବିକତାଠାରୁ ମନୁଷ୍ୟକୁ ଦୂରେଇ ନିଏ। ତଥାପି ଅନେକ ସମୟରେ କଳ୍ପନା ବିଳାସ ମନୁଷ୍ୟକୁ ଆନନ୍ଦ ପ୍ରଦାନ କରେ। ଅନେକ କାଳ୍ପନିକ ଚିନ୍ତାଧାରା ମଧ୍ୟରେ ନିଜକୁ ହଜାଇ ଦେଇ କିଛି ସମୟ ପାଇଁ ଆନନ୍ଦ ଅନୁଭବ କରନ୍ତି। କଳ୍ପନା ବିଳାସକୁ ନେଇ ଆନନ୍ଦିତ ହେବା ମନୁଷ୍ୟର ଜନ୍ମଜାତ ପ୍ରବୃତ୍ତି। କିନ୍ତୁ ଜୀବନର ବାସ୍ତବିକତା ହେଉଛି ଅନେକ ସମୟରେ ସଂଘର୍ଷମୟ, କଠୋର, ଅସହ୍ୟ ଓ ନିର୍ମମ। ଏଣୁ କାଳ୍ପନିକତା ଅବାସ୍ତବ ହେଲେ ମଧ୍ୟ ସେଥିରେ ନିଜକୁ ହଜାଇ ଦେଇ ମଣିଷ କିଛି ସମୟପାଇଁ ହେଲେ ମଧ୍ୟ ଆନନ୍ଦ ଅନୁଭବ କରେ। ଏଥପାଇଁ ଆବେଗପ୍ରବଣତା ଏବଂ ସ୍ୱାତନ୍ତ୍ର୍ୟବୋଧ ଏହି ଦୁଇ ତତ୍ତ୍ୱକୁ କେନ୍ଦ୍ରକରି ରୋମାଣ୍ଟିକ୍ ନାଟକ ରଚିତ ହୋଇଥାଏ।

(୭) **କ୍ଲାସିକ୍ ନାଟକ :** ପାଶ୍ଚାତ୍ୟ ନାଟ୍ୟକାରମାନଙ୍କ ମତରେ ଗ୍ରୀସ୍ ଓ ରୋମ୍‌ରେ ରଚିତ ହୋଇଥିବା ପ୍ରାଚୀନ କାଳର ନାଟକଗୁଡ଼ିକୁ କ୍ଲାସିକ ନାଟକ ବୋଲି କୁହାଯାଏ। କାରଣ ଏଥିରେ ସଭ୍ୟତା ଓ ଐତିହ୍ୟକୁ ନେଇ ନାଟକଗୁଡ଼ିକ ରଚିତ ହୋଇଥାନ୍ତି। ଅବାନ୍ତର କାହାଣୀ ବା ଦୃଶ୍ୟ ଏଥରେ ସ୍ଥାନିତ ହୋଇନଥାଏ। ଆଜିକାଲି ପ୍ରାଚୀନ ଶ୍ରେଷ୍ଠ ନାଟକଗୁଡ଼ିକୁ ଏହି ଶ୍ରେଣୀୟ ନାଟକରୂପେ ଗ୍ରହଣ କରାଯାଏ।

(୮) **ଅପେରା (ସଂଗୀତ ନାଟକ) :** ଏଥରେ ସଂଗୀତ ସଂଳାପ ବ୍ୟତୀତ 'ଗଦ୍ୟ ସଂଳାପ'ର ବ୍ୟବହାର ଦେଖାଯାଏ ନାହିଁ । ନାଟକର ନାୟକ ଓ ନାୟିକାମାନେ ନିଜେ ସଂଗୀତମୟ ସଂଳାପ ଗାନ କରି ଅଥବା ନେପଥ୍ୟରୁ ଗାନ କରାଯାଉଥିବା ସଂଗୀତର ତାଳେ ତାଳେ ଅଭିନୟ ଦ୍ୱାରା ନାଟକ ପ୍ରଦର୍ଶନ କରିଥାନ୍ତି ।

(୯) **ଏକାଙ୍କିକା :** ଅତି ପ୍ରାଚୀନ କାଳରୁ ଭାରତରେ ଏପ୍ରକାର ଏକ ଅଙ୍କ ବିଶିଷ୍ଟ ନାଟକର ପ୍ରଚଳନ ଥିଲା । କିନ୍ତୁ ଅତ୍ୟାଧୁନିକ ଏକାଙ୍କିକାକୁ ଇଂରାଜୀ ବା ପାଶ୍ଚାତ୍ୟ ଏକାଙ୍କିକା ଶୈଳୀର ଅନୁକରଣ ବୋଲି କୁହାଯାଇପାରେ । ଜୀବନର କର୍ମବ୍ୟସ୍ତତା ଏବଂ ମନୋରଂଜନ ନିମିତ୍ତ ସ୍ୱଳ୍ପ ଅବସରର ଉପଲବ୍ଧତାକୁ ଦୃଷ୍ଟିରେ ରଖି ଏକାଙ୍କିକା ରଚିତ ହୁଏ ଯେଉଁଥିରେ ସୀମିତ ସମୟ ମଧ୍ୟରେ ବ୍ୟକ୍ତିର ମନୋରଂଜନ ସମ୍ପର୍କୀତ ଆବଶ୍ୟକତା ପୂର୍ତ୍ତି ହୋଇଥାଏ । ଏତଦ୍‌ବ୍ୟତୀତ ଏକାଙ୍କିକାରେ ପ୍ରତିଫଳିତ ହୋଇଥାଏ ସାଧାରଣ ମାନବୀୟ ଜୀବନଯାତ୍ରା ବିଷୟକ ଏକ ନିଚ୍ଛକ ପ୍ରତିଛବି ଯାହା ଦର୍ଶକମାନଙ୍କ ନିମନ୍ତେ ହୋଇଥାଏ ଏକାନ୍ତ ଉପଭୋଗ୍ୟ । ଏକାଙ୍କିକା ବାସ୍ତବରେ ପୂର୍ଣ୍ଣାଙ୍ଗ ନାଟକର ଅଂଶ ବିଶେଷ ନୁହେଁ ବରଂ ଏହା ତାହାର ଏକ ସୂକ୍ଷ୍ମ ପ୍ରତିରୂପ ଅଟେ । ନିଜର ବଳିଷ୍ଠ ନାଟ୍ୟକୌଶଳ ଓ କଳାଚାତୁର୍ଯ୍ୟ ମାଧ୍ୟମରେ ହିଁ ନାଟ୍ୟକାର ଏକାଙ୍କିକାର କ୍ଷୁଦ୍ର ପରିସର ମଧ୍ୟରେ ଫୁଟେଇଥାନ୍ତି ଦ୍ୱନ୍ଦ୍ୱ ଓ ସଂଘାତର ଏକ ଜୀବନ୍ତ ରୂପ ।

(୧୦) **ନୃତ୍ୟ ନାଟ୍ୟ :** ଐତିହାସିକ ବା ପୌରାଣିକ କଥାବସ୍ତୁକୁ ଆଧାର କରି କାବ୍ୟାତ୍ମକ ସଂଳାପ ମାଧ୍ୟମରେ ରଚିତ ନୃତ୍ୟନାଟ୍ୟ (Dance - Drama) ମଧ୍ୟରେ ଆଙ୍ଗିକ ନୃତ୍ୟ ତଥା ବାଚିକ ଅଭିନୟର ଏକ ସାମଞ୍ଜସ୍ୟ ପୂର୍ଣ୍ଣ ସମାବେଶ ଘଟିଥାଏ ।

(୧୧) **ଚରିତ ନାଟକ :** ମହାପୁରୁଷମାନଙ୍କର ଜୀବନଚରିତକୁ କେନ୍ଦ୍ର କରି ଅସଂଖ୍ୟ ଲୋକଶିକ୍ଷା ମୂଳକ ନାଟକ ରଚିତ ହୋଇଥାଏ ଯାହା ସାଧାରଣ ମନୁଷ୍ୟ ମଧ୍ୟରେ ସୃଷ୍ଟି କରେ ଆଦର୍ଶଗତ ଚିନ୍ତା ଓ ଚେତନା । ନାଟ୍ୟକାର ନିଜର ବଳିଷ୍ଠ ନାଟ୍ୟକୌଶଳ ଦ୍ୱାରା ଏହାକୁ କରାଇଥାନ୍ତି ଅତ୍ୟନ୍ତ ପ୍ରଭାବଶାଳୀ, ପ୍ରେରଣାଦାୟୀ ତଥା ସର୍ବଜନଗ୍ରାହୀ ।

(୧୨) **ପ୍ରହସନ :** ସଂସ୍କୃତ ନାଟକର ଦଶଗୋଟି ବିଭାଗ ମଧ୍ୟରୁ ଏହା ଅନ୍ୟତମ, ଯାହା କମେଡ଼ି ଶ୍ରେଣୀର ଅନ୍ତର୍ଭୁକ୍ତ ଅଟେ । ପ୍ରହସନ (Farce)ଶ୍ରେଣୀୟ ଏହି ନାଟକଗୁଡ଼ିକ ଭାବାତ୍ମକ ତଥା ଲଘୁରସଯୁକ୍ତ ବିଷୟବସ୍ତୁକୁ ଆଧାର କରି ଗଢ଼ି

ଉଠିଥିଲେ ମଧ୍ୟ ଏଥିରେ ସମାବିଷ୍ଟ ଥିବା କଥାବସ୍ତୁର ଆକସ୍ମିକତା, ଉଦ୍ଭଟତ୍ୱ, ଉଗ୍ରହାସ୍ୟ ରସ, ଅବାରିତ କୌତୁକ ରସ ତଥା ଅତିରଂଜନ ସହିତ ତୀବ୍ର ବ୍ୟଙ୍ଗ-ବିଦ୍ରୂପର ଉପସ୍ଥିତି ଏହାକୁ କରିଥାଏ ବିଶେଷ ଭାବେ ଉପଭୋଗ୍ୟ।

(୧୩) **ଉଦ୍ଭଟ (Absurd) ନାଟକ** : ଫ୍ରେଞ୍ଚ ନାଟ୍ୟକାର ଆଲଫ୍ରେଡ୍ ଜେରୀ (୧୮୭୩-୧୯୦୭)ଙ୍କ ନାଟକ 'ଉବୁରୟ' ଥିଲା ନାଟକରେ ଉଦ୍ଭଟତା ଶୈଳୀ ପ୍ରୟୋଗ ଦିଗରେ ପ୍ରଥମ ପଦକ୍ଷେପ ସ୍ୱରୂପ; ଯାହା ପ୍ୟାରିସର ନୋଭିୟୁ- ସହରସ୍ଥିତ "Theatre de|' Oeuvre" ମଞ୍ଚରେ ପ୍ରଦର୍ଶିତ ହୋଇ (୧୮୯୬) ପ୍ରାଚୀନ ପରମ୍ପରା ବିରୁଦ୍ଧରେ ଏକ ଆନ୍ଦୋଳନର ସୂତ୍ରପାତ ଘଟାଇଲା। ଦର୍ଶକବୃନ୍ଦ ସେଦିନ ପ୍ରେକ୍ଷାଳୟ ମଧ୍ୟରେ ଏହି ନାଟକର ଉଦ୍ଭଟତାକୁ ନେଇ ଅତ୍ୟନ୍ତ ଉଗ୍ର ଓ ହିଂସାତ୍ମକ ହୋଇ ପଡ଼ିଥିଲେ। କେତେକ ସାମୁଏଲ ବେକେଟଙ୍କୁ ଉଦ୍ଭଟ ନାଟକର ଜନକ ବୋଲି କହିଥାନ୍ତି। ୧୯୪୫ ମସିହାର ପରବର୍ତ୍ତୀ କାଳଖଣ୍ଡରେ ବେକେଟ, ଆଇନେସ୍କୋ, ଜାଁ ଜିନିତ, ହାରୋଲଡ ପିଣ୍ଟର, ଆର୍ଥର ଆଡାମୋଭ, ଏର୍ଡ୍‌ୱାର୍ଡ ଆଲବୀ ଇତ୍ୟାଦି ପାଶ୍ଚାତ୍ୟ ନାଟ୍ୟକାରଗଣ ବହୁ ଉଦ୍ଭଟ ନାଟକ ମାନ ରଚନା କରିଥିଲେ। ଚିରାଚରିତ ପରମ୍ପରା ବିରୋଧୀ ବେଖାପ୍, ଅଯୌକ୍ତିକ, ଅସଂଲଗ୍ନ, ଅସଂଗତ ଓ ଅବାସ୍ତବ ଚିନ୍ତାଧାରଗୁଡ଼ିକୁ କେନ୍ଦ୍ର କରି 'ଉଦ୍ଭଟ ନାଟକ' ରଚିତ ହୋଇଥାଏ। ଉତ୍କଳୀୟ ଉଦ୍ଭଟ ନାଟ୍ୟକାରମାନଙ୍କ ମଧ୍ୟରେ ମନୋରଞ୍ଜନ ଦାସ, ରତ୍ନାକର ଚଇନି, କାର୍ତ୍ତିକ ଚନ୍ଦ୍ର ରଥ, ବିଜୟ ମିଶ୍ର, ରମେଶ ପାଣିଗ୍ରାହୀ, ବିଶ୍ୱଜିତ୍ ଦାସ ଆଦି ବିଶେଷ ଭାବରେ ପ୍ରସିଦ୍ଧି ଅର୍ଜନ କରିଛନ୍ତି। ଉଦ୍ଭଟ ନାଟକଗୁଡ଼ିକୁ କେତେକ ମନସ୍ତାତ୍ତ୍ୱିକ ନାଟକ ବା ପରୀକ୍ଷାଧର୍ମୀ ନାଟକ ଭାବରେ ସଂଜ୍ଞାୟିତ କରିଥାନ୍ତି।■

ନାଟ୍ୟକଳାର ଉତ୍ପତ୍ତି ତଥା ଓଡ଼ିଆ ନାଟକର ଅତୀତ ଓ ବର୍ତ୍ତମାନ

ସଂସ୍କୃତ ଭାଷାକୁ ସମସ୍ତ ଭାରତୀୟ ଭାଷା ଏପରିକି ସମସ୍ତ ବିଶ୍ୱଭାଷାର ଜନନୀରୂପେ ଆଖ୍ୟାୟିତ କରାଯାଏ। ସାହିତ୍ୟ, କାବ୍ୟ, ସଂଗୀତ, ନୃତ୍ୟ ତଥା ଅଭିନୟ ମଧ୍ୟରେ ନିଗୂଢ଼ ସମ୍ପର୍କ ବିଦ୍ୟମାନ। ଏମାନେ ସଭିଁଏ ପରସ୍ପର ସହ ଅଙ୍ଗାଙ୍ଗୀ ଭାବରେ ସମ୍ପର୍କୀତ। ଖ୍ରୀ.ପୂ ୫୦୦୦ ପୂର୍ବେ ଭାରତରେ ସାହିତ୍ୟ ଓ ସଂଗୀତର ଭୂୟୋବିକାଶ ଘଟି ଏହା ପୃଥିବୀରେ ସର୍ବଶ୍ରେଷ୍ଠ ସ୍ଥାନ ହାସଲ କରିଥିଲା। ସେଇ ସମୟରୁ ହିଁ ଭାରତ ଭୂମି ନାଟକ ସୃଷ୍ଟିର ଆଦିପୀଠ ରୂପେ ମାନ୍ୟତା ଲାଭ କରିଥିଲା। କୁହାଯାଇଛି "କାବ୍ୟେଷୁ ନାଟକଂ ରମ୍ୟମ୍" ଅର୍ଥାତ୍ କାବ୍ୟର ବିଭିନ୍ନ ବିଭାଗ ମଧ୍ୟରେ ନାଟକ ହେଉଛି ରମଣୀୟ। ନାଟକ ମଧ୍ୟରେ ଜାତୀୟ ଜୀବନର ପ୍ରତିଛବି, ଏକ ସାମାଜିକ ଜୀବନର ବର୍ଣ୍ଣାଢ଼୍ୟ ରୂପଛଟା, ତଥା ତାହାର ଆଶା, ଆକାଂକ୍ଷା, ଚିନ୍ତାଚେତନା ଆଦି ପ୍ରତିବିମ୍ବିତ ହୋଇଥାଏ। ଏଣୁ କୁହାଯାଏ 'A nation is known by its Theatre'। ଆଧ୍ୟାତ୍ମିକତାର ଉତ୍ତରଣ ତଥା ସାମାଜିକ ପ୍ରୟୋଜନ ପୂର୍ତ୍ତି ନିମିତ୍ତ ଭାରତରେ ନାଟକର ଭୂୟୋବିକାଶ ଘଟିଥିଲା। 'ଆନନ୍ଦବାଦ'ର ମୂଳଦୁଆ ଉପରେ ନୃତ୍ୟ, ଗୀତ ଓ ଅଭିନୟ ରୂପୀ ତ୍ରିତତ୍ତ୍ୱର ସମାବେଶ ଘଟି ଭାରତରେ ନାଟକ ସୃଷ୍ଟି ହୋଇଥିଲା। "ସିଲଭାଁ ଲେଭି, ଶ୍ରୋଏଡ଼ର, ମାକ୍ସ ମୁଲାର ଓ ହାର୍ଟଲେ ଆଦି ଭାଷାବିଜ୍ଞାନୀ ଏବଂ ନାଟ୍ୟତତ୍ତ୍ୱବିତ୍ ମାନେ

ବୈଦିକ "ସମ୍ବାଦ ସୂକ୍ତ" ଗୁଡ଼ିକୁ ନାଟକର ଆଦ୍ୟରୂପ ବୋଲି ମତ ପ୍ରଦାନ କରନ୍ତି ।

ନାଟ୍ୟ ପରଂପରାର ଆଦ୍ୟ ପ୍ରବର୍ତ୍ତକ ଭାବରେ ଭଗବାନ ଶଙ୍କରଙ୍କୁ ଗ୍ରହଣ କରାଯାଏ । ଏଣୁ ସେ ନଟରାଜ ନାମରେ ବିଖ୍ୟାତ । ମହାକବି କାଳିଦାସ ତାଙ୍କର 'ମାଳବିକାଗ୍ନି ମିତ୍ରମ୍'ରେ ଏହାର ମହତ୍ତ୍ୱ ପ୍ରତିପାଦିତ କରି ଉଲ୍ଲେଖ କରିଛନ୍ତି –

"ଦେବାନାମିଦମାମନନ୍ତି ମୁନୟଃ ଶାନ୍ତଂ କ୍ରତୁଂ ଚାକ୍ଷୁଷଂ
ରୁଦ୍ରେଣେଦମୁମାକୃତବ୍ୟତିକରେ ସ୍ୱାଙ୍ଗେ ବିଭକ୍ତଂ ଦ୍ୱିଧା ।....(୧/୪)"

ଅର୍ଥାତ ନାଟକ ହେଉଛି ଦେବତାମାନଙ୍କର ଚକ୍ଷୁ ଓ ମନକୁ ଆନନ୍ଦ ପ୍ରଦାନକାରୀ ଏକ ଯଜ୍ଞ ସ୍ୱରୂପ । ପାର୍ବତୀଙ୍କ ସହ ବିବାହ ଅନନ୍ତର ଶିବ ନିଜ ଶରୀର ମଧ୍ୟରେ ନାଟକକୁ ଦୁଇ ଭାଗରେ ବିଭକ୍ତ କରିଥିଲେ । ଗୋଟିଏ ତାଣ୍ଡବ ଓ ଅନ୍ୟଟି ଲାସ୍ୟ । 'ତାଣ୍ଡବ' ଯାହା ଉଦ୍ଧତ ଏବଂ ଆକର୍ଷକ । 'ତାଣ୍ଡବ' ଶଙ୍କରଙ୍କ ନୃତ୍ୟ ହୋଇଥିଲା ବେଳେ 'ଲାସ୍ୟ' ପାର୍ବତୀଙ୍କ ଦ୍ୱାରା କରାଯାଇଥିବା ନୃତ୍ୟ ଅଟେ । 'ଲାସ୍ୟ' ହେଉଛି 'ସୁକୁମାର' ତଥା 'ମନୋହର' । ନାଟ୍ୟଶାସ୍ତ୍ର ଅନୁଯାୟୀ ନୃତ୍ୟରେ 'ଅଙ୍ଗହାର'ର ଉପଯୋଗ କରାଯାଏ ଯାହା 'କରଣ' ମାଧ୍ୟମରେ ପ୍ରଦର୍ଶିତ ହୋଇଥାଏ । ଏହି କରଣ ନର୍ତ୍ତକର ହସ୍ତପଦାଦି ଅର୍ଥାତ୍ ଶରୀରର ଉପରିଭାଗ ଓ ନିମ୍ନଭାଗ ଯଥା : ପାର୍ଶ୍ୱ, ନିତମ୍ବ, ଜଂଘ ଇତ୍ୟାଦି ତାଳବଦ୍ଧ ଚାଳନା ଦ୍ୱାରା ନିଷ୍ପନ୍ନ ହୋଇଥାଏ । ଏହା ନାଟ୍ୟବିଶାରଦ ଭରତ ମୁନିଙ୍କ ଭାଷାରେ **'ହସ୍ତପାଦସମାଯୋଗୋ ନୃତସ୍ୟ କରଣଂ ମତମ୍ ।'** ରୂପେ ବର୍ଣ୍ଣିତ ହୋଇଛି । ତ୍ରିଗୁଣରୁ ଉତ୍ପନ୍ନ ବିଭିନ୍ନ ଚରିତମାନ ନୃତ୍ୟରେ ସମାବିଷ୍ଟ ହୋଇଥାଏ । ଏଣୁ ଭିନ୍ନ ଭିନ୍ନ ଗୁଣ ବିଶିଷ୍ଟ ଦର୍ଶକମାନେ ଏଥିରୁ ସମାନ ଆନନ୍ଦ ଲାଭ କରିଥାନ୍ତି । ଅତଏବ ଏହା ମନୋରଂଜନର ଏକ ଶ୍ରେଷ୍ଠ ମାଧ୍ୟମରୂପେ ପରିଗଣିତ ହୋଇଥାଏ । ଶାସ୍ତ୍ରର ପ୍ରମାଣ ଅନୁଯାୟୀ ଦେବତାମାନେ ଅବସର ବିନୋଦନ ପାଇଁ ପ୍ରାର୍ଥନା କରନ୍ତେ ବ୍ରହ୍ମା ସେଥିରେ ସନ୍ତୁଷ୍ଟ ହୋଇ ଭଗବାନ ଶଙ୍କରଙ୍କର ପ୍ରଦର୍ଶିତ 'ନୃତ୍ୟବିଦ୍ୟା' ଧାରାରେ 'ନାଟ୍ୟବେଦ' ସୃଷ୍ଟି କରିଥିଲେ । ସେ ଋକ୍‌ବେଦରୁ ପାଠ୍ୟ ବା ସମ୍ବାଦ, ଯଜୁର୍ବେଦର ଅଭିନୟ, ସାମବେଦର ସଂଗୀତ ତଥା ଅଥର୍ବ ବେଦରୁ ରସ-ବୃତ୍ତି – ଏହିପରି ଚାରିବେଦରୁ ଚାରିଗୋଟି ତତ୍ତ୍ୱ ଦ୍ୱାରା 'ନାଟ୍ୟ ବେଦ'ର ରଚନା

କରିଥିଲେ। ଏଣୁ ଏହାକୁ 'ପଞ୍ଚମବେଦ' ବୋଲି ମଧ୍ୟ କୁହାଯାଏ। ଏ ବିଷୟକ ସବିଶେଷ ବର୍ଣ୍ଣନା 'ନାଟ୍ୟଶାସ୍ତ୍ର'ରେ ଏହାର ପ୍ରଣେତା ଭରତମୁନିଙ୍କ ଦ୍ୱାରା କରାଯାଇଛି – **'ଜଗ୍ରାହ ପାଠ୍ୟମୃଗ୍‌ବେଦାତ୍ ସାମଭ୍ୟୋ ଗୀତମେବଚ।...** (ନାଟ୍ୟଶାସ୍ତ୍ର ୧/୧୭)।' ନାଟ୍ୟବେଦ ରଚନା ପରେ ସେଥିରେ ସନ୍ନିବିଷ୍ଟ ତତ୍ତ୍ୱ ଅନୁଯାୟୀ ଅଭିନୟ ପ୍ରଦର୍ଶନ ନିମନ୍ତେ ବ୍ରହ୍ମା ଭରତମୁନିଙ୍କୁ ନିର୍ଦ୍ଦେଶ ଦେଇଥିଲେ। ଭରତମୁନି ନିଜର ପୁତ୍ର ଓ ଅପ୍‌ସରାମାନଙ୍କ ସହଯୋଗରେ 'ଅମୃତ ମନ୍ଥନ' ଏବଂ 'ତ୍ରିପୁର ଦାହ' ନାମକ ଦୁଇଟି ନାଟକ ମଞ୍ଚସ୍ଥ କରାଇଥିଲେ। ଏହାର ଦ୍ରଷ୍ଟା ରୂପେ ନିଜ ଭୂତଗଣଙ୍କ ସହ ଭଗବାନ ଶଙ୍କର ମଧ୍ୟ ଉପସ୍ଥିତ ଥିଲେ। ନାଟକକୁ ଦର୍ଶନ କରି ଭଗବାନ ଶଂକର ଅତ୍ୟନ୍ତ ପ୍ରସନ୍ନ ହୋଇଥିଲେ ମଧ୍ୟ ସେଥିରେ ନୃତ୍ୟ ସନ୍ନିବେଶିତ ହୋଇ ନଥିବାରୁ ତାହାର ରୋଚକତା ବହୁ ଭାବରେ ହ୍ରାସ ପାଇଛି ବୋଲି ସେ ବ୍ରହ୍ମାଙ୍କୁ ମନ୍ତବ୍ୟ ପ୍ରଦାନ କରିଥିଲେ। ଭଗବାନ ଶଂକରଙ୍କ ଦ୍ୱାରା ବିରଚିତ 'ନୃତ୍ୟକଳା'କୁ ଉପରୋକ୍ତ ନାଟକମାନଙ୍କରେ ସନ୍ନିବେଶିତ କରିବା ନିମନ୍ତେ ତାଙ୍କର ପ୍ରଧାନ ଗଣ 'ତଣ୍ଡୁ"ଙ୍କ ଦ୍ୱାରା ଭରତମୁନିଙ୍କୁ ପ୍ରଦାନ କରାଯାଇଥିଲା। ତଣ୍ଡୁଙ୍କ ନାମନୁଯାୟୀ 'ତାଣ୍ଡବ ନୃତ୍ୟ' ନାମକରଣ ସମ୍ଭବ ହୋଇଥିବା ମନେହୁଏ। ନୃତ୍ୟ ସଂଯୋଗ ଫଳରେ ନାଟକର ଚମତ୍କାରିତା, ମନୋରଂଜକତା ଏବଂ ଆକର୍ଷକତା ବହୁ ଗୁଣରେ ପରିବର୍ଦ୍ଧିତ ହୋଇଥିଲା। ଅତଏବ ନୃତ୍ୟ, ଗୀତ ଓ ଅଭିନୟର ତ୍ରୌର୍ଯ୍ୟତ୍ରିକ ସମାବେଶ ହିଁ ନାଟକକୁ ସରସ, ସୁନ୍ଦର, ସଫଳ ଓ ବର୍ଣ୍ଣାଢ୍ୟ କରି ଗଢ଼ିତୋଳେ ।

ଓଡ଼ିଆ ନାଟକର ଭୂୟୋବିକାଶ ବିଷୟରେ ଅନୁଧ୍ୟାନ କଲେ ଏହା ଯେ ସର୍ବଭାରତୀୟ ପରଂପରାଠାରୁ ଆଦୌ ବିଚ୍ଛିନ୍ନ ନଥିଲା ତାହାର ଅଗଣିତ ଐତିହାସିକ ପ୍ରମାଣ ଆଜି ମଧ୍ୟ ଅନୁପଲବ୍ଧ ନୁହେଁ। ପାଶ୍ଚାତ୍ୟ କଳା ସାହିତ୍ୟ ସମାଲୋଚକ ଚାର୍ଲସ ଫାବ୍ରୀ ତାଙ୍କର 'ପ୍ରାଚୀନ ଭାରତୀୟ ରଂଗମଂଚ' ପୁସ୍ତକରେ ମତ ପ୍ରଦାନ କରି କହନ୍ତି – "ଉଦୟଗିରିର ଜୈନଗୁମ୍ଫା, ରାଣୀଗୁମ୍ଫା, ସୀତାବେଙ୍ଗା, ଯୋଗୀମାରା ପ୍ରଭୃତି ସ୍ଥାନରେ ଖ୍ରୀ.ପୂ. ୨ୟ ଶତାବ୍ଦୀ କାଳର ଶିଳାଲେଖ, ମୁକ୍ତାକାଶ ରଂଗମଂଚର ଅବଶେଷ ଆଦିରୁ ପ୍ରାଚୀନ ଉତ୍କଳରେ ନାଟ୍ୟାଭିନୟ ପ୍ରଦର୍ଶନ କ୍ଷେତ୍ରରେ ଯେ ଏକ ବୈଭବଶାଳୀ ପରଂପରା ବିଦ୍ୟମାନ ଥିଲା, ଏହାର ଭୁରିଭୁରି ପ୍ରମାଣ ପ୍ରାପ୍ତ ହୋଇଥାଏ। ସମ୍ରାଟ୍ ଖାରବେଳ ନାଟ୍ୟାଭିନୟକୁ ପ୍ରାଧାନ୍ୟ ଦେଇ

ନିଜ ରାଜ୍ୟର ଚତୁର୍ଦ୍ଦିଗରେ ଅସଂଖ୍ୟ ଚଉତରା ବା ମଣ୍ଡପମାନ ନିର୍ମାଣ କରାଇଥିଲେ।" ଏହି ଧାରା ଖାରବେଳଙ୍କଠାରୁ ଆରମ୍ଭ କରି ପ୍ରତାପରୁଦ୍ର ଦେବ ବା ଆହୁରି ପରବର୍ତ୍ତୀ ଶାସକମାନଙ୍କ ପର୍ଯ୍ୟନ୍ତ ନିରବଚ୍ଛିନ୍ନ ଭାବରେ ଚାଲୁରହିଥିଲା ଏବଂ ସେମାନଙ୍କର ପୃଷ୍ଠପୋଷକତା ଲାଭ କରି ନାଟକ ରଚନା ବିକଶିତ ହୋଇଥିଲା।

ଖ୍ରୀଷ୍ଟୀୟ ଅଷ୍ଟମ ଶତାବ୍ଦୀରେ ଓଡ଼ିଶାରେ ପ୍ରଥମ ସଂସ୍କୃତ ନାଟକ ରଚିତ ହୋଇଥିବା ପ୍ରମାଣ ମିଳେ। ନାଟ୍ୟକାର ମୁରାରି ମିଶ୍ରଙ୍କ ଦ୍ୱାରା "ଅନର୍ଘରାଘବ", ରାୟରାମା ନନ୍ଦଙ୍କ ଦ୍ୱାରା 'ଜଗନ୍ନାଥ ବଲ୍ଲଭ', 'ପାରିଜାତ ହରଣ',' ବୈଷ୍ଣବାମୃତମ୍' ବ୍ୟତୀତ ଆହୁରି ଅନେକ ସଂସ୍କୃତ ନାଟକ ଏହି ଶତାବ୍ଦୀରେ ରଚିତ ହୋଇ ଓଡ଼ିଆ ନାଟକର ବିକାଶ ପର୍ବକୁ ବହୁଭାବରେ ପ୍ରଭାବିତ କରିଥିଲା। କପିଳେନ୍ଦ୍ର ଦେବଙ୍କ ପୁତ୍ର ପୁରୁଷୋତ୍ତମ ଦେବ ଜଣେ ପ୍ରଖ୍ୟାତ ନାଟ୍ୟକାର ଥିଲେ। ତାଙ୍କ ରାଜତ୍ୱ କାଳରେ ଭକ୍ତିଭୈରବ, ଅଭିନବ ବେଣୀ ସଂହାର ଆଦି ବହୁ ନାଟକ ରଚିତ ହୋଇଥିଲା। ଅଷ୍ଟମ ଶତାବ୍ଦୀରୁ ଆରମ୍ଭ କରି ଅଷ୍ଟାଦଶ ଶତାବ୍ଦୀ ପର୍ଯ୍ୟନ୍ତ ଅସଂଖ୍ୟ ନାଟକ ଓ ବହୁ ସଂଖ୍ୟକ 'ଚମ୍ପୂ' ମାନ ରଚିତ ହୋଇ ଓଡ଼ିଆ ନାଟକ ରଚନା ଦିଗରେ ବହୁ ମାତ୍ରାରେ ପ୍ରୋତ୍ସାହନ ଯୋଗାଇଥିଲା ।

ଷୋଡ଼ଶ ଶତାବ୍ଦୀରେ ଓଡ଼ିଶା ମୁସଲମାନ ଶାସକମାନଙ୍କ ଦ୍ୱାରା କବଳିତ ଥିଲା। ଏଣୁ ଏ ସମୟରେ ଭାଷା ବା ନାଟକ ଆଦିର ବିକାଶ ସମ୍ଭବ ହୋଇନଥିଲା। ଊନବିଂଶ ଶତାବ୍ଦୀର ପୂର୍ବାର୍ଦ୍ଧ ଓ ଉତ୍ତରାର୍ଦ୍ଧ କାଳରେ ପଦ୍ମାବତୀ ହରଣ (୧୮୩୪), ଗୌରୀହରଣ, ଗୋପୀନାଥ ବଲ୍ଲବ (୧୮୬୮) ଆଦି ରଚିତ ହୋଇଥିଲା ଯାହାକୁ ଓଡ଼ିଆ ଭାଷାର ପ୍ରଥମ ନାଟକ ରୂପେ ଗ୍ରହଣ କରାଯାଏ। ଊନବିଂଶ ଶତାବ୍ଦୀର ମଧ୍ୟଭାଗ ପର୍ଯ୍ୟନ୍ତ ସମୟକୁ ତଥାପି ଲୀଳା, ପାଲା, ଯାତ୍ରା ଓ ସୁଆଙ୍ଗ ଆଦିର ଯୁଗ ବୋଲି କୁହାଯାଏ। କାରଣ ନାଟକ ରଚନା ଦୃଷ୍ଟିରୁ ଏଇ ସମୟ ପର୍ଯ୍ୟନ୍ତ ବିକାଶ ପର୍ବ ବିଶେଷ ଭାବେ ପ୍ରାରମ୍ଭ ହୋଇନଥିଲା। ଊନବିଂଶ ଶତାବ୍ଦୀର ପ୍ରାରମ୍ଭରେ ଇଂରେଜ ଶାସନର ଆଗମନ ଫଳରେ ତତ୍କାଳୀନ ସମାଜରେ ଗଚ୍ଛିତ ଥିବା କୁସଂସ୍କାର ବିରୋଧରେ ସ୍ୱର ଉତ୍ତୋଳିତ ହୋଇଥିଲା ଏବଂ ଶିକ୍ଷା-ସଂସ୍କୃତି, ସାମାଜିକ, ସାଂସ୍କୃତିକ ତଥା ରାଜନୈତିକ କ୍ଷେତ୍ରର ଅଭୂତପୂର୍ବ ଜନ ସଚେତନତା ଏବଂ ଜାଗୃତିର ସୂତ୍ରପାତ ହୋଇଥିଲା।

ଖ୍ରୀଷ୍ଟଧର୍ମରେ ନାଟକକୁ ଧର୍ମବିରୋଧୀ ରୂପେ ବିବେଚନା କରାଯାଉଥିବାରୁ ଇଂରେଜମାନେ ମଧ୍ୟ ଏହାର ପରିପନ୍ଥୀ ଥିଲେ। ଭାରତୀୟ ସଂସ୍କୃତି ସଂସ୍ପର୍ଶରେ ଆସି କେତେକ ଇଂରେଜ ଶାସକ ନାଟ୍ୟକଳା ପ୍ରତି ବିଶେଷ ଆକୃଷ୍ଟ ହୋଇଥିଲେ। ସେମାନଙ୍କ ପ୍ରଭାବରେ ଭାରତରେ ପାଶ୍ଚାତ୍ୟ ରଂଗମଂଚ ଅନୁସରଣରେ ପ୍ରଥମ ମଂଚ ନିର୍ମିତ ହୋଇଥିଲା। ଏହା ପ୍ରଭାବରେ ୧୮୭୨ ମସିହାରେ କଟକ ମିଶନ ହାଇସ୍କୁଲରେ ଏକ ଅସ୍ଥାୟୀ ରଂଗମଂଚ ନିର୍ମିତ ହୋଇ ସେଥିରେ 'ଗୋଲ୍ଡସ୍ମିଥ୍'ଙ୍କ ନାଟକ ମଞ୍ଚସ୍ଥ ହୋଇଥିଲା। ଏହି ସମୟରେ କଟକ ଜିଲ୍ଲାସ୍ଥ ମାହାଙ୍ଗାର ଜଗନ୍ମୋହନଲାଲ ମଂଚ ନିର୍ମାଣ ସହ ବାବାଜୀ, ସତୀ ଆଦି ଚାରୋଟି ଆଧୁନିକ ନାଟକ ରଚନା ହୋଇଥିଲା । ୧୮୮୦ରୁ ୧୯୧୭ ମଧ୍ୟରେ ରାମଶଂକର ନାମକ ନାଟ୍ୟକାର ପ୍ରାୟ ୧୪ ଖଣ୍ଡ ସଂସ୍କାରଧର୍ମୀ ନାଟକ ରଚନା କରିଥିଲେ ଯାହା ଦର୍ଶକମାନଙ୍କ ଦ୍ୱାରା ଉଚ୍ଚ ପ୍ରଶଂସିତ ହୋଇଥିଲା। ଏହି ସମସାମୟିକ କାଳରେ ଖଡ଼ିଆଳ ରାଜପୁତ୍ର ବୀରବିକ୍ରମ - ସାମାଜିକ, ଐତିହାସିକ, ପୌରାଣିକ ଆଦି ପ୍ରାୟ ଏଗାରଖଣ୍ଡ ନାଟକ ଓ ଦୁଇଖଣ୍ଡ ନାଟ୍ୟତତ୍ତ୍ୱ ସମ୍ବଳିତ ପୁସ୍ତକ ରଚନା କରିଥିଲେ। ଏହି କାଳରେ ପଦ୍ମନାଭ ନାରାୟଣ ଦେବ ପାରଳା ରାଜା ଥିଲେ। ସେ ପ୍ରାୟ ଛଅଗୋଟି ନାଟକ ରଚନା କରିଥିଲେ। କାମପାଳ ମିଶ୍ରଙ୍କ 'ସୀତାବିବାହ' (୧୮୯୯) ଓଡ଼ିଆ ନାଟକ କ୍ଷେତ୍ରରେ ଏକ ବୈପ୍ଳବିକ ପରିବର୍ତ୍ତନ ଆନୟନ କରିଥିଲା। ତାଙ୍କ ରଚିତ ଚାରିଗୋଟି ନାଟକର, ଅସାମାନ୍ୟ ଜନଆଦୃତି ନାଟ୍ୟକାରଙ୍କର ଅନନ୍ୟ ପ୍ରତିଭାର ପ୍ରମାଣ ପ୍ରଦାନ କରିଥାଏ। ନାଟ୍ୟକାର ଭିକାରୀଚରଣ ୧୯୦୧ରୁ ୧୯୬୦ ମଧ୍ୟରେ ୧୦ଖଣ୍ଡ ନାଟକ ରଚନା ମାଧ୍ୟମରେ ପ୍ରାଚ୍ୟ ଓ ପାଶ୍ଚାତ୍ୟ ନାଟ୍ୟଶୈଳୀ ମଧ୍ୟରେ ସମନ୍ୱୟ ପ୍ରସ୍ଥାପନ କରି ଇଂରେଜ ଶିକ୍ଷା ବିରୋଧରେ ସ୍ୱର ଉତ୍ତୋଳନ ତଥା ଆଧ୍ୟାତ୍ମିକତା ଓ ସଂସ୍କାରଧର୍ମୀ ଚେତନାର ପ୍ରସାରଣ ନିମନ୍ତେ ପ୍ରୟାସ କରିଥିଲେ। ଚିକିଟୀର ରାଧାମୋହନ ରାଜେନ୍ଦ୍ର ଦେବ ୧୯୧୦ରୁ ୧୯୨୧ ମଧ୍ୟରେ ପ୍ରାୟ ଛଅଖଣ୍ଡି ନାଟକ ରଚନା କରି ସେଗୁଡ଼ିକୁ ମଂଚସ୍ଥ କରାଇଥିଲେ। ଯାହା ଲୋକମୁଖରେ ଉଚ୍ଚ ପ୍ରଶଂସିତ ହୋଇ ପାରିଥିଲା। କବି ଗୋଦାବରୀଶ ଜାତୀୟଭାବର ଉଦ୍ରେକ ନିମନ୍ତେ ୧୯୧୭ ରୁ ୧୯୨୦ ମସିହା ମଧ୍ୟରେ ଦୁଇଗୋଟି ଐତିହାସିକ ନାଟକ ରଚନା କରି ଓଡ଼ିଆ ନାଟ୍ୟ ସାହିତ୍ୟରେ ଏକ ନୂତନ ନାଟ୍ୟଶୈଳୀର

ଭାରତୀୟ ପରମ୍ପରାରେ ଲୋକନାଟ୍ୟ ଓ ଲୋକନୃତ୍ୟ

ସୂତ୍ରପାତ ଘଟାଇଥିଲେ। ଏହି କାଳରେ ବହୁ ସଂସ୍କୃତ ନାଟକ ମଧ୍ୟ ଅନୁବାଦିତ ହୋଇ ମଂଚସ୍ଥ ହୋଇଥିଲା। ନାଟ୍ୟକାର ହରିହର ରଥ ୧୮୯୮ ରୁ ୧୯୧୨ ମଧ୍ୟରେ ପ୍ରାୟ ୧୦ଟି ସଂସ୍କୃତି ଓ ପରଂପରା କେନ୍ଦ୍ରିତ ନାଟକ ରଚନା କରିଥିଲେ। ନାଟ୍ୟକାରମାନଙ୍କ ମଧ୍ୟରେ ଚିକ୍କିଟୀର କିଶୋର ଚନ୍ଦ୍ର ରାଜେନ୍ଦ୍ର, ପାରଳାର ପଣ୍ଡିତ ଗୋପୀନାଥ ନନ୍ଦ, ମୃତ୍ୟୁଞ୍ଜୟ ରଥ, କବି ମଧୁସୂଦନ, ଗୌରୀ ବଲ୍ଲଭ ପଟ୍ଟନାୟକ, ନାରାୟଣ ମିତ୍ର, ଘନଶ୍ୟାମ ମିଶ୍ର, ଚନ୍ଦ୍ରଶେଖର ପାଣି, ଅପନ୍ନା ପରିଚ୍ଛା, ଗୌରଚନ୍ଦ୍ର ଗଜପତି, ଜଗନ୍ନାଥ ପଣ୍ଡା, ମୁକୁନ୍ଦ କାବ୍ୟତୀର୍ଥ ଶର୍ମା, ଶ୍ରୀବତ୍ସ ପଣ୍ଡା, ମଧୁସୂଦନ ଘୋଷ, ରାମଚନ୍ଦ୍ର ଆଚାର୍ଯ୍ୟ, ଶ୍ୟାମସୁନ୍ଦର ଷାଠିଆ, ବ୍ରହ୍ମଚାରୀ, କେଳୁଚରଣ ପଟ୍ଟନାୟକ, ଗୋବିନ୍ଦଶୂର ଦେଓ, ଧର୍ମାନନ୍ଦ ତ୍ରିପାଠୀଙ୍କ ନାମ ବିଶେଷ ଭାବରେ ଉଲ୍ଲେଖଯୋଗ୍ୟ। ଏମାନଙ୍କ ଯଶସ୍ୱୀ ରଚନା ଯେ ଓଡ଼ିଆ ନାଟ୍ୟ ସାହିତ୍ୟକୁ ଋଦ୍ଧିମନ୍ତ କରିଥିଲା ଏଥିରେ ସନ୍ଦେହର ଅବକାଶ ନାହିଁ। ଉନବିଂଶ ଶତାବ୍ଦୀ ପୂର୍ବରୁ ଯବନ ଶାସକମାନଙ୍କର ଅତ୍ୟାଚାର ଓ ରାଜନୈତିକ ଅସ୍ଥିରତା ଆଦି କାରଣ ମାନ ନାଟ୍ୟକଳାର ବିକାଶ ଦିଗରେ ବିଶେଷ ଭାବରେ ପ୍ରତିକୂଳ ପ୍ରଭାବ ସୃଷ୍ଟି କରିଥିଲା। ଏଥିପାଇଁ ଏହି ସମୟରେ ପଡ଼ୋଶୀ ବଂଗପ୍ରଦେଶ ଅଜସ୍ର ନାଟ୍ୟ ସାହିତ୍ୟ ସୃଷ୍ଟି କରିଥିବା ବେଳେ ଓଡ଼ିଶା ପଡ଼ି ରହିଥିଲା ବହୁ ପଛରେ। ସେ ଯାହାହେଉ ଉନବିଂଶ ଶତାବ୍ଦୀର ତୃତୀୟ ଦଶକରୁ ଆରମ୍ଭ କରି ବିଂଶ ଶତାବ୍ଦୀର ଦ୍ୱିତୀୟ ଦଶକ ପର୍ଯ୍ୟନ୍ତ ସମୟକୁ 'ଓଡ଼ିଆ ନାଟକ ବିକାଶ'ର ଆଦିପର୍ବ କାଳରୂପେ ରେଖାଙ୍କିତ କରାଯାଏ। ଜାତୀୟତା ଭାବ ଏବଂ ସଂସ୍କାର ପ୍ରବଣତାକୁ କେନ୍ଦ୍ରକରି ଏହି କାଳରେ ନାଟକମାନ ରଚିତ ହୋଇ ନାଟ୍ୟକଳାକୁ ସମାଜରେ ଏକ ମର୍ଯ୍ୟାଦାବନ୍ତ ସ୍ଥାନ ପ୍ରଦାନ କରି ପାରିଥିଲା।

୧୯୨୧ ରୁ ୧୯୫୦ ମସିହାର କାଳଖଣ୍ଡ ମଧ୍ୟରେ ଓଡ଼ିଆ ନାଟକକ୍ଷେତ୍ରରେ ସ୍ଥାଣୁତା, ବୈଚିତ୍ର୍ୟ ହୀନତା ଏବଂ ପ୍ରଭାବହୀନ ଶୈଳୀ ଦୃଷ୍ଟିଗୋଚର ହୋଇଥିଲା। ଏହାର ରୂପାନ୍ତରଣ ଘଟାଇ ସେଥିରେ ପ୍ରଚଳିତ ଦୁର୍ବଳ ପରଂପରାର ଅବସାନ ମାଧ୍ୟମରେ ଅନେକ ପ୍ରଥିତଯଶା ନାଟ୍ୟକାର ତାହାକୁ ସର୍ବାଙ୍ଗ ସୁନ୍ଦର ତଥା ପୂର୍ଣ୍ଣାଙ୍ଗ ରୂପପ୍ରଦାନ କରିବା ସକାଶେ ସଂକଳ୍ପବଦ୍ଧ ହୋଇଥିଲେ। ଏହି ସମ୍ମିଳିତ ପ୍ରଚେଷ୍ଟା ଦ୍ୱାରା ଓଡ଼ିଆ ନାଟକର ବିକାଶପର୍ବ ସଂଘଟିତ ହୋଇଥିଲା।

ଯାହାକୁ ବିକାଶର ମଧ୍ୟପର୍ବ ରୂପେ ସଂଜ୍ଞାୟିତ କରାଯାଇପାରେ। ତନ୍ମଧ୍ୟରେ ନାଟ୍ୟ ଭାରତୀ ଅଶ୍ୱିନୀ କୁମାର, କବି ଚନ୍ଦ୍ର କାଳିଚରଣ, ଲକ୍ଷ୍ମୀକାନ୍ତ ମହାପାତ୍ର, ମାୟାଧର ମାନସିଂ, ବାଳକୃଷ୍ଣ କର, ହରିହର ମିଶ୍ର, ରାମାରଂଜନ ମହାନ୍ତି, ବୈକୁଣ୍ଠ ନାଥ ପଟ୍ଟନାୟକ, କାଳି ପ୍ରସନ୍ନ କବି, କାଳିନ୍ଦୀଚରଣ ପାଣିଗ୍ରାହୀ, ସୀମାଦ୍ରି ପଟ୍ଟନାୟକ, ସଚ୍ଚିଦାନନ୍ଦ ରାଉତରାୟ, ଅକ୍ଷୟ ବନ୍ଦୋପାଧ୍ୟାୟ, କବି ପ୍ରସାଦ ମହାପାତ୍ର, କେଶବ ଚନ୍ଦ୍ର ମିଶ୍ର, ହରେକୃଷ୍ଣ ମହତାବ, ଅନନ୍ତ ପ୍ରସାଦ ପଣ୍ଡା, କୃପାସିନ୍ଧୁ ପଟ୍ଟଦେବ, ହରିଶ୍ଚନ୍ଦ୍ର ବଡ଼ାଳ, ବିଜୟ ପ୍ରତାପ ସିଂଦେବ, ରାମଚନ୍ଦ୍ର ମହାପାତ୍ର, ଚୂଡ଼ାମଣି ନାୟକ, ଲାଲା ନଗେନ୍ଦ୍ର କୁମାର ରାୟ ଆଦି ଖ୍ୟାତନାମା ନାଟ୍ୟକାରଙ୍କ ନାମ ଉଲ୍ଲେଖଯୋଗ୍ୟ। ଏମାନଙ୍କ ଦ୍ୱାରା ରଚିତ ନାଟକମାନ ଓଡ଼ିଆ ନାଟ୍ୟଭଣ୍ଡାରକୁ ଋଦ୍ଧିମନ୍ତ କରି ପାରିଥିଲା। ଏମାନଙ୍କ ମଧ୍ୟରୁ ଅଶ୍ୱିନୀ କୁମାର ପ୍ରାୟ ୪୧ଟି, କବିଚନ୍ଦ୍ର କାଳିଚରଣ ୧୯୨୦ରୁ ୧୯୩୮ ମସିହା ମଧ୍ୟରେ ପ୍ରାୟ ୧୨ ଟି ଲୀଳା ଏବଂ ୧୯୭୮ ମଧ୍ୟରେ ୨୦ରୁ ଅଧିକ ନାଟକ ଓ ଏକାଂକିକା ରଚନା କରି ଓଡ଼ିଆ ନାଟ୍ୟଜଗତରେ ନବଜୀବନ ସୃଷ୍ଟି କରିଥିଲେ। କବିଚନ୍ଦ୍ର କାଳିଚରଣଙ୍କ ଦ୍ୱାରା ୧୯୩୯ ମସିହାରେ ପ୍ରତିଷ୍ଠିତ 'ଓଡ଼ିଶା ଥିଏଟର୍ସ' ଦୀର୍ଘ ଏକ ଦଶଂଧି ଧରି ଓଡ଼ିଶା ନାଟ୍ୟଜଗତର କେନ୍ଦ୍ରବିନ୍ଦୁ ରୂପେ ଲୋକଚେତନାକୁ ଉଦ୍‌ବୁଦ୍ଧ କରି ରଖିଥିଲା। ଓଡ଼ିଶା ଥିଏଟର୍ସ ଥିଲା ତାଙ୍କର ସର୍ବଶ୍ରେଷ୍ଠ ସାଧନାପୀଠ ଯେଉଁଠି ସେ ଓଡ଼ିଆ ନାଟକକୁ ବିକାଶୋନ୍ମୁଖୀ କରିବା ଦିଗରେ ସାର୍ଥକ ପ୍ରୟାସ ଜାରି ରଖିଥିଲେ।

୧୯୫୦ ମସିହା ସମୟକୁ ପୂର୍ବରୁ ରଚିତ ହୋଇଥିବା ନାଟକଗୁଡ଼ିକ ପ୍ରତି ଦର୍ଶକମାନଙ୍କର ଆକର୍ଷଣ ଧୀରେଧୀରେ ଶୀଥିଳ ହୋଇ ଆସୁଥିଲା। ଏହି ବୀତସ୍ପୃହତା ମଧ୍ୟରେ ସେମାନେ ଥିଲେ ନୂତନତ୍ୱର ଅନୁସଂଧାନରେ। ଓଡ଼ିଆ ନାଟକର ଏହିଭଳି ସଂକଟ କାଳୀନ ମୁହୂର୍ତ୍ତରେ ଯେଉଁ ନାଟ୍ୟକାର ପରିସ୍ଥିତିର ଗୁରୁତ୍ୱକୁ ଅନୁଭବ କରି ନିଜ ସୃଷ୍ଟି ମାଧ୍ୟମରେ ଦର୍ଶକମାନଙ୍କର ଉତ୍ସାହକୁ ବଜାୟ ରଖି ପାରିଥିଲେ ସେ ହେଉଛନ୍ତି ରାମଚନ୍ଦ୍ର ମିଶ୍ର। ସେ 'ଅଭିମାନ' (୧୯୪୨), 'ମୂଳିଆ' (୧୯୪୭), 'ଘରସଂସାର' (୧୯୫୦), 'ସାଇପଡ଼ିଶା', 'ଭାଇ-ଭାଉଜ' (୧୯୫୪), 'ପୁଆଣିଘର' (୧୯୬୨), 'ନରୋତ୍ତମ ଦାସ କହେ' (୧୯୬୯) ଆଦି ବହୁ ନାଟକ ରଚନା କରି ଆଦର୍ଶବାଦ ଓ ସମରସତା ଯୁକ୍ତ ଏକ ଦିବ୍ୟ ସମାଜର ପରିକଳ୍ପନା ମାଧ୍ୟମରେ ନାଟକ ଜଗତରେ ଆଧୁନିକତାର

ଛାପକୁ ପରିସ୍ଫୁଟ କରି ପାରିଥିଲେ। ଠିକ୍ ସେହିପରି ନାଟକରେ ଆଧୁନିକତାର ଧାରାକୁ ଅନ୍ୟ ଯେଉଁ ପ୍ରଭାବଶାଳୀ ନାଟ୍ୟକାରମାନେ କୃତିତ୍ୱର ସହ ଚିତ୍ରିତ କରିଥିଲେ ସେମାନେ ହେଲେ ଭଂଜକିଶୋର, ଗୋପାଳ ଛୋଟରାୟ, କମଳଲୋଚନ ମହାନ୍ତି, କାର୍ତ୍ତିକ କୁମାର ଘୋଷ, ଉଦୟନାଥ ମିଶ୍ର, ସୁରେନ ମହାନ୍ତି, ଭୁବନେଶ୍ୱର ମହାପାତ୍ର, ବଳରାମ ମିଶ୍ର, ଅଦ୍ୱୈତ ଚନ୍ଦ୍ର ମହାନ୍ତି, ଧନେଶ୍ୱର ପଟ୍ଟନାୟକ, ପ୍ରାଣବଂଧୁ କର, ନୀଳକଣ୍ଠ ମିଶ୍ର, ରାଜେନ୍ଦ୍ର ନାରାୟଣ ଦାସ, ରାଜକୁମାର କର, ନରସିଂହ ମହାପାତ୍ର, ବ୍ୟୋମକେଶ ତ୍ରିପାଠୀ, ଆନନ୍ଦଶଂକର, ଯଦୁନାଥ ଦାସ ମହାପାତ୍ର, ରତ୍ନାକର ଚଇନୀ, ବିଜୟ ମିଶ୍ର, ବସନ୍ତ କୁମାର ମହାପାତ୍ର, ପୂର୍ଣ୍ଣଚନ୍ଦ୍ର କାନୁନଗୋ, ମନୋରଜଂନ ଦାସ, ଅକ୍ଷୟ ମହାନ୍ତି, କାର୍ତ୍ତିକ ଚନ୍ଦ୍ର ରଥ, ନିକୁଂଜ କିଶୋର ଦାସ, ବିଶ୍ୱଜିତ ଦାସ ତଥା ଅନ୍ୟାନ୍ୟ ବହୁ କୃତବିଦ୍ ନାଟ୍ୟକାର ସମୂହ। ପଚାଶ ଦଶକ ବେଳକୁ ଓଡ଼ିଆ ନାଟକରେ ଆଧୁନିକ ପର୍ବ ପ୍ରାରମ୍ଭ ହୋଇଥିବା ଦୃଷ୍ଟିରୁ ଏହି ଦଶକରେ ବା ଏହାର ପରବର୍ତ୍ତୀ କାଳରେ ରଚିତ ନାଟକଗୁଡ଼ିକୁ ଆଧୁନିକ ନାଟକରୂପେ ପରିଗଣିତ କରାଯାଏ। ପଚାଶ ଦଶକରେ ନାଟକମାନଙ୍କ ମଧ୍ୟରେ ମାଣିକଯୋଡ଼ି, ଅତିଥି, ସାଆନ୍ତଘର, ଅଗ୍ନିପରୀକ୍ଷା, ରାଜ ନର୍ତ୍ତକୀ, ଭରସା, ପହିଲି ରଜ, କୁଳବୋହୂ, ପରକଲମ, ଏ ଯୁଗର ଝିଅ, ଶଂଖା ସିନ୍ଦୂର, ନଷ୍ଟଉର୍ବଶୀ, ଅର୍ଦ୍ଧାଙ୍ଗିନୀ, ଅଭାଗିନୀର ସ୍ୱର୍ଗ, ଝଂଜା, ଅମଡ଼ାବାଟ, ପୁରାପୁରି ପାରିବାରିକ, ସମାଧାନ, ସ୍ୱାମୀ-ସ୍ତ୍ରୀ, ଅଭ୍ୟୁଦୟ, କିରାଣୀ, ଉଠାପାଡେରୀ, ବନ୍ଦିତା, ଲକ୍ଷହୀରା, ବିଚାର, ବିବାହ, ତ୍ରଷ୍ଟି, ମଧୁରେଣ, ଆଦର୍ଶ ପରିବାର, ଶ୍ୱେତପଦ୍ମା, ଅଶାନ୍ତ, କାଚକାଂଚନ, ନିଶିପଦ୍ମ, କପିଳେନ୍ଦ୍ର ଦେବ, ଭଂଜକବି, ପରିଶୋଧ, ସଂଖାଳି, ଅବରୋଧ, ସୂର୍ଯ୍ୟମନ୍ଦିର, ପରଶମଣି, ଆଗାମୀ, ସମାଧି, ଯୌତୁକ, ଝରାବଉଳ, ଚାଖିଖୁଣ୍ଟିଆ, କବି ସମ୍ରାଟ୍, ସୁରେନ୍ଦ୍ର ସାଏ, ସଳିତା, ସିନ୍ଦୂରଟୋପା, ବହ୍ନି ଆଦି ବିଶେଷ ଭାବରେ ପ୍ରସିଦ୍ଧ। ଷାଠିଏ ଦଶକରେ ଉଚିତ ହୋଇଥିବା - ଗୋଟିଏ ମା କୋଟିଏ ସନ୍ତାନ, ଶବ ବାହକ ମାନେ, ଆକାଶ, ରାତ୍ରିର ଅଧା, ସିଂହଦ୍ୱାର, ସଂବିତ୍, ଯେଉଁଠି ମାଟି ଛୁଏଁ, ସାଧନା, ଦଳବେହେରା, ପ୍ରତିଭା, ଡାକବଂଗଳା, ଭାଇଭଉଣୀ, ଭଙ୍ଗା ବେହେଲା, ଅସ୍ତରାଗର ଚନ୍ଦ୍ର, ମଣିଷ, ପିପାସା, ପାପ ଓ ପୁଣ୍ୟ, ସୁମିତ୍ରାର ସାଂସାର, ଘର ବାହୁଡ଼ା, ଆଦିବାସୀ, ମୁଁ ଆମ୍ଭେ ଆମ୍ଭେମାନେ, ଶୁଣ ସୁଜନେ, ପଦ୍ମବୀଣା, ଗାନ୍ଧାରୀ, ଦାରୋଗା ବାବୁ, ଜୀବନର

ଝଡ଼ି, ଶଂଖା ମହୁରୀ, ଡୁମ୍ବା, ରକ୍ତଶିଖା, ପ୍ରତାପଗଡ଼ରେ ଦି' ଦିନ, ସଂକଳ୍ପ, ତୁଣ୍ଡବାଇଦ, ସୂର୍ଯ୍ୟ ପରାଗ, ରକ୍ତର ଡାକ, ଏମିତିବି ହୁଏ, ମହାପଥର ଯାତ୍ରୀ, ନାଲିପାନ ରାଣୀ କଳାପାନ ଟିକା, ମଧୁଛନ୍ଦା, କାପୁରୁଷ, ଅନୁପ୍ରାସ, ସପ୍ତସ୍ୱରୀ (ଏକାଙ୍କିକା) ସଂଜସକାଳ, ସୂର୍ଯ୍ୟ ମନ୍ଦିର, ଆପଣ କୁହନ୍ତୁ, ବଂଧନ, ଅମାବାସ୍ୟାର ଚନ୍ଦ୍ର, ଜମାନବନ୍ଦୀ, ବାଟବରଣ, ବାଡୁଅଝିଅ, ବାଧାବଂଧନ, ଦୁଃଖ କରିବାର କିଛି ନାହିଁ, ଜାଗରଣ, ସାଗର ମନ୍ଥନ, ବନହଂସୀ, ଅରଣ୍ୟ ଫସଲ, ଭୁଲି ହୁଏନା, ଲୁହାଶିକୁଳି, ବିଷ ପୀୟୁଷ, ଭାନୁମତିର ଖେଳ, ଖଇକଉଡ଼ି, ଅନ୍ଧପୁଟୁଳି ଆଦି ନାଟକ ମାନ ମଚସ୍ଥ ହୋଇ ଅତ୍ୟନ୍ତ ଜନାଦୃତି ଲାଭ କରିଥିଲା।

ଆଧୁନିକ ଓଡ଼ିଆ ନାଟକ ମଧରେ ସତୁରି ଦଶକର ଉଚିତ ନାଟକଗୁଡ଼ିକ ହେଲେ : ଦେବଭୂମି, ଶାଖାପ୍ରଶାଖା (ଏକାଙ୍କିକା), ଆମଗାଁ, ସ୍ନାୟୁ ସଂହାର, ଅମୃତସ୍ୟ ପୁତ୍ର, ବିବର୍ଣ୍ଣ ବସୁଧା, ଶ୍ରୀହରିଙ୍କ ସଂସାର, ଶକୁନ୍ତଳା, କାହାଣୀ ନୁହେଁ, ଘରଘରଣୀ, ମନଦେଉଳ, କିଛି ବୁଝିଲେ, ମୂର୍ଚ୍ଛନା, ଅ–ନାଟକ, ମାଟିର ସ୍ୱର୍ଗ, ଅଖଣ୍ଡ ଜ୍ୟୋତି, ସତୀ ପରୀକ୍ଷା, ଶ୍ରୀକୃଷ୍ଣ ଲୀଳା, ଶବ୍ଦଲିପି, କ୍ଲାନ୍ତ ପ୍ରଜାପତି, ବିତର୍କିତ ଅପରାହ୍ନ, ସମୁଦ୍ରର ରଙ୍ଗଯନ୍ତ୍ରଣା, କ୍ଷମାକରିବେ କି, କାଠଘୋଡ଼ା, ଅଥବା ଅନ୍ଧାର, ଧରମାର ଅଭିଶାପ, ଫୁଲଶଯ୍ୟା, ଭୂଆଁ, କପଟପାଶା, ପାଷାଣ କାବ୍ୟ, ମୁଠାଏ ମାଟି, ଚିଡ଼ିଆଖାନା, କାଚଘର, ମୃଗୟା, ସ୍ୱର୍ଗକୁ ଯାଅ ଆହେ ପାପୀମାନେ, ଶୃଙ୍ଗାର ଶତକ, ଏଠିସେଠି ସବୁଠି, ସମ୍ରାଟ, ଯାଦୁକର, ବିରୋଧାଭାସ, ଅନିଷ୍ଟ ଅନିର୍ଦ୍ଦିଷ୍ଟ, କଳଙ୍କିତ ସୂର୍ଯ୍ୟ, ଧୃତରାଷ୍ଟ୍ରର ଆଖି, ଆତ୍ମଲିପି, ଦୋଳମୁକୁଟ, ଗୁଣ୍ଡା, ସ୍ୱର୍ଗଦ୍ୱାର, 'ସ୍ମୃତି, ସାନ୍ତ୍ୱନା ଓ ଶୂନ୍ୟତା', ଜଉଘର, ଆଜିର ରାଜା, ଅନ୍ୟ ଆକାଶ, ମୁଁ ଦୁହେଁ, ଅନ୍ଧାରର ସୂର୍ଯ୍ୟମୁଖୀ, ବହ୍ନିମାନ, ଅଭିଶପ୍ତ ଘୁଂଗୁର, ରଂଗ ତରଂଗ, ମୁଁ ସୈତାନ କହୁଛି, ଧୃତରାଷ୍ଟ୍ର ଓ ଗାନ୍ଧାରୀ, ଅନ୍ଧଯମୁନା, କଳାପାହାଡ଼, 'ଚାଲ ଆମେ ବଣକୁ ଯିବା' ଇତ୍ୟାଦି ଯାହା ଆଜି ମଧ ଜନ ମାନସରେ ଉଜ୍ଜୀବିତ।

ସେଇପରି ଅଶୀ ଦଶକରେ ରଚିତ ଆଧୁନିକ ନାଟକମାନ ହେଉଛନ୍ତି – ପରଶୁରାମ, ବାଦ୍‌ଶା, ସାକ୍ଷୀ ଇତିହାସ, ଜଣେ ରାଜା ଥିଲେ, ଦୁଃଖାବତରଣ, କଳିଙ୍ଗ ଶିଳ୍ପୀ, ସରଦେଇ ଚଟିଘର, ନନ୍ଦିକା କେଶରୀ, ମହୋଦଧି, କିଏ କ'ଣ କାହିଁକି, ଦୁଇଟି ଆଖି, ଡାକ୍ତରଖାନା, ସ୍ୱର୍ଗମର୍ତ୍ତ୍ୟପାତାଳ ପ୍ରଭୃତି ଯାହା ଦର୍ଶକମାନଙ୍କ ଦ୍ୱାରା ବହୁଳ ପ୍ରଶଂସିତ ହୋଇଥିଲା।

ଏତଦ୍‌ବ୍ୟତୀତ ପ୍ରଖ୍ୟାତ ନାଟ୍ୟକାର ରାମଚନ୍ଦ୍ର ମିଶ୍ରଙ୍କ ମୃତ୍ୟୁପରେ ତାଙ୍କର କେତୋଟି ଅପ୍ରକାଶିତ ନାଟକ ପ୍ରକାଶିତ ହୋଇ ବେଶ୍ ଜନପ୍ରିୟ ହୋଇପାରିଥିଲା - ଅର୍ଥ ଅନର୍ଥ (୧୯୯୨), ମନ୍ତ୍ରୀଯୁଗ (୧୯୯୯) ଏବଂ ଘିଅ ମହୁର ଦେଶ (୨୦୦୦)। ଏଠାରେ ଏହା ଉଲ୍ଲେଖନୀୟ ଯେ ଆଧୁନିକ ନାଟକଗୁଡ଼ିକୁ ନାଟ୍ୟକାର ମାନେ ତିନିଭାଗରେ ବିଭକ୍ତ କରିଥାନ୍ତି। ପ୍ରଥମତଃ ପାରମ୍ପରିକ ଶୈଳୀରେ ରଚିତ ନାଟକ ଯାହା ମଧ୍ୟରେ 'ଭାରତୀୟ ସଂସ୍କୃତିର ଶାଶ୍ୱତ ମୂଲ୍ୟବୋଧ' ଉଦ୍ଭାସିତ ହୋଇଥାଏ। ଦ୍ୱିତୀୟ ପର୍ଯ୍ୟାୟର ନାଟକଗୁଡ଼ିକ 'ମନୋରଂଜନ କେନ୍ଦ୍ରିକ' ଅଟନ୍ତି। ଆଉ ଏକ ଧାରାର ନାଟକ ହେଉଛି–"ଆବସର୍ଡ଼ ନାଟକ'। ଯାହା ଖଣ୍ଡିତ ସଂଳାପ, ଅତିବୌଦ୍ଧିକ ଚିନ୍ତାଧାରା, ପ୍ରୟୋଗବାଦୀ ଚିନ୍ତାଚେତନା ଆଦିକୁ ଆଧାର କରି ରଚିତ। ଏହି ଧାରାର ନାଟକଗୁଡିକୁ ହୃଦୟଙ୍ଗମ କରିବା ନିମିତ୍ତ ଯେଉଁ ମାନସିକ ପ୍ରସ୍ତୁତି ଆବଶ୍ୟକ ତାହା ଆମର ଦର୍ଶକମାନଙ୍କ କ୍ଷେତ୍ରରେ ସାଧାରଣତଃ ଦୃଷ୍ଟିଗୋଚର ହୁଏ ନାହିଁ। ଏଣୁ ଦର୍ଶକମାନଙ୍କ ଅନିଚ୍ଛା ସତ୍ତ୍ୱେ ଏ ଧରଣର ନାଟକ ଗୁଡ଼ିକୁ ସେମାନଙ୍କ ଉପରେ ଜବରଦସ୍ତ ଲଦିବା ସଦୃଶ ପ୍ରତୀୟମାନ ହୋଇଥାଏ। ଏହାକୁ ହୃଦୟଙ୍ଗମ କରିବା ସକାଶେ ସେଣ୍ଟ୍ରିପିଟାଲ, ସେଣ୍ଟ୍ରି ଫିଉଗଲ ଫୋର୍ସ ଏବଂ ଏଣ୍ଟ୍ରୋପ ଥିଓରିକୁ ପ୍ରଥମେ ବୁଝିବା ଦରକାର ଯାହା ସର୍ବସାଧାରଣ ବିଜ୍ଞାନର ଛାତ୍ରମାନଙ୍କ ପକ୍ଷରେ ସୁଦ୍ଧା ଅବୋଧ ଅଟେ। କୌଣସି ଗତିଶୀଳ ବସ୍ତୁର ନିୟନ୍ତ୍ରଣ ସାଧାରଣ ଭାବେ ଦୁଇଟି ଶକ୍ତି ଦ୍ୱାରା ସମ୍ଭବ ହୋଇଥାଏ। ଗୋଟିଏ ତାହାକୁ କେନ୍ଦ୍ରଠାରୁ ଦୂରକୁ ପ୍ରେରଣ କରେ ଏବଂ ଅନ୍ୟଟି ତାହାକୁ କେନ୍ଦ୍ର ଆଡ଼କୁ ଆକର୍ଷିତ କରେ। ଫଳରେ ଏହି ଗତି ମଧରେ ସାମଞ୍ଜସ୍ୟ ସୃଷ୍ଟି ହୁଏ। ଏହାକୁ ଯଥାକ୍ରମେ ବୈଜ୍ଞାନିକମାନଙ୍କ ଭାଷାରେ ସେଣ୍ଟ୍ରିପିଟାଲ୍ ଏବଂ ସେଣ୍ଟ୍ରି ଫିଉଗାଲ ଫୋର୍ସ ବୋଲି କୁହାଯାଏ। ଆଉ ଯେକୌଣସି ପ୍ରତିକୂଳ ପରିସ୍ଥିତିରେ ମାନବିକ ଚେତନାର ଅପରିବର୍ତ୍ତୀ ଅବସ୍ଥାକୁ ଏଣ୍ଟ୍ରାପଥିଓରି ବୋଲି କୁହାଯାଏ। ଏପରି କଠିନତତ୍ତ୍ୱର ସଫଳ ରୂପାୟନ ନାଟକ ମାଧମରେ ଘଟାଇବା ନିମିତ୍ତ ଯେଉଁ କୁଶଳତା ଏବଂ ନୈପୁଣ୍ୟତା ଆବଶ୍ୟକ ସେ ଧରଣର ନାଟ୍ୟକାର ଏବଂ ଏହାକୁ ହୃଦୟଙ୍ଗମ କରିବା ସକାଶେ ସମପର୍ଯ୍ୟାୟ ଦର୍ଶକଙ୍କର ମଧ ପ୍ରୟୋଜନ ରହିଛି ଯଦ୍ୱାରା ନାଟକଟି ସଫଳ ହୋଇପାରିବ। ଏକ ସଫଳ ନାଟକ ନିମନ୍ତେ ଦର୍ଶକମାନଙ୍କର ସହଯୋଗ ଯେ ଏକାନ୍ତ ଭାବେ ଆବଶ୍ୟକ ଏହାକୁ ଅସ୍ୱୀକାର କରି ହେବନାହିଁ।

ଏହି ଗୋଷ୍ଠୀର ଦର୍ଶକ ସଂଖ୍ୟା ନିତାନ୍ତ ସୀମିତ ଥିବା କାରଣରୁ ଏ ଧରଣର ନାଟକ ବର୍ତ୍ତମାନ ପରିପ୍ରେକ୍ଷୀରେ ସଫଳ ହେବାର ସମ୍ଭାବନା ଯେ ଆଦୌ ନାହିଁ ଏପରି କହିଲେ ଅତ୍ୟୁକ୍ତି ହୋଇ ନପାରେ। ଆବସର୍ଡ଼ ନାଟକକୁ ଆଧୁନିକ ନାଟକ ରୂପେ ଆଖ୍ୟାୟିତ କରାଗଲେ ମଧ୍ୟ ଏଥିରେ ସାର୍ବଜନୀନ ମାନବିକତାର ଅନୁପସ୍ଥିତି ଏହାକୁ ଦୟନୀୟ ସ୍ଥିତି ମଧ୍ୟକୁ ଟାଣି ନେଇଛି। ଈଶ୍ୱରଙ୍କ ସ୍ଥିତିକୁ ଅସ୍ୱୀକାର ହେଉଛି ସାର୍ତ୍ରେଙ୍କର ତତ୍ତ୍ୱ ଯାହାକୁ ଆବସର୍ଡ଼ିଷ୍ଟ ମାନେ ଧ୍ରୁବ ସତ୍ୟ ବୋଲି ଗ୍ରହଣ କରନ୍ତି। ଏହି ତତ୍ତ୍ୱ ହିଁ ଆବସର୍ଡ଼ ନାଟକର ବିଫଳତା ନିମିତ୍ତ ଦାୟୀ। ପରିବର୍ତ୍ତନକୁ ଅଂଗୀକାର କରିବା ଆଧୁନିକତାର ଲକ୍ଷଣ ହୋଇପାରେ କିନ୍ତୁ ଭିତ୍ତିହୀନ ପରିବର୍ତ୍ତନ ସର୍ବଦା ଭୟଙ୍କର। ମାନବଜାତିର ଶିକ୍ଷା ପାଇଁ ଯେଉଁଠି ଆଦର୍ଶବାଦର କୌଣସି ଦୃଷ୍ଟାନ୍ତ ବା ଆହ୍ୱାନ ନାହିଁ ତାହାକୁ କାଳଜୟୀ ସାହିତ୍ୟ ବୋଲି କୁହାଯାଇ ପାରିବ କି ? ଏହା ହିଁ ଦର୍ଶକ ମନରେ ଗଭୀର ଆଲୋଡ଼ନ ସୃଷ୍ଟି କରିଥାଏ। ଏଣୁ ଏ ଧରଣର ନାଟକ ଭାରତୀୟ ସଂସ୍କୃତି ଏବଂ ପରିବେଶ ପରିପ୍ରେକ୍ଷୀରେ ସଫଳତାକୁ ସ୍ପର୍ଶ କରିବା କେବଳ କଳ୍ପନା ବିଳାସ ବ୍ୟତୀତ ଅନ୍ୟ କିଛି ନୁହେଁ ବୋଲି ଆମର ମତ।

ଆଧୁନିକତାବାଦୀ ମାନଙ୍କର ବିଫଳତା ମଧ୍ୟରୁ ନାଟକରେ ଉତ୍ତର ଆଧୁନିକତାବାଦୀ ଚିନ୍ତାଧାରାର ନବଉନ୍ମେଷ ଘଟିଛି ବିଂଶ ଶତାବ୍ଦୀର ସତୁରୀ ଦଶକରୁ। ତେବେ ଏହାର ପ୍ରସ୍ତୁତିପର୍ବ ପ୍ରାରମ୍ଭ ହୋଇଥିଲା ଅନ୍ତତଃ ଦୁଇଦଶକ ପୂର୍ବରୁ (୧୯୫୦ରୁ ୧୯୭୦) ଯାହାକୁ ପରିବର୍ତ୍ତନ କାଳ ବୋଲି କୁହାଯାଇପାରେ। ବିବର୍ତ୍ତନର ଏହି ଅନ୍ତର୍ବର୍ତ୍ତୀ କାଳରେ ଓଡ଼ିଆ ନାଟ୍ୟକଳାର ସ୍ଥାଣୁତାକୁ ଉପଲବ୍ଧି କରି ଯେଉଁ କେତେଜଣ ନାଟ୍ୟକାର ନାଟକରେ ନବଉନ୍ମେଷର ଶଂଖ ନିନାଦ କରିଥିଲେ ସେମାନଙ୍କ ମଧ୍ୟରେ ପ୍ରମୁଖ ହେଉଛନ୍ତି : ମନୋରଂଜନ ଦାସ, ବିଶ୍ୱଜିତ ଦାସ, କାର୍ତ୍ତିକ ରଥ, ରତ୍ନାକର ଚଇନି, ବିଜୟ ମିଶ୍ର, ରମେଶ ଚନ୍ଦ୍ର ପାଣିଗ୍ରାହୀ, ପ୍ରାଣବଂଧୁ କର, ଅକ୍ଷୟ କୁମାର ମହାନ୍ତି ଇତ୍ୟାଦି। ଆଧୁନିକ ନାଟକଶୈଳୀରେ ଆବଶ୍ୟକୀୟ ପରିବର୍ତ୍ତନ ଘଟାଇ ଉତ୍ତର ଆଧୁନିକ ଶୈଳୀର ଉତ୍ତରଣର ସୂତ୍ରପାତ ହୋଇଛି। 'ପ୍ରତୀକଧର୍ମିତା' ରୂପୀ ବିଶେଷତାକୁ କେନ୍ଦ୍ର କରି ନବୋଦିତ ଆବସର୍ଡ଼ (ଉଦ୍ଭଟ) ନାଟକ, ଆଧୁନିକ ଏବଂ ଉତ୍ତର ଆଧୁନିକ କାଳ ମଧ୍ୟରେ ଏକ ସେତୁର ଭୂମିକା ଗ୍ରହଣ କରିଛି। ଆବସର୍ଡ଼ ନାଟକ କାରଣରୁ ଦର୍ଶକମାନଙ୍କ ମଧ୍ୟରେ

ନାଟକ ପ୍ରତି ଉପୁଜିଥିବା ବୀତସ୍ପୃହତା ଏବଂ ନିରୁତ୍ସାହିତା ପରିପ୍ରେକ୍ଷୀରେ ସେମାନଙ୍କୁ ପୁଣି ମଂଚାଭିମୁଖୀ କରିବା ସକାଶେ ଶ୍ରୀ ମନୋରଂଜନ ଦାସ, ରତିରଂଜନ ମିଶ୍ର, ସ୍ୱର୍ଗତଃ ଡ. ପଞ୍ଚାନନ ପାତ୍ର, ଦିଲ୍ଲୀଶ୍ୱର ମହାରଣା, ପ୍ରମୋଦ କୁମାର ତ୍ରିପାଠୀ, କୁଂଜ ରାୟ, ଶ୍ରୀ ଜଗନ୍ନାଥ ପ୍ରସାଦ ଦାସ, ରବୀନ୍ଦ୍ର ନାଥ ଦାସ, ହରିହର ମିଶ୍ର, ପ୍ରସନ୍ନ କୁମାର ଦାସ, ସୁବୋଧ ପଟ୍ଟନାୟକ, ମନ୍ମଥ ନାଥ ଶତପଥୀ, ବିଜୟ କୁମାର ଶତପଥୀ, ରଣଜିତ ପଟ୍ଟନାୟକ, ନାରାୟଣ ସାହୁ, ପୂର୍ଣଚନ୍ଦ୍ର ମଲ୍ଲିକ, ନିଳାଦ୍ରୀଭୂଷଣ ହରିଚନ୍ଦନ, ହେମେନ୍ଦ୍ର ମହାପାତ୍ର, ମିହିର କୁମାର ମେହେର, ମଙ୍ଗୁଲୁ ଚରଣ ବିଶ୍ୱାଳ, ଶଙ୍କର ପ୍ରସାଦ ତ୍ରିପାଠୀ, ପଞ୍ଚାନନ ମିଶ୍ର, ଆନନ୍ଦ ଚନ୍ଦ୍ର ପହି, ଚନ୍ଦ୍ରଶେଖର ନନ୍ଦ, ପ୍ରସନ୍ନ କୁମାର ସାହୁ, ଉପେନ୍ଦ୍ର ପ୍ରସାଦ ନାୟକ, ଅଟଳ ବିହାରୀ ପଣ୍ଡା, ବିପିନ ବିହାରୀ ଦାସ, ଗୋପାଳ ଚନ୍ଦ୍ର ପଟ୍ଟନାୟକ, ବ୍ରଜେନ୍ଦ୍ର ନାୟକ ଓ ଶୈଳେଶ୍ୱର ନନ୍ଦ ଆଦି ପ୍ରତିଶ୍ରୁତି ସମ୍ପନ୍ନ ତଥା ବହୁଚର୍ଚ୍ଚିତ ନାଟ୍ୟକାରମାନଙ୍କର ଏହି କାଳରେ ଆବିର୍ଭାବ ଘଟି ଓଡ଼ିଶା ନାଟ୍ୟ ସାହିତ୍ୟକୁ ଦିଗନ୍ତ ବିସ୍ତାରୀ କରି ପାରିଥିଲା ।

ଉତ୍ତର ଆଧୁନିକ କାଳରେ ଉପରଲିଖିତ ନାଟ୍ୟକାର ମାନେ ନିଜର ସୃଜନକଳା ଓ ଶକ୍ତିଶାଳୀ ଲେଖନୀ ପରିଚାଳନା ଦ୍ୱାରା ପାଶ୍ଚାତ୍ୟ ଅନ୍ଧାନୁକରଣ ରୂପୀ ତମସାକୁ ତତ୍କାଳୀନ ନାଟ୍ୟ ସାହିତ୍ୟରୁ ଅପସାରଣ କରି ପୁନର୍ବାର ସେଥିରେ ସ୍ୱଦେଶୀ ସଂସ୍କୃତି, ମାନବିକ ମୂଲ୍ୟବୋଧ, ସାମାଜିକ ସମରସତା, ନୈତିକ ଜୀବନଶୈଳୀର ପ୍ରତିରୋପଣ ସକାଶେ ମୁଖର ହୋଇ ଉଠିଛନ୍ତି । ଯଦ୍ୱାରା ନାଟକାନୁରକ୍ତ ସାର୍ବଜନୀନ ଦର୍ଶକମାନଙ୍କର ଆବେଗ ଓ ଅନୁଭୂତିକୁ ଗୁରୁତ୍ୱ ଦିଆଯାଇ ଏହି ସମୟରେ ଯୁଗାନୁରୂପ ଲୋକନାଟ୍ୟ ଶୈଳୀର ପ୍ରୟୋଗ ଦ୍ୱାରା ନୂତନ ଏକ ମୁକ୍ତମଂଚ ସକାଶେ ପ୍ରେତ୍ସାହନ ମିଳିପାରିଛି । ସେମାନଙ୍କ ଦ୍ୱାରା ରଚିତ ନାଟକଗୁଡ଼ିକ ମଧ୍ୟରୁ କେତେକର ସୂଚୀ ନିମ୍ନରେ ଉଲ୍ଲେଖ କରାଗଲା –

ନାଟକ – "୧୯୫୦-ଆଗାମୀ, ୧୯୬୪-ଅସଂଲଗ୍ନ, ଅନ୍ତଃ ସଲିଳା; ୧୯୬୮-ମଧୁଲିତା, ଆମେସବୁ କ'ଣ; ୧୯୬୯- କ୍ଲୀବ; ୧୯୭୦ - ଅନ୍ଧକାରର ସୂର୍ଯ୍ୟ, ୧୯୭୧-ଚତୁଷ୍ପଦ, ମିତଣୀ, ଯୌବନର ତୀର୍ଥ, ଜିଅନ୍ତାଶବ : ୧୯୭୨-ରାତିଶେଷ, ବିଦାୟ ବଜ୍ରାଦିତ୍ୟ, ହଂସଧ୍ୱନୀ, ନିନ୍ଦିତ ଗଜପତି, ଆଜିର ମଣିଷ, ଆହତ ପ୍ରଜାପତି, ଏ କିନ୍ତୁ ନାଟକ ନୁହେଁ, ଯୁଦ୍ଧବନ୍ଦୀ; ୧୯୭୩- ଅନ୍ୟଦିନ,

ଅନ୍ୟଲୋକ, ଭରତ ପୁର ର ଭଲଲୋକ, ଧର୍ମକ୍ଷେତ୍ରେ କୁରୁକ୍ଷେତ୍ରେ; ୧୯୭୪-ଅସ୍ତଗାମୀ, ଯାନ୍ତ୍ରିକ, ରାତ୍ରିର ଦୁଇଟି ଡେଣା, ହେ ନିଷାଦ ନିବୃତ୍ତ ହୁଅ, କାଗଜଡଂଗା, କାହାଣୀନୁହେଁ ନାଟକ, ଅନନ୍ତ ଆକାଶର ନୀଳିମା, ୧୯୭୫ – ହଂସ ଶିକାର, ଶତାବ୍ଦୀର ସ୍ୱପ୍ନଭଂଗ, ପରବାସ, ବୁଭୁକ୍ଷିତ କିଂ ନକରୋତି ପାପମ୍, ମିୟୁଜିୟମ୍, ଦାରୁବ୍ରହ୍ମ; ୧୯୭୬-ସୁଲକ୍ଷଣା, ଫସିଲ୍‌ର ନିଦ୍ରାଭଂଗ, ବିବର୍ଣ୍ଣ ସହର, ଅଭିଶପ୍ତ ଅଭିମନ୍ୟୁ, ଅନ୍ୟ ଏକ ପୃଥିବୀ ପାଇଁ, ନାଟକର ନାଁ ଆପଣ ଦିଅନ୍ତୁ, ଅକ୍ଟୋପସ୍, ଶବଦ ଶଵ, ବିଷର୍ଣ୍ଣ ପୃଥିବୀ; ୧୯୭୭-ସୂର୍ଯ୍ୟାସ୍ତ ପୂର୍ବରୁ, ପ୍ରେମର ଖେଳ, ମୁଁ ହେଜିଛି, ତ୍ରିଶଙ୍କୁ, ସତ୍ୟମେବ ଜୟତେ, ଐତିହାସିକ ଏ ଦୁର୍ଗ ବାରବାଟୀ, ୧୯୭୮ – ତଟନିରଂଜନା, ଅଙ୍ଗାର, ଶୀତଳ ହୁଅନା ସୂର୍ଯ୍ୟ, ସବାଶେଷ ଲୋକ, ଜଣେ ଖଳନାୟକ ସପକ୍ଷରେ, ଜୀତେନ୍ଦ୍ରିୟ, କ୍ଷୁଧିତ ସରୀସୃପ, ଅଜାତଶତ୍ରୁ, ୧୯୭୯-ଅପ୍ରତିହତ ଖାରବେଳ, ଅତି ଆଚମ୍ବିତ କଥା, ସେ ଆସିଥିଲେ, କଂସର ଆତ୍ମା, ଅନ୍ତିମ ପର୍ବ, ଅରୁଣ ରଂଗର ପକ୍ଷୀ, କାଳାନ୍ତର, ଆମ୍ଭା, ଏଥୁ ଅନ୍ତେ, ସେମାନେ ଆସୁଛନ୍ତି, ୧୯୮୦- ପଦ୍ମିନୀ ପଦାବଳୀ, ଦେଖ ! ବର୍ଷା ଆସୁଛି, ଆସ୍ତେ ଆସ୍ତେ ଅମାବାସ୍ୟା, ସତ୍ୟ ସଂଶୟ ସାଲବେଗ, ଗୋଟିଏ ଛଣ ମୂର୍ତ୍ତିକୁ ନେଇ, ଅଦୃଶ୍ୟନଟ; ୧୯୮୧-ସୁବର୍ଣ୍ଣ ବସୁଧା, ପିଙ୍ଗଳା ସହ ଗୋଟିଏ ରାତି, ପାହାଡ଼ର ଅନ୍ୟରୂପ, ମନମୋହର ନିଜଗୁରୁ, ଚକ୍ରବ୍ୟୁହ, ଟିଟୋ, ଦୁଷ୍ପଜାତ, ସତର୍କ ସଂଘମିତ୍ରା, ସମ୍ଭବ ଅସମ୍ଭବ, ମଧ୍ୟପାତ୍ର, ଭୀମଭୋଇଙ୍କ ସଂଧାନରେ, ଯଯାତି ଯନ୍ତ୍ରଣା, ବିଷାଦବୃତ୍ତର କାହାଣୀ, ଅସଂଗତ ନାଟକ, କାରାଗାରର କାହାଣୀ, ୧୯୮୨– ହୋ ଭଗତେ, ଅନ୍ଧ ଦ୍ୱିପ୍ରହର, ମୁଣ୍ଡ ଉପରେ ଛାତ, ଅରଣ୍ୟ ବହ୍ନି, ବ୍ୟାଘ୍ର ଓ କଂକଣ ଲୋଭୀ ପଥିକମାନଙ୍କର କାହାଣୀ, ସୀତା, ମଧୁବାବୁଙ୍କ କାଳିଆଘୋଡ଼ା: ୧୯୮୩ – ଆମେ ସବୁ ଚନ୍ଦ୍ରସେଣା, ତାମସୀ ତୃଷ୍ଣା, ଯୋଡ଼ି ମହୁରୀ, ପୃଥିବୀ ଶରଶଯ୍ୟା, ଗୋଟିଏ ବୁଲା କୁକୁରର ଜନ୍ମବୃତ୍ତାନ୍ତ, ନିରାପଦ ଭବିଷ୍ୟତ, ବତାସ ନିସ୍ତବ୍ଧ ଆଜି, ନିଶିଥ ସୂର୍ଯ୍ୟ; ୧୯୮୪ - ବିକ୍ରିତ ପୌରୁଷ, ସାଗର ସଂଗମ, ଜନସେବକ, ଚାଞ୍ଚଲ୍ୟକର, ମହାରାଜା ବିଜେ ହେବେ, ଅଥଚ ଅଥର୍ବ, ଜାହାନାରା : ୧୯୮୫-ଏଇ ଯେ ସୂର୍ଯ୍ୟ ଉଏଁ, ମଇଁଷିର ପାଖ ନ ଯାଅ ଦନାଇ, ଆଜିର ତାମସା, ଶେଷ ପାହାଚ, ଗୋଷ୍ଠ ସମ୍ବାଦ, ପୂର୍ବରାଗ, ବନ୍ଦଘଣ୍ଟାରେ ସମୟ, ଦକ୍ଷିଣ ଦରଜା; ୧୯୮୬ – ମହାରାବଣ ବଧ, ଶୁଣ ପରୀକ୍ଷ ଦଣ୍ଡଧାରୀ, ପୁଣ୍ୟଭୂମି ଭାରତ,

ରାଧା, ଜଟାୟୁର ଛିନ୍ନ ଡେଣା; ୧୯୮୭ - ଦିନେ ଖରା ବେଳେ, ସ୍ୱର୍ଗାରୋହଣ, କ୍ୟାନ୍‌ସର, ଇଚ୍ଛା ବନାମ ପଦ୍ମନାଭ, ଭଲ ପାଇବାର ରଂଗ, ଶୁଣିବା ହେଉ ଏ କାହାଣୀ; ୧୯୮୮ – ନିଶାନ୍ତ, ଯୁଗ ଚରିତ ବୃତ୍ତାନ୍ତ, ସ୍ୱୟଂବର, ଚୌକୀ, ଈଶ୍ୱର, ଦଧିଚି, ବିଷର୍ଣ୍ଣ ବୀତଶୋକ, ଦାନବୀୟ, ସମୁଦ୍ର ମନ୍ଥନ, ସୁନା ସଂସାର; ୧୯୮୯ - ଉତ୍ତର ପୁରୁଷ, କଲମ୍ବସ୍; ୧୯୯୦ - କାଲିର ପୃଥବୀ, ଉପାସନା, ଅବତାର, ଆସନ୍ନ ପ୍ରଳୟ, ମୁହୂର୍ତ୍ତ; ୧୯୯୧ - ସରୀସୃପ; ସାମ୍ନାରେ ସତ୍ୟଭାମା, ରୁଦ୍ଧଦ୍ୱାର, ୧୯୯୨ - ବାଉଁଶ ଠେଙ୍ଗାରେ ସ୍ୱାଧୀନତା, କର୍ଣ୍ଣ, କାହ୍ନୁ, ଗୁଣିଆ ଝାଡ଼େ ଲୋ ଡାହାଣୀ, କାଠ, ସୂର୍ଯ୍ୟୋପରାଗ, ନୀତାନୟନା ସମ୍ବାଦ, ସୁବର୍ଣ୍ଣ ସକାଳ, ମୁଁ ଚକରା କହୁଛି; ୧୯୯୩ – ନ୍ୟାୟ, ଏକଇ ବ୍ରହ୍ମ ନାନା ରୂପେ, କାବ୍ୟପୁରୁଷ, ଚିହ୍ନା ଅଚିହ୍ନା, ଦ୍ୱିତୀୟ ଈଶ୍ୱର, ମାୟାଦର୍ପଣ, ବାର୍ତ୍ତା, ରେଖାଚିତ୍ର, ନିଃଶବ୍ଦ ଝଡ଼ର ଲିପି, ଗୋଇଠାବାବା, ସୁନାଶିକୁଳି; ୧୯୯୪ - ପ୍ରତୀକ୍ଷାରେ ପରୀକ୍ଷିତ, ସୁନ୍ଦର ଦାସ; ୧୯୯୫ - ଆଶା, ସ୍ୱପ୍ନବଳୟ, ହଜି ଯାଇଥିବା ମଣିଷ, ଅଶାନ୍ତ ଉପତ୍ୟକା, ଅନ୍ଧ ଆଖିର ବଂଧନ, ଗାନ୍ଧୀ ଭଗବାନ, କମ୍ପାନୀ ଦାୟୀ ନୁହେଁ, ଗାନ୍ଧୀ ଭୂମିକାରେ; ୧୯୯୬ – ରାଜାଘର ଖେଳ, ମାଛ କାନ୍ଦଣାର ସ୍ୱର, ଅନ୍ଧ ଆଭିଜାତ୍ୟ, ମୂକ; ୧୯୯୭ - ସତୀ, ଗାଁ, ପୁନଶ୍ଚ ସଂଗ୍ରାମ, ଆପଣ ସାକ୍ଷୀ ରହିଲେ ହଜୁର, ନିଜ ଠୁଁ ନିଜର ଦୂରତା, ମୁଁ ହାଟ ବାହୁଡ଼ା; ୧୯୯୮ - କଥାରେ କଥାରେ, ଅଧାଦେଖା ସ୍ୱପ୍ନ, ଆକାଶର ରଂଗ; ୧୯୯୯ – ଡର, ଚୁପ ! ସୁଟିଂ ଚାଲିଛି, ସଂଜୁ-ସଂହିତା, ଆବୁ, ଅପରାହ୍ନ; ୨୦୦୦ – ଶୋଣିତ ସ୍ୱାକ୍ଷର, ଭୋଳାନାଥ ଦାସ ହାଜର ହେ, ଅନୁତପ୍ତ ସକାଳ, ଗୀତ; ୨୦୦୧ – ପ୍ରାୟଶ୍ଚିତ, ଅଭିମାନ, ଚକେଗଲେ ବାରହାତ, ପ୍ରଳୟ ପରେ, ରାବଣ ଛାୟା, ଶୋଣିତ ସ୍ୱାକ୍ଷର, ଡବ୍ଲ୍ୟୁ ଡବ୍ଲ୍ୟୁ, ଡବ୍ଲ୍ୟୁ : ବିବେକ ଡଟକମ୍, ଅପରାହ୍ନର ଅବଶେଷ; ୨୦୦୨ - ବାଘବକ୍ରୀ ଖେଳ; ୨୦୦୩ – ଭୁତ, କଲ୍ଲୋଳ, ବଧୀର ଈଶ୍ୱର; ୨୦୦୪ - ତତେ ମୁଁ ଝୁରେ ରାତିଦିନ, ଅପ୍ରେସନ ଏକାଅଶୀ କେଜି; ୨୦୦୫ – ଆହ୍ୱାନ; ୨୦୦୬- ମୋହ । ଏତଦ୍ ବ୍ୟତୀତ ଆରଣ୍ୟକ, ପଦ୍ମତୋଳା, ଗ୍ରହ ଉପତ୍ୟକା, ପ୍ରତିବିମ୍ବ, ସୁବର୍ଣ୍ଣ ଯୁଗର ସନ୍ଧ୍ୟା, ପ୍ରତିଦ୍ୱନ୍ଦୀ, ଘୋଡ଼ାମୁହଁ, ସବାଁଲୁଆ, ଜଠର, ରାଜକୀୟ, କୁମାରଗିରି, ଅଜ୍ଞାତବାସ, ଫେରିଯାଅ ରାମଚନ୍ଦ୍ର, ଫେରିଯାଅ, ବେଗମ୍, ହନୁ ଉପଦ୍ରବ ସମ୍ବାଦ, ଗୁରୁ କୃତ୍ତିବାସ, ସ୍ୱୟଂମ୍ବର, ଧର୍ମଯୁଦ୍ଧ, ସାମ୍ରାଜ୍ୟ

ପତନର ବେଳ, ପ୍ରେମପଥ, ରଘୁ ଦିବାକର, ମୋହପାଇଁ ପଦେ କବିତା, ମୂକ ନାଟକ ବଣମଣିଷ (୧୯୮୫-୮୬), ନିଶାକର ନାଶ, ଆ, ଗୋପୀସାହୁର ଦୋକାନ, ବାବୁ, ଖସିଗଲା ଗଡ଼ିଗଡ଼ି, ପାଣିପାଣି ପାଣି, ଧଳାସୁନା, ରେବତୀ, ପାଣିଚାନ୍ଦା, ଫୁଲକହେ କଥା ଇତ୍ୟାଦି ବହୁ ନାଟକ ଉତ୍ତର ଆଧୁନିକ କାଳରେ ରଚିତ ହୋଇ ଦର୍ଶକମାନଙ୍କୁ ପୁନଃ ମଂଚାଭିମୁଖୀ କରାଇଥିଲା । ଏଠାରେ ଏହା ଉଲ୍ଲେଖନୀୟ ଯେ ଆଧୁନିକତାବାଦୀ ମାନେ ଯେତେବେଳେ ଭାରତୀୟ ଆତ୍ମାକୁ ସମ୍ପୂର୍ଣ୍ଣ ଅଣଦେଖା କରି ଅତ୍ୟାଧୁନିକତା ନାମରେ ନାଟକରେ ଅତି ଗର୍ହିତ, ଭିତ୍ତିହୀନ ଓ ଉଦ୍ଭଟ ଶୈଳୀର ପ୍ରୟୋଗ କରିବାକୁ ଆରମ୍ଭ କଲେ ସେତେବେଳେ ଦର୍ଶକମାନେ ସ୍ୱତଃ ଏହାକୁ ପ୍ରତ୍ୟାଖ୍ୟାନ କରିଥିଲେ। ଆଉ ସେଇ ବିଫଳତା ମଧ୍ୟରୁ ଉତ୍ତର ଆଧୁନିକତାବାଦୀ ମାନଙ୍କର ଅଭ୍ୟୁଦୟ ଘଟି ଓଡ଼ିଆ ନାଟକକୁ ଧ୍ୱଂସ କବଳରୁ ପୁନରୁଦ୍ଧାର କରିଥିଲା।■

ଇତିହାସର ସ୍ୱର୍ଣ୍ଣିମ ପୃଷ୍ଠାରେ ଉତ୍କଳୀୟ ରଂଗମଞ୍ଚ

ପ୍ରାଚୀନ ଓଡ଼ିଶାରେ ମୁକ୍ତାକାଶ ତଳେ ନାଟ୍ୟକଳା ଅଭିନୀତ ହେଉଥିଲା । ଏହାକୁ ମୁକ୍ତାକାଶ ରଂଗମଂଚ ବୋଲି କୁହାଯାଉଥିଲା । ଅତଏବ ସେ ସମୟରେ ମୁକ୍ତାକାଶ ରଂଗମଂଚ ହିଁ ଥିଲା ନାଟ୍ୟକଳା ପରିବେଷଣ କରାଯିବାର ପ୍ରକୃଷ୍ଟ ସ୍ଥାନ ଯେଉଁଠି ଦର୍ଶକମାନେ ପ୍ରଦର୍ଶିତ ନାଟକକୁ ଉପଭୋଗ କରୁଥିଲେ । ଏ ସମ୍ପର୍କରେ ପ୍ରଖ୍ୟାତ ନାଟ୍ୟ ସାହିତ୍ୟ ବିଶାରଦ ଚାର୍ଲସ ଫାବ୍ରୀଙ୍କ ମତାମତ ଦୃଢ଼ ପ୍ରମାଣ ଉପସ୍ଥାପନ କରିଥାଏ । ତାଙ୍କ ମତରେ ଅଜନ୍ତାଗୁମ୍ଫା ସହ ସାଦୃଶ୍ୟ ରଖୁଥିବା ଖ୍ରୀ.ପୂ. ୨ୟ ଶତାବ୍ଦୀରେ ନିର୍ମିତ ଉଦୟଗିରିସ୍ଥ ଜୈନଗୁମ୍ଫାର ପ୍ରତିଲେଖରୁ ଏହି ବିଷୟକ ବିବରଣୀ ପ୍ରାପ୍ତ ହୁଏ । ଏଠାରେ ଖୋଦିତ ଶିଳାଲେଖ ମଧ୍ୟସ୍ଥ ନେପଥ୍ୟ ଗୃହ ସମ୍ମୁଖରେ ତିନିଜଣ ନର୍ତ୍ତକୀଙ୍କର ସମ୍ମିଳିତ ନୃତ୍ୟ ସମ୍ପର୍କୀତ ଚିତ୍ର ଦୃଷ୍ଟିଗୋଚର ହୁଏ । ଏତଦ୍‌ବ୍ୟତୀତ ରାଣୀଗୁମ୍ଫା, ଯୋଗୀମାରା ତଥା ସୀତାବେଂଗା ଆଦି ସ୍ଥାନରୁ ଶିଳାଲେଖ ମାଧ୍ୟମରେ ପ୍ରାଚୀନ ଓଡ଼ିଶାରେ ମୁକ୍ତାକାଶ ରଂଗମଂଚ ବ୍ୟବହୃତ ହେଉଥିବା ସମ୍ବନ୍ଧରେ ଯଥେଷ୍ଟ ପ୍ରମାଣ ପ୍ରାପ୍ତ ହୁଏ । ଏଥିରୁ ଆହୁରି ମଧ୍ୟ ସୁସ୍ପଷ୍ଟ ହୁଏ ଯେ ଭରତମୁନିଙ୍କର ନାଟ୍ୟଶାସ୍ତ୍ର ରଚନାର ବହୁ ପୂର୍ବରୁ ଏପରି ମୁକ୍ତାକାଶ ରଂଗମଂଚମାନଙ୍କରେ ନାଟକ ଅଭିନୀତ ହେଉଥିଲା ।

ସମ୍ରାଟ ଖାରବେଳଙ୍କ ରାଜତ୍ୱ କାଳରେ ଅଭିନୟ ପ୍ରଦର୍ଶନ ସକାଶେ

ସେ ତାଙ୍କ ରାଜ୍ୟର ଚତୁର୍ଦ୍ଦିଗରେ ମଣ୍ଡପ ବା ଚଉତରା ମାନ ନିର୍ମାଣ କରାଇଥିଲେ ଯାହା ଗଜପତି ପ୍ରତାପରୁଦ୍ର ଦେବଙ୍କ ପର୍ଯ୍ୟନ୍ତ ଅନୁସୃତ ହେଉଥିଲା। ବିଶ୍ୱର ସର୍ବପ୍ରାଚୀନ ରଂଗମଂଚ ମଧ୍ୟରୁ ଅନ୍ୟତମ ମଂଚ ଖାରବେଳଙ୍କ ଦ୍ୱାରା 'ଅବର-ଚତୁରସ୍ର' ଶୈଳୀରେ ନିର୍ମିତ ହୋଇଥିଲା। ଯାହାକୁ 'ଦରୀ ଗୃହମଂଚ' ଶ୍ରେଣୀୟ ରଙ୍ଗମଞ୍ଚ ରୂପେ ଅଭିହିତ କରାଯାଏ। ୧୮୭୨ ମସିହାରେ କଟକସ୍ଥିତ କ୍ୟାଥଲିକ ସ୍କୁଲରେ ପ୍ରଥମଥର ସକାଶେ ଆଧୁନିକ ମଂଚଟିଏ ନିର୍ମିତ ହୋଇ ସେଠାରେ ନାଟ୍ୟାଭିନୟ ମଂଚସ୍ଥ ହୋଇଥିବା ଇତିହାସରୁ ଜଣାଯାଏ। ଏହା ହିଁ ଓଡ଼ିଶାର ସର୍ବପ୍ରଥମ ଆଧୁନିକ ରଂଗମଂଚ ରୂପେ ପ୍ରସିଦ୍ଧି ଲାଭ କରିଥିଲା। ୧୮୭୫ ମସିହା ବେଳକୁ 'ଏକମୁଖୀ ନାଟ୍ୟମଂଚ' ବିକଶିତ ହୋଇ ସାରିଥିଲା ଏବଂ ଏହା ବେଶ ଆଦୃତି ଲାଭ କରିଥିଲା। ପ୍ରଥମଥର ପାଇଁ କଟକରେ ବଂଗଳା ନାଟକ ୧୮୭୮ ମସିହାରେ ମଞ୍ଚସ୍ଥ ହୋଇ ଓଡ଼ିଆ ନାଟ୍ୟ ଜଗତରେ ନାଟ୍ୟକଳା ବିକାଶ କ୍ଷେତ୍ରରେ ଉଦ୍ଦୀପନା ସୃଷ୍ଟି କରିଥିଲା। ୧୮୮୦ ମସିହା ବେଳକୁ ନାଟ୍ୟାଭିନୟ ପ୍ରଦର୍ଶନ ନିମନ୍ତେ ଅସ୍ଥାୟୀ ମଂଚମାନ ନିର୍ମିତ ହେଉଥିଲା। 'କାଂଚି କାବେରୀ' ନାମକ ଓଡ଼ିଆ ନାଟକ ୧୮୮୧ ମସିହାରେ କଟକରେ ପ୍ରଥମଥର ପାଇଁ ଅଭିନୀତ ହୋଇଥିଲା। ଠିକ୍ ଏହାର ଦୁଇବର୍ଷ ମଧ୍ୟରେ 'ବନବାଳା' 'କଳିକାଳ', 'ରାମାୟଣ" ଆଦି ଅଭିନୟ କଟକରେ ମଂଚସ୍ଥ ହୋଇ ଉଚ୍ଚ ପ୍ରଶଂସିତ ହୋଇଥିଲା। ନାଟ୍ୟକାର ରାମଶଂକର ଥିଲେ 'ବନବାଳା' ଓ 'କଳିକାଳ' ନାଟକର ରଚୟିତା। ତାଙ୍କର ପ୍ରେରଣାରେ ମହନ୍ତ ଦୈତାରୀ ରଘୁନାଥ 'କୋଠପଡ଼ା' ଗ୍ରାମରେ ସ୍ଥାୟୀ ନାଟ୍ୟମଂଚ ନିର୍ମାଣ କରାଇଥିଲେ। ଓଡ଼ିଶାରେ ଆଧୁନିକ ମଂଚ ନିର୍ମାଣ କ୍ଷେତ୍ରରେ ଏହି ସମୟରେ କେତେକ ବଂଗାଳୀ ଜମିଦାର ବିଶେଷ ସହଯୋଗ ପ୍ରଦାନ କରିଥିଲେ। ଏହି ସମୟ ବେଳକୁ ଯଥାକ୍ରମେ ବାଲେଶ୍ୱର, ପୁରୀ, ବ୍ରହ୍ମପୁର ଆଦି ସ୍ଥାନରେ ନାଟକ ମଂଚସ୍ଥ ପ୍ରାରମ୍ଭ ହୋଇଯାଇଥିଲା। ୧୮୮୫ ମସିହାରେ ଉମାଚରଣ ବିଶ୍ୱାସଙ୍କ ପ୍ରଚେଷ୍ଟାରେ ସ୍ଥାୟୀ ମଂଚଟିଏ ନିର୍ମିତ ହୋଇଥିଲା। ୧୮୯୨ ମସିହାରେ 'ଭିକ୍ଟୋରିଆ ଥିଏଟରସ୍' ଏବଂ 'ଜଗନ୍ନାଥ ଥିଏଟରସ୍' ଆଦି ଅଭିନୟ ପ୍ରଦର୍ଶନ କରୁଥିଲେ। ଯଥାକ୍ରମେ ମଧୁବାବୁ ଓ ଉମାଚରଣ ବିଶ୍ୱାସଙ୍କ ପୃଷ୍ଠପୋଷକତା ଦ୍ୱାରା ଉପରୋକ୍ତ ଥିଏଟରସ୍ ଦ୍ୱୟ ଓଡ଼ିଆ ନାଟ୍ୟକଳାକୁ ଋଦ୍ଧିମନ୍ତ କରିଥିଲେ। ପାରଳାଖେମୁଣ୍ଡି ଠାରେ ୧୮୯୭ ମସିହାରେ 'ପଦ୍ମନାଭ ରଂଗାଳୟ' ପ୍ରତିଷ୍ଠିତ

ହୋଇ ନାଟକମାନ ମଂଚସ୍ଥ ହେଉଥିଲା। ଏହା ପରେ ପରେ ମୟୂରଭଞ୍ଜ, ତାଳଚେର, ମଂଜୁଷା, ଖଡ଼ିଆଳ, ଷଢ଼େଇକଳା ଆଦି ସ୍ଥାନରେ ନାଟ୍ୟମଂଚମାନ ନିର୍ମିତ ହୋଇଥିଲା। ୧୯୧୧ ମସିହା ବେଳକୁ କଟକର ଜଣେ ଜମିଦାର କୁଂଜବିହାରୀ ବୋଷଙ୍କ ଦ୍ୱାରା 'ବାସନ୍ତୀ ରଂଗମଂଚ' ନାମକ ଏକ ସ୍ଥାୟୀ ମଂଚ ପ୍ରତିଷ୍ଠିତ ହୋଇଥିଲା। 'ଉଷାମଂଚ' ୧୯୧୩ ମସିହାରେ ବାଙ୍କା ବଜାର (କଟକ)ଠାରେ ପ୍ରତିଷ୍ଠିତ ହୋଇଥିଲା। ୧୯୦୮ ମସିହାର ପୁରୀ ଜିଲ୍ଲାରେ ପ୍ରତିଷ୍ଠିତ ହେଲା 'ରାଧାକୃଷ୍ଣ ଥିଏଟର'। ଅଭିମାନୀ ପତିଙ୍କ ଦ୍ୱାରା ପୁରୀ ଜିଲ୍ଲାରେ ୧୯୧୧ ମସିହାରେ ସ୍ଥାପିତ ହୋଇଥିବା ଏକ ଥିଏଟର ଖୁବ୍ ସୁନାମ ଅର୍ଜନ କରିଥିଲା। ଏହାପରେ ପ୍ରାୟ ଦେଢ଼ ଦଶନ୍ଧି ମଧ୍ୟରେ 'ସେଓଜୀ ମଂଚ' ଏବଂ 'କୋଣାର୍କ ମଂଚ' ବହୁ ଖ୍ୟାତି ଅର୍ଜନ କରିଥିଲେ। ୧୯୩୩ ମସିହାରେ ଖଣ୍ଡୁଆଳ କୋଟ (ବାଲୁଗାଁ) ଠାରେ ଏକ ଥିଏଟର ପ୍ରତିଷ୍ଠିତ ହୋଇଥିଲା। ୧୯୩୯ ମସିହାରେ 'ଅନ୍ନପୂର୍ଣ୍ଣା ଥିଏଟର୍ସ' ଓଡ଼ିଶାରେ ଜନମାନସରେ ନାଟ୍ୟକଳାକୁ ବିଶେଷ ଭାବେ ଉଜ୍ଜିବୀତ କରିଥିଲା। ୧୯୩୯ ମସିହାରେ ଆତ୍ମପ୍ରକାଶ କରିଥିବା 'ଓଡ଼ିଶା ଥିଏଟର୍ସ' ଅଳ୍ପ ସମୟ ମଧ୍ୟରେ ଓଡ଼ିଶାର ଜନମାନସରେ ଅପ୍ରତିଦ୍ୱନ୍ଦୀ ପ୍ରତିଷ୍ଠା ଅର୍ଜନ କରିବାରେ ସଫଳତା ହାସଲ କରିଥିଲା। ଏହି ଦଳ ସାରା ଓଡ଼ିଶାରେ ବିଭିନ୍ନ ସ୍ଥାନରେ ନାଟକ ମଞ୍ଚସ୍ଥ କରି ଯଥେଷ୍ଟ ଖ୍ୟାତି ଅର୍ଜନ କରିଥିଲା। ୧୯୪୫ ମସିହାରେ ଏହି ଦଳ ଅନ୍ନପୂର୍ଣ୍ଣା ଗ୍ରୁପ୍ 'ଏ' ଓ ଅନ୍ନପୂର୍ଣ୍ଣା ଗ୍ରୁପ୍ 'ବି' ଏହିପରି ଦୁଇଭାଗରେ ବିଭାଜିତ ହୋଇ ପ୍ରଥମଟି ପୁରୀଠାରେ ଓ ଦ୍ୱିତୀୟଟି କଟକଠାରେ ଅଭିନୟ ପ୍ରଦର୍ଶନ କରିଥିଲେ। ଓଡ଼ିଶାର ନାଟ୍ୟ ଶିଳ୍ପର ଇତିହାସରେ ଏଇ ଦୁଇଦଳଙ୍କ ଅଭୂତପୂର୍ବ ଛାପ ଅଦ୍ୟାବଧି ସ୍ମରଣୀୟ ହୋଇ ରହିଛି। ବହୁ ଅଭିନେତା, କଳାକାର ଓ ନାଟ୍ୟକାରମାନଙ୍କୁ ସୃଷ୍ଟି କରିଥିବା ଏହି ଦଳ ବିଭିନ୍ନ କାରଣରୁ ଏବେ ସମ୍ପୂର୍ଣ୍ଣ ଭାବରେ ବିଲୁପ୍ତ ହେଲେ ମଧ୍ୟ ଇତିହାସର ସୁବର୍ଣ୍ଣ ପୃଷ୍ଠାରେ ନିଜର ନାମକୁ ପ୍ରତିଷ୍ଠିତ କରି ପାରିଛନ୍ତି। ସେହିପରି 'ରୂପଶ୍ରୀ ଥିଏଟର୍ସ' ୧୯୫୦ ମସିହାରେ କଟକଠାରେ ପ୍ରତିଷ୍ଠିତ ହୋଇ ସ୍ୱଳ୍ପ ସମୟ ମଧ୍ୟରେ ଖୁବ୍ ଲୋକପ୍ରିୟତା ହାସଲ କରିଥିଲା। ଏହି ସମୟରେ 'ଭାରତୀ ଥିଏଟର୍ସ' ଆତ୍ମପ୍ରକାଶ କରି ପ୍ରସିଦ୍ଧି ଅର୍ଜନ କରିଥିଲେ ମଧ୍ୟ ସ୍ୱଳ୍ପ କାଳ ମଧ୍ୟରେ ଭୁଷୁଡ଼ି ପଡ଼ିଥିଲା। ୧୯୫୩ ମସିହାରେ ପ୍ରତିଷ୍ଠିତ ହେଲା 'ଜନତା ଥିଏଟର୍ସ' ଯାହା ଖୁବ୍ କମ୍ ସମୟରେ ଜନତାର

ଦରବାରରେ ପ୍ରତିଷ୍ଠା ଅର୍ଜନ କରିବାରେ ସକ୍ଷମ ହୋଇଥିଲା । ୧୯୪୩ ମସିହାରେ ମୟୂରଭଞ୍ଜର ବାରିପଦା ଠାରେ ପ୍ରତିଷ୍ଠିତ ହୋଇଥିବା 'ନିଉ ଓଡ଼ିଶା ଥିଏଟର' ମାତ୍ର ଦୁଇବର୍ଷ ମଧ୍ୟରେ ଅପମୃତ୍ୟୁର ଶିକାର ହୋଇଥିଲା । କଟକ ଜିଲ୍ଲାସ୍ଥିତ ଧର୍ମଶାଳା ଠାରେ ୧୯୪୧ ମସିହାରେ ଆତ୍ମପ୍ରକାଶ କରିଥିବା 'ଦୁର୍ଗାମଣି ଥିଏଟରସ୍' ଅଳ୍ପ ସମୟରେ ଖୁବ୍ ନାମ କରିଥିବା ସତ୍ତ୍ୱେ ୩ବର୍ଷର ଅବଧି ମଧ୍ୟରେ ବିଲୁପ୍ତ ହୋଇ ଯାଇଥିଲା । ଏହି ସମୟରେ ଭବାନୀପାଟଣାଠାରେ ଗଢ଼ିଉଠିଥିଲା 'ଆଦଲ ଥିଏଟର' ନାମକ ଏକ ପ୍ରଖ୍ୟାତ ମଂଚ ଯାହା ଅତି କିୟତ୍ କାଳ ବ୍ୟବଧାନରେ ବିଲୁପ୍ତି ଗର୍ଭରେ ନିମଜ୍ଜିତ ହୋଇଯାଇଥିଲା । ୧୯୪୬ ମସିହାରେ ବରଗଡ଼ ଠାରେ ପ୍ରତିଷ୍ଠିତ 'ନାଟ୍ୟମନ୍ଦିର'ର ପରମାୟୁ ମାତ୍ର ଦୁଇବର୍ଷ ମଧ୍ୟରେ ସମାପ୍ତ ହୋଇଯାଇଥିଲେ ମଧ୍ୟ ଏହା ଏପରି ଲୋକପ୍ରିୟତା ହାସଲ କରିଥିଲା ଯେ ଅଦ୍ୟାବଧି ଏହି ଦଳ ଜନମାନସରେ ବଂଚି ରହିଛି । ସେଇ ବର୍ଷ 'ଜଗନ୍ନାଥ ଥିଏଟର' ପୁରୀରେ ପ୍ରତିଷ୍ଠା କରାଯାଇଥିଲା । କିନ୍ତୁ ସ୍ୱଳ୍ପ ସମୟର ବ୍ୟବଧାନରେ ଏହାର ପରିସମାପ୍ତି ଘଟିଥିଲା । 'ହଜୁରୀ ଥିଏଟର' ନାମକ ଏକ ଅତ୍ୟାଧୁନିକ ଦଳ ୧୯୫୩ରେ ପ୍ରତିଷ୍ଠିତ ହୋଇଥିଲା । ମାତ୍ର ଗୋଟିଏ ଅଭିନୟ ପରେ ଏହା ଭାଂଗିଯାଇଥିଲା । ଓଳସିଂହ ଜମିଦାର ଦାଶରଥି ପଟ୍ଟନାୟକଙ୍କ ଦ୍ୱାରା 'ଶାନ୍ତି ଥିଏଟର', ୧୯୪୫ ମସିହାରେ ପ୍ରତିଷ୍ଠିତ ହୋଇ ମାତ୍ର ବର୍ଷେ ମଧ୍ୟରେ ବନ୍ଦ ହୋଇ ଯାଇଥିଲା । ପୁରୀଠାରେ ଆତ୍ମପ୍ରକାଶ କରିଥିଲା 'ଉତ୍କଳ ଥିଏଟର' ନାମକ ମଂଚ ୧୯୫୯ ମସିହାରେ । ମାତ୍ର ତିନିବର୍ଷ ପରେ ଏହାର ପତନ ଘଟିଥିଲା । 'ଶ୍ରୀମା ଥିଏଟର' କଟକଠାରେ ପ୍ରତିଷ୍ଠିତ ହୋଇଥିଲା ଏବଂ ମାତ୍ର ବର୍ଷକ ମଧ୍ୟରେ ଏହାର ବିଲୁପ୍ତି ଘଟିଥିଲା । ୧୯୬୬ ମସିହାରେ ଗଢ଼ିଉଠିଥିଲା 'ଏକାମ୍ର ଥିଏଟର୍ସ' ଭୁବନେଶ୍ୱରଠାରେ । ଏହା ଉନ୍ନତ ଏବଂ ଆକର୍ଷକ ନାଟ୍ୟକଳା ପ୍ରଦର୍ଶନ ନିମନ୍ତେ ଉଚ୍ଚପ୍ରଶଂସିତ ହୋଇଥିଲା । କଟକର କାଠଯୋଡ଼ି କୂଳସ୍ଥିତ 'ଉତ୍କଳ ସ୍ମୃତି କଳା ମଣ୍ଡପ' ପରିସର ମଧ୍ୟରେ ୧୯୬୬ ମସିହାରେ 'କଳାଶ୍ରୀ ଥିଏଟର' ଜନ୍ମଗ୍ରହଣ କରିଥିଲା ଯାହାର ଆୟୁ କାଳ ଥିଲା ମାତ୍ର ୩ବର୍ଷ । ବ୍ରହ୍ମପୁରଠାରେ ୧୯୭୨ ମସିହାରେ 'ଉତ୍କଳ ଥିଏଟର୍ସ' ନାମକ ଏକ ଦଳ ପ୍ରତିଷ୍ଠିତ ହୋଇ ସୁନାମ ଅର୍ଜନ କରିଥିଲା । ସେଇ ବର୍ଷ ପ୍ରଥମଥର ପାଇଁ କେବଳ ନାରୀ କଳାକାରମାନଙ୍କୁ ନେଇ କଟକଠାରେ ଗଢ଼ିଉଠିଥିଲା ଏକ ରାସଦଳ । ଏହି ଦଳ ଅଭିନୟ ଦୃଷ୍ଟିରୁ ଖ୍ୟାତି

ଅର୍ଜନ କରିବା ସଂଗେସଂଗେ ପ୍ରଦର୍ଶନ ନିମିତ୍ତ ଦୂରଦୂରାନ୍ତ ତଥା କଟକ ବାହାରକୁ ମଧ୍ୟ ଯାଉଥିଲା ।

ବ୍ୟବସାୟୀ ମଂଚଗୁଡ଼ିକ ବ୍ୟତୀତ ବିଭିନ୍ନ ସ୍ଥାନରେ ତଥା ସ୍କୁଲ, କଲେଜ ଏବଂ ସାଂସ୍କୃତିକ ଅନୁଷ୍ଠାନମାନଙ୍କ ଆନୁକୂଲ୍ୟରେ ନାଟ୍ୟକଳାକୁ ସମଗ୍ର ଓଡ଼ିଶା ମାଟିର ପ୍ରତି କୋଣେ କୋଣେ ନିରନ୍ତର ପ୍ରଦର୍ଶିତ କରାଯିବା କାରଣରୁ ତାହା ଅଦ୍ୟାବଧି ବିକଶିତ ତଥା ଋଦ୍ଧିମନ୍ତ ହୋଇଆସିଛି । ଏମାନଙ୍କ ପ୍ରଚେଷ୍ଟାରେ ବର୍ଷର ବିଭିନ୍ନ ସମୟରେ ନାଟକ ପ୍ରତିଯୋଗିତା ତଥା ପ୍ରଦର୍ଶନ ଆଜି ପର୍ଯ୍ୟନ୍ତ ଅବ୍ୟାହତ ରହିଆସିଛି । ଭୁବନେଶ୍ୱରର 'ନାଟ୍ୟଚେତନା', 'ଶତାବ୍ଦୀର କଳାକାର', କଟକର 'ଉତ୍କଳ ସାଂସ୍କୃତିକ ସଂଘ', ବାଲେଶ୍ୱରର 'ସ୍ରଷ୍ଟା', ଢେଙ୍କାନାଳର 'କଳାପରିଷଦ', ଗଂଜାମ ଜିଲ୍ଲାର 'ଗଂଜାମ କଳା ପରିଷଦ', କେନ୍ଦୁଝରର 'କାସାଣ୍ଡ୍ରା', ରାଉରକେଲା ସ୍ଥିତ 'କଲଚରାଲ୍ ଏକାଡ଼େମୀ' ଆଦି ଅସଂଖ୍ୟ ସାଂସ୍କୃତିକ ସଂଗଠନମାନଙ୍କ ନେତୃତ୍ୱକୁ ଭିତ୍ତିକରି ମଂଚାଭିନୟ କଳା ସମଗ୍ର ଓଡ଼ିଶାରେ ଅଦ୍ୟାବଧି ତିଷ୍ଠି ରହିଛି ତଥା ପରିପୁଷ୍ଟ ହୋଇ ଆସିଛି ।

ଓଡ଼ିଶାରେ ସଂସ୍କୃତ ନାଟକର ଇତିହାସ ଓ ଉତ୍କଳୀୟ ଲୋକନାଟ୍ୟ ଉପରେ ଏହାର ପ୍ରଭାବ

ସଂସ୍କୃତ ହେଉଛି ବିଶ୍ୱର ପ୍ରାଚୀନତମ ଭାଷା। ଏହାକୁ ଦେବଭାଷା ବୋଲି ମଧ୍ୟ କୁହାଯାଏ। ଏଇ ଭାଷାରେ ପୃଥିବୀର ସର୍ବପ୍ରାଚୀନ ବେଦ, ରାମାୟଣ ଓ ମହାଭାରତ ଆଦି ଶ୍ରେଷ୍ଠ ଗ୍ରନ୍ଥମାନ ରଚିତ ହୋଇଥିଲା। ସଂସ୍କୃତକୁ ସମସ୍ତ ଭାଷାର ଜନନୀ ବୋଲି କୁହାଯାଇଥାଏ। ବେଦ ହେଉଛି ସର୍ବଜ୍ଞାନର ଅକ୍ଷୟ ଭଣ୍ଡାର। ବିଜ୍ଞାନ, ଆଧାତ୍ମିକତା, ସଂସ୍କାର, ସଂସ୍କୃତି, କଳା, ସଂଗୀତ, ଚିକିତ୍ସା ଆଦି ଯେ କୌଣସି ଜ୍ଞାନ, ସବୁ କିଛିର ପ୍ରଥମ ଉତ୍ସ ହେଉଛି ବେଦ।

ଗାନ ବା ସଂଗୀତ, ସଂବାଦ (ସଂଳାପ), ଅଭିନୟ ଓ ରସ-ବୃତ୍ତି ଆଦି ତତ୍ତ୍ୱକୁ ଯଥାକ୍ରମେ ସାମବେଦ, ଋଗ୍‌ବେଦ, ଯଜୁର୍ବେଦ ଓ ଅଥର୍ବ ବେଦରୁ ସଂଗ୍ରହ କରି ବ୍ରହ୍ମା ନାଟ୍ୟବେଦର ରଚନା କରିଥିଲେ। ନାଟ୍ୟବେଦକୁ ପଞ୍ଚମବେଦ ରୂପେ ଅଭିହିତ କରାଯାଏ। ପରେ ଭରତମୁନି ମଧ୍ୟ ଏହି ସୂତ୍ରମାନଙ୍କୁ ସନ୍ନିବେଶିତ କରି 'ନାଟ୍ୟଶାସ୍ତ୍ର' ରଚନା କରିଥିଲେ – (ନାଟ୍ୟଶାସ୍ତ୍ର ୧/୧୭)। ଏହା ପ୍ରଥମେ ସଂସ୍କୃତ ଭାଷାରେ ହିଁ ରଚିତ ହୋଇଥିଲା। ଏଣୁ ପରବର୍ତ୍ତୀ କାଳରେ ଭିନ୍ନଭିନ୍ନ ଭାଷା ଓ ପ୍ରଦେଶର ପାରିପାର୍ଶ୍ୱିକ ଲୋକ ସଂସ୍କୃତିକୁ ଭିତ୍ତି କରି ଲୋକନାଟ୍ୟ ପରଂପରା ସୃଷ୍ଟି ହେବାରେ କିଛି ବିଚିତ୍ରତା ନଥିଲା। ସଂସ୍କୃତ ଭାଷାର ମୂଳ ଶାସ୍ତ୍ର ପୁରାଣକୁ ଆଧାର କରି ପ୍ରାଦେଶିକ ସ୍ତରରେ ଭିନ୍ନ ଭିନ୍ନ ଭାଷାରେ ରାମାୟଣ,

ମହାଭାରତ, ଭାଗବତ, କୃଷ୍ଣଲୀଳା, ରାମଲୀଳା, ରାସଲୀଳା ଆଦି ଆଧ୍ୟାତ୍ମିକ ସାହିତ୍ୟମାନ ବିକଶିତ ହୋଇ ସେଥିରୁ ଲୋକନାଟ୍ୟ, ଲୋକନୃତ୍ୟ ଇତ୍ୟାଦି ଲୋକକଳାର ମଧ୍ୟ ଭୂୟୋବିକାଶ ହୋଇଥିଲା । ମୁଖ୍ୟତଃ ଆଦର୍ଶବାଦ, ଆଧ୍ୟାତ୍ମିକ ଗନ୍ଧ, ନୈତିକ ପ୍ରେରଣାରୁ ହିଁ ଭାରତୀୟ ନୃତ୍ୟ ବା ନାଟକ ଆଦିର ସୃଷ୍ଟି । ପ୍ରାରମ୍ଭିକ କାଳରେ ସଂସ୍କୃତ ଭାଷାର ରାମାୟଣ, ମହାଭାରତ ବା ଭାଗବତ ଆଦି ପଣ୍ଡିତ ଓ ଜ୍ଞାନୀମାନଙ୍କ ଦ୍ୱାରା ପାରାୟଣ ହୋଇ ତାହାକୁ ସରଳ ମାତୃଭାଷାରେ ବ୍ୟାଖ୍ୟା କରି ଶ୍ରୋତାମାନଙ୍କୁ ବୁଝାଇ ଦିଆଯାଉଥିଲା । ଭକ୍ତବୃନ୍ଦଙ୍କ ଆଗ୍ରହକୁ ଲକ୍ଷ୍ୟ କରି ସଂସ୍କୃତରୁ ସେଗୁଡ଼ିକୁ ସ୍ଥାନୀୟ ଭାଷାରେ ରଚନା କରାଗଲା । ଯେମିତିକି ଅତିବଡ଼ି ଜଗନ୍ନାଥ ଦାସଙ୍କ ଓଡ଼ିଆ ଭାଗବତ । ନିଜ ମାତୃଦେବୀଙ୍କ ଆଗ୍ରହ ଓ ଅନୁରୋଧକୁ ଏଡ଼ି ନପାରି ସଂସ୍କୃତ ଭାଗବତକୁ ସେ ଓଡ଼ିଆ ଭାଷାରେ ରଚନା କରିଥିଲେ । ତାଙ୍କ ଓଡ଼ିଆ ଭାଗବତରେ ରାସଲୀଳାର ମନୋମୁଗ୍ଧକର ବର୍ଣ୍ଣନା, ଓଡ଼ିଶାରେ କବିମାନଙ୍କ ମଧ୍ୟରେ ଲୀଳା ନାଟକ ସୃଷ୍ଟି କରିବା ଦିଗରେ ପ୍ରଥମ ପ୍ରେରଣା ସୃଷ୍ଟି କରିଥିଲା । ଏଣୁ ଜଗନ୍ନାଥ ଦାସଙ୍କୁ ଓଡ଼ିଆ ଲୀଳା, ନାଟକ, ପରଂପରାର ଆଦ୍ୟ ସ୍ରଷ୍ଟା ଭାବରେ ମାନ୍ୟତା ପ୍ରଦାନ କରାଯାଏ । ଭାରତ ହେଉଛି ନାଟକ ସୃଷ୍ଟିର ଆଦିପୀଠ । ପ୍ରଫେସର ମାକ୍ସମୁଲାର, ଶ୍ରୋଏଡ଼ର, ମିଲଭାଲେଭି, ହାର୍ଟଲେ ଆଦି ପାଶ୍ଚାତ୍ୟ ତତ୍ତ୍ୱଦର୍ଶୀମାନେ ଭାରତର ବୈଦିକ 'ସମ୍ବାଦସୂକ୍ତ' ଗୁଡ଼ିକୁ ନାଟକର ପ୍ରାରମ୍ଭିକ ରୂପ ଓ ପ୍ରେରଣା ବୋଲି କହିଛନ୍ତି ଯାହା ପରବର୍ତ୍ତୀ କାଳରେ ଓଡ଼ିଆ ଓ ଅନ୍ୟାନ୍ୟ ଭାଷାର ନାଟକ, ଲୋକନାଟ୍ୟ ବା ନୃତ୍ୟାଦିକୁ ଅନୁପ୍ରେରିତ କରିଛି । ବାସ୍ତବରେ ସଂଳାପ ହେଉଛି ନାଟକର ଏପରି ଅଂଶ ଯାହାକୁ ବାଦ ଦେଇ ନାଟକ ରଚନା ସମ୍ଭବ ନୁହେଁ । ପ୍ରୟୋଜନ ଅନୁଯାୟୀ ଏହା ଗଦ୍ୟମୟ ବା ପଦ୍ୟମୟ ରୂପ ଧାରଣ କରି ନାଟକର ଆବଶ୍ୟକତାକୁ ପୂରଣ କରିପାରେ ।

'ଚରିତ୍ର' ହେଉଛି ନାଟକର ପ୍ରାଣସ୍ୱରୂପ । ନାଟ୍ୟାଚାର୍ଯ୍ୟ ଭରତ 'ଚରିତ୍ର'କୁ ଉତ୍ତମ, ମଧ୍ୟମ ଓ ଅଧମ – ଏଇ ତିନିଭାଗରେ ବିଭକ୍ତ କରିଛନ୍ତି । 'ଜୀବନଧର୍ମୀ' ଚରିତ୍ର ସହଜରେ ଦର୍ଶକଙ୍କୁ ପ୍ରଭାବିତ କରିଥାଏ ବୋଲି ଭରତମୁନି କହିଛନ୍ତି । ବାସ୍ତବରେ 'ସଂଳାପ'ର ପାରଦର୍ଶିତା ଦ୍ୱାରା ନାଟକ ପ୍ରାଣବନ୍ତ

ହୋଇଥାଏ। କିନ୍ତୁ 'ସଫଳ ସଂଳାପ' ବିଷୟରେ ବର୍ଣ୍ଣନା କରି ଲାଗୋସ୍ ଏଗରୀ (Lagos Agri) କହନ୍ତି ସଂଳାପ ଚରିତ୍ରକୁ ବ୍ୟକ୍ତ କରିଥାଏ ଏବଂ ସଫଳ ସଂଳାପ ଦ୍ୱାରା ଭବିଷ୍ୟତ ଘଟଣାର ସୂଚନା ମିଳିବା ସଂଗେ ସଂଗେ ନିଜ ପଟ୍ଟଭୂମି ମଧ୍ୟ ବ୍ୟକ୍ତ ହୋଇଥାଏ। ଏସବୁ ଯାହା କିଛି କୁହାଯାଇଛି ବା ନାଟ୍ୟଜଗତରେ ଅଦ୍ୟାବଧି ଯାହା କିଛି ବିକାଶ ସମ୍ଭବ ହୋଇଛି ଏସବୁ କିଛିର ପ୍ରଚ୍ଛଦପଟ୍ଟରେ ବୈଦିକ ସମ୍ବାଦ ସୂକ୍ତ ଓ ସଂସ୍କୃତ ନାଟ୍ୟ ସାହିତ୍ୟର ଗୁରୁତ୍ୱପୂର୍ଣ୍ଣ ଭୂମିକାକୁ ଆଦୌ ଅସ୍ୱୀକାର କରିହେବ ନାହିଁ।

ରାମଲୀଳା, କୃଷ୍ଣଲୀଳା ଉପରେ ମୂଳ ସଂସ୍କୃତ ରଚନାର ପ୍ରଭାବ :

ଓଡ଼ିଶାର ଲୋକନାଟ୍ୟ ପରଂପରାରେ 'ଲୀଳା' ନାଟ୍ୟକୁ ଏକ ଅବିଚ୍ଛେଦ୍ୟ ଅଂଗ ରୂପେ ସ୍ୱୀକାର କରାଯାଏ । ରାସଲୀଳା, ରାମଲୀଳା, କୃଷ୍ଣଲୀଳା, ଗୋପଲୀଳା, ରାଧାପ୍ରେମଲୀଳା – ଏସବୁ ମୂଳ ସଂସ୍କୃତ ରଚନା ଦ୍ୱାରା ପ୍ରଭାବିତ। କାରଣ ଲୀଳାର ଆଭିଧାନିକ ଅର୍ଥ ହେଉଛି 'ଅନୁକରଣ'। ମୂଳ ଚରିତ୍ରକୁ କୌଣସି ନା କୌଣସି ଭାବରେ ଅନୁକରଣ କରାଯାଇ 'ଲୀଳା' ପ୍ରଦର୍ଶିତ ହୋଇଥାଏ। ଓଡ଼ିଆ ଲୀଳାନାଟ୍ୟର ଅନ୍ୟତମ ସ୍ରଷ୍ଟା ଅନଙ୍ଗ ନରେନ୍ଦ୍ରଙ୍କ ରଚିତ 'ରାମଲୀଳା'ର ଛତ୍ରେ ଛତ୍ରେ ସଂସ୍କୃତ ଶବ୍ଦାବଳୀ, ବଚନିକା ଏବଂ ଶ୍ଳୋକ ମାନ ସନ୍ନିବେଶିତ ହୋଇଛି। ସେଇପରି ପଣ୍ଡିତ ରଘୁନାଥ ଦାସ, ବିଶ୍ୱନାଥ ଖୁଣ୍ଟିଆ, ବିକ୍ରମ ନରେନ୍ଦ୍ର, ବିପ୍ରଜନାର୍ଦ୍ଦନ, ବୈଶ୍ୟ ସଦାଶିବ, କେଶବ ହରିଚନ୍ଦନ, କେଶବ ପଟ୍ଟନାୟକ, ରଘୁନାଥ ପରିଚ୍ଛା, ବ୍ରଜବଂଧୁ ସାମନ୍ତ ସିଂହାର, ରଘୁନାଥ ସିଂ, ପିତାମ୍ବର ରାଜେନ୍ଦ୍ର ଆଦି ବହୁ କବି କାଳକ୍ରମେ 'ରାମଲୀଳା' ସାହିତ୍ୟକୁ ନିଜର ସ୍ୱତନ୍ତ୍ର ସୃଷ୍ଟି ମାଧ୍ୟମରେ ଓଡ଼ିଆ ଭାଷାରେ ସମୃଦ୍ଧ କରାଇଥିଲେ ।

ରାମଲୀଳା ସଦୃଶ କୃଷ୍ଣଲୀଳା ମଧ୍ୟ ମୂଳ ସଂସ୍କୃତ ସାହିତ୍ୟରୁ ପ୍ରଥମେ ସମଗ୍ର ଦେଶର ଭିନ୍ନ ଭିନ୍ନ ଭାଷା ଭାଷୀ ଅଞ୍ଚଳ ଓ ପ୍ରଦେଶରେ ବ୍ୟାପ୍ତି ଲାଭ କରିଥିଲା। ପଞ୍ଚଦଶ ଓ ଷୋଡ଼ଶ ଶତାବ୍ଦୀରେ ଭକ୍ତି ଆନ୍ଦୋଳନର ପ୍ରଭାବରେ 'ଲୀଳା' ଅଭିନୟ କ୍ଷେତ୍ର ପ୍ରଭାବିତ ହୋଇ 'କୃଷ୍ଣଲୀଳା' ରୂପ ଧାରଣ କରିଥିଲା ଏବଂ ଓଡ଼ିଶାରେ ହିଁ ଏହାକୁ ସର୍ବପ୍ରଥମେ ଅଭିନୟାତ୍ମକ ରୂପ ପ୍ରଦାନ କରାଯାଇଥିଲା ବୋଲି ଐତିହାସିକ ପ୍ରମାଣ ମିଳିଥାଏ। ଓଡ଼ିଶାରୁ ଏହି କଳା ବିଭିନ୍ନ ରାଜ୍ୟକୁ ଭକ୍ତ ଓ ନାଟ୍ୟକାରମାନଙ୍କ ଦ୍ୱାରା ପ୍ରସାରିତ ହୋଇଥିଲା। ଶ୍ରୀଚୈତନ୍ୟଦେବ ନିଜେ

ଥିଲେ ସଂସ୍କୃତ ଭାଷାର ଅସାଧାରଣ ବିଦ୍ୱାନ ଓ ପଣ୍ଡିତ ଏବଂ ସେ ପୁରୀରେ ନିଜେ ଏହି ଅଭିନୟରେ ସାମିଲ ହୋଇଥିଲେ। ଏପରିକି 'ରାବଣବଧ ଲୀଳା'ର ସେ ନିଜେ ଆୟୋଜକ ହୋଇ ସେଥିରେ ସ୍ୱୟଂ ଅଭିନୟ କରିଥିଲେ। ତ୍ରୟୋଦଶ ଶତାବ୍ଦୀରୁ ଓଡ଼ିଶାର ଉନ୍ମୁକ୍ତ ରଂଗମଂଚ ଓ ନାଟମନ୍ଦିରମାନଙ୍କରେ 'ରାସଲୀଳା' ପ୍ରଦର୍ଶିତ ହେଉଥିଲା। ସଂଗୀତଧର୍ମୀ ନାଟକ 'ଶ୍ରୀଗୀତ ଗୋବିନ୍ଦ' ଦ୍ୱାଦଶ ଶତାବ୍ଦୀରେ ସୁବିଖ୍ୟାତ କବି ଓ ପଣ୍ଡିତ ଜୟଦେବଙ୍କ ଦ୍ୱାରା ରଚିତ ହୋଇଥିଲା। ଏହା ଉପରେ ସଂସ୍କୃତ ନାଟ୍ୟକଳା ଓ ସାହିତ୍ୟର ପ୍ରଭାବ ସହଜରେ ଅନୁମାନ କରିହୁଏ। ସଂସ୍କୃତର ପ୍ରଭାବ ସତ୍ତ୍ୱେ ଏହା ଯେ କବିଙ୍କର ଏକ ନିଜସ୍ୱ ସ୍ୱତନ୍ତ୍ର ସୃଷ୍ଟି ତଥା କାଳଜୟୀ ଓ ଅତୁଳନୀୟ କୃତି ଏଥିରେ ସନ୍ଦେହ ନାହିଁ। ରଚନା କାଳରୁ ଏହା ଶ୍ରୀମନ୍ଦିରରେ ଶ୍ରୀବିଗ୍ରହମାନଙ୍କ ଉଦ୍ଦେଶ୍ୟରେ ସମ୍ପୂର୍ଣ୍ଣ ରୂପେ ଉତ୍ସର୍ଗୀକୃତ ଥାଇ ଅଭିନୀତ ହେବା ଫଳରେ ଏକ ମର୍ଯ୍ୟାଦାବନ୍ତ ଲୋକନାଟ୍ୟର ରୂପଗ୍ରହଣ କରିପାରିଥିଲା ଯାହା ପରବର୍ତ୍ତୀ କାଳରେ ସମଗ୍ର ଦେଶର ବିଭିନ୍ନ ରାଜ୍ୟକୁ ମଧ୍ୟ ପରିବ୍ୟାପ୍ତ ହୋଇଥିଲା।

ସୁଆଙ୍ଗ ଉପରେ ସଂସ୍କୃତ ସାହିତ୍ୟ ଓ ନାଟକର ପ୍ରଭାବ :

ବୈଦିକ ସମ୍ବାଦ ସୂକ୍ତରୁ ଆରମ୍ଭ କରି ତତ୍କାଳୀନ ସଂସ୍କୃତ ସାହିତ୍ୟ ସ୍ଥିତ ସଂଗୀତ, ନୃତ୍ୟକଳା, ସଂଳାପର ବିବିଧ ରୂପ ମଧ୍ୟରେ ଆଧାତ୍ମିକତାର ସୁସ୍ପଷ୍ଟ ପ୍ରଭାବ ଅନୁଭୂତ ହୁଏ। ପରବର୍ତ୍ତୀ କାଳୀନ ନାଟକ, ଲୀଳା, ଦଣ୍ଡନାଟ, କୃଷ୍ଣଲୀଳା ଆଦିରେ ମଧ୍ୟ ପରମାର୍ଥିକ ଭାବଧାରା ଦୃଷ୍ଟିଗୋଚର ହୁଏ। ଯାତ୍ରା, ସୁଆଙ୍ଗ ଆଦି ବି ସେଇ ଆଦ୍ୟ ଲୋକନାଟ୍ୟ ପରଂପରାର ବିକଶିତ ସ୍ୱରୂପ କହିଲେ ଅତ୍ୟୁକ୍ତି ହେବ ନାହିଁ ଯାହା ଆଧାତ୍ମିକ ପ୍ରଭାବରୁ ମୁକ୍ତ ନୁହେଁ। ଅତଏବ ସଂସ୍କୃତ ସାହିତ୍ୟର ପ୍ରଭାବଜନିତ ସ୍ପଷ୍ଟ ଛାପ ଏସବୁ ଆଞ୍ଚଳିକ ତଥା ଓଡ଼ିଆ ଲୋକନାଟ୍ୟ ଓ ଲୋକନୃତ୍ୟରେ ଦେଖାଯାଏ। ସୁଆଙ୍ଗ ହେଉଛି ନାଟକର ମୂଳଦୁଆ ଏବଂ ଲୋକନାଟକର ଆଦିମ ରୂପ। ସେଇଥିରୁ କାଳକ୍ରମେ ଯାତ୍ରା, ଲୀଳା ଆଦି ଆତ୍ମପ୍ରକାଶ କରିଥିବା ଅନେକ ବିଶ୍ୱାସ କରନ୍ତି। ସୁଆଙ୍ଗ ଶବ୍ଦଟି ସଂସ୍କୃତର 'ସ୍ୱାଙ୍ଗ ଅଥବା ଶୋଭନାଙ୍ଗ"ରୁ ସୃଷ୍ଟି ହୋଇଥିବା କୁହାଯାଏ। ଏଥିରେ ସଂଳାପ ପଦ୍ୟାକାରରେ କରାଯାଇଥାଏ। ସଂସ୍କୃତ ବ୍ୟାକରଣର ସ୍ରଷ୍ଟା ମହର୍ଷି ପାଣିନି 'ସୁଆଙ୍ଗ' କୁ ଲୋକନାଟ୍ୟ ଭାବରେ ଗୌରବ ମଣ୍ଡିତ କରିଛନ୍ତି। ଦଶମ ଶତାବ୍ଦୀ ସମୟକୁ ସୁଆଙ୍ଗ ବିକଶିତ

ଅବସ୍ଥାରେ ପ୍ରଦର୍ଶିତ ହୋଇଥିବାରୁ ଏହାର ପ୍ରାଚୀନତା ତଥା ଉପରୋକ୍ତ ଆଲୋଚନା ଦୃଷ୍ଟେ ଏହା ଉପରେ ସଂସ୍କୃତ ନାଟ୍ୟକଳାର ପ୍ରଭାବ ସହଜରେ ହୃଦବୋଧ ହୋଇଥାଏ।

ଯାତ୍ରା ଉପରେ ସଂସ୍କୃତ ନାଟକର ପ୍ରଭାବ :

ସୁଆଙ୍ଗ, ଦଣ୍ଡନାଟ, ଗୀତିନାଟ୍ୟ, ଲୀଳା ଆଦି ଲୋକନାଟ୍ୟର ବହୁବିଭାଗକୁ ଯାତ୍ରାର ସଂଜ୍ଞାରେ ଚିହ୍ନିତ କରାଯାଏ। ଏଗୁଡ଼ିକୁ ଯାତ୍ରାର ପ୍ରଥମ ରୂପ ଓ ନାଟକର ଭିତ୍ତି ରୂପେ ବର୍ଣ୍ଣନା କରାଯାଇଛି। 'ଯାତ୍ରା' ଓଡ଼ିଶାର ନିଜସ୍ୱ କଳା ଓ ଜୟଦେବଙ୍କ ସମୟରୁ ଓଡ଼ିଶାରେ ବିକଶିତ। ଗୀତଗୋବିନ୍ଦର ପ୍ରଚାର ପ୍ରସାର ପାଇଁ ଏହାକୁ ଯାତ୍ରାର ରୂପ ପ୍ରଦାନ କରାଯାଇଥିଲା ଓ ଏହା 'କୃଷ୍ଣଯାତ୍ର' ରୂପରେ ପ୍ରଦର୍ଶିତ ହେବାକୁ ଲାଗିଲା। 'କୃଷ୍ଣଯାତ୍ରା' କେବଳ ଓଡ଼ିଶାରେ ସୀମିତ ନରହି ସୁଦୂର ପୂର୍ବ ଭାରତକୁ ମଧ୍ୟ ବ୍ୟାପ୍ତି ଲାଭ କରିଥିଲା। ଶ୍ରୀଚୈତନ୍ୟ ଦେବଙ୍କ ପୁରୀ ନିବାସ କାଳଠାରୁ 'ଯାତ୍ରା'ର ବିକାଶ ଓ ବ୍ୟାପକତା ବୃଦ୍ଧି ପ୍ରାପ୍ତ ହୋଇଥିଲା। ନିଜେ ଶ୍ରୀ ଚୈତନ୍ୟଦେବ ଯାତ୍ରା ପ୍ରଦର୍ଶନରେ ଅଂଶଗ୍ରହଣ କରୁଥିଲେ ଏବଂ ଆୟୋଜନ ମଧ୍ୟ କରୁଥିଲେ। ତାଙ୍କର ଏ କ୍ଷେତ୍ରରେ ପ୍ରସିଦ୍ଧି ସକାଶେ ତାଙ୍କୁ ଯାତ୍ରା ନାଟକର ସ୍ରଷ୍ଟା ବୋଲି କୁହାଯାଉଥିଲା। ଓଡ଼ିଶା ଓ ବଙ୍ଗ ଭୂଇଁରେ ଯାତ୍ରା ଖୁବ୍ ପ୍ରତିଷ୍ଠା ଲାଭ କରିଥିଲା । ପ୍ରଥମ ଗୀତ ନାଟ୍ୟକାର ପୁରୀର ଶଂକର ମିଶ୍ରଙ୍କର ଜଣେ ଛାତ୍ର ଥିଲେ କୃପାସିନ୍ଧୁ ମିଶ୍ର। ସେ ଥିଲେ ମେଦିନିପୁର ଅଞ୍ଚଳର ଲୋକ, ଯିଏକି ଶତାଧିକ ଗୀତିନାଟ୍ୟ ରଚନା କରିଥିଲେ। ସେ ସମୟରେ ଶହଶହ ନାଟ୍ୟକାର ସମଗ୍ର ଉତ୍କଳର ବିଭିନ୍ନ ଅଞ୍ଚଳରେ ନାଟ୍ୟକଳାକୁ ସମୃଦ୍ଧ ରୂପ ପ୍ରଦାନ କରିଥିଲେ। କିନ୍ତୁ ଏସବୁର ପୃଷ୍ଠଭୂମିରେ ସଂସ୍କୃତ ନାଟକ, ସାହିତ୍ୟ ତଥା ପୌରାଣିକ ଉପାଖ୍ୟାନ ଗୁଡ଼ିକ ଥିଲା ପ୍ରେରଣାର ମୁଖ୍ୟ ସ୍ରୋତ। ସେତେବେଳେ ଓଡ଼ିଶାର ଚତୁର୍ଦ୍ଦିଗରେ ବହୁ ସଂସ୍କୃତ ନାଟକ ରଚିତ ହୋଇ ପ୍ରସିଦ୍ଧିଲାଭ କରି ସାରିଥିଲା ଏବଂ ଆଞ୍ଚଳିକ ଲୋକନାଟ୍ୟଗୁଡ଼ିକୁ ସମୃଦ୍ଧ କରିଥିଲା।

ଓଡ଼ିଶାରେ ସଂସ୍କୃତ ନାଟକର ଇତିହାସ ଓ ରଚନାକାଳ :

ଖ୍ରୀଷ୍ଟୀୟ ଅଷ୍ଟମ ଶତାବ୍ଦୀରେ ଓଡ଼ିଶାରେ ପ୍ରଥମ ସଂସ୍କୃତ ନାଟକ

'ଅନର୍ଘରାଘବ' ମୁରାରି ମିଶ୍ରଙ୍କ ଦ୍ୱାରା ରଚିତ ହୋଇଥିବା ଜଣାଯାଏ । ପ୍ରତାପରୁଦ୍ର ଦେବଙ୍କ ସମୟରେ 'ଭକ୍ତି ବୈଭବ ନାଟକ', 'ବୈଷ୍ଣବାମୃତମ୍ ତଥା ପୀୟୁଷ ଲହରୀ ନାଟିକା', 'ଜଗନ୍ନାଥ ବଲ୍ଲଭ ନାଟକ' ରଚିତ ହୋଇଥିଲା । ସେଇପରି 'ପୁରୁଷୋତ୍ତମ ଦେବ', 'ପାରିଜାତ ହରଣ', 'ପ୍ରଭାବତୀ' ଆଦି ସଂସ୍କୃତ ନାଟକ ମାନ ରଚିତ ଓ ମଞ୍ଚସ୍ଥ ହୋଇଥିଲା । ଦ୍ୱାଦଶ ଶତାବ୍ଦୀରେ ଜୟଦେବଙ୍କ ଗୀତିନାଟ୍ୟ 'ଗୀତଗୋବିନ୍ଦ' ଥିଲା ଆଦି ଓଡ଼ିଆ ନାଟ୍ୟଜଗତର ଅନ୍ୟତମ ସମୃଦ୍ଧ ସୃଷ୍ଟି । ଚନ୍ଦ୍ରକଳା ନାଟିକା, ପ୍ରବୋଧ ଚନ୍ଦ୍ରୋଦୟ, ହାସ୍ୟାର୍ଣ୍ଣବ ପ୍ରହସନ, ପର୍ଶୁରାମ ବିଜୟ, ଅଭିନବ ବେଣୀ ସଂହାର, ଚୈତନ୍ୟ ଚନ୍ଦ୍ରୋଦୟ, ଭଂଜ ମହୋଦୟ ଆଦି ସଂସ୍କୃତ ନାଟକମାନ ରଚିତ ହୋଇ ଓଡ଼ିଶାର ବାଣୀ ଓ କଳା ଭଣ୍ଡାରଙ୍କୁ ଋଦ୍ଧିମନ୍ତ କରିଥିଲା । ଅଷ୍ଟାଦଶ ଶତାବ୍ଦୀରେ ରଚିତ 'ମଧୁରାନିରୁଦ୍ଧ' ତଥା ଆହୁରି ଅସଂଖ୍ୟ ନାଟକ ଉତ୍କଳୀୟ ନାଟ୍ୟକାରମାନଙ୍କ ଦ୍ୱାରା ସୃଜିତ ହୋଇ ଓଡ଼ିଶାରେ ସଂସ୍କୃତ ନାଟକର ପରଂପରାକୁ ସମୃଦ୍ଧଶାଳୀ କରିଥିଲା । ୮ମ ଶତାବ୍ଦୀରୁ ଆରମ୍ଭ କରି ସୁଦୀର୍ଘ ଏକ ହଜାର ବର୍ଷଧରି ଲମ୍ବିତ ଇତିହାସ ମଧ୍ୟରେ ଅସଂଖ୍ୟ ସଂସ୍କୃତ ନାଟକ ତଥା ଗଦ୍ୟ ଓ ପଦ୍ୟ ମିଶ୍ରିତ ସଂଳାପଯୁକ୍ତ ସଂସ୍କୃତ କାବ୍ୟ 'ଚମ୍ପୂ' ମାନ ରଚିତ ହୋଇ ଅଖିଳ ଭାରତୀୟ ଦୃଶ୍ୟପଟରେ ଉତ୍କଳକୁ ଏକ ମର୍ଯ୍ୟାଦାବନ୍ତ ଆସନ ପ୍ରଦାନ କରିଥିଲା । ତନ୍ମଧ୍ୟରୁ କବିସୂର୍ଯ୍ୟ ବଳଦେବଙ୍କ 'କିଶୋର ଚନ୍ଦ୍ରାନନ ଚମ୍ପୂ' ଅତ୍ୟନ୍ତ ପ୍ରସିଦ୍ଧ ଅଟେ । ଚମ୍ପୂକୁ ଏକ ସଙ୍ଗୀତମୟ ତଥା ସଂଳାପଯୁକ୍ତ 'ଗୀତିନାଟ୍ୟ' ବୋଲି କୁହାଯାଇ ପାରେ । ଯାହା ପରବର୍ତ୍ତୀ କାଳରେ ଓଡ଼ିଆ ନାଟକ ସୃଷ୍ଟି ଦିଗରେ ମାର୍ଗଦର୍ଶକାର ଭୂମିକା ଗ୍ରହଣ କରିଥିଲା । ଏହି ସଂସ୍କୃତ ନାଟକ ଓ ଗୀତିନାଟ୍ୟ (ଚମ୍ପୂ) ଗୁଡ଼ିକ ବହୁଭାବରେ ଓଡ଼ିଶାର ଲୋକନାଟ୍ୟ ତଥା ନୃତ୍ୟକଳା ଆଦିକୁ ଯେ ପରିପୃଷ୍ଟ ଏବଂ ସମୃଦ୍ଧଶାଳୀ କରାଇଥିଲା ଏଥିରେ ସନ୍ଦେହର ଅବକାଶ ନାହିଁ ।

ସନ୍ଦର୍ଭ ପୁସ୍ତକ:

୧) D.R. Manked - The types of Sanskrit Drama

୨) ବଳଦେବ ଉପାଧ୍ୟାୟ -ସଂସ୍କୃତ ସାହିତ୍ୟ କା ଇତିହାସ (ହିନ୍ଦୀ)

୩) ଡଃ ହେମନ୍ତ କୁମାର ଦାସ- ଓଡ଼ିଆ ନାଟ୍ୟ ସାହିତ୍ୟର ବିକାଶଧାରା

ଉତ୍କଳୀୟ ସାଂସ୍କୃତିକ ଚେତନାର ବାର୍ତ୍ତାବହ: ପାଲା ସଂସ୍କୃତି

ଓଡ଼ିଶାର ସମୃଦ୍ଧ ଲୋକକଳା ଓ ସାଂସ୍କୃତିକ ଚେତନାର ବାର୍ତ୍ତାବହ 'ପାଲା ସଂସ୍କୃତି' ଯେ ଆଜି ଦୟନୀୟ ଭାବରେ ବିଲୁପ୍ତି ପଥର ଯାତ୍ରୀ- ଏହା ଅସ୍ୱୀକାର କରିହେବ ନାହିଁ। ପାଲା ଏଭଳି ଏକ ଲୋକକଳା ଯେଉଁଥିରେ ଉଭୟ ଆଧ୍ୟାତ୍ମିକତା ପ୍ରଚାର ସହ ଓ ମନୋରଞ୍ଜନକୁ ପ୍ରାଧାନ୍ୟ ଦିଆଯାଇଥାଏ। ଏକଦା ପାଲା ଗାୟନର ସମୃଦ୍ଧ ପରମ୍ପରା ଓଡ଼ିଶାର ଆଧ୍ୟାତ୍ମିକ, ସାମାଜିକ ଓ ସାଂସ୍କୃତିକ ଜୀବନଯାତ୍ରାକୁ ରସାଣିତ କରିବା ସଙ୍ଗେ ସଙ୍ଗେ ଗଭୀର ଭାବରେ ପ୍ରଭାବିତ କରିଥିଲା। ସୁଆଙ୍ଗ, ଲୀଳା, ଦାସକାଠିଆ ଓ ଯାତ୍ରା ଇତ୍ୟାଦି ଲୋକକଳାର ଏକ ସମ୍ମିଶ୍ରିତ ସ୍ୱରୂପ ଏଥି ମଧ୍ୟରେ ଦୃଷ୍ଟିଗୋଚର ହୋଇଥାଏ।

ସାଧାରଣତଃ ପାଲାକୁ ଦୁଇ ଭାଗରେ ବିଭକ୍ତ କରାଯାଏ। ଗୋଟିଏ ଠିଆପାଲା ଏବଂ ଅନ୍ୟଟି ବସାପାଲା ବା ବୈଠକୀ ପାଲା। ବିଶେଷ ଭାବରେ ମାନସିକ ପୂର୍ତ୍ତି ନିମନ୍ତେ ଅନୁଷ୍ଠିତ ହେଉଥିବା ସତ୍ୟନାରାୟଣ ପୂଜା ଅନ୍ତର୍ଗତ ଷୋଳ ପାଲା ହେଉଛି ବସା ପାଲାର ଉଦାହରଣ। ଯେଉଁଥିରେ ଅଭିନୟ, ନୃତ୍ୟ ଆଦି ପରିବର୍ତ୍ତେ ବସି ବସି ଆଧ୍ୟାତ୍ମିକ କାବ୍ୟଟି ବାଦନ କ୍ରିୟା ସହ ଗାନ କରାଯାଏ। ନାଚ, ଗୀତ, ଅଭିନୟ ଓ ସଂଳାପ ଆଦି ପାଞ୍ଚ ଛଅଜଣ ଶିଳ୍ପୀଙ୍କର ଏକ ସମବେତ ଦଳ ଦ୍ୱାରା ଠିଆ ପାଲା ପ୍ରଦର୍ଶିତ ହୋଇଥାଏ। ଏଥି ସହ ପାଲା ମଧ୍ୟରେ ଗାୟକ,

ବାଦକ ଓ ପାଲିଆମାନଙ୍କର ମଧ୍ୟ ଗୁରୁତ୍ୱପୂର୍ଣ୍ଣ ଭୂମିକା ନିରୂପିତ ଥାଏ। ତନ୍ମଧ୍ୟରେ ଜଣେ ଶ୍ରୀ ପାଲିଆ ଥାଆନ୍ତି। ପାଲିଆ ନିଜ ହସ୍ତରେ କରତାଳ ଓ ଗୋଡ଼ରେ ଘୁଙ୍ଘୁର ବ୍ୟବହାର କରନ୍ତି। ଏମାନେ ବିଭିନ୍ନ ଶୈଳୀରେ ଗାୟକଙ୍କ ଦ୍ୱାରା ବୋଲା ଯାଇଥିବା ଗୀତକୁ ଦୋହରାଇ ଆବୃତ୍ତି କରନ୍ତି। ଏହାକୁ ପାଲି ଧରିବା କୁହାଯାଏ। ଗାୟକ ହାତରେ ଚାମର ଓ ଗିନି ଧାରଣ କରନ୍ତି। ଶ୍ରୀ ପାଲିଆ ଗାୟକଙ୍କ ସହଯୋଗୀ ଭାବରେ ଦାୟିତ୍ୱ ନିର୍ବାହ କରନ୍ତି। ପାଲାର ପ୍ରଦର୍ଶନକାରୀମାନେ ବିଭିନ୍ନ ରଙ୍ଗର ଜରିକାମ ହୋଇଥିବା ପୋଷାକ ଓ ଘାଘରା ପରିଧାନ କରନ୍ତି। ସେମାନେ ମୁଣ୍ଡରେ ସିନ୍ଦୂର, ହସ୍ତ ପଦରେ ବାଲା, ଗଡୁ ଇତ୍ୟାଦି ଆକର୍ଷକ ଅଳଂକାର, ଆଖିରେ କଜ୍ଜଳ କର୍ଣ୍ଣରେ କୁଣ୍ଡଳ, କମରପଟି, ରଙ୍ଗିଲା ପଗଡ଼ି ଓ ବକ୍ଷରେ କାଞ୍ଚଲା ପ୍ରଭୃତି ବ୍ୟବହାର କରନ୍ତି। ବାଦକମାନେ ଏକ ପ୍ରକାର ଟୋପି ପିନ୍ଧନ୍ତି ଓ ମୃଦଙ୍ଗ ବଜାନ୍ତି। ପାଲାର ପ୍ରାରମ୍ଭ ମଙ୍ଗଳାଚରଣରୁ ହୋଇଥାଏ ଓ ଆଶୀର୍ବଚନରେ ଏହାର ପରିସମାପ୍ତି ଘଟେ। ସାଧାରଣ ଭାବରେ ସୁସଜ୍ଜିତ ମୁକ୍ତ ମଞ୍ଚରେ ପାଲା ପ୍ରଦର୍ଶିତ ହୁଏ। ଏହି ମଞ୍ଚର ଚତୁର୍ଦ୍ଦିଗ ଦର୍ଶକମାନଙ୍କ ଦ୍ୱାରା ଆବେଷ୍ଟିତ ହୋଇଥାଏ। ପୂର୍ବେ ଏହାର ପ୍ରଦର୍ଶନ ରାଜନଅର ମଧ୍ୟରେ ସୀମିତ ରହୁଥିବାବେଳେ ଏବେ ଏହା ସାର୍ବଜନୀନ ଲୋକ ଅନୁଷ୍ଠାନରେ ପରିଣତ ହୋଇପାରିଛି।

ପାଲାର ଆଦର ନିପଟ ମଫସଲରୁ ଆରମ୍ଭ କରି ସହର ନଗର ପର୍ଯ୍ୟନ୍ତ ତଥା ପ୍ରାନ୍ତରୁ ଆରମ୍ଭ କରି ସର୍ବଭାରତୀୟ ସ୍ତର ପର୍ଯ୍ୟନ୍ତ ଅନୁଭୂତ ହୋଇଥାଏ। କିଛି କାଳ ଧରି ଏହି ଲୋକକଳା ବିଲୁପ୍ତି ପଥରେ ଅଗ୍ରସର ହେଉଥିବା ବେଳେ ଏବେ ଆକାଶବାଣୀ, ଦୂରଦର୍ଶନ ତଥା ସରକାରୀ ଓ ବେସରକାରୀ ଉଦ୍ୟମରୁ ପ୍ରୋତ୍ସାହନ ପ୍ରାପ୍ତ ହୋଇ ଏହା ଧୀରେ ଧୀରେ ଉନ୍ନତି ପଥରେ ଧାବମାନ ହେଉଥିବା ଦୃଷ୍ଟିଗୋଚର ହେଉଛି। ଏସବୁ ପ୍ରତ୍ୟକ୍ଷ କରି ଅନୁମିତ ହେଉଛି ଯେପରିକି ଏହି ଲୋକକଳା ଅଚିରେ ବିଲୁପ୍ତି ଗର୍ଭରୁ ମୁକ୍ତି ପାଇ ପୁନର୍ଜୀବନ ଲାଭ କରିବ। ଭାରତର ବିଭିନ୍ନ ପ୍ରାନ୍ତରେ ଓଡ଼ିଶାର ଯଶସ୍ୱୀ କଳାକାରମାନଙ୍କ ଦ୍ୱାରା ଏହା ମଞ୍ଚସ୍ଥ ହୋଇ ସେଠାକାର ସମାଜ ଦ୍ୱାରା ଉଚ୍ଚ ପ୍ରଶଂସିତ ହେବା ସଙ୍ଗେ ସଙ୍ଗେ ଆଦୃତି ଲାଭ କରୁଛି। ଏଥି ନିମନ୍ତେ ଜନ ଉଦ୍ୟମ ଓ ସରକାରଙ୍କ ଦ୍ୱାରା ବ୍ୟାପକ

କର୍ମଶାଳା ତଥା ପ୍ରଶିକ୍ଷଣ ବର୍ଗମାନ ଆୟୋଜିତ ହୋଇ ଏହାର ସମ୍ଭାବନାମୟ ଉଜ୍ୱଳ ଭବିଷ୍ୟତ ପାଇଁ ଆଶାର କିରଣ ସୃଷ୍ଟି କରିଛି ।

ପ୍ରତିଭା ଧର ଓ କାଳଜୟୀ କବିମାନଙ୍କର ଚଉପଦୀ, କାବ୍ୟଗ୍ରନ୍ଥମାନଙ୍କରୁ ବହୁଳ ଉଦ୍ଧୃତି, ଛାନ୍ଦଗୀତ ଇତ୍ୟାଦି ପାଲା ମଧ୍ୟରେ ସ୍ଥାନିତ ହୋଇଥାଏ । ଓଡ଼ିଆ ସାହିତ୍ୟ ପ୍ରତି ଏମାନଙ୍କର (ପାଲା ଶିଳ୍ପୀ) ଅବଦାନ ବିଷୟକୁ ସ୍ମରଣ କରି ଡଃ ମାୟାଧର ମାନସିଂ କହନ୍ତି- "ପ୍ରାଚୀନ ଓଡ଼ିଆ କାବ୍ୟ କବିତାକୁ ସୁମଧୁର କଣ୍ଠରେ ଏବଂ ଓଡ଼ିଆ ସଂସ୍କୃତିରୁ ସମାନ୍ତର ଭାବ ଓ ବାଣୀ ଉଦ୍ଧାର କରି ସେମାନେ ଯେପରି ପ୍ରଚାର କରନ୍ତି, ଓଡ଼ିଆ ଜନତା ତାହାକୁ ମନ୍ତ୍ରମୁଗ୍ଧ ପରି ଶୁଣନ୍ତି... ଆଜି ଯଦି ଓଡ଼ିଆ ଜନତା ଭିତରେ ପ୍ରାଚୀନ ସାହିତ୍ୟ ପ୍ରତି କ୍ଷୁଧା ଜାଗ୍ରତ ହୋଇ ରହିଛି, ତେବେ ସେ ଗୌରବ ଦେଶର ଶାସକମାନଙ୍କର ବା ନବ ପ୍ରତିଷ୍ଠିତ ମୁଦ୍ରାଯନ୍ତ୍ରର ନୁହେଁ, ତାହା ସମ୍ପୂର୍ଣ୍ଣ ରୂପେ ଏଇ ଭ୍ରାମ୍ୟମାଣ ପାଲାବାଲାଙ୍କର । (ଓଡ଼ିଆ ସାହିତ୍ୟର ଇତିହାସ ପୃ-୩୫୫) ବାସ୍ତବରେ ସଂଗୀତ, ନୃତ୍ୟ, ଅଭିନୟ, ସଂଳାପ, ତାଳ, ଲୟ, ଛନ୍ଦ, ସ୍ୱରର ଅନୁପମ ଝଙ୍କାର ସମନ୍ୱିତ ପାଲାମାନଙ୍କର ପ୍ରଦର୍ଶନ ମାଧ୍ୟମରେ ଓଡ଼ିଆ ସାହିତ୍ୟର ଯେଉଁ ପ୍ରଭୂତ ଉନ୍ନତି ସାଧିତ ହୋଇଛି ତାହାର ମୂଲ୍ୟାଙ୍କନ ସକାଶେ ଆମ ବାଣୀ ଭଣ୍ଡାରରେ ସାଇତା ହୋଇଥିବା ଶବ୍ଦର ମଧ୍ୟ ଅଭାବ ଘଟିବ ।

ସୁପ୍ରସିଦ୍ଧ ପାଲାମାନଙ୍କ ମଧ୍ୟରେ ଛତ୍ରପତି ଶିବାଜୀ, ପ୍ରଭାସ ଯଜ୍ଞ, ହିମାଦ୍ରିଜେମା, ବାମନାବତାର, ଅଷ୍ଟବକ୍ର, ସତ୍ୟପୀର ଷୋଳପାଲା, ବାଦୀପାଲା, ଲଳିତା ପାଲା, ଷଠୀଘର ପୂଜା ପାଲା ବା ଷୋହଳ ଷଷ୍ଠୀ ପାଲା ଇତ୍ୟାଦି ବିଶେଷ ଭାବରେ ଉଲ୍ଲେଖଯୋଗ୍ୟ । ଏହା ବ୍ୟତୀତ ଆହୁରି ଅସଂଖ୍ୟ ପାଲା ବିଭିନ୍ନ ସରକାରୀ ଯୋଜନାର ପ୍ରଚାର ନିମନ୍ତେ ତତ୍କାଳିକ ଆବଶ୍ୟକତାକୁ ନେଇ ସୃଷ୍ଟି ହୋଇଥାଏ । ପାଲା କେବଳ ମନୋରଞ୍ଜନ ବା ଅବସର ବିନୋଦନ ପାଇଁ ନୁହେଁ ବରଂ ଆଧ୍ୟାତ୍ମିକ ବିକାଶ, ଅନ୍ଧବିଶ୍ୱାସ ଦୂରୀକରଣ, କୁପ୍ରଥା ନିବାରଣ, ସାମାଜିକ ସଚେତନତା ସୃଷ୍ଟି, ରାଷ୍ଟ୍ର ପ୍ରେମର ଜାଗରଣ, ପରିବେଶ ସୁରକ୍ଷା ଇତ୍ୟାଦିକୁ କେନ୍ଦ୍ର କରି ରଚିତ ହୋଇ ମୁକ୍ତ ମଞ୍ଚରେ ପ୍ରଦର୍ଶିତ ହୋଇଥାଏ । ଅତୀତ ଓଡ଼ିଶାର ଯେଉଁ ପ୍ରଥିତଯଶା ଗାୟକ ଓ ଗାୟିକାମାନେ ପାଲାକୁ ପ୍ରାନ୍ତ ତଥା ସର୍ବଭାରତୀୟ ସ୍ତରରେ ଏକ ଲୋକକଳା ହିସାବରେ ଯଥେଷ୍ଟ ଆଦୃତି ଓ ଗୌରବ ଆଣି ଦେଇଥିଲେ ସେମାନଙ୍କ

ଭାରତୀୟ ପରମ୍ପରାରେ ଲୋକନାଟ୍ୟ ଓ ଲୋକନୃତ୍ୟ

ମଧ୍ୟରୁ ନୃସିଂହ ଚରଣ ହୋତା, ତ୍ରୈଲୋକ୍ୟ ନାଥ ଶତପଥୀ, ନିରଞ୍ଜନ କର, ଧ୍ରୁବ ଷଡ଼ଙ୍ଗୀ, ଜଗନ୍ନାଥ ବେହେରା, ଭାନୁମତି ଦାସ, ଶ୍ରୀମତୀ ସ୍ୱାଇଁ, ପ୍ରଭାତି ବେହେରା, ଲକ୍ଷ୍ମୀଧର ରାଉତ, ବୈଷ୍ଣବ ପ୍ରଧାନ, ହରିନାଥ, ଶଙ୍କର ପ୍ରସାଦ ତ୍ରିପାଠୀ, ଅଭିରାମ ଶତପଥୀ, ରବି ପତି, ପରମାନନ୍ଦ ଶରଣ, ମାଗୁଣି ଚରଣ ପାଢ଼ୀ, ହରେକୃଷ୍ଣ ପତି, ଅଭୟ ନାୟକ, ବିଶ୍ୱନାଥ ପାଟଯୋଶୀ, କଳ୍ପନା ନାୟକ, ସସ୍ମିତା ପ୍ରଧାନ, ଅଭିମନ୍ୟୁ ନାୟକ, ବୃନ୍ଦାବତୀ ଦାସ ଇତ୍ୟାଦିଙ୍କ ନାମ ବିଶେଷ ଭାବରେ ଉଲ୍ଲେଖଯୋଗ୍ୟ।

ପାଲା ସାଧାରଣତଃ ବୀର ରସ, କରୁଣ ରସ ଓ ଶୃଙ୍ଗାର ରସକୁ ନେଇ ରଚିତ ହୋଇଥାଏ। ପ୍ରଧାନ ଗାୟକଙ୍କ ସହଯୋଗୀ କଳାକାର ଭାବେ ଶ୍ରୀ ପାଳିଆ ଓ ଗାୟକଙ୍କୁ ନେଇ ପାଲା ମୁକ୍ତ ମଞ୍ଚରେ ଅଭିନୀତ ହୋଇଥାଏ। ଅଭିନୟ ସହ ଗାୟନ ଓ ବାଦନ ଇତ୍ୟାଦି ମୁଖ୍ୟତଃ ଏଇ ତିନିଗୋଟି ଉପାଦାନକୁ ବହନ କରି ପାଲା ମଞ୍ଚସ୍ଥ ହୁଏ। ହାସ୍ୟ ଓ ବିନୋଦ ବ୍ୟଞ୍ଜକ କଥା ଗୁଡ଼ିକର ଅବତାରଣା କରାଯାଇ ମଝିରେ ମଝିରେ ଦର୍ଶକମାନଙ୍କୁ ନିମଜ୍ଜିତ କରି ରଖାଯାଏ ଏବଂ ସେଇ ଅବସରକୁ ହାତଛଡ଼ା ନକରି ଅନ୍ୟ କଳାକାରମାନେ କିଛି କ୍ଷଣ ପାଇଁ ବିଶ୍ରାମର ସୁଯୋଗ ହାସଲ କରିଥାନ୍ତି। ଭିନ୍ନ ଭିନ୍ନ ଶ୍ରେଣୀର ପାଲାମାନଙ୍କ ମଧ୍ୟରୁ ନିମ୍ନରେ କେତୋଟି ବିଶେଷ ଧରଣର ପାଲା ସମ୍ପର୍କରେ ଆଲୋଚନା କରାଯାଉଛି।

ଲଳିତାପାଲା: ଏହା ହେଉଛି ଜଗତର ନାଥ ଶ୍ରୀଜଗନ୍ନାଥଙ୍କ ସହ ସମ୍ବନ୍ଧିତ ଏକ ମହତ୍ତ୍ୱପୂର୍ଣ୍ଣ ଲୋକକଳା। ଦେଉଳ ତୋଳା ପୋଥି ଅନ୍ତର୍ଗତ 'ଲଳିତା ଓ ବିଦ୍ୟାପତି' କଥାକୁ ନେଇ ଏହି ପାଲା ମଞ୍ଚସ୍ଥ ହୋଇଥାଏ। ଏହି ପାଲାର ପ୍ରଦର୍ଶନ ପାଇଁ ବେଶିରୁ ବେଶି ଆଠଜଣ କଳାକାର ଆବଶ୍ୟକ ହୋଇଥାନ୍ତି। ମୃଦଙ୍ଗ, କରତାଳ, ହାର୍‌ମୋନିଅମ୍, ସିନ୍ଥେସାଇଜର୍, ପଖାଉଜ ଇତ୍ୟାଦି ବାଦ୍ୟଯନ୍ତ୍ର ସାଧାରଣତଃ ଏଥିରେ ବ୍ୟବହୃତ ହୋଇଥାଏ। କିମ୍ବଦନ୍ତୀ ଅନୁଯାୟୀ ଏକଦା ରାଜା ଇନ୍ଦ୍ରଦ୍ୟୁମ୍ନ ଠାକୁର 'ନୀଳମାଧବ'ଙ୍କୁ ସ୍ୱପ୍ନରେ ଦର୍ଶନ କରି ବିଭୋର ହୁଅନ୍ତି ଏବଂ ତାଙ୍କର ଅନୁସନ୍ଧାନ ପାଇଁ ସେ ବିଶ୍ୱସ୍ତ ବ୍ରାହ୍ମଣ 'ବିଦ୍ୟାପତି'ଙ୍କୁ ପ୍ରେରଣ କରନ୍ତି। ବିଦ୍ୟାପତି ପୂର୍ବ ଦିଗକୁ ଯାତ୍ରା କରି ଈଶ୍ୱରୀୟ ଲୀଳା କ୍ରମେ ଏକ ଶବର ପଲ୍ଲୀରେ ଉପସ୍ଥିତ

ହୁଅନ୍ତି। ସେଠାରେ ଶବର ରାଜ ଓ ତାଙ୍କ କନ୍ୟା ଲଳିତାଙ୍କ ମଧୁର ସମ୍ପର୍କରେ ଆସନ୍ତି। ନିଜର ଲକ୍ଷ୍ୟ ହାସଲ ପାଇଁ ସେ ଲଳିତାଙ୍କ ପାଣିଗ୍ରହଣ କରି ବିବାହ ବନ୍ଧନରେ ଆବଦ୍ଧ ହୁଅନ୍ତି। ସେଠାରେ ଅବସ୍ଥାନ କାଳରେ ବିଶ୍ୱାବସୁଙ୍କ ଗୋପନ ଦିଅଁ ପୂଜା ବିଷୟ ଜାଣି ଲଳିତାଙ୍କ ସହଯୋଗ କ୍ରମେ ସେ ଦିଅଁଙ୍କ ଦର୍ଶନ କରିବାର ସୁଯୋଗ ପ୍ରାପ୍ତ କରନ୍ତି ଓ କୃତକୃତ୍ୟ ହୁଅନ୍ତି। ଏହାପରେ ଏହି ସନ୍ଦେଶ ରାଜା ଇନ୍ଦ୍ରଦ୍ୟୁମ୍ନଙ୍କ ନିକଟରେ ପହଞ୍ଚାଇବା ସକାଶେ ସେ ସେଠାରୁ ନିରୁଦ୍ଦିଷ୍ଟ ହୋଇଯାଆନ୍ତି। ତା' ପରଦିନ ଠାକୁର ନୀଳମାଧବ ମଧ୍ୟ ନିଜ ଆସ୍ଥାନରୁ ଅଦୃଶ୍ୟ ହୋଇଯିବା ଦେଖି ବିଶ୍ୱାବସୁ ଓ ଲଳିତା ପ୍ରମାଦ ଗଣନ୍ତି। ଏହାର ପରବର୍ତ୍ତୀ ଘଟଣା ଭାବରେ ଠାକୁରଙ୍କ ସ୍ୱପ୍ନାଦେଶ କ୍ରମେ ବାଙ୍କି ମୁହାଣରେ ଦାରୁଙ୍କ ଆବିର୍ଭାବ ହୁଏ। ଶବର ରାଜ ବିଶ୍ୱାବସୁ ଓ ଇନ୍ଦ୍ରଦ୍ୟୁମ୍ନ ଦାରୁଙ୍କୁ ଠାବ କଲାପରେ ପାଲାର ପରିସମାପ୍ତି ଘଟେ। ପୂର୍ବେ ଉତ୍ତର ଓଡ଼ିଶାରେ ଏହି ପାଲା ବ୍ୟାପକ ଭାବରେ ଲୋକପ୍ରିୟ ଥିଲାବେଳେ ଏବେ ଏହା ପ୍ରାୟ ବିଲୁପ୍ତ କହିଲେ ଅତ୍ୟୁକ୍ତି ହେବ ନାହିଁ। ପ୍ରଥମେ କେବଳ ପୁରୁଷମାନଙ୍କ ଦ୍ୱାରା ଏହା ମଞ୍ଚସ୍ଥ ହେଉଥିଲା। ଏବେ ଏହା ଉଭୟ ନାରୀ-ପୁରୁଷ ବା କେବଳ ନାରୀ କଳାକାରଙ୍କ ଦ୍ୱାରା ପ୍ରଦର୍ଶିତ ହୋଇଥାଏ। ଏହା ପାଞ୍ଚ ଅଙ୍କ ଓ କୋଡ଼ିଏଟି ଦୃଶ୍ୟ ବିଶିଷ୍ଟ ଏକ ଭକ୍ତିରସ ପୂର୍ଣ୍ଣ ପାଲା ଅଟେ।

ବାଦୀପାଲା: ଏକଦା ଏ ପ୍ରକାର ପାଲା ଓଡ଼ିଶାର ସାମାଜିକ, ସାଂସ୍କୃତିକ ଓ ବୌଦ୍ଧିକ ଚେତନାକୁ ବହୁଳ ଭାବରେ ଉଦ୍‌ବୁଦ୍ଧ କରିଥିଲା। ଏଥିପାଇଁ ସାଧାରଣତଃ ଦୁଇଟି ମଞ୍ଚର ଉପଯୋଗ କରାଯାଉଥିଲା। ଏବେ କିନ୍ତୁ ଗୋଟିଏ ମଞ୍ଚରେ ଏହି ପାଲା ଆୟୋଜିତ ହେଉଛି। ଏହି ପାଲା ମାଧ୍ୟମରେ ଦୁଇ ଦଳ ପାଲା ଗାୟକଙ୍କ ମଧ୍ୟରେ ବୁଦ୍ଧି-ଜ୍ଞାନର ପ୍ରତିଯୋଗିତା ପ୍ରଦର୍ଶିତ ହୁଏ। ଏଥିରେ ପ୍ରବୁଦ୍ଧ ଶ୍ରୋତା ବା ଦର୍ଶକମାନେ ଉଭୟ ଦଳଙ୍କ ସମକ୍ଷରେ ବିବିଧ ଜଟିଳ ପ୍ରଶ୍ନମାନ ଉତ୍‌ଥାପନ କରି ତାହାର ସଠିକ୍ ଉତ୍ତର ପ୍ରାପ୍ତି ପାଇଁ ପ୍ରତୀକ୍ଷା କରନ୍ତି। ଉଭୟ ଦଳଙ୍କୁ ଏଥିପାଇଁ ସେମାନଙ୍କର ଦଳର ବାକ୍ ଚାତୁର୍ଯ୍ୟ, ପ୍ରତ୍ୟୁତ୍ପନ୍ନମତିତା, ଶାସ୍ତ୍ରଜ୍ଞାନର ଗଭୀରତା, ସ୍ମୃତିଶକ୍ତିର ତୀବ୍ରତା, ସଂଗୀତରେ ନିପୁଣତା ଇତ୍ୟାଦିର ବିଶେଷ ପ୍ରଦର୍ଶନ କରିବାକୁ ପଡ଼ିଥାଏ। ବାଦୀ ପାଲା ସକାଶେ ଦୁଇଟି ଦଳ ପାଲା ଗାୟକଙ୍କୁ ନିମନ୍ତ୍ରଣ କରି ଏହାର ଆୟୋଜନ କରାଯାଏ।

ଭାରତୀୟ ପରମ୍ପରାରେ ଲୋକନାଟ୍ୟ ଓ ଲୋକନୃତ୍ୟ

ଢଣକୋଇଲା: ଆଜି ବିଲୁପ୍ତି ପଥରେ ଧାବମାନ ହେଉଥିବା ଆକର୍ଷକ ଲୋକକଳାମାନଙ୍କ ମଧ୍ୟରୁ ଢଣକୋଇଲା ଅନ୍ୟତମ। ଏହା ଓଡ଼ିଶାର ପଶ୍ଚିମଓ ଦକ୍ଷିଣାଞ୍ଚଳରେ ସନ୍ଧ୍ୟା ବା ରାତ୍ରି କାଳରେ ପ୍ରଦର୍ଶିତ ହୁଏ। କେତେକଙ୍କ ମତରେ ଉତ୍ତର ଓଡ଼ିଶା ତଥା ଏହାର ସୀମା ସଂଲଗ୍ନ ପଡ଼ୋଶୀ ରାଜ୍ୟ ମାନଙ୍କରେ ମଧ୍ୟ ବହୁ ଅଞ୍ଚଳରେ ଏହି ଲୋକନାଟକ ମଞ୍ଚସ୍ଥ ହୋଇଥାଏ। ସାଧାରଣତଃ ଗାଁ ଦାଣ୍ଡ ଦେବୀ ପୀଠ, ମନ୍ଦିର ପ୍ରାଙ୍ଗଣ ଇତ୍ୟାଦିରେ ଶାକ୍ତ ଉପାସନା ଅଥବା ଆଶ୍ୱିନ ମାସର ଦୁର୍ଗାପୂଜା ଅବସରରେ ଦେବୀଙ୍କ ଉଦ୍ଦେଶ୍ୟରେ ଏହାର ପ୍ରଦର୍ଶନ ଉତ୍ସର୍ଗୀକୃତ ହୋଇଥାଏ। ଅତଏବ ଏହାର ପ୍ରତି ଛତ୍ରେ ଛତ୍ରେ ଦେବୀ ମାତାଙ୍କର ଅପୂର୍ବ ଲୀଳା ଓ ଯଶୋଗାନ ମୁଖରିତ ହୋଇଥାଏ। କେତେକ ସ୍ଥାନରେ ଶିଶୁ ଜନ୍ମର ଏକୋଇଶା (ଏକବିଂଶ ଦିବସ) ସଂସ୍କାର ଉପଲକ୍ଷେ ପାଳିତ ହେଉଥିବା ଷଠୀଘର ପୂଜା ଉପଲକ୍ଷେ ଯେଉଁ ଷଠୀଘର ପାଲା ଆୟୋଜିତ ହୁଏ ତାହାକୁ ଢଣକୋଇଲା ବୋଲି ଅଭିହିତ କରାଯାଏ। ଏପରିକି ସମ୍ପୃକ୍ତ ଶିଶୁର ଯୌବନାବସ୍ଥା ପ୍ରାପ୍ତ ହୋଇ ବିବାହ ପୂର୍ବ ପର୍ଯ୍ୟନ୍ତ ଯେ କୌଣସି ଶୁଭ ଅବସରରେ ଏହାର ଆୟୋଜନ ହୋଇଥାଏ। ଷଠୀଘର ପାଲା ଭାବରେ ଏହାର କଥାବସ୍ତୁକୁ ନେଇ ଷୋହଳଟି ବହି ଉପଲବ୍ଧ ହୁଏ। ଏହାକୁ ଷୋହଳ ଷଷ୍ଠୀ ପାଲା ବୋଲି କୁହାଯାଏ। ମାନସିକ ପୂଜା ଇତ୍ୟାଦି ଅବସରରେ ଷୋଳ ପାଲା ମଧ୍ୟ ଆୟୋଜିତ ହୁଏ। ଢଣକୋଇଲା ପାଇଁ ଭିନ୍ନ ଭିନ୍ନ ସ୍ଥାନରେ ଭିନ୍ନ ଭିନ୍ନ ନାମ ପ୍ରଚଳନ ଅଛି। ତେବେ ମୁଖ୍ୟତଃ ଏହା ଶାକ୍ତ ଉପାସନା ବା ମଙ୍ଗଳା ପୂଜା ଅଥବା ଷଠୀଘର ପାଲା ଉପଲକ୍ଷେ ସନ୍ଧ୍ୟା ବା ରାତ୍ରି କାଳରେ ଆୟୋଜିତ ହୋଇଥାଏ। ଷୋଳ ପାଲା ପାଇଁ ଷୋଳଗୋଟି ଅଲଗା ଅଲଗା କଥାବସ୍ତୁ ସମ୍ବଳିତ ପୁସ୍ତକ ଥାଏ। ଷଷ୍ଠୀ ମଙ୍ଗଳ, ରାଣୀ ପଦ୍ମାବତୀ, ସପନ କୁମାର, ଭଗବତୀ କଥା, ଗୋଲାପ କାଞ୍ଚନ, ନଳନୀଳ, ପଦ୍ମ କୁମାର ସଦୃଶ ଷୋହଳ ଗୋଟି କଥାବସ୍ତୁକୁ ନେଇ ଗୋଟିଏ ଗୋଟିଏ ବହି ରହିଛି। ଏହା ଏକ ନୃତ୍ୟ, ଗୀତ ପ୍ରଧାନ ପାଲା ଅଟେ। ଏଥିରେ ଢୋଲ, ମହୁରୀ, କଂସାଥାଳି, ମାଟିହାଣ୍ଡି, ଦୁଇଟି ବେତକାଠି, କୁବୁଜି, ପଖାଉଜ ଇତ୍ୟାଦି ବାଦ୍ୟର ତାଳେ ତାଳେ ଗାୟକଙ୍କ ଆବୃତ୍ତି ଓ କଳାକାରମାନଙ୍କ ନୃତ୍ୟର ସମଧୁର ତାନ ଜନମନ ହରଣ କରେ। ନୟାଗଡ଼ ଇତ୍ୟାଦି ସ୍ଥାନରେ ମାଟିହାଣ୍ଡି ସହ କୁଲାକୁ ମଧ୍ୟ ବାଦ୍ୟଯନ୍ତ୍ର ଭାବରେ ଉପଯୋଗ କରାଯାଏ। ଏଥିରେ ଏବେ କ୍ୟାସିଓ ଇତ୍ୟାଦି ଆଧୁନିକ ବାଦ୍ୟଯନ୍ତ୍ରର

ବ୍ୟବହାର ମଧ୍ୟ ଦେଖାଯାଉଛି। ସ୍ଥାନ ଭେଦରେ ଏଥିରେ ୭ରୁ ୨୫ ଜଣ ପର୍ଯ୍ୟନ୍ତ କଳାକାର ଅଂଶଗ୍ରହଣ କରନ୍ତି। ଆଜିକାଲି ନାରୀ ତଥା ଶିଶୁ କଳାକାରମାନେ ମଧ୍ୟ କଥାବସ୍ତୁର ଆବଶ୍ୟକତା ଅନୁଯାୟୀ ଅଂଶଗ୍ରହଣ କଲେଣି। ଏହି ପାଲା ପ୍ରାୟ ୩ ବା ୪ ଘଣ୍ଟା ସକାଶେ ଅଭିନୀତ ହୋଇଥାଏ। ଉତ୍କଳୀୟ ପରମ୍ପରା ପ୍ରସୂତ ଏଇ କଳାଗୁଡ଼ିକୁ ବଞ୍ଚାଇ ରଖିବା ବର୍ତ୍ତମାନର ସବୁଠୁଁ ବଡ଼ ଆବଶ୍ୟକତା ମନେହୁଏ।■

ସନ୍ଦର୍ଭ: ୧) ଓଡ଼ିଆ ଲୋକ ନାଟକ ଉନ୍ମେଷ ଓ ଉତ୍ତରଣ, ଡଃ ଶରତ ଚନ୍ଦ୍ର ମହାରଣା
୨) ଓଡ଼ିଆ ନାଟ୍ୟ ସାହିତ୍ୟର ବିକାଶଧାରା, ଡଃ ହେମନ୍ତ କୁମାର ଦାସ
୩) ପ୍ରବନ୍ଧ, ସୁନୀଲ କୁମାର ଦାସ, ରାଉରକେଲା (ସମ୍ବାଦ ଖବରକାଗଜ ତା୨୭.୧୧.୨୦୨୨)

ଭାରତର ବିଭିନ୍ନ ରାଜ୍ୟରେ ବିଶେଷ ଜନାଦୃତି ଲାଭ କରିଥିବା ଲୋକନାଟ୍ୟ ସମୂହ

ଭାରତର ବୈଭବମୟ ସଂସ୍କୃତିର ଅନନ୍ୟ ଛାପ ବହନ କରି ଏଠାରେ ପାରମ୍ପରିକ ଭାବରେ ବିକାଶ ଲାଭ କରିଥିବା ଲୋକନାଟକ ଗୁଡ଼ିକର ବିବିଧ ଧାରା ଭିତରେ ସମୟ, କାଳ ଓ ପ୍ରାଦେଶିକତାକୁ ନେଇ ରହି ଆସିଥିବା ବହୁବିଧ ଭିନ୍ନତା ସତ୍ତ୍ୱେ ତନ୍ମଧ୍ୟସ୍ଥ ଏକ ଅନ୍ତସଲ୍ଲିଳା ଫଲ୍‌ଗୁ ସଦୃଶ 'ଅନେକତା ମଧ୍ୟରେ ଐକ୍ୟତା'ର ପାବନ ଜାହ୍ନବୀ ଧାରା ପ୍ରବାହିତ ହୋଇ ଏହାକୁ ଯେ ଅମର, ଅକ୍ଷୟ, ଚିରଞ୍ଜୀବୀ ଓ କାଳୋତ୍ତୀର୍ଣ୍ଣ କରି ଦେଇଛି ଏଥିପାଇଁ ଖୁବ୍ ବେଶି ପ୍ରମାଣର ଆବଶ୍ୟକତା ନାହିଁ। ଏମାନେ ନିଜେ ହିଁ ନିଜର ପ୍ରମାଣ। ତନ୍ମଧ୍ୟରୁ ବିଶେଷ ଭାବରେ ଜନାଦୃତି ଲାଭ କରିଥିବା ବିଭିନ୍ନ ଲୋକନାଟକ ମଧ୍ୟରୁ କେତେକଙ୍କ ସନ୍ଦର୍ଭରେ ନିମ୍ନରେ ଆଲୋଚନା କରାଯାଉଛି।

୧) ଯକ୍ଷଗଣ:

କର୍ଣ୍ଣାଟକର ଏହି ଲୋକନାଟକ ଓଡ଼ିଶାର ବହୁ ଲୋକନାଟ୍ୟର ସାଦୃଶ୍ୟ ବହନ କରେ। ନାଟ୍ୟାରମ୍ଭରେ ଗଣେଶ ବନ୍ଦନା ହୁଏ। ମୁଖ୍ୟକର୍ତ୍ତା ବା ଭାଗବତଙ୍କ ଆଶୀର୍ବାଦରୁ ନାଟକ ପ୍ରାରମ୍ଭ ହୋଇଥାଏ। ଏହାପରେ ପ୍ରସଙ୍ଗ ସହ କୃଷ୍ଣ-ବଳରାମଙ୍କ ଯୁଗ୍ମ ନୃତ୍ୟ ଆରମ୍ଭ ହୁଏ। ଏଥିରେ କନ୍ନଡ଼ ଭାଷା ସାହିତ୍ୟ, ସଂଗୀତ ତଥା ପ୍ରାଚୀନ

ନୃତ୍ୟର ପ୍ରଭାବ ଅନୁଭୂତ ହୁଏ। ଗନ୍ଧର୍ବ, କିନ୍ନର, ଦେବତା, ଯକ୍ଷ ଇତ୍ୟାଦି ଭୂମିକାରେ ଅବତୀର୍ଣ୍ଣ କଳାକାରମାନେ ସେମାନଙ୍କ ଉପଯୁକ୍ତ ପୋଷାକ ପରିପାଟୀରେ ଆବୃତ୍ତ ହୋଇ ଅଭିନୟ କରନ୍ତି। ମୁକ୍ତାକାଶ ରଙ୍ଗମଞ୍ଚରେ ଏହା ପ୍ରଦର୍ଶିତ ହୁଏ। ଏଥିରେ ନୃତ୍ୟ, ଗୀତ, ମନ୍ଦିରା, ମର୍ଦ୍ଦଳ ଇତ୍ୟାଦି ବାଦ୍ୟଯନ୍ତ୍ର ବ୍ୟବହୃତ ହୁଏ। ମଞ୍ଚସ୍ଥଳୀର ଅନତି ଦୂରତ୍ୱରେ ବେଶ ପରିପାଟୀ ବା ପ୍ରତିଟି ଦୃଶ୍ୟରେ ଅଲଗା ଅଲଗା ପୋଷାକ ପରିବର୍ତ୍ତନ ପାଇଁ ବେଶ ଗୃହଟିଏ (ସାଜଘର) ପରିଦୃଷ୍ଟ ହୁଏ।

୨) କୁଟ୍ଟିୟାଟମ୍:

କେରଳର ସ୍ଥାନୀୟ ପାରମ୍ପରିକ ନାଟ୍ୟଧାରା ଓ ସଂସ୍କୃତ ନାଟକ ସମନ୍ୱୟରେ ଦଶମ ଶତାବ୍ଦୀରେ ଯେଉଁ ନୂତନ ନାଟ୍ୟ ପରମ୍ପରା ର ସୃଷ୍ଟି ହୋଇଥିଲା ତାହାକୁ କୁଟ୍ଟିୟାଟମ୍ ବୋଲି କୁହାଗଲା। ସେଇ ସମୟରେ ରାଜା କୁଳଶେଖର ବର୍ମନ ସଂସ୍କୃତ ନାଟକର ପ୍ରଦର୍ଶନ କରାଇବା ସହ ତାହାର ସ୍ଥାନୀୟ ଭାଷାନୁବାଦ ପାଇଁ ନିର୍ଦ୍ଦେଶ ଦେଇଥିଲେ। ଏହି ଅନୁବାଦ ନାଟକକୁ 'କୁଟ୍ଟିୟାଟମ୍' କୁହାଯାଉଥିଲା। ଏଇ କାଳରେ ଯାତ୍ରାକାଳୀ, ପୂରାଟ୍ଟୁ, ତୀୟାଟ୍ଟୁ, ମୁଟିୟେଟ୍ଟୁ ଇତ୍ୟାଦି ଲୋକନାଟ୍ୟ ପ୍ରଚଳିତ ଥିଲା। ସାମାଜିକ ଦୋଷ ଦୁର୍ବଳତା ଉପରେ ବ୍ୟଙ୍ଗାତ୍ମକ ପ୍ରହାର ଥିଲା ଏହି ସମସ୍ତ ନାଟକମାନଙ୍କର ବିଶେଷତ୍ୱ।

୩) ଭମାକଲାପମ୍:

କୁଚିପୁଡ଼ି ସଦୃଶ ଏହି ଲୋକନାଟକ ଦକ୍ଷିଣ ଭାରତରେ ଅତ୍ୟନ୍ତ ଲୋକପ୍ରିୟ। ଗଣେଶ ବନ୍ଦନାରୁ ନାଟକ ପ୍ରାରମ୍ଭ ହୁଏ। ଏହାର ମୁଖ୍ୟ ଅଭିନେତାଙ୍କ ନାମ ହେଉଛି 'ସୂତ୍ରଧର' ଯିଏ ଏଥିରେ ଗାୟକ, ସଂଯୋଜକ ଓ ପରିଚାଳକ ରୂପେ କାର୍ଯ୍ୟ କରନ୍ତି। ତାଙ୍କର ସହଯୋଗୀମାନେ ତାଙ୍କ ଦ୍ୱାରା ଗାନ କରାଯାଉଥିବା ସଂଗୀତର ଅଂଶଗୁଡ଼ିକୁ ଆବୃତ୍ତି କରନ୍ତି। ବେଶ ପୋଷାକ ଦୃଷ୍ଟିରୁ ଏହା କୁଚିପୁଡ଼ିର ସାଦୃଶ୍ୟ ବହନ କରିଥାଏ।

୪) ଚାକ୍ୟାର:

ଏହା ଓଡ଼ିଶାର ପାଲା ବା ଦାସକାଠିଆ ତଥା 'ଚମ୍ପୂ' ଓ 'ଭାଣ' ଆଦି ସହ ସାଦୃଶ୍ୟ ରଖେ। ଏହାର ଅଭିନେତା ଏକକ ନୃତ୍ୟାଭିନୟ କରିଥାନ୍ତି। ତାଙ୍କୁ

ଏକାଧିକ ପାତ୍ର ବା ଚରିତ୍ରର ଭୂମିକାରେ ଅଭିନୟ ସମ୍ପନ୍ନ କରିବାକୁ ପଡ଼ିଥାଏ । ଏହା ମନ୍ଦିର ପ୍ରାଙ୍ଗଣ ବା ଦେବ ସ୍ଥାନରେ ଅଭିନୀତ ହୁଏ । ଏହା ଖୁବ୍ ମନୋରଞ୍ଜନ ଧର୍ମୀ ଓ ଲୋକପ୍ରିୟ ଅଟେ । ବିଭିନ୍ନ ଶାସ୍ତ୍ରପୁରାଣ ଓ କାବ୍ୟାଦିରୁ ଉଦ୍ଧୃତିଗୁଡ଼ିକୁ ମନୋଜ୍ଞ ଢଙ୍ଗରେ ନାଟ୍ୟାଭିନୟ ମଧ୍ୟରେ ସମାବିଷ୍ଟ କରାଯାଇ ତାହାକୁ ଦର୍ଶକମାନଙ୍କ ସମ୍ମୁଖରେ ପ୍ରସ୍ତୁତ କରାଯାଏ ।

୫) ନାଟ୍ୟମେଳ:

ଏହା 'ଭାରତନାଟ୍ୟମ୍' ନୃତ୍ୟ ସହ ସାଦୃଶ୍ୟ ରଖେ । ପୌରାଣିକ କଥାବସ୍ତୁ ଆଧାରିତ ଆଧ୍ୟାତ୍ମିକ ଭାବଧାରା ଓ ସଂଗୀତ ସହ ଓତପ୍ରୋତଃ 'ନାଟ୍ୟମେଳ'ର ଅଭିନୟ ଖୁବ୍ ଜନପ୍ରିୟ ଓ ଚିତ୍ତାକର୍ଷକ ହୋଇଥାଏ । ଆବଶ୍ୟକ ସ୍ଥଳେ ନାରୀ ଚରିତ୍ର ପାଇଁ ଉପଯୁକ୍ତ ପରିପାଟୀର ବେଶସଜ୍ଜା ଓ ମୁଖା ବ୍ୟବହାର ଏହାର ମଞ୍ଚନକୁ ବର୍ଣ୍ଣାଢ଼୍ୟ କରି ତୋଳେ ।

୬) ନୌଟଙ୍କୀ:

ନୌଟଙ୍କୀ ନାମ୍ନୀ ଜଣେ ସୁଲତାନ୍ ରାଜକୁମାରୀର ପ୍ରେମ କାହାଣୀକୁ ଆଧାର କରି ଏହି ନାଟ୍ୟଧାରା ବହୁ ପ୍ରାଚୀନ କାଳରୁ ଉତ୍ତର ପ୍ରଦେଶ ଇତ୍ୟାଦି ଭାରତର ଉତ୍ତରାଞ୍ଚଳରେ ଅଭିନୀତ ହୋଇଆସୁଛି । ସେଇ ରାଜକୁମାରୀ ନାମାନୁଯାୟୀ ଏହାର ନାମକରଣ ଏପରି ହୋଇଛି । ଏହାର ସାଦୃଶ୍ୟ ବହନ କରୁଥିବା ଲୋକ ନାଟକ 'ବିଦ୍ୟାସୁନ୍ଦର' ଉଭୟ ବଙ୍ଗଳା ଓ ଓଡ଼ିଶାରେ ଏକଦା ବେଶ୍ ଲୋକପ୍ରିୟ ନାଟକ ଭାବରେ ଆଦୃତି ଲାଭ କରିଥିଲା । ଏହାର କଥାବସ୍ତୁ ଅନୁଯାୟୀ, ଏକ ମାଲ୍ୟାଣୀ ଦ୍ୱାରା ପ୍ରେମିକକୁ ନାରୀ ରୂପରେ ରୂପାନ୍ତରଣ କରାଯାଇ ରାଜକୁମାରୀ ନୌଟଙ୍କୀ ପାଖକୁ ପ୍ରେରଣ କରାଯିବା ଏବଂ ନୌଟଙ୍କୀ ନିଜ ପୁରୁଷ ସାଥୀକୁ ତାହାର ପ୍ରକୃତ ସ୍ୱରୂପରେ ଦେଖିବାକୁ ଜିଦ୍ କରିବା ଏବଂ ପ୍ରେମିକଟି ସ୍ୱ ସ୍ୱରୂପରେ ଦେଖା ଦେଇ ଧରା ପଡ଼ିବା ଏବଂ ଶେଷରେ ରାଜ ଆଦେଶ ଦ୍ୱାରା ପ୍ରାଣ ଦଣ୍ଡରେ ଦଣ୍ଡିତ ହେବା ଓ ରାଜକୁମାରୀଙ୍କ ପ୍ରାର୍ଥନା ଦ୍ୱାରା ଦଣ୍ଡରୁ ମୁକ୍ତି ଲାଭ କରି ଉଭୟଙ୍କ ପରିଣୟ ହେବା ଇତ୍ୟାଦି ହେଉଛି ଏହି ଲୋକ ନାଟକର କାହାଣୀ । ନାଟକ ମଧ୍ୟରେ ନୃତ୍ୟ, ଗୀତ ସହ ହାର୍ମୋନିୟମ୍, ଢୋଲ, ନାଗରା, କ୍ଲାରିଓନେଟ୍

ଇତ୍ୟାଦିର ବାଦ୍ୟଧ୍ୱନି ଦର୍ଶକମାନଙ୍କ ଉତ୍ସାହକୁ ବହୁଗୁଣିତ କରିଦିଏ। ଆଧୁନିକ କାଳରେ ଏଥିରେ ବ୍ୟବହୃତ ହେଉଥିବା ଭାବୋଦ୍ଦୀପକ ସଂଳାପ, ମଞ୍ଚସଜ୍ଜା ଓ ଆଲୋକ ବିନ୍ୟାସ ଏହାକୁ ଅଧିକ ଲୋକପ୍ରିୟ କରିବାରେ ସାହାଯ୍ୟ କରିଛି। ଏହା ସହ ରାଜସ୍ଥାନର 'ଖ୍ୟାଲ' ହରିଆନାର 'ସୁଆଙ୍ଗ' ଏବଂ ମଧ୍ୟପ୍ରଦେଶର 'ମାଢ଼' ଇତ୍ୟାଦି ଲୋକ ନାଟକର ଯଥେଷ୍ଟ ସାମଞ୍ଜସ୍ୟ ରହିଛି।

୭) ଲୀଳା:

ରାମାୟଣ, ମହାଭାରତ, ଭାଗବତ ହରିବଂଶ ଇତ୍ୟାଦି ଶାସ୍ତ୍ରପୁରାଣ ଆଧାରିତ ଲୀଳା ନାଟକ ବା ରାସ ଇତ୍ୟାଦି ସମଗ୍ର ଉତ୍ତର ଭାରତ ଓ ଭାରତର ଉତ୍ତର ପୂର୍ବାଞ୍ଚଳ କ୍ଷେତ୍ରକୁ ଅତି ପ୍ରାଚୀନ କାଳରୁ ପ୍ରଭାବିତ କରି ଆସିଛି। ଏମାନଙ୍କ ମଧ୍ୟରେ ରାମଲୀଳା ଅତି ପୁରାତନ କାଳରୁ ଲୋକ ଆଦୃତି ଲାଭ କରିଥିଲା। ରାମାୟଣ କଥାବସ୍ତୁ ହେଉଛି ରାମଲୀଳାର ଆଧାର। ରାମାୟଣର ଆଦ୍ୟକାଣ୍ଡ, ବାଳକାଣ୍ଡରୁ ଆରମ୍ଭ କରି ଲଙ୍କାକାଣ୍ଡ ପର୍ଯ୍ୟନ୍ତ ଘଟଣାଗୁଡ଼ିକ ନେଇ ରାମଲୀଳା ଅଭିନୀତ ହୁଏ। ପାର୍ଶ୍ୱ ଗାୟକ ଓ ବାଦକମାନେ ମଞ୍ଚ ପାର୍ଶ୍ୱରେ ବସି ସଂଗୀତ ଓ ସଂଳାପ ଆବୃତ୍ତିରେ ସହଯୋଗ କରନ୍ତି। ରାମଲୀଳା ସଦୃଶ କୃଷ୍ଣଲୀଳା ମଧ୍ୟ ଦର୍ଶକମାନଙ୍କ ଦ୍ୱାରା ବେଶ୍ ଉପଭୋଗ୍ୟ ହୁଏ। ଶ୍ରୀ ଚୈତନ୍ୟଙ୍କ ସମୟରୁ ରାସଲୀଳା (କୃଷ୍ଣଲୀଳା) ବିଶେଷ ଭାବରେ ଜନାଦୃତି ଲାଭ କରିଥିଲା। 'ଲୀଳା' ଜନ ହୃଦୟରେ ଭକ୍ତି ପ୍ରେମର ଧାରା ପ୍ରବାହିତ କରୁଥିବା ଏକ ପ୍ରାଚୀନ ନାଟ୍ୟଧାରା। ଏଥିରେ ଭକ୍ତିଭାବ, ମନୋରଞ୍ଜନ ସହ ଲୋକଶିକ୍ଷା ନିହିତ ଥାଏ।

୮) ଭାଣ୍ଡଜସ୍ନ:

ଏହା ମଧ୍ୟ ଏକ ଜନାଦୃତ ଲୋକନାଟକ। କାଶ୍ମୀରରେ ଏହା 'ଭାଣ୍ଡ ପଥର' ନାମରେ ଖ୍ୟାତ। ପଥର ଅର୍ଥ 'ପାତ୍ର', ଜସ୍ନର ଅର୍ଥ 'ଉତ୍ସବ' ଏବଂ ସଂସ୍କୃତ 'ଭାଣ' ଶବ୍ଦରୁ ଆନୀତ 'ଭାଣ୍ଡ'ର ଅର୍ଥ ବିଶେଷ କରି ନାଟ୍ୟଶାସ୍ତ୍ରରେ ହେଉଛି ଏକ ଧୂର୍ତ୍ତ ଚରିତ୍ର। ଓଡ଼ିଶାର 'ମୋଗଲ ତାମସା' ସହ ଏହାର ସାମଞ୍ଜସ୍ୟ ରହିଛି। କଥାବସ୍ତୁ ଦୃଷ୍ଟିରୁ ଜଣେ ନିର୍ଦ୍ଦୟୀ ଶାସକଙ୍କର ଅତ୍ୟାଚାରର କାହାଣୀ ଏହି ଲୋକନାଟକ ମଧ୍ୟରେ ସ୍ଥାନିତ ହୋଇଥାଏ। ଏହା ବିରୁଦ୍ଧରେ ଏକ ସଂଗଠିତ

ପ୍ରଜାଶକ୍ତି ମୁଣ୍ଡଟେକି ଉଠେ। ପ୍ରଜା ଆନ୍ଦୋଳନ ସମ୍ମୁଖରେ ଅବଶେଷରେ ରାଜଶକ୍ତି ହୁଏ ପରାଭୂତ। କାଶ୍ମୀର ଭାଷାରେ ଏହି ଲୋକନାଟକ ରଚିତ ହୋଇଥାଏ ଯାହା ଉତ୍ତର ଭାରତର ସାମାଜିକ ଜୀବନକୁ ବହୁଳ ଭାବରେ ପ୍ରଭାବିତ କରି ଆସିଛି।

୯) ଅଙ୍କିଆନାଟ:

ଭାଗବତ ମହାପୁରାଣର କଥାବସ୍ତୁକୁ ନେଇ ଅଙ୍କିଆ ନାଟ ରଚିତ ହୁଏ। ୧୫୧୮ ଖ୍ରୀ.ଅ.ରେ ଆସାମର ମହାନ୍ ସନ୍ଥ ଶଙ୍କର ଦେବଙ୍କ ଦ୍ୱାରା ପ୍ରଥମେ 'କାଳୀୟଦଳନ' ଯାତ୍ରା ରଚିତ ହୋଇଥିଲା। ଏଥିରେ ପ୍ରାନ୍ତୀୟ ଭାଷା ସହ ସଂସ୍କୃତ ଓ ପ୍ରାକୃତ ଭାଷା ବ୍ୟବହୃତ ହୋଇଥାଏ। ଏଥିରେ ଗାୟଣ ଓ ବାୟଣଙ୍କର ଚତୁଃପାର୍ଶ୍ୱରେ ଗାୟକମାନେ ଘେରି ବସିଥାନ୍ତି। ଶୁକ୍ଳବର୍ଣ୍ଣର ପୋଷାକ ଓ କୁର୍ତ୍ତା ପରିଧାନ କରି ବାୟକମାନେ ବାଦ୍ୟ ବାଦନ କରନ୍ତି। ଏମାନେ ପାଦରେ ନୂପୁର ପିନ୍ଧନ୍ତି। ଏହି ବାଦନ କୌଶଳକୁ 'ଧେମାଳୀ' କୁହାଯାଏ। ବାଦନ ପ୍ରକ୍ରିୟାର 'ନବଧେମାଳୀ' ପରେ ନୃତ୍ୟ ପ୍ରାରମ୍ଭ ହୁଏ। ନୃତ୍ୟ ପରେ ଆରମ୍ଭ ହୁଏ ଅଭିନୟ। ଏହା ପୂର୍ବରୁ ଭାଗବତ ପୋଥି ପୂଜା ଓ ମଙ୍ଗଳାଚରଣ ଆଦି ହୋଇ ସାରିଥାଏ। ସମୟ ସ୍ରୋତରେ ବହୁ ପରିବର୍ତ୍ତନ ମଧ୍ୟ ଦେଇ ଅଙ୍କିଆ ନାଟ ଗତି କରି ଆଜି ମଧ୍ୟ ଅଗଣିତ ଦର୍ଶକଙ୍କୁ ମୁଗ୍ଧ ଓ ଆକର୍ଷିତ କରି ଚାଲିଛି।

୧୦) ନୃତ୍ୟ:

ଅଭିନୟ ସହ ନୃତ୍ୟ ଓ ଗୀତ ସମାବିଷ୍ଟ (ତୌର୍ଯ୍ୟତ୍ରିକ ସମାବେଶ) ହୋଇପାରିଲେ ଯାଇ ତାହାର ସଫଳତା ଶୀର୍ଷ ସ୍ଥାନୀୟ ହୋଇଥାଏ। ଏକଦା ନାଟ୍ୟାଚାର୍ଯ୍ୟ ଭରତ ମୁନି ମଧ୍ୟ ବ୍ରହ୍ମାଙ୍କ ପରାମର୍ଶ କ୍ରମେ ନିଜ ଅଭିନୟ ମଧ୍ୟରେ 'କୈଶିକୀମପି ଯୋଜୟ' (ନାଟ୍ୟଶାସ୍ତ୍ର ୧/୪୨ ଉତ୍ତରାର୍ଦ୍ଧ) ଅର୍ଥାତ୍ କୈଶିକୀ ବୃତ୍ତି (କଠୋରତା ସହ କୋମଳତା) ଅଥବା ନୃତ୍ୟକଳାର ସଂଯୋଗ କରିଥିଲେ। ଆଧୁନିକ କାଳରେ ନୃତ୍ୟ ମନୁଷ୍ୟ ସମାଜ ନିମନ୍ତେ ଏକ ଅପରିହାର୍ଯ୍ୟ କଳା ରୂପେ ସ୍ୱୀକୃତ ହୋଇଯାଇଛି। ବିଦ୍ୱାନ୍ ବା ନୃତ୍ୟ ବିଶାରଦମାନେ ନୃତ୍ୟକୁ ଶାସ୍ତ୍ରୀୟ ନୃତ୍ୟ, ଲୋକନୃତ୍ୟ ଓ ଆଦିବାସୀ ନୃତ୍ୟ, ଏହିପରି ତିନି ଭାଗରେ ବିଭକ୍ତ କରି ଅଛନ୍ତି। ସେମିତି ଅଭିନୟ ଅଥବା ନାଟକ ମଧ୍ୟରେ ପ୍ରଦର୍ଶନର ବିଭିନ୍ନ ପର୍ଯ୍ୟାୟରେ

ଭିନ୍ନ ଭିନ୍ନ ଶ୍ରେଣୀର ଗୀତ-ନୃତ୍ୟର ସଂଯୋଜନା କରାଯାଇଥାଏ। ସେହିପରି ବିଭିନ୍ନ ଉତ୍ସବ, ଅନୁଷ୍ଠାନ, ବିବାହ, ବ୍ରତ ଇତ୍ୟାଦି କାଳରେ ଭିନ୍ନ ଭିନ୍ନ ପ୍ରକାରର ନୃତ୍ୟ-ଗୀତମାନଙ୍କର ଆୟୋଜନ କରାଯାଏ। ତନ୍ମଧ୍ୟରେ ଓଡ଼ିଶାର ପାଲା, ଦାସକାଠିଆ, ଚଢ଼େୟା-ଚଢ଼େୟାଣୀ ନୃତ୍ୟ, ଚଇତି ଘୋଡ଼ା ନୃତ୍ୟ, ଡାଲଖାଇ ନୃତ୍ୟ, କେଳା-କେଳୁଣୀ ନୃତ୍ୟ ଇତ୍ୟାଦି ପ୍ରସିଦ୍ଧ ଅଟନ୍ତି। ଗବେଷକମାନଙ୍କ ମତରେ ଭାରତରେ ସାହିତ୍ୟ, ସଂଗୀତ, ଅଭିନୟ ଓ ନୃତ୍ୟ ଇତ୍ୟାଦି ଲୋକକଳା ଖ୍ରୀ.ପୂ. ୫୦୦୦ ବା ଆହୁରି ପ୍ରାଚୀନ କାଳରୁ ସୃଷ୍ଟି ହୋଇ ବିଶ୍ୱକୁ ମାର୍ଗଦର୍ଶନ କରିଥିଲା। ଜର୍ମାନ୍‌ର ନାଟ୍ୟତତ୍ତ୍ୱବିତ୍ ପିଶେଲଙ୍କୁ ଭାରତର ପୁତ୍ତଳିକା ନୃତ୍ୟରୁ ନାଟକର ସୃଷ୍ଟି ହୋଇଥିବା ମତବାଦର ଜନକ ରୂପେ ସ୍ୱୀକାର କରାଯାଏ। ଏହି ପୁତ୍ତଳିକା ନୃତ୍ୟ ପ୍ରଥମେ ଭାରତରେ ସୃଷ୍ଟି ହୋଇଥିଲା। ଏହାକୁ ଆଧାର କରି ଭାରତର ଅଧିବାସୀମାନଙ୍କ ମଧ୍ୟରେ ପ୍ରାନ୍ତୀୟ ବା କ୍ଷେତ୍ରୀୟ ଭିତ୍ତିରେ ବିବିଧ ପ୍ରକାର ଲୋକନୃତ୍ୟ ବିକଶିତ ଓ ସମୃଦ୍ଧ ହୋଇଥିଲା। ତନ୍ମଧ୍ୟରୁ ଆଦିବାସୀମାନଙ୍କର ଦଣ୍ଡନୃତ୍ୟ, ଲାଗଣେ, ଦାସାଇଁ ନୃତ୍ୟ, ସହରାୟ ନୃତ୍ୟ, ଝିକାନୃତ୍ୟ, ରିଂଜା ନୃତ୍ୟ, ଯେଦାନା ନୃତ୍ୟ, ତେମସା ନାଚ, ଶଉରା ନୃତ୍ୟ, କରମା ନୃତ୍ୟ, ଯାତ୍ରା ନୃତ୍ୟ, ପରବ ନୃତ୍ୟ, କୋୟା ନୃତ୍ୟ, ଜୁଆଙ୍ଗ ନୃତ୍ୟ (ଚାଙ୍ଗୁ ନୃତ୍ୟ), ଝୁମର ନାଚ, ଡ଼ାଲଖାଇ ନୃତ୍ୟ, ପାଗମୀ ନୃତ୍ୟ, ସାପ୍‌ଡୋହ, ଯୁଦ୍ଧ ନୃତ୍ୟ (ରାଜସ୍ଥାନ), ପିନ୍ନାଲ କୋଲଟ୍ଟମ ପର୍ବ ନୃତ୍ୟ (ଦକ୍ଷିଣ ଭାରତ), ଗରବା ନୃତ୍ୟ (ଗୁଜୁରାଟ), ବସନ୍ତ ଅର୍ଚ୍ଚନା (ମଣିପୁର) ଇତ୍ୟାଦି ଅସଂଖ୍ୟ ଲୋକନୃତ୍ୟର ଧାରା ପ୍ରବାହରେ ଭାରତ ଅତ୍ୟନ୍ତ ସମୃଦ୍ଧ ଅଟେ।

୧୧) ଛଉନୃତ୍ୟ:

ସେନା ଛାଉଣୀରୁ ସୃଷ୍ଟି ହୋଇଥିବାରୁ ଏହି ନୃତ୍ୟର ଏପରି ନାମକରଣ ହୋଇଥିବା କୁହାଯାଏ। ଏହି ନୃତ୍ୟ କେବଳ ଦେଶ ମଧ୍ୟରେ ନୁହେଁ ବରଂ ଆନ୍ତର୍ଜାତିକ ସ୍ତରରେ ମଧ୍ୟ ଯଥେଷ୍ଟ ଖ୍ୟାତି ଲାଭ କରିଛି। ଷଢ଼େଇକଳା, ପୁରୁଲିଆ, ମୟୂରଭଞ୍ଜ ଇତ୍ୟାଦି ମୁଖ୍ୟତଃ ଏହି ନୃତ୍ୟର ସୃଷ୍ଟି ସ୍ଥଳ ହୋଇଥିଲେ ମଧ୍ୟ ସମଗ୍ର ଦେଶରେ ଏହାର ଆବୃତି ହେଉଥିବା ଦେଖାଯାଏ। ଷଢ଼େଇକଳାରେ ଏହି ନୃତ୍ୟରେ 'ମୁଖା' ବ୍ୟବହୃତ ହୁଏ। ଛଉ ନୃତ୍ୟର ବିପୁଳ ସମୃଦ୍ଧି ସକାଶେ ମୟୂରଭଞ୍ଜ ଓ ଷଢ଼େଇକଳା

ରାଜ ପରିବାରର ଅବାରିତ ପୃଷ୍ଠପୋଷକତା ରହିଥିବା ଏକ ଐତିହାସିକ ସତ୍ୟ ଅଟେ।

୧୨) ଦୋଦ୍ଧତ:

ଏହା ଏକ ଦକ୍ଷିଣ ଭାରତୀୟ ଲୋକନାଟ୍ୟ। ଏଥିରେ ଆଙ୍ଗିକ ଅଭିନୟର ପ୍ରାଧାନ୍ୟ ଦେଖାଯାଏ। ଏହାର ମୁଖ୍ୟଙ୍କୁ ଦଳପତି ବା ଭଗବତ୍ତ ଅଥବା ସୂତ୍ରଧର ବୋଲି କୁହାଯାଏ। ଗଣପତି ଓ ସରସ୍ୱତୀଙ୍କ ପୂଜା ବିଧାନ ପରେ ଠାକୁରଙ୍କୁ ମଞ୍ଚକୁ ଅଣାଯାଏ। 'ମଙ୍ଗଳମ୍' ସ୍ତୁତି ପରେ ଅଭିନୟ ପ୍ରାରମ୍ଭ ହୁଏ। ଏଥିରେ କିରାତ ଅର୍ଜ୍ଜୁନ କାହାଣୀକୁ ନେଇ ମୁଖ୍ୟତଃ ଅଭିନୟ ପ୍ରଦର୍ଶିତ ହୁଏ।

୧୩) କୀର୍ତ୍ତନ:

ମୁକ୍ତାକାଶୀ ମଞ୍ଚରେ ମଞ୍ଚସ୍ଥ ହେଉଥିବା କୀର୍ତ୍ତନ ଓଡ଼ିଶା, ଆସାମ, ବଙ୍ଗ, ବିହାର ଓ ମଣିପୁର ଆଦି ଭାରତର ପୂର୍ବାଞ୍ଚଳ ପ୍ରାନ୍ତମାନଙ୍କରେ ବିଶେଷ ଭାବରେ ଖ୍ୟାତି ଲାଭ କରିଛି। ଚୈତନ୍ୟ ଦେବଙ୍କ ସମୟରୁ ଏହାର ବ୍ୟାପକ ପ୍ରଚଳନ ପ୍ରାରମ୍ଭ ହୋଇଥିଲା। ଖୋଳ, କରତାଳ, ଝାଞ୍ଜ ଇତ୍ୟାଦି ବାଦ୍ୟଯନ୍ତ୍ରଗୁଡ଼ିକ ଏଥିରେ ବ୍ୟବହୃତ ହୁଏ। ଅନେକ ସମୟରେ ମୁକ୍ତାକାଶୀ ମଞ୍ଚ ପରିବର୍ତ୍ତେ ଏହା ଭ୍ରାମ୍ୟମାଣ ସ୍ୱରୂପ ଗ୍ରହଣ କରି ନଗର ପରିକ୍ରମା, ମନ୍ଦିର ପରିକ୍ରମା ଇତ୍ୟାଦି ନିମନ୍ତେ ଆୟୋଜିତ ଓ ପ୍ରଦର୍ଶିତ ହୋଇଥାଏ। ଏହା ଦ୍ୱାରା ଆଧ୍ୟାତ୍ମିକ ପ୍ରଚାର ଅଥବା ରାଧାକୃଷ୍ଣ ଭକ୍ତି ପ୍ରସାର ସୁଲଭ ହୋଇଥାଏ।

୧୪) ଯାତ୍ରା:

ଏହା ମନୋରଞ୍ଜନର ଏକ ବଳିଷ୍ଠ ମାଧ୍ୟମ ରୂପେ ସମଗ୍ର ଦେଶରେ ଆଦୃତି ଲାଭ କରିଥିଲେ ମଧ୍ୟ ମୁଖ୍ୟତଃ ଓଡ଼ିଶା, ଆସାମ, ବିହାର, ମିଥିଳା ଓ ବଙ୍ଗଳାରେ ଏହାର ଲୋକପ୍ରିୟତା କଳ୍ପନାତୀତ। ସଂସ୍କୃତ ନାଟ୍ୟକଳା ଓ ପ୍ରାନ୍ତୀୟ ସ୍ତରରେ ପ୍ରଚଳିତ ନାଟ୍ୟଧାରାର ସମନ୍ୱୟରେ 'ଯାତ୍ରା' ଶୈଳୀର ବିକାଶ ଘଟିଥିବା ସମାଲୋଚକମାନେ ସ୍ୱୀକାର କରନ୍ତି। ପ୍ରାୟ ନବମ ଶତାବ୍ଦୀ ସମୟକୁ ଓଡ଼ିଶାରେ ନାଟ୍ୟକଳାର ବିକାଶ ଗତିମାନ ହୋଇ ଯାଇଥିଲା। କବି

ଜୟଦେବଙ୍କ ଗୀତଗୋବିନ୍ଦର ମଞ୍ଚନ ବଙ୍ଗଳା, ବିହାର, ଆସାମ ତଥା ଓଡ଼ିଶାରେ ନାଟ୍ୟଧାରାକୁ ବହୁ ମାତ୍ରାରେ ପ୍ରଭାବିତ କରିଥିଲା । ଏହା ବ୍ୟତୀତ ପରବର୍ତ୍ତୀ କାଳରେ ବଳରାମଙ୍କ ଦାଣ୍ଡି ରାମାୟଣ, ଜଗନ୍ନାଥ ଦାସଙ୍କ ଭାଗବତ, ସାରଳା 'ମହାଭାରତ' ଇତ୍ୟାଦି ସହ ଶ୍ରୀ ଚୈତନ୍ୟଙ୍କ ଓଡ଼ିଶାରେ ପଦାର୍ପଣ ଏଠାକାର ସଂସ୍କୃତି, ସାହିତ୍ୟ ଓ ନାଟ୍ୟକଳାକୁ ଗଭୀର ଭାବରେ ଯେ ପ୍ରଭାବିତ କରିଥିଲା- ଏଥିରେ ସନ୍ଦେହ ନାହିଁ । କୁହାଯାଏ ଶ୍ରୀ ଚୈତନ୍ୟ ଦେବ ନିଜେ ନାଟକ ରଚନା କରୁଥିଲେ ଓ ଅଭିନୟ ମଧ୍ୟ କରୁଥିଲେ । ସେ ସମୟର ଗୀତିନାଟ୍ୟ ଓ କୃଷ୍ଣ ଯାତ୍ରା, ବଙ୍ଗଳା ଓ ଓଡ଼ିଶାର ଯାତ୍ରା ନାଟକର ସାମଗ୍ରିକ ବିକାଶକୁ ଦୀପ୍ତିମାନ କରିବା ନିମିତ୍ତ ଯୋଗଦାନ କରିଥିଲା । ଧୀରେ ଧୀରେ ଐତିହାସିକ, ସାମାଜିକ, ପୌରାଣିକ ନାଟକ ମାନ ରଚିତ ଓ ମଞ୍ଚସ୍ଥ ହୋଇଥିଲା । 'ଯାତ୍ରା' ମୁକ୍ତକାଶୀ ରଙ୍ଗମଞ୍ଚରେ ଅଭିନୀତ ହେଉଥିଲା ଯାହାର ଚତୁଃପାର୍ଶ୍ୱରେ ଦର୍ଶକ ଓ ବାଦ୍ୟ ଶିଳ୍ପୀମାନେ ଗୋଟିଏ ପାର୍ଶ୍ୱରେ ମଞ୍ଚକୁ ଲାଗି ବସନ୍ତି । ପ୍ରାଥମିକ ଅବସ୍ଥାରେ ଢୋଲ, ମର୍ଦ୍ଦଳ ଇତ୍ୟାଦି ବାଦ୍ୟଯନ୍ତ୍ର ବ୍ୟବହୃତ ହେଉଥିଲା ଓ ମଶାଲ ଆଲୁଅର ବ୍ୟବସ୍ଥା କରାଯାଉଥିଲା । ଏବେ ଆଧୁନିକତାର ପ୍ରଭାବରେ ଯାତ୍ରା ନାଟକର ପ୍ରଭୂତ ପରିବର୍ତ୍ତନ ସାଧିତ ହୋଇ ସମାଜର ସମସ୍ତ ବର୍ଗ ଦ୍ୱାରା ଯଥେଷ୍ଟ ଆଦୃତି ଲାଭ କରିଛି ।

୧୫) କୁଚିପୁଡ଼ି:

ଏହି ଲୋକନାଟକ ଦକ୍ଷିଣ ଭାରତରେ ଅତ୍ୟନ୍ତ ଲୋକପ୍ରିୟ ଲୋକକଳା ଅଟେ । ଆନ୍ଧ୍ରର କୃଷ୍ଣା ଜିଲ୍ଲାରେ କୁଚେଲାପୁରୀ ନାମକ ଗ୍ରାମ ଅବସ୍ଥିତ । ସେଇ ଗ୍ରାମରେ ଏହି ନୃତ୍ୟର ସୃଷ୍ଟି ହୋଇଥିବାରୁ ଏହାର ନାମ 'କୁଚିପୁଡ଼ି' ହୋଇଥିବା କୁହାଯାଏ । ଗଣେଶ ବନ୍ଦନା ହୋଇ ମଞ୍ଚାଭିନୟ ପ୍ରାରମ୍ଭ ହୁଏ । 'ସୂତ୍ରଧର' ନାମକ ଅଭିନେତା ଏଥିରେ ମୁଖ୍ୟ ଗାୟକ, ସଂଯୋଜକ ଓ ମାର୍ଗଦର୍ଶକ ରୂପେ କାର୍ଯ୍ୟ କରନ୍ତି । ଅନ୍ୟ କଳାକାରମାନେ ସଂଗୀତାଂଶକୁ ଆବୃତ୍ତି କରନ୍ତି । ଗଦ୍ୟ ସଂଳାପ ଏଥିରେ କଳାକାରମାନଙ୍କ ଦ୍ୱାରା ନଗଣ୍ୟ ମାତ୍ରାରେ ବ୍ୟବହୃତ ହୁଏ । ମହିଳା କଳାକାରମାନେ ମଧ୍ୟ ଏଥିରେ ଅଂଶଗ୍ରହଣ କରନ୍ତି ।

୧୬) କଥକଲୀ:

ମହାଭାରତ, ରାମାୟଣ ବା ପୌରାଣିକ କଥାବସ୍ତୁକୁ ଆଧାର କରି ରଚିତ ନୃତ୍ୟନାଟିକା ଏଥିରେ ପ୍ରଦର୍ଶନ କରାଯାଏ। କଳାକାରମାନଙ୍କର ବେଶଭୂଷା ଓ ଆଭୂଷଣ ଆକର୍ଷଣୀୟ ହୋଇଥାଏ। ଏହି ନୃତ୍ୟନାଟିକା ମଧ୍ୟରେ ପୁରୁଷଙ୍କ ସହ ନାରୀ କଳାକାରମାନେ ମଧ୍ୟ ଅଭିନୟ କରନ୍ତି। ଏହା କେରଳର ଅତ୍ୟନ୍ତ ପ୍ରଭାବଶାଳୀ ଲୋକକଳା ମଧ୍ୟରେ ଅନ୍ୟତମ। ଏଥିରେ ଆଙ୍ଗିକ ଅଭିବ୍ୟକ୍ତି ଦ୍ୱାରା ଭାବନାକୁ ପ୍ରକାଶ କରାଯାଏ। ବାକ୍ୟ ସଂଳାପ ଖୁବ୍ ନଗଣ୍ୟ ମାତ୍ରାରେ ବ୍ୟବହୃତ ହୁଏ। ଏହା ଏକ ବହୁ ପ୍ରାଚୀନ ନୃତ୍ୟକଳା ଅଟେ।

୧୭) ମୋହିନୀ ଆଟ୍ଟମ୍:

ଏହି ପାରମ୍ପରିକ ମହିଳା ପ୍ରଧାନ ଲୋକନୃତ୍ୟ, 'କଥକଲୀ' ଅପେକ୍ଷା ମଧ୍ୟ ପ୍ରାଚୀନ। ଦେବଦାସୀ ନୃତ୍ୟ ପରମ୍ପରାରୁ ସୃଷ୍ଟି ହୋଇଥିବା ଏହି ନୃତ୍ୟକଳା କେରଳ ରାଜ୍ୟର ଦେବ ମନ୍ଦିର ମାନଙ୍କରେ ଦେବତାମାନଙ୍କ ଉଦ୍ଦେଶ୍ୟରେ ଆୟୋଜିତ ହୁଏ। ପୁରାଣରେ ଭଗବାନ ବିଷ୍ଣୁଙ୍କ 'ମୋହିନୀ' ରୂପ ଧାରଣର କଥାବସ୍ତୁକୁ ଆଧାର କରି ଏହା ଅଭିନୀତ ହେଉଥିବାରୁ ଏହାର ନାମକରଣ ଏପରି ହୋଇଛି। ଊନବିଂଶ ଶତାବ୍ଦୀର ରାଜା 'ସ୍ୱାତି ତିରୁନାଲ'ଙ୍କ ପ୍ରଚେଷ୍ଟା ଦ୍ୱାରା ଏହି କଳାକୁ ପୁନରୁଜ୍ଜୀବିତ କରାଯାଇଥିଲା। ନିରନ୍ତର ପରିବର୍ତ୍ତନ ଓ ବିକାଶ ପଥରେ ଗତି କରି ଏବେ ଏହା ବିଶ୍ୱ ପ୍ରସିଦ୍ଧି ଲାଭ କରି ପାରିଛି।■

ଓଡ଼ିଆ ନାଟ୍ୟଧାରାରେ ପରିବର୍ତ୍ତନର ସ୍ୱର

ଏକ ସୁଦୀର୍ଘ ଅତୀତର କେତେ କେତେ ଉଠାଣି ଗଡ଼ାଣିର ଦୁର୍ଗମ ଦନ୍ତୁରିତ ଓ ଅତ୍ୟନ୍ତ ଆୟାସସାଧ୍ୟ କଣ୍ଟକିତ ପଥ ଅତିକ୍ରମ କରି ଅଗ୍ରସର ହୋଇ ଆସିଥିବା ଓଡ଼ିଆ ନାଟ୍ୟଧାରା ମଧ୍ୟରେ ସମକାଳୀନ ଆଧୁନିକ ଚିନ୍ତା ଚେତନାର ବିପରୀତ ବିଦ୍ରୋହୀ ସ୍ୱର ଯେତେବେଳେ ଗୁଞ୍ଜନ ସୃଷ୍ଟି କଲା ତାହାକୁ ଆଲୋଚକମାନଙ୍କ ଦ୍ୱାରା କୁହାଗଲା ନାଟ୍ୟଧାରାର Post-Modernism ଅଥବା 'ଉତ୍ତର ଆଧୁନିକତା'। ଏହି ପରିବର୍ତ୍ତନର ପ୍ରଥମ ଅର୍ଘ୍ୟ ହେଲା 'ନବାନ୍ନ' (୧୯୪୪) ନାମକ ଏକ ବଙ୍ଗଳା ନାଟକ ଯାହାର ରଚୟିତା ଥିଲେ ନାଟ୍ୟକାର ବିଜନ ଭଟ୍ଟାଚାର୍ଯ୍ୟ। ଠିକ୍ ସେଇପରି ଓଡ଼ିଶାରେ ଏହି 'ନବ ନାଟ୍ୟଧାରା'କୁ ଗତିମାନ କରାଇବାର ପ୍ରଥମ ନେତୃତ୍ୱର ସୁତ୍ରଧର ହୋଇଥିଲେ ପ୍ରଥିତଯଶା ନାଟ୍ୟକାର ମନୋରଞ୍ଜନ ଦାସ ତାଙ୍କ ରଚିତ 'ଆଗାମୀ' ନାଟକ (୧୯୫୦) ମାଧ୍ୟମରେ। ଏହା ଥିଲା ଏକ ପ୍ରତୀକାତ୍ମକ ନାମକରଣ ଯେଉଁଥିରେ ଆଗାମୀ ଦିନରେ ବ୍ୟକ୍ତି ଓ ସମାଜର କେଉଁ ଆଡ଼କୁ ଓ କିପରି ଢଙ୍ଗରେ ଗତି ବା ବିକାଶ ହେବ ସେ ସନ୍ଦର୍ଭରେ ଏକ ନିଖୁଣ ଚିତ୍ର ଉପସ୍ଥାପିତ ହୋଇଥିଲା। ଏହାର ପ୍ରାୟ ଦୁଇ ଦଶନ୍ଧି ପରେ ଶ୍ରୀ ବିଜୟ ମିଶ୍ର 'ଶବବାହକମାନେ' (୧୯୬୮) ନାମକ ଏକ ଆବସର୍ଡ (ଉଦ୍ଭଟ) ନାଟକ ରଚନା କରି 'ନବ ନାଟ୍ୟଧାରା'କୁ ଆଗେଇ

ନେଇଥିଲେ ଆଗକୁ। ତେବେ ସମାଲୋଚକମାନେ ଏହାକୁ ପୂର୍ଣ୍ଣ ରୂପେ ଉଦ୍ଭଟ ନାଟକ ବୋଲି ସ୍ୱୀକାର କରିପାରନ୍ତି ନାହିଁ।

ଏହିପରି ଊନବିଂଶ ଶତାବ୍ଦୀର ଷଷ୍ଠ ଓ ସପ୍ତମ ଦଶକରେ ନାଟକ ରଚନା ନିମନ୍ତେ ବିଭିନ୍ନ ପ୍ରକାର ଶୈଳୀର ପ୍ରୟୋଗ କରାଯାଇ ପରୀକ୍ଷା ନିରୀକ୍ଷା ଚାଲୁ ରହିଥିବା ବେଳେ ଦର୍ଶକମାନେ କିନ୍ତୁ ନାଟକ ପାଇଁ ନିଜର ରୁଚି ଓ ଆଗ୍ରହ ହରାଇ ବସିଲେ। ଫଳରେ ପ୍ରେକ୍ଷାଳୟମାନ ଦର୍ଶକ ଶୂନ୍ୟ ହୋଇଗଲା। ଏହିପରି ଏକ ସନ୍ଧିକ୍ଷଣରେ ନାଟ୍ୟକଳାକୁ ବିପତ୍ତି ମୁକ୍ତ କରି ତାହାକୁ ପୁନଃ ମଞ୍ଚମୁଖୀ କରିବା ସକାଶେ ଯେଉଁ ସ୍ରଷ୍ଟାମାନେ ଆଗେଇ ଆସିଥିଲେ ସେମାନଙ୍କ ମଧ୍ୟରେ ମନୋରଞ୍ଜନ ଦାସ, ବିଜୟ ମିଶ୍ର, ରତ୍ନାକର ଚଇନି, ପ୍ରାଣବନ୍ଧୁ କର, କାର୍ତ୍ତିକ ରଥ, ବିଶ୍ୱଜିତ୍ ଦାସ ଓ ରମେଶ ପାଣିଗ୍ରାହୀ ଇତ୍ୟାଦି ନାଟ୍ୟକାରଙ୍କ ନାମ ଉଲ୍ଲେଖଯୋଗ୍ୟ। ସେମାନେ ଯଥାକ୍ରମେ ନନ୍ଦିକାକେଶରୀ, ତଟନିରଞ୍ଜନା, ପୁନଶ୍ଚ ପୃଥିବୀ, ଶ୍ୱେତପଦ୍ମା, ଚଇତି ଘୋଡ଼ା, ମୃଗୟା ଓ ମହାନାଟକ ପ୍ରଭୃତି ନାଟକ ମାନ ରଚନା କରି ନାଟକ ନିମିତ୍ତ ଦର୍ଶକମାନଙ୍କ ଆଗ୍ରହ ଫେରାଇ ଆଣିବା ତଥା ସେମାନଙ୍କୁ ପୁନଃ ପ୍ରେକ୍ଷାଳୟ ଆଡ଼କୁ ଆକର୍ଷିତ କରିବା ଦିଗରେ ସଫଳତା ହାସଲ କରି ପାରିଥିଲେ। ଆବସର୍ଡ ନାଟକ (ଉଦ୍ଭଟ)ର କିଛି ଗୁଣ ଧର୍ମ ଆଦି ବୈଶିଷ୍ଟ୍ୟକୁ ନେଇ ଏହି ନାଟକଗୁଡ଼ିକ ରଚିତ ହୋଇଥିଲା। ଉପରୋକ୍ତ ନାଟ୍ୟକାରମାନେ ଓଡ଼ିଆ ନାଟ୍ୟଧାରାର ଆଧୁନିକତାରୁ ଉତ୍ତର ଆଧୁନିକତା ଆଡ଼କୁ ଅଗ୍ରସର ନିମନ୍ତେ ପରବର୍ତ୍ତୀ ପରିବର୍ତ୍ତନର ସୂତ୍ରପାତ ସକାଶେ ଅନୁକୂଳତା ସୃଷ୍ଟି କରିଥିଲେ।

ମନୋରଞ୍ଜନ ଦାସଙ୍କ 'ଅରଣ୍ୟ ଫସଲ', 'ବନହଂସୀ', 'କାଠଘୋଡ଼ା', 'ଅମୃତସ୍ୟ ପୁତ୍ରଃ' ଇତ୍ୟାଦି ନାଟକ ଏ ଦୃଷ୍ଟିରୁ ଥିଲା ଓଡ଼ିଆ ନାଟ୍ୟ ଜଗତରେ ମାଇଲଖୁଣ୍ଟି ସଦୃଶ। ସେଇପରି କାର୍ତ୍ତିକ ଚନ୍ଦ୍ର ରଥଙ୍କ 'ବହ୍ନିମାନ', 'ଶୁକଶାରୀ କଥା'; ବିଜୟ ମିଶ୍ରଙ୍କ 'ଜଣେ ରାଜା ଥିଲେ', ଜଗନ୍ନାଥ ପ୍ରସାଦ ଦାସଙ୍କ 'ସବାଶେଷ ଲୋକ', ରତ୍ନାକର ଚଇନିଙ୍କ 'ସୁନାକଳସ' ଇତ୍ୟାଦି ନାଟ୍ୟକୃତି ମଧ୍ୟରେ ଲୋକନାଟ୍ୟ ଚେତନାର ପ୍ରୟୋଗ ସେଗୁଡ଼ିକୁ ଅଧିକ ମନୋଜ୍ଞ, ସମାଜ ମନସ୍କ ଓ କ୍ରିୟାଶୀଳ କରି ତୋଳିଥିଲା। ଆଜିକାଲି ତ ଏହି ଲୋକନାଟ୍ୟ ଚେତନାର ବିପୁଳ ପ୍ରଭାବରେ ଦୀପ୍ତିମାନ ନାଟକଗୁଡ଼ିକ ଜାତୀୟ ଲୋକନାଟକ ମହୋତ୍ସବ

ଠାରୁ ଆରମ୍ଭ କରି ଆନ୍ତର୍ଜାତିକ ସ୍ତର ପର୍ଯ୍ୟନ୍ତ ପ୍ରତିଟି କ୍ଷେତ୍ରରେ ଉଚ୍ଚ ପ୍ରଶଂସିତ ହେବା ସହିତ ବେତାର, ଦୂରଦର୍ଶନ ଓ ଚଳଚ୍ଚିତ୍ର ମାନଙ୍କରେ ମଧ୍ୟ ଏହାର ପ୍ରଭାବକୁ ବଜାୟ ରଖି ପାରିଛି। ଏବେ ପ୍ରତିବର୍ଷ ପ୍ରାୟ ପନ୍ଦରରୁ ଊର୍ଦ୍ଧ୍ୱ ଜାତୀୟ ନାଟ୍ୟୋତ୍ସବ ଓଡ଼ିଶାରେ ପାଳିତ ହେଉଛି ଯେଉଁଠିକୁ ଅନ୍ୟ ପ୍ରଦେଶ ମାନଙ୍କରୁ ନାଟକମାନ ମଧ୍ୟ ପ୍ରଦର୍ଶନ ପାଇଁ ଆସିଥାଏ।

କିଛି ବର୍ଷ ଧରି ଉଭଟ ନାଟକର ଜନାଦୃତି ପରେ ଏବେକାର ଦର୍ଶକମାନଙ୍କର ରୁଚିରେ ପରିବର୍ତ୍ତନ ଘଟିଥିବା ଦୃଷ୍ଟିଗୋଚର ହୁଏ। ସେମାନଙ୍କ ଆଗ୍ରହକୁ ଦୃଷ୍ଟିରେ ରଖି ଏବେ ନାଟ୍ୟଧାରାରେ ମଧ୍ୟ ପରିବର୍ତ୍ତନ ଘଟିଛି। ଏବେ ଜୀବନର ବାସ୍ତବତା, ଐତିହ୍ୟ, ପରମ୍ପରା, ମୂଲ୍ୟବୋଧ ତଥା ରାଷ୍ଟ୍ରୀୟ ଓ ସାମାଜିକ ଚେତନା ସମ୍ବଳିତ ବାସ୍ତବଧର୍ମୀ ନାଟକ ମାନ ରଚିତ ହେବାରେ ଲାଗିଛି। ସେଇପରି ରାମାୟଣ, ମହାଭାରତ ତଥା ପୌରାଣିକ କଥାବସ୍ତୁକୁ ଆଧାର କରି ରଚିତ ନାଟକ ମଧ୍ୟ ଅନୁପ୍ରାଣିତ କରି ରଖିଛି ଦର୍ଶକମାନଙ୍କର ଏକ ବିଶାଳ ଗୋଷ୍ଠୀକୁ। ବର୍ତ୍ତମାନ ଲୋକ ମାନସିକତାରେ ପରିବର୍ତ୍ତନ ଦୃଷ୍ଟିରୁ ସାମାଜିକ ଅଙ୍ଗୀକାରବୋଧ, ସଂରଚନାବାଦ, ଆତ୍ମାଭିମୁଖୀ ବାଦ, ଦଳିତ ଓ ଅବହେଳିତ ଗୋଷ୍ଠୀଙ୍କ ଜୀବନ ଜିଜ୍ଞାସା ଭିତ୍ତିକ କଥାବସ୍ତୁ ଇତ୍ୟାଦି ଆଜିର ନାଟକରେ ଦୃଷ୍ଟିଗୋଚର ହେଉଛି।

ଉତ୍କଳୀୟ ନାଟ୍ୟଧାରାରେ ଯେ କେବଳ ପରିବର୍ତ୍ତନର ସୂତ୍ରପାତ ହୋଇଛି ତାହା ନୁହେଁ, ମଞ୍ଚର ରୂପରେଖ, ଆଲୋକ ସଂପାତ, ମଞ୍ଚ ଉପକରଣ, ବାଦ୍ୟଯନ୍ତ୍ର, ବେଶ ବିନ୍ୟାସ ଆଦିରେ ମଧ୍ୟ ବ୍ୟାପକ ଆଧୁନିକୀକରଣର ସ୍ପର୍ଶ ଦୃଷ୍ଟିଗୋଚର ହେଉଛି। ମଞ୍ଚ ରୂପରେଖରେ ପରିବର୍ତ୍ତନ ସହ ଅତ୍ୟାଧୁନିକ କୌଶଳର ଆଲୋକ ସଂପାତ ସାହାଯ୍ୟରେ ଲୋକ ନାଟକର ପାରମ୍ପରିକ ଶୈଳୀ ପ୍ରତି ମଧ୍ୟ ଦର୍ଶକମାନଙ୍କର ସ୍ପୃହା, ଆଗ୍ରହ ଓ ଚିତ୍ତବୃତ୍ତି ଉଜ୍ଜୀବିତ ହୋଇ ସେମାନଙ୍କୁ ଅଧିକ ମାତ୍ରାରେ ପ୍ରେକ୍ଷାଳୟ ଅଭିମୁଖୀ କରାଇ ପାରିଛି। ପ୍ରାଥମିକ ଅବସ୍ଥାରେ ନାଟକ ପ୍ରଦର୍ଶନ କାଳରେ ବ୍ୟବହୃତ ମଶାଲ ଆଲୁଅ ପରେ, ଲଣ୍ଠନ, ପେଟ୍ରୋମାକ୍ସ, ଗ୍ୟାସ୍ ଲାଇଟ୍, ବିଜୁଳି ଆଲୁଅର ପ୍ରଚଳନ ସହ ଅଭ୍ୟସ୍ତ ହେବାପରେ ପୁଣି ସେଥିରେ ପରିବର୍ତ୍ତନ ଘଟି ଏବେ ଅତ୍ୟାଧୁନିକ ପରିପାଟୀର ରଙ୍ଗବେରଙ୍ଗ ଆଲୋକ ମାଳାର ବର୍ଣ୍ଣାଢ଼୍ୟ ପରିବେଷଣ ଦର୍ଶକଙ୍କୁ ମନ୍ତ୍ରମୁଗ୍ଧ ଓ ଅଭିଭୂତ କରି ରଖୁଛି। ନାଟ୍ୟାଭିନୟ କ୍ଷେତ୍ରରେ

ଭାରତୀୟ ପରମ୍ପରାରେ ଲୋକନାଟ୍ୟ ଓ ଲୋକନୃତ୍ୟ

ଉପରୋକ୍ତ ପରିବର୍ତ୍ତନ ଗୁଡ଼ିକୁ ବିଚାରକୁ ନେଲେ ନାଟ୍ୟ ବିଶାରଦ ଆଚାର୍ଯ୍ୟ ଭରତ ମୁନିଙ୍କ ଆକଳନ ଯେ କେତେ ଦିବ୍ୟଦୃଷ୍ଟି ସମ୍ପନ୍ନ ଥିଲା ତାହା ସହଜରେ ହୃଦ୍‌ବୋଧ କରିହୁଏ । ତାଙ୍କ ମତରେ ନାଟକ ସର୍ବଦା 'ବିନୋଦ ଜନନମ୍ (ମନୋରଞ୍ଜନ କ୍ଷମ)', 'ହିତୋପଦେଶ ଜନନମ୍ (ହିତୋପଦେଶ ପ୍ରଦାନକାରୀ)', 'ବିଶ୍ରାନ୍ତି ଜନନମ୍ (ଶାନ୍ତି ପ୍ରଦାନକାରୀ)' ହେବା ସହ ଏହା ମନୁଷ୍ୟଙ୍କୁ ଧର୍ମ, ଯଶ, ଆୟୁ, ଶୁଭ ବୁଦ୍ଧି ପ୍ରଦାନ କରିବା ସକାଶେ ସକ୍ଷମ ଥିବା ଉଚିତ ।

ପୂର୍ବେ ମଞ୍ଚସଜ୍ଜାରେ ବିଶେଷ କିଛି ବୈଶିଷ୍ଟ୍ୟ ବା ପରିପାଟୀ ନଥିଲା । ଯେ କୌଣସି ଖୋଲା ଜାଗାର ଉଚ୍ଚସ୍ଥାନ ଅଥବା ମାଟି ପଡ଼ି ଉଚ୍ଚ କରାଯାଇଥିବା ସ୍ଥାନକୁ ମଞ୍ଚ ରୂପେ ଗ୍ରହଣ କରାଯାଇ ତା' ଚାରିପଟକୁ ଘେରି ଦର୍ଶକମାନେ ବସିଯାଆନ୍ତି । ମଞ୍ଚ ସଦୃଶ ସେଇ ଉଚ୍ଚସ୍ଥାନ ହେଁସ ଇତ୍ୟାଦି ଦ୍ୱାରା ଆଚ୍ଛାଦିତ କରାଯାଇ ତା' ଉପରେ ଅଭିନୟ ପରିବେଷଣ କରାଯାଏ । ମଞ୍ଚ ଠାରୁ ସାଜଘର ମଧ୍ୟରେ ଦର୍ଶକମାନଙ୍କ ମଝି ଦେଇ ଏକ ସଂକୀର୍ଣ୍ଣ ରାସ୍ତା ଅଭିନେତାମାନଙ୍କ ଯିବାଆସିବା ନିମନ୍ତେ ଉନ୍ମୁକ୍ତ ରଖାଯାଇଥାଏ । ପାଲା, ଦାସକାଠିଆ, ସୁଆଙ୍ଗ ଇତ୍ୟାଦି ଏପରି ମଞ୍ଚରେ ଅଭିନୀତ ହେଉଥିଲା । କଣ୍ଢେଇ ନାଚ, କାଳିକା ନାଚ ଇତ୍ୟାଦି ଲୋକନାଟକ ମାନ ସାହି ଦାଣ୍ଡ ବା ଖୋଲା ସ୍ଥାନରେ ପ୍ରଦର୍ଶିତ ହୋଇଥାଏ । ଏବେକାର ଦର୍ଶକମାନେ ଆବଦ୍ଧ ମଞ୍ଚକୁ ହିଁ ବିଶେଷ ଭାବରେ ପସନ୍ଦ କରୁଥିବାରୁ ମଞ୍ଚସଜ୍ଜା ଶୈଳୀରେ ବ୍ୟାପକ ପରିବର୍ତ୍ତନ ଦୃଷ୍ଟିଗୋଚର ହେଉଛି । ଏବେ ଏଥିରେ ଅତ୍ୟାଧୁନିକ ପରିପାଟୀ, କୌଶଳ ତଥା ଆଲୋକ ସଂପାତ ବ୍ୟବସ୍ଥା ଆପଣା ଯାଇ ଦର୍ଶକଙ୍କୁ ବିମୁଗ୍ଧ କରୁଛି ।

କେବଳ ସେତିକି ନୁହେଁ ଅତ୍ୟାଧୁନିକ ମଞ୍ଚସଜ୍ଜା ସହ ତାଳ ଦେଇ କଳାକାରମାନଙ୍କ ବେଶଭୂଷାରେ ମଧ୍ୟ ବ୍ୟାପକ ପରିବର୍ତ୍ତନ ସାଧିତ ହୋଇଛି । ପୂର୍ବେ ରଙ୍ଗିନ୍ ମାଟି, ହଳଦୀ, କଳା, ଧାର ଉଧାରରେ ମିଳିଯାଉଥିବା ଶାଢ଼ି ଓ ଅନ୍ୟାନ୍ୟ ପୋଷାକ, ମୁଖା ଇତ୍ୟାଦିରେ କାମ ଚଳାଇ ନିଆଯାଉଥିବା ବେଳେ ଏବେ ତାହାର ଆମୂଳଚୂଳ ପରିବର୍ତ୍ତନ ଘଟିଛି । ବର୍ଣ୍ଣାଢ଼୍ୟ ବେଶ ପୋଷାକ ସହ ଚମତ୍କାର ଅଳଂକାର ପରିପାଟୀ ଓ ରୂପସଜ୍ଜା ଦର୍ଶକମାନଙ୍କୁ ପ୍ରଭାବିତ କରୁଛି । ଆଧୁନିକୀକରଣର ଏହି ଯୁଗରେ ଲୋକ ନାଟକର ସଫଳ ପ୍ରଦର୍ଶନ ପାଇଁ ବାଦ୍ୟଯନ୍ତ୍ରମାନଙ୍କର ଅପରିହାର୍ଯ୍ୟ ଭୂମିକାକୁ ଅସ୍ୱୀକାର କରାଯାଇ ପାରିବ ନାହିଁ ।

ପୂର୍ବେ ନାଟକ ପରିବେଷଣରେ ମୃଦଙ୍ଗ, କଂସାଳ, ଗିନି, ଝାଞ୍ଜ, ଘୁମୁରା, ଢୋଲ, ବେହେଲା, ବଂଶୀ ଇତ୍ୟାଦି ବାଦ୍ୟମାନ ବ୍ୟବହୃତ ହେଉଥିବା ବେଳେ ପରବର୍ତ୍ତୀ ସମୟରେ ଢୋଲକ, ଯୋଡ଼ି ନାଗରା, କର୍ଣ୍ଣେଟ, ଝୁମୁକା, ଡୁବି, ତବଲା, ସାହାନାଇ, ହାରମୋନିୟମ୍, କ୍ରାସ୍ ଓ କ୍ଲାରିଓନେଟ୍ ଇତ୍ୟାଦିର ପ୍ରଚଳନ ଲୋକନାଟକ କ୍ଷେତ୍ରରେ ଯେ ଏକ ବୈପ୍ଳବିକ ପରିବର୍ତ୍ତନ ଆନୟନ କରିବାରେ ସକ୍ଷମ ହୋଇଛି ଏଥିରେ ସନ୍ଦେହ ନାହିଁ। ଏବେ ତ ଆହୁରି ଅନେକ ନୂତନ ବାଦ୍ୟଯନ୍ତ୍ରମାନ ଦିନ ପ୍ରତିଦିନ ଉଦ୍ଭାବିତ ହୋଇ ଲୋକନାଟକ ପ୍ରଦର୍ଶନ କ୍ଷେତ୍ରରେ ଯୋଡ଼ି ହେବାରେ ଲାଗିଛି। ■

ଦକ୍ଷିଣ ଓଡ଼ିଶାର ଲୋକପ୍ରିୟ ପ୍ରହ୍ଲାଦ ନାଟକ

ଭଗବାନ ଶ୍ରୀବିଷ୍ଣୁଙ୍କର ନୃସିଂହ ଅବତାର ଓ ତାଙ୍କର ସର୍ବଶ୍ରେଷ୍ଠ ଭକ୍ତ ପ୍ରହ୍ଲାଦ କଥା ଆମ ଶାସ୍ତ୍ରପୁରାଣରେ ଏକ ବହୁଳ ଚର୍ଚ୍ଚିତ ଅଧ୍ୟାୟ। ଭଗବାନ ବିଷ୍ଣୁଙ୍କର ତିନିଗୋଟି ଅର୍ଚ୍ଚାବତାର- "ନୃସିଂହଃ ରାମଚନ୍ଦ୍ରଶ୍ଚ ଦେବକୀ ସୁତ ଏବ ଚ" ମଧ୍ୟରୁ ପ୍ରଥମ ଅର୍ଚ୍ଚାବିଗ୍ରହ ହେଉଛନ୍ତି ନୃସିଂହ। ତନ୍ତ୍ର ମତରେ ମଧ୍ୟ "ନୃସିଂହ ରାମକୃଷ୍ଣେଷୁ ସାର୍ଗୁଣ୍ୟଂ ପରିପୂରିତମ୍" ଅର୍ଥାତ୍ ଶ୍ରୀନୃସିଂହ, ଶ୍ରୀରାମ, ଶ୍ରୀକୃଷ୍ଣ ପୂର୍ଣ୍ଣ ପୁରୁଷୋତ୍ତମ ଅଟନ୍ତି। ଏଣୁ ସମଗ୍ର ଭାରତରେ ନୃସିଂହ ଉପାସନା ଦୃଷ୍ଟିଗୋଚର ହୁଏ। ଶ୍ରୀଜଗନ୍ନାଥ ତତ୍ତ୍ୱରେ ନୃସିଂହ ଉପାସନା ପରମ୍ପରା ସର୍ବଜନ ବିଦିତ। ନୃସିଂହ ଉପାସନା ବିଷୟକ ସବିଶେଷ ତଥ୍ୟ ବିଭିନ୍ନ ଉପନିଷଦ, ହରିବଂଶ, ଭାଗବତ, ନୀଳାଦ୍ରି ମହୋଦୟ, ରସ କଳ୍ପଦ୍ରୁମ, ନୃସିଂହ ପୁରାଣ, ଅଥର୍ବ ବେଦ ଇତ୍ୟାଦି ମଧ୍ୟରେ ଦୃଷ୍ଟିଗୋଚର ହୁଏ। ଶ୍ରୀ ପୁରୁଷୋତ୍ତମ କ୍ଷେତ୍ର ବା ଶ୍ରୀକ୍ଷେତ୍ରରେ ଶ୍ରୀଜଗନ୍ନାଥ ନୃସିଂହ ରୂପରେ ରାଜା ଇନ୍ଦ୍ରଦ୍ୟୁମ୍ନଙ୍କୁ ସହସ୍ର ଅଶ୍ୱମେଧ ଯଜ୍ଞ ସମାପ୍ତି ପରେ ମହୋଦଧିରେ ଭାସମାନ ଅପୌରୁଷେୟ ଦାରୁ ମଧ୍ୟରେ ଦର୍ଶନ ଦେଇଥିଲେ। ଏଣୁ ଶ୍ରୀଜଗନ୍ନାଥଙ୍କ ସହ ନୃସିଂହ ଉପାସନା ଅଙ୍ଗାଙ୍ଗୀ ଭାବରେ ଜଡ଼ିତ। ବିଧର୍ମୀମାନଙ୍କ ଦ୍ୱାରା ଶ୍ରୀ ମନ୍ଦିରକୁ ଆକ୍ରମଣ

କାଳରେ ଶ୍ରୀ ମହାପ୍ରଭୁଙ୍କ ବିଗ୍ରହମାନଙ୍କୁ ସୁରକ୍ଷା ଦେବା ପାଇଁ ବାରମ୍ବାର ସେବକମାନଙ୍କ ଦ୍ୱାରା ଦକ୍ଷିଣ ଓଡ଼ିଶାର ବିଭିନ୍ନ ସ୍ଥାନରେ ଗୋପନୀୟ ଭାବରେ ବଣ ଜଙ୍ଗଲ ମଧ୍ୟରେ ଲୁଚାଇ ରଖାଯାଉଥିଲା । ଏଥିପାଇଁ ମହାପ୍ରଭୁଙ୍କୁ ବାରମ୍ବାର ସେଇ ସବୁ ସ୍ଥାନ ମାନଙ୍କରେ ବହୁ ବର୍ଷ ଧରି ରଖାଯାଇ ତାଙ୍କର ନୀତିକାନ୍ତି ପାଳନ କରାଯାଉଥିଲା । ଏଇସବୁ କାରଣରୁ ଦକ୍ଷିଣ ଓଡ଼ିଶାରେ ମଧ୍ୟ ନୃସିଂହ ଉପାସନାରେ ସେଠାକାର ଜନ ସମୁଦାୟ ଅଭ୍ୟସ୍ତ ହୋଇ ପଡ଼ିବା ଅସ୍ୱାଭାବିକ ନୁହେଁ । ସେହି କାଳରେ ଅର୍ଥାତ୍ ସୁଦୀର୍ଘ ୧୬୫ ବର୍ଷ କାଳ ଶ୍ରୀ ବିଗ୍ରହମାନଙ୍କ ଅଜ୍ଞାତବାସ କାଳରେ (୧୫୬୮-୧୭୩୩) ଆନ୍ଧ୍ରପ୍ରଦେଶର ଜନସମାଜ ଉପରେ ଶ୍ରୀଜଗନ୍ନାଥଙ୍କ ବହୁଳ ପ୍ରଭାବ, ସେ ପ୍ରତ୍ୟକ୍ଷ ହେଉ ବା ପରୋକ୍ଷ ହେଉ, କାରଣରୁ ସେମାନଙ୍କ ଉପରେ ମଧ୍ୟ ନୃସିଂହ ଉପାସନାର ବିଶେଷ ଛାପ ପଡ଼ିଥିବା ଆଦୌ ଅସମ୍ଭବ ମନେହୁଏ ନାହିଁ । ଯେହେତୁ ଦକ୍ଷିଣ ଓଡ଼ିଶା ସଦାସର୍ବଦା ଆନ୍ଧ୍ର ବାସୀମାନଙ୍କର ଚରାଭୂଇଁ ହୋଇ ଆସିଛି । ପୁଣି ଯେହେତୁ ଏକଦା ଓଡ଼ିଶା ରାଜ୍ୟ ଗଙ୍ଗା ଠାରୁ ଗୋଦାବରୀ ପର୍ଯ୍ୟନ୍ତ ବିସ୍ତୃତି ଲାଭ କରିଥିଲା । ସେଥିପାଇଁ ଆନ୍ଧ୍ରପ୍ରଦେଶ ଅଞ୍ଚଳରେ ନୃସିଂହ ଉପାସନା ପରମ୍ପରା ବ୍ୟାପକ ଭାବରେ ଗଢ଼ି ଉଠିଥିବା ସମ୍ଭବ ମନେହୁଏ । ପୁଣି ବହୁ ଗବେଷକମାନଙ୍କ ମତରେ, "'ପ୍ରହ୍ଲାଦ ନାଟକ' ହେଉଛି ଦକ୍ଷିଣ ଓଡ଼ିଶାର ଏକାନ୍ତ ନିଜସ୍ୱ ଏବଂ ଏହାର ବିକାଶ ପର୍ବ ଅଷ୍ଟାଦଶ ଶତକର ମଧ୍ୟଭାଗରୁ ଊନବିଂଶ ଶତକର ଦ୍ୱିତୀୟାର୍ଦ୍ଧରେ ସମାହିତ ହୋଇଥିବା ସମ୍ଭବ ତଥା ଆନ୍ଧ୍ରରେ ମଧ୍ୟ ଏ ଧରଣର କର୍ଣ୍ଣାଟକୀ ରାଗ ବିଶିଷ୍ଟ ଲୋକନାଟ୍ୟ ଅଦ୍ୟାବଧି ପ୍ରଚଳିତ ରହିଛି ।" ପୁଣି ପ୍ରାଚୀନ କାଳରୁ ପରମ୍ପରା କ୍ରମେ ମହାରାଷ୍ଟ୍ର, ତାମିଲନାଡୁ, ଆନ୍ଧ୍ର ଇତ୍ୟାଦି ଦକ୍ଷିଣ ଭାରତୀୟ ରାଜ୍ୟମାନଙ୍କରୁ ଶ୍ରୀଜଗନ୍ନାଥଙ୍କ ଦର୍ଶନ ନିମନ୍ତେ ଶ୍ରୀକ୍ଷେତ୍ରକୁ ଭକ୍ତମାନଙ୍କର ସୁଅ ଛୁଟୁଥିଲା । ଯାହାର ପ୍ରମାଣ ସ୍ୱରୂପ ତାମିଲ ଶବ୍ଦ 'ଅଲଓ୍ୱାର' (ଭକ୍ତ ବା ଦିବ୍ୟଯୋଗୀ)ରୁ 'ଅଲାରନାଥ'ଙ୍କ ନାମକରଣ ହୋଇଥିବା ତଥା ତାଙ୍କର ପୂଜାନୀତି ଦକ୍ଷିଣର ଶ୍ରୀରଙ୍ଗମ୍ ବିଷ୍ଣୁ ମନ୍ଦିର ଢାଞ୍ଚାରେ ସମ୍ପନ୍ନ ହେଉଥିବା ଦେଖା ଯାଇଥାଏ । କାରଣ ଏହା ଥିଲା ଦକ୍ଷିଣ ଭାରତୀୟମାନଙ୍କର ଏକ ପ୍ରମୁଖ ତୀର୍ଥ କ୍ଷେତ୍ର । ସେ ଦୃଷ୍ଟିରୁ

ଶ୍ରୀଜଗନ୍ନାଥ ସଂସ୍କୃତିରେ ଶ୍ରେଷ୍ଠ ସ୍ଥାନ ପ୍ରଦାନ କରାଯାଇଥିବା ନୃସିଂହ ଉପାସନା ତତ୍ତ୍ୱରୁ ସୃଷ୍ଟ ଦକ୍ଷିଣ ଓଡ଼ିଶାର ଲୋକପ୍ରିୟ 'ପ୍ରହ୍ଲାଦ ନାଟକ' ତଥା ଏସବୁର ପ୍ରଭାବ କ୍ରମେ ଆନ୍ଧ୍ର ଆଦି ରାଜ୍ୟ ମାନଙ୍କରେ ଏଇ ଧରଣର ଲୋକନାଟ୍ୟ ମାନ ଦୃଷ୍ଟିଗୋଚର ହୋଇଥାଏ। ଅନେକ ଗବେଷକମାନଙ୍କ ମତରେ ଗୋଟିଏ ସମୟରେ ଆନ୍ଧ୍ରପ୍ରଦେଶ ଇତ୍ୟାଦି ଦକ୍ଷିଣାଞ୍ଚଳରେ ନୃସିଂହ ଉପାସନାର ଭବ୍ୟ ପରମ୍ପରା ଗଢ଼ି ଉଠିଥିଲା। ଏବେ ମଧ୍ୟ ତେଲଗୁ ଭାଷାରେ ପ୍ରହ୍ଲାଦ ନାଟକ ଏସବୁ ଅଞ୍ଚଳରେ ବ୍ୟାପକ ଭାବରେ ପ୍ରଦର୍ଶିତ ହେଉଥିବା ଦୃଷ୍ଟିଗୋଚର ହୁଏ। ସମ୍ପୂର୍ଣ୍ଣ ଦକ୍ଷିଣ ଭାରତରେ ଦେଖା ଯାଉଥିବା କେଉଁ ଲୋକକଳା ମଧ୍ୟରେ ଶ୍ରୀଜଗନ୍ନାଥ ସଂସ୍କୃତିର କେତେ ପରିମାଣର ପ୍ରଭାବ ରହିଛି ତାହା ଅବଶ୍ୟ ଗବେଷଣା ସାପେକ୍ଷ ମନେହୁଏ।

ଏହି ନାଟକ ନିମନ୍ତେ ଅଭିନେତା ଓ ଅଭିନେତ୍ରୀ ମିଶି ୨୦ରୁ ୨୫ ଜଣ ଆବଶ୍ୟକ ହୋଇଥାନ୍ତି। ପ୍ରହ୍ଲାଦ ନାଟକର ସୃଷ୍ଟି ଏକଦା ଓଡ଼ିଶାର ଅଂଶ ବିଶେଷ ଥିବା 'ଜଳନ୍ତର' ନାମକ ଅଞ୍ଚଳରେ ହୋଇଥିଲା ବୋଲି କୁହାଯାଏ, ଯାହା ଏବେ ଆନ୍ଧ୍ର ରାଜ୍ୟରେ ଅବସ୍ଥିତ। ପ୍ରହ୍ଲାଦ ନାଟକର ସ୍ରଷ୍ଟା ଗୌରହରି ପରିଛା ନାମକ ଜଣେ ପଣ୍ଡିତଙ୍କ ଦ୍ୱାରା ଏହି ନାଟକ ରଚିତ ହୋଇ 'ଜଳନ୍ତର'ର ତତ୍କାଳୀନ ରାଜା 'ରାମକୃଷ୍ଣ ଛୋଟରାୟ'ଙ୍କ ନାମରେ ଭଣତି କରାଯାଇଥିଲା ବୋଲି କେତେକ ମତପୋଷଣ କରନ୍ତି। ପାରଳାର ରାଜା ପଦ୍ମନାଭ ନାରାୟଣ ଦେବ ଊନବିଂଶ ଶତାବ୍ଦୀର ଦ୍ୱିତୀୟାର୍ଦ୍ଧରେ ଏକ 'ସଂଗୀତମୟ ପ୍ରହ୍ଲାଦ ନାଟକ' ରଚନା କରିଥିଲେ ଓ ନିଜ ମଞ୍ଚ ପଦ୍ମନାଭ ରଙ୍ଗାଳୟରେ ପ୍ରଦର୍ଶିତ କରାଇଥିଲେ। ଏଥିରେ ମହୁରୀ, ମର୍ଦ୍ଦଳ, ଝାଞ୍ଜ ଓ ହାରମୋନିୟମ୍ ଇତ୍ୟାଦି ବାଦ୍ୟଯନ୍ତ୍ର ବ୍ୟବହୃତ ହୁଏ। ଏଥି ମଧ୍ୟରେ ଅନ୍ତର୍ଭୁକ୍ତ ଥିବା ସଂଗୀତଗୁଡ଼ିକ ବେଶ୍ ଆକର୍ଷଣୀୟ ଓ ରାଗଯୁକ୍ତ। ଏଣୁ ଏହା ଦୀର୍ଘକାଳ ଧରି ଅଭ୍ୟାସ ନ କଲେ ଆୟତ କରିବା କଳାକାରମାନଙ୍କ ପକ୍ଷେ ସମ୍ଭବ ହୋଇ ନଥାଏ। ନାଟକଟି ଦର୍ଶକମାନଙ୍କ ନିମନ୍ତେ ଅତ୍ୟନ୍ତ ରୋମାଞ୍ଚକର ହୋଇଥାଏ। ବିଶେଷ କରି ସ୍ତମ୍ଭ ମଧ୍ୟରୁ ନୃସିଂହଙ୍କ ଆବିର୍ଭାବ ଓ ହିରଣ୍ୟ କଶିପୁର ବଧ ତଥା ପେଡ଼ି ମଧ୍ୟରୁ ଜୀବନ୍ତ ସର୍ପମାନ ବାହାରି ପ୍ରହ୍ଲାଦଙ୍କୁ ନିଜ ବଳୟ ମଧ୍ୟରେ ଆବଦ୍ଧ କରିବା ଅଂଶ ଗୁଡ଼ିକର ପ୍ରଦର୍ଶନ ଅତ୍ୟନ୍ତ କୌଶଳ ସାପେକ୍ଷ ତଥା

ଭାରତୀୟ ପରମ୍ପରାରେ ଲୋକନାଟ୍ୟ ଓ ଲୋକନୃତ୍ୟ

ରୋମାଞ୍ଚକର ଓ ମନୋମୁଗ୍ଧକର ହୋଇଥାଏ। ଏହାକୁ ଏକ ରସପ୍ରଧାନ ଲୋକପ୍ରିୟ ପାରମ୍ପରିକ ଲୋକନାଟକ ଭାବରେ ଗ୍ରହଣ କରାଯାଏ। ପ୍ରଥମରେ ମଙ୍ଗଳାଚରଣ ହୁଏ। ସେଥିରେ ଦେବୀ ସରସ୍ୱତୀ ଓ ସର୍ବବିଘ୍ନ ବିନାଶକ ଗଣନାୟକଙ୍କ ଆବାହନ କରାଯାଏ। ସେମାନଙ୍କ ମଞ୍ଚ ଆଗମନ ପରେ ତାଙ୍କ ଆଶୀର୍ବାଦ ନିଆଯାଇ ଅଭିନୟ ମଞ୍ଚସ୍ଥ ହୁଏ। କେବଳ ସ୍ଥାନୀୟ ଭାବରେ ନୁହେଁ, ବିଦେଶରେ ମଧ୍ୟ ଏହି ନାଟକର ପ୍ରସିଦ୍ଧି ଅଦ୍ୟାବଧି ରହିଛି ତଥା ଦର୍ଶକମାନଙ୍କ ମଧ୍ୟରେ ଏହା ପ୍ରତି ଯଥେଷ୍ଟ ଆଗ୍ରହ ମଧ୍ୟ ଥିବା ଦୃଷ୍ଟିଗୋଚର ହୋଇଥାଏ। ଏହି ନାଟକର ପ୍ରଦର୍ଶନ ନିମନ୍ତେ ଯଥେଷ୍ଟ ଶାସ୍ତ୍ରୀୟ ନୀତିନିୟମ ଅନୁସରଣ କରାଯାଉଥିବା ଦେଖିବାକୁ ମିଳେ। ଦୂରଦର୍ଶନ ମାଧ୍ୟମରେ ଏହାର ପ୍ରଦର୍ଶନ ଦର୍ଶକମାନଙ୍କ ମଧ୍ୟରେ ଅଧୁନା ଖୁବ୍ ଉତ୍ସାହ ଏବଂ ଲୋକପ୍ରିୟତା ନିର୍ମାଣ କରିଛି। ∎

ଓଡ଼ିଶାର ଆଦିବାସୀ (ବନବାସୀ) ଲୋକ ନୃତ୍ୟ ଓ ଲୋକନାଟ୍ୟ

ନୃତ୍ୟଗୀତ ହେଉଛି ଆଦିବାସୀ (ବନବାସୀ) ସମ୍ପ୍ରଦାୟର ଏକ ଅପରିହାର୍ଯ୍ୟ ଅଙ୍ଗ ଓ ସହଜାତ ପ୍ରବୃତ୍ତି । ଏହା ବ୍ୟତୀତ ଆଦିବାସୀ ସଂସ୍କୃତି ବିଷୟରେ କଳ୍ପନା କରିବାର ଅର୍ଥ ହେଉଛି ଏକ ସୁଦୀର୍ଘ ଗବେଷଣାତ୍ମକ ପଥଯାତ୍ରାକୁ ଅଙ୍ଗୀକୃତ କରିବା । ସେମାନଙ୍କ ଜୀବନ ଯାପନ ପ୍ରଣାଳୀ ସର୍ବଦା ନାଚଗୀତକୁ ନେଇ ରଙ୍ଗାୟିତ । ନୃତ୍ୟଗୀତ ମଧ୍ୟରେ ହିଁ ସେମାନେ ଜୀବନକୁ ଉପଭୋଗ କରିବା ନିମିତ୍ତ ଆବଶ୍ୟକୀୟ ଖୋରାକ ପ୍ରାପ୍ତ କରିଥାନ୍ତି । ଏଣୁ ହେଭଲକ୍ ଏଲିସ (Havelock Ellis) କହନ୍ତି : Dancing is the loftiest, the most moving, the most beautiful of the arts, because it is not mere translation or abstraction from life; it is life itself. ଏହି ଲୋକକଳା ବନବାସୀ ମାନଙ୍କର ସରଳ, ମଧୁମୟ ଏବଂ ଉପଭୋଗ ପ୍ରିୟ ଗୋଷ୍ଠୀଗତ ଜୀବନକୁ ପ୍ରମାଣିତ କରେ ।

ଦେବାଦେବୀଙ୍କ ପୂଜାଅର୍ଚ୍ଚନା, ବିବିଧ ପର୍ବ ପର୍ବାଣି, ବିବାହ, ଭୋଜି, ଭୂତପ୍ରେତଙ୍କ ପ୍ରତିକାର ଅଥବା କାଳିସୀ ଲାଗିଲେ ବନବାସୀମାନେ ବିବିଧ ବାଦ୍ୟ ଗୀତ ସହ ସାମୁହିକ ନୃତ୍ୟର ଆୟୋଜନ କରନ୍ତି । ନୃତ୍ୟ ଗୀତର ଆସର କାଳରେ ସେମାନେ ସାଧାରଣତଃ ଟାମକ୍, ଡୁଙ୍ଗୁଡୁଙ୍ଗା, ଢୋଲ, ନାଙ୍ଗରା ବାଜା, ତସା,

ମହୁରୀ, ଧୁଡୁରା, ଢାପୁ, ଝିକା, ପିନେ, ଚିଟକଲି, କିଡ଼ିଙ୍ଗ, ଝୁମୁକା, ବାଁସି, ନାଙ୍ଗରାବାଜା, ଖଟ୍‌ଲା, ଶିଙ୍ଗବାଇଦ, ମହୁରୀ, ଧୂମ୍‌ସା, ଚଡ଼ଚଡ଼ି, ମାଦଲ୍ ଇତ୍ୟାଦି ବାଦ୍ୟଯନ୍ତ୍ର ବ୍ୟବହାର କରିଥାନ୍ତି ।

୨୦୦୧ ଜନଗଣନା ଅନୁଯାୟୀ ପ୍ରାୟ ୬୨ଟି ଆଦିବାସୀ ଗୋଷ୍ଠୀ ଓଡ଼ିଶାରେ ବସବାସ କରୁଥିବା ଏକ ପରିସଂଖ୍ୟାନ ଅନୁଯାୟୀ ଜଣାପଡ଼େ । ବାଲେଶ୍ୱର, ଗଜପତି, ଗଞ୍ଜାମ, ଫୁଲବାଣୀ, ସମ୍ବଲପୁର, କଳାହାଣ୍ଡି, କେନ୍ଦୁଝର, ଇତ୍ୟାଦି ଜିଲ୍ଲାଗୁଡ଼ିକ ଆଂଶିକ ବନବାସୀ କ୍ଷେତ୍ର ହୋଇଥିବା ବେଳେ ସୁନ୍ଦରଗଡ଼, ମାଲକାନଗିରି, କୋରାପୁଟ, ରାୟଗଡ଼ା, ନବରଙ୍ଗପୁର ଓ ମୟୂରଭଞ୍ଜ ଇତ୍ୟାଦି ଆଦିବାସୀ (ବନବାସୀ) ବହୁଳ ଜିଲ୍ଲା ଅଟନ୍ତି । ଏମାନେ ଖୁବ୍ ସରଳ, କଳାନୁରାଗୀ, ସଂସ୍କୃତିପ୍ରିୟ, ଶାନ୍ତିପ୍ରିୟ, ପରିଶ୍ରମୀ ଏବଂ ଉତ୍ସବ ପ୍ରିୟ ତଥା ମା' ମାଟି ଓ ସମାଜ ପ୍ରତି ଉତ୍ସର୍ଗୀକୃତ । ସୀମିତ ସାଧନ ମଧ୍ୟରେ ନୃତ୍ୟଗୀତକୁ ନେଇ ସେମାନେ ଜୀବନକୁ ସରସ ସୁନ୍ଦର କରିବାକୁ ନିଜର କର୍ତ୍ତବ୍ୟ ମନେକରନ୍ତି । ଏହା ସେମାନଙ୍କୁ ତଥା ତାଙ୍କର କର୍ମକ୍ଳାନ୍ତ ଜୀବନକୁ ମଧୁମୟ କରିଥାଏ । ଉତ୍ତର ପଶ୍ଚିମ ଓଡ଼ିଶାର ମୁଖ୍ୟତଃ ସାନ୍ତାଳ, ବାଥୁଡ଼ି, ଖରିଆ, କୋହ୍ଲ, ମୁଣ୍ଡା, ଭୂୟାଁ, ଓରାଓଁ, ଭୂମିଜ, କିଷାନ ଓ ଗଣ୍ଡମାନଙ୍କୁ ଆଦିବାସୀ ଅଥବା ବନବାସୀ କୁହାଯାଏ । ସେଇପରି ଦକ୍ଷିଣ ଓଡ଼ିଶାର କନ୍ଧ, ପରଜା, ଶଉରା, ଭୋତଡ଼ା ଓ ଶବର ଶ୍ରେଣୀୟ ଗୋଷ୍ଠୀଙ୍କୁ ଆଦିବାସୀ ରୂପେ ମାନ୍ୟତା ପ୍ରଦାନ କରାଯାଏ । ଏମାନଙ୍କ ବ୍ୟତୀତ ଆଦିବାସୀ ମାନଙ୍କ ଆଦିମ ଗୋଷ୍ଠୀ (Primitive Tribals) ମଧ୍ୟରେ ବଣ୍ଡା, ଡିଡାୟୀ, ବୀରହୋର, କୁଟିଆ କନ୍ଧ, ଡଙ୍ଗରିଆ କନ୍ଧ, ମାଙ୍କଡ଼ିଆ, ଚୁକଟିଆ, ଲୋଧା, ପାଉଡ଼ି ଭୂୟାଁ, ହିଲ-ଖରିଆ, ଲାଞ୍ଜିଆ ଶଉରା, ଶଉରା ଇତ୍ୟାଦି ଜାତିଙ୍କୁ ମଧ୍ୟ ଅନ୍ତର୍ଭୁକ୍ତ କରାଯାଏ । ଭାରତରେ ଯେତେ ପ୍ରକାର ଅଦିବାସୀ ଅଛନ୍ତି ସେମାନଙ୍କ ମଧ୍ୟରୁ ସର୍ବାଧିକ ସଂଖ୍ୟକ ଗୋଷ୍ଠୀ ଓଡ଼ିଶାରେ ଥିବା ଦୃଷ୍ଟିଗୋଚର ହୁଏ । କିନ୍ତୁ ସେ ସମସ୍ତେ ବନ, ଗିରି, ଝରଣା, ପର୍ବତ, ନଦୀ, ନାଳ, ପଶୁପକ୍ଷୀ ଇତ୍ୟାଦିଙ୍କୁ ମନଭରି ଉପଭୋଗ କରନ୍ତି ଏବଂ ଜନ୍ମତଃ ଏମାନେ ପ୍ରକୃତିପ୍ରେମୀ ଅଟନ୍ତି । ପ୍ରତ୍ୟେକଙ୍କର ନିଜସ୍ୱ ଭାଷା, ସଂଗୀତ ଓ ନୃତ୍ୟକଳା ରହିଛି । ଯାହା ମଧ୍ୟରେ ଅନେକ ସମୟରେ ସାମାନ୍ୟ ତାରତମ୍ୟ ଦୃଷ୍ଟିଗୋଚର ହେଲେ ବି ସେ ସବୁ ଲୋକକଳା ବା ଲୋକଗୀତ ଭିତରେ ପ୍ରେମ, ଭକ୍ତି, ସରଳତା, ଛନ୍ଦବଦ୍ଧତା,

ହାସ୍ୟରସ, ଜୀବନକୁ ଭଲପାଇବା ଇତ୍ୟାଦି ଦିବ୍ୟଗୁଣ ଗୁଡ଼ିକର ଅଭିବ୍ୟକ୍ତି ଘଟି ସେଥିମଧ୍ୟରେ ସାମ୍ୟତା ପରିଦୃଷ୍ଟ ହୁଏ । ଭିନ୍ନ ଭିନ୍ନ ଆଦିବାସୀ ସମ୍ପ୍ରଦାୟ ମଧ୍ୟରେ ପ୍ରଚଳିତ ଥିବା ବିବିଧ ନୃତ୍ୟଗୀତ ସମ୍ବନ୍ଧରେ ନିମ୍ନରେ ଆଲୋଚନା କରାଯାଉଛି :

୧) **ସାନ୍ତାଳ ନାଚ:**

ଏମାନେ ସାଧାରଣତଃ ଓଡ଼ିଶାର ମୟୂରଭଞ୍ଜ ଓ କେନ୍ଦୁଝର ଜିଲ୍ଲାରେ ଅଧିକ ସଂଖ୍ୟାରେ ବସବାସ କରନ୍ତି । ପରିବାରର ବିବାହ ଉତ୍ସବ ଅବସରରେ ଏମାନେ **'ଦଣ୍ଡନୃତ୍ୟ'** ଆୟୋଜନ କରନ୍ତି । ଏଥିରେ ପୁଅ, ଝିଅ ଅର୍ଥାତ୍ ଆବାଳ ବୃଦ୍ଧ ଅଂଶ ଗ୍ରହଣ କରନ୍ତି । ଏହି ନୃତ୍ୟ ମାଧ୍ୟମରେ ବରବଧୂମାନଙ୍କ ଉଦ୍ଦେଶ୍ୟରେ ଶୁଭକାମନା ପ୍ରଦାନ କରାଯାଏ । ସେହିପରି ଉଦ୍‌ଯାପନୀ ଉତ୍ସବ ମାନଙ୍କରେ **'ସହରାୟ'** ନୃତ୍ୟ ସଂଗୀତ ସହ ପ୍ରଦର୍ଶିତ ହୁଏ । ସହରାୟ ପରି **'ଝିକା'** ମଧ୍ୟ ଗୋଟିଏ ଉଦ୍‌ଯାପନୀ ନୃତ୍ୟ । ଲାଗଣେ, ଡାହାର ଇତ୍ୟାଦି ନୃତ୍ୟ ଶେଷରେ ଝିକା ନୃତ୍ୟ ଅନୁଷ୍ଠିତ ହୁଏ । **'ଜାତୁର'** ନାମକ ଆଉ ଏକ ପ୍ରକାର ନୃତ୍ୟ ଏମାନେ ପ୍ରଦର୍ଶନ କରନ୍ତି । ଏହି ଭକ୍ତି ପ୍ରଧାନ ନୃତ୍ୟ ସହ ଜାତୁର ସଂଗୀତ ଗାନ କରାଯାଏ । ଝିଅ ମାନଙ୍କ ଦ୍ୱାରା ପରିବେଶିତ ହେଉଥିବା **'ଦାଣ୍ଡଧୂଳି ନୃତ୍ୟ'** ବା **'ଡାହାର ନୃତ୍ୟ'** ଡାହାର ସଙ୍ଗୀତ ସହ ପ୍ରଦର୍ଶନ କରାଯାଏ । ଆଉ ଏକ ପୁରୁଷ ପ୍ରଧାନ ନୃତ୍ୟ ସାନ୍ତାଳମାନଙ୍କ ଦ୍ୱାରା ଅନୁଷ୍ଠିତ ହୁଏ ଯାହାକୁ **'ଦାସାୟ ନୃତ୍ୟ'** ବୋଲି କହନ୍ତି । ଏହା କରତାଳ ଓ ଘଣ୍ଟା ବାଦ୍ୟ ଦ୍ୱାରା ଦୁଇଧାଡ଼ିରେ ଚକ୍ରାକାର ହୋଇ ପ୍ରସ୍ତୁତ କରାଯାଏ । ଠିକ୍ ଦଶହରା ପୂର୍ବରୁ ଅର୍ଥାତ୍ ଭାଦ୍ରବ ମାସରେ ନଗର ଗ୍ରାମରେ ବୁଲିବୁଲି ଏହି ନୃତ୍ୟ କରାଯାଏ । ବାହାପର୍ବ ଉପଲକ୍ଷେ **'ବାହାନୃତ୍ୟ'** ଜାହିରା ପୀଠରେ ଦେବାଦେବୀଙ୍କୁ ପୁଷ୍ପ ସମର୍ପଣ କାଳରେ ଆୟୋଜିତ ହୁଏ । ସାନ୍ତାଳ ମାନେ କରମା ପୂଜା କରିଥାନ୍ତି । ଏହି ପୂଜା ଉପଲକ୍ଷେ ସେମାନେ **'ରିଂଜା'** ନୃତ୍ୟର ଅନୁଷ୍ଠାନ କରିଥାନ୍ତି । ସାନ୍ତାଳ ଯୁବକଯୁବତୀ ହାତ ଧରାଧରି ହୋଇ ମାଦଳ ବାଦ୍ୟ ସହ ନୃତ୍ୟ କରିଥାନ୍ତି । ଏହା **'ଲାଗଣେ ନୃତ୍ୟ'** ନାମରେ ପ୍ରସିଦ୍ଧ ।

୨) **ବଣ୍ଡା ମାନଙ୍କ ନୃତ୍ୟ:**

ବଣ୍ଡା ମାନଙ୍କ **'ସମର ନୃତ୍ୟ'** ଅତ୍ୟନ୍ତ ପ୍ରସିଦ୍ଧ । ଏହି ନୃତ୍ୟରେ ବ୍ୟବହୃତ

ହେଉଥିବା ସାଜ ପରିପାଟୀ ଓ ବେଶଭୂଷାରୁ ଏହା ଯେ ସମର ନୃତ୍ୟ ତାହା ସ୍ପଷ୍ଟ ଜଣା ପଡ଼ିଯାଏ । ଏହି ନୃତ୍ୟରତ ବଣ୍ଠାମାନେ ବକ୍ଷସ୍ଥଳରେ ଦର୍ପଣଟିଏ ଝୁଲାଇ ଆଣ୍ଠୁରେ ଘଣ୍ଟି, କାନ୍ଧରେ ମହିଷ ଶିଙ୍ଗା, ଅଣ୍ଟାରେ ପାନିଆ ଏବଂ ତାହାର ବିପରୀତ ପାର୍ଶ୍ୱରେ ଛୁରୀ, ମସ୍ତକରେ ମୟୂର ଚୂଳ ତଥା ଗୋଟିଏ ଡୋରିଆ କୌପୀନ ପରିଧାନ କରି ସମର ନୃତ୍ୟରେ ଅଂଶ ଗ୍ରହଣ କରନ୍ତି । ଏହା ବ୍ୟତୀତ ସେମାନେ **ଡେମସା ନୃତ୍ୟ, ଶଉରା ନୃତ୍ୟ** ଓ **ଶିକାର ନୃତ୍ୟ** ଆଦି ମଧ୍ୟ ପ୍ରଦର୍ଶନ କରନ୍ତି ।

୩) **କରମା ନୃତ୍ୟ:**

ସାନ୍ତାଳମାନଙ୍କ ବ୍ୟତୀତ ଖଡ଼ିଆ, ବିଂଝାଲ, ଭୂୟାଁ, ଶଉରା, କିଷାନ, କୋହ୍ଲ, ଗଣ୍ଡ, ଓରାମ ଇତ୍ୟାଦି ଆଦିବାସୀ ସମ୍ପ୍ରଦାୟ ସେମାନଙ୍କ ଇଷ୍ଟ ଦେବୀ **'କରମସାନୀ'** ଙ୍କ ଉଦ୍ଦେଶ୍ୟରେ ଭକ୍ତି ପ୍ରଧାନ **'କରମା ନୃତ୍ୟ'**ର ଆୟୋଜନ କରନ୍ତି । ଏହି ନୃତ୍ୟରେ 'ଧୁନକେଇ' ବାଦ୍ୟର ଉପଯୋଗ ହେବା ଦେଖାଯାଏ । ବାଦ୍ୟ ସହ ସମତାଳରେ ନୃତ୍ୟ ଓ ଗୀତ ରାତ୍ରି ଯାକ ଚାଲୁ ରହେ । 'କରମସାନୀ' ଅଥବା 'କରମରାନୀ' ଦେବୀଙ୍କ ଆଶୀର୍ବାଦରୁ ଶୋକଦୁଃଖରୁ ମୁକ୍ତି, ରୋଗମୁକ୍ତି, ଦୈବ ଦୁର୍ଯ୍ୟୋଗରୁ ଉଦ୍ଧାର, ସନ୍ତାନ ଲାଭ ଇତ୍ୟାଦି ସକଳ ମନୋସ୍କାମନା ପୂର୍ତ୍ତି ହୋଇଥାଏ ବୋଲି ସେମାନେ ବିଶ୍ୱାସ କରନ୍ତି ।

୪) **ପରଜା ଓ ଭତରା ମାନଙ୍କ ନାଚ:**

ପରଜା ଓ ଭତରା ଜାତିର ଆଦିବାସୀ ମୁଖ୍ୟତଃ ଅବିଭକ୍ତ କୋରାପୁଟ ଜିଲ୍ଲାରେ ବସବାସ କରୁଥିବା ଦୃଷ୍ଟିଗୋଚର ହୁଏ । **'ଧୁମସା'** ନାମକ ପ୍ରମୁଖ ବାଦ୍ୟ ସହ ଏମାନେ ପରିବେଷଣ କରୁଥିବା ନୃତ୍ୟକୁ **'ଢେମସା ନାଚ'** କୁହାଯାଏ । ଧୁମ୍‌ସା ଶବ୍ଦରୁ ଢେମସା ନାଚ ହୋଇଥିବା ମନେହୁଏ । ଧୁମ୍‌ସା ବ୍ୟତୀତ ଏଥିରେ ଢୋଲ, ମହୁରୀ, ବଡ଼ ନାଗରା, ଝୁମୁକା ଓ ଢାପ ଇତ୍ୟାଦି ବାଦ୍ୟ ମଧ୍ୟ ବ୍ୟବହୃତ ହୁଏ । ଏହି ନାଚରେ ୫/୬ଜଣରୁ ଆରମ୍ଭ କରି ୫୦ଜଣ ପର୍ଯ୍ୟନ୍ତ ଅଂଶ ଗ୍ରହଣ କରିପାରନ୍ତି । ନର୍ତ୍ତକ ଓ ନର୍ତ୍ତକୀ ଙ୍କୁ ଧାଙ୍ଗଡ଼ା, ଧାଙ୍ଗଡ଼ି ବୋଲି କୁହାଯାଏ । ଧାଙ୍ଗଡ଼ାମାନେ ବାଦ୍ୟ ବାଦନ କଲେ ଧାଙ୍ଗଡ଼ିମାନେ ନୃତ୍ୟ କରନ୍ତି ଅଥବା ଉଭୟ

ଧାଙ୍ଗଡ଼ା ଧାଙ୍ଗଡ଼ି, ବୃଦ୍ଧବୃଦ୍ଧାମାନେ ପରସ୍ପର କାନ୍ଧ ମିଶାଇ ଓ ପରସ୍ପରର ଅଣ୍ଟାରେ ହାତ ଛନ୍ଦାଛନ୍ଦି ହୋଇ ବାଦ୍ୟଲୟକୁ ଅନୁସରଣ କରି ନୃତ୍ୟ କରନ୍ତି । ଏହି ନୃତ୍ୟରେ ଜଣେ ଗୁରୁ ଥାନ୍ତି । ତାଙ୍କୁ 'ବାଟକଢ଼ା' ମୁଖିଆ ଅଥବା ନୃତ୍ୟଗୁରୁ ବୋଲି କୁହାଯାଏ । ଧାଙ୍ଗଡ଼ିମାନେ ମୁଣ୍ଡରେ ଜୁଡ଼ାବାନ୍ଧି ଫୁଲ ଖୋସନ୍ତି ଏବଂ ଆଣ୍ଠୁ ଉପରକୁ ଶାଢ଼ି ପିନ୍ଧି ନାଚନ୍ତି । ନାଚ କେବେ ଘଣ୍ଟାକିଆ ହୋଇପାରେ ତ କେବେ ସାରାରାତି ବିତିଯାଏ । ସମ୍ମୁଖସ୍ଥିତ ଧାଙ୍ଗଡ଼ି ଜଣକ ହାତରେ ଏକ ମୟୂରପୁଚ୍ଛ ଥାଏ ଯାହାକୁ ସେ ତାଳ ଲୟରେ ହଲାଇ ନିଜନିଜର ପାଦ ମିଶାଇ ନାଚିବାକୁ ସୂଚନା ପ୍ରଦାନ କରୁଥାଏ । ଏମାନଙ୍କ ତାଳଜ୍ଞାନ ଏତେ ପ୍ରଖର ଯେ ବାଦ୍ୟତାଳ ସହ ପାଦକୁ ପାଦ ମିଶାଇ ଦଳଗତ ସାମଞ୍ଜସ୍ୟ ପୂର୍ବକ ସଭିଏ ଏକସମୟରେ ଆଗକୁ ଯିବା ଓ ପଛକୁ ଫେରିବା, ମୁଣ୍ଡକୁ ଉପରକୁ କରିବା, ତଳକୁ ନଇଁବା ଇତ୍ୟାଦି ସମସ୍ତ ଆଙ୍ଗିକ ତଥା ଆତ୍ମିକ ବିଭବ ରକ୍ଷାକରି ଅବିରତ ନୃତ୍ୟ ପ୍ରଦର୍ଶନ କରି ଚାଲନ୍ତି । ବାଦ୍ୟର ତାଳେତାଳେ ସଭିଙ୍କର ଅଣ୍ଟା ଓ ପାଦ କୌଣସି ବ୍ୟତିକ୍ରମ ବିନା ଠିକ୍ ଭାବରେ ପଡୁଥାଏ । ଆଙ୍ଗିକ ପ୍ରଦର୍ଶନକୁ କେନ୍ଦ୍ର କରି ଏହି ନୃତ୍ୟ ବିବିଧ ଭାବରେ ନାମକରଣ କରାଯାଏ । ଯେପରି **'କାରାପାନି ଢେମସା'** ନୃତ୍ୟରେ ଧାଙ୍ଗଡ଼ାଧାଙ୍ଗିଡ଼ି ମାନେ ଧୁମ୍‌ସା ତାଳରେ ବଙ୍କେଇଟଂକେଇ ସର୍ପିଳ ଗତିକୁ ଅବଲମ୍ବନ କରନ୍ତି ଓ ଆଗପଛ ହୋଇ ନୃତ୍ୟ ପ୍ରଦର୍ଶନ କରନ୍ତି । ସେଇପରି ଗୋଡ଼ି ଗୋଟାଇବା ଭଙ୍ଗୀରେ ନୃତ୍ୟ କରିବାକୁ **'ଗୋଟିବେଚାନି'** ଢେମସା ନୃତ୍ୟ କୁହାଯାଏ । ଏଥିରେ ଏପରି ଭାବରେ ଅଣ୍ଟାକୁ ନୁଆଁଇ ମୁଣ୍ଡ ତଳକୁ କରି ବାଦ୍ୟସହ ନୃତ୍ୟ କରାଯାଏ ଯେ ଠିକ୍ ତଳୁ ଗୋଡ଼ି ସଂଗ୍ରହ କଲାପରି ବୋଧହୁଏ । **'ଅଣ୍ଟାଝୁଲା ଢେମସା ନୃତ୍ୟ'**ରେ ଧାଙ୍ଗଡ଼ିମାନେ ବାଦ୍ୟ ତାଳ ସହ ଅଣ୍ଟା ଦୋହଲାଇ ଚମତ୍କାର ନୃତ୍ୟ ପ୍ରଦର୍ଶନ କରନ୍ତି ।

୫) କନ୍ଧ ନୃତ୍ୟ:

ଏମାନେ ଅବିଭକ୍ତ କୋରାପୁଟ ଜିଲାରେ ବସ୍ତୁତଃ ଦେଖାଯାନ୍ତି । ଏମାନଙ୍କ **ପରବ ନୃତ୍ୟ, ବିବାହ ନୃତ୍ୟ, ଶିକାର ନାଚ, ଯାତ୍ରା ନୃତ୍ୟ** ଇତ୍ୟାଦି ବିଶେଷ ଭାବରେ ପ୍ରସିଦ୍ଧ ଅଟେ । ପ୍ରକାର ଭେଦରେ ଦେଶିଆ କନ୍ଧ, ଡଙ୍ଗରିଆ କନ୍ଧ ଓ କୁଟିଆ କନ୍ଧ-ଏପରି ତିନିଗୋଷ୍ଠୀର କନ୍ଧ ଅଛନ୍ତି । ଶିଙ୍ଗା, ବଂଶୀ ଇତ୍ୟାଦି ସହ

ତାଳିମାରି ନର୍ତ୍ତକ ନର୍ତ୍ତକୀମାନେ ନୃତ୍ୟ କରନ୍ତି । ଉପରୋକ୍ତ **'ଶିକାର ନାଚ'** କୋରାପୁଟ ଓ ନବରଙ୍ଗପୁରର ଅଧିବାସୀ ଉଭୟ ପରଜା ଓ କନ୍ଧ ଆଦିବାସୀମାନଙ୍କ ଦ୍ୱାରା ଚଇତ ପରବ୍ ଉପଲକ୍ଷେ ଶିକାର ନାଚ ଅନୁଷ୍ଠିତ ହୁଏ । ବର୍ଷରେ ଥରେ ସେମାନେ ଏଇ ଶିକାର ଯାତ୍ରାରେ ବାହାରନ୍ତି ଯାହାକୁ **'ବେଣ୍ଟଯାତ୍ରା'** କୁହାଯାଏ । ଶିକାରକୁ (ବେଣ୍ଟଯାତ୍ରା) ବାହାରିବା ପୂର୍ବରୁ ସାଧାରଣତଃ ଧାଙ୍ଗଡ଼ିମାନେ ଧାଙ୍ଗଡ଼ାମାନଙ୍କୁ ବନ୍ଦାପନା କରିଥାନ୍ତି । ଧାଙ୍ଗଡ଼ାମାନେ କାନ୍ଧରେ ବର୍ଚ୍ଛା, ଖଣ୍ଡା ଓ ଅନ୍ୟାନ୍ୟ ଅସ୍ତ୍ରଶସ୍ତ୍ର ଧରି ଶିକାର ପାଇଁ ଜଙ୍ଗଲକୁ ଯାଆନ୍ତି । ଏଇ ସମୟରେ ଧାଙ୍ଗଡ଼ିମାନେ ସଙ୍ଗୀତ ଗାନ କରି ସେମାନଙ୍କୁ ବିଦାୟ ଦିଅନ୍ତି । କନ୍ଧଗୀତ ଏବେ ବିଭିନ୍ନ ସ୍ଥାନରେ ବ୍ୟବସାୟିକ ଭିତ୍ତିରେ ଅନ୍ୟମାନଙ୍କ ଦ୍ୱାରା ପ୍ରଦର୍ଶିତ ହୋଇ ଲୋକପ୍ରିୟତା ଅର୍ଜନ କରିବା ଦେଖାଗଲାଣି ।

ଏହି ନୃତ୍ୟପାଇଁ ଅତିକମ୍‌ରେ ୧୦/୧୨ ଜଣ ଧାଙ୍ଗଡ଼ାଙ୍କ ଆବଶ୍ୟକତା ରହିଛି । ସେମାନେ ଏଥିପାଇଁ ବିଭିନ୍ନ ପ୍ରକାର ଲତା ଓ ପତ୍ରକୁ ମୁଣ୍ଡ, ଅଣ୍ଟା, ହାତ, ଗୋଡ଼ ଆଦିରେ ବାନ୍ଧି ହୋଇ ନୃତ୍ୟ କରନ୍ତି । ଖଣ୍ଡା, ଟାଙ୍ଗିଆ, ବର୍ଚ୍ଛା ଇତ୍ୟାଦି ଅସ୍ତ୍ରଶସ୍ତ୍ରରେ ସଜ୍ଜିତ ହୋଇ, କାନ୍ଧରେ ଶିକାରମୁଣା ପକାଇ ଧାଙ୍ଗଡ଼ାମାନେ 'ଶିକାର ନୃତ୍ୟ' ପରିବେଷଣ କରିଥାନ୍ତି । ଏଥିରେ ଢୋଲ, ମହୁରୀ, ଟାମକ୍ ଇତ୍ୟାଦି ବାଦ୍ୟଯନ୍ତ୍ର ତଥା 'ବେଣ୍ଟଗୀତ' ବ୍ୟବହୃତ ହୁଏ । ଧାଙ୍ଗଡ଼ାମାନେ ଶିକାର ସାରି ଜଙ୍ଗଲରୁ ପ୍ରତ୍ୟାବର୍ତ୍ତନ କରିବା ପରେ ଧାଙ୍ଗଡ଼ିମାନେ ସେମାନଙ୍କୁ ବନ୍ଦାପନା କରାଇ ଉତ୍ସବ ମନାନ୍ତି ଓ ପାଛୋଟି ଆଣନ୍ତି ।

୬) **ଗଦବା ନୃତ୍ୟ:**

ଗଦବାମାନେ ସାଧାରଣତଃ ଅବିଭକ୍ତ କୋରାପୁଟ ଜିଲ୍ଲାର ଜୟପୁର, ଲମତାପୁଟ, ପଟାଙ୍ଗୀ ଓ ସେମିଳିଗୁଡ଼ା ଇତ୍ୟାଦି ଅଞ୍ଚଳରେ ବସବାସ କରନ୍ତି । ଏମାନେ ଅନ୍ୟ ଆଦିବାସୀମାନଙ୍କ ସଦୃଶ ଖୁବ୍ ନୃତ୍ୟଗୀତ ପ୍ରିୟ । ଚଇତ୍ ପରବ, ନୂଆଁଖିଆ, ପୁଷ୍ ପୂନେଇଁ, ଦିଆଲି, ବିଭାଘର, ଶିଶୁର ଜନ୍ମ ଉତ୍ସବ, ନାରୀ ପୁଷ୍ପବତୀ ହେବା, ଦଶହରା ଇତ୍ୟାଦି ଉତ୍ସବ-ଅବସର ମାନଙ୍କରେ ଗଦ୍‌ବା ସମ୍ପ୍ରଦାୟ **'ଢେମସା ନୃତ୍ୟ'** କରନ୍ତି । ଏହା ଗଦ୍‌ବା ମାନଙ୍କର ପ୍ରିୟ ନୃତ୍ୟ । ସ୍ଥଳ ବିଶେଷରେ ସେମାନଙ୍କ ନୃତ୍ୟ ଘଣ୍ଟାଏରୁ ଆରମ୍ଭ କରି ସାରା ରାତି ଲାଗିରହେ । ଧଳା, ଲାଲ,

ନୀଳ ରଙ୍ଗର ପଟାଳିଆ 'କେରେଙ୍ଗ୍' ଶାଢ଼ି ପରିଧାନ କରି ଗଦ୍‌ବା ଧାଙ୍ଗଡ଼ାମାନେ ଧାଙ୍ଗଡ଼ିମାନଙ୍କ ସହ ନୃତ୍ୟ କରନ୍ତି । ଏହା ହେଉଛି ସେମାନଙ୍କ ନିଜ ଦ୍ୱାରା ବୁଣା ଯାଉଥିବା ଏକ ପ୍ରକାର ପାରମ୍ପରିକ ଶାଢ଼ି । ଏହା ବ୍ୟତୀତ 'ମୁର୍ମି' ନାମକ ଏକ ପ୍ରକାର 'ମୁଣ୍ଡବନ୍ଧା' ପରିଧାନ ସେମାନେ ବ୍ୟବହାର କରନ୍ତି । କାନଫୁଲ, ନାକଫୁଲ ବେକରେ 'ଖାଗ୍‌ଲା' ଓ ଗୋଡ଼ରେ 'ପଏଁରୀ' ନାମକ ଅଳଂକାର ମଧ୍ୟ ସେମାନେ ପରିଧାନ କରନ୍ତି । ଏହି ନାଚରେ ଟାମକ୍, ମହୁରୀ, ଢୋଲ ଓ ତିଡ଼ିବିଡ଼ି ଆଦି ବାଦ୍ୟଯନ୍ତ୍ର ବ୍ୟବହୃତ ହୁଏ ।

ଯୁବକ ଓ ଯୁବତୀ ଉଭୟ ଏଥିରେ ଅଂଶ ଗ୍ରହଣ କରନ୍ତି । ନୃତ୍ୟଦଳରେ ୨୦/୨୫ ସଂଖ୍ୟକ କଳାକାର ମଧ୍ୟ ଭାଗନେଇ ପାରନ୍ତି । ସେମାନଙ୍କ ସଂଖ୍ୟାକୁ ନେଇ ସେମିତି କିଛି ନିୟମ ନଥାଏ । ଗଦ୍‌ବା ମାନେ ଭିନ୍ନଭିନ୍ନ ପ୍ରକାର ଢେମସା ନୃତ୍ୟ କରନ୍ତି । ତନ୍ମଧ୍ୟରୁ **ଏକସୋରିଆ ଢେମସା**, ଗୋଦ୍‌ରେ **ସାନି ଢେମସା, ଚିତାବାଲି ଢେମ୍‌ସା, ଛୋଟି ଢେମସା, ସାଇଁଲୋଡ଼ି ଢେମସା** ଇତ୍ୟାଦି କେତେକ ନୃତ୍ୟର ନାମ ନିଆ ଯାଇପାରେ । ଗଦ୍‌ବା ନୃତ୍ୟରେ ନର୍ତ୍ତକୀ ମାନେ ସଂଗୀତ ଗାନ ସହ ବାଦ୍ୟର ତାଳେତାଳେ ପାଦକୁ ପାଦ ମିଶାଇ, ପରସ୍ପରର ହାତକୁ ଅଣ୍ଟାରେ ଛନ୍ଦି, ବୃତ୍ତାକାର ଓ ଅର୍ଦ୍ଧବୃତ୍ତାକାର ଶୈଳୀରେ ବୁଲିବୁଲି ନୃତ୍ୟ କରନ୍ତି । ଦଳଗତ ସାମଞ୍ଜସ୍ୟ ସହ ଆଗକୁ ଓ ପଛକୁ ଯିବା ଆସିବା କରି, ମୁଣ୍ଡ ଉପରକୁ ଓ ଅଣ୍ଟା ନୁଆଁଇ ଅତି ଆକର୍ଷଣୀୟ ନୃତ୍ୟ ପରିବେଷଣ କରନ୍ତି । ବାଦ୍ୟର ମନ୍ଥରତା ଓ ତୀବ୍ରତା ଅନୁଯାୟୀ ସେମାନଙ୍କ ପଦଚାଳନା ଓ ପଦତାଲ ଧୀରଧୀରେ ଧୀରତାରୁ କ୍ଷିପ୍ରତା ଆଡ଼କୁ ଗତିଶୀଳ ହୋଇଥାଏ ।

୭) ଶଉରା ନୃତ୍ୟ :

ପର୍ବ ପର୍ବାଣୀ, ଉତ୍ସବ ଅନୁଷ୍ଠାନ, ବିଭାଘର ଉପଲକ୍ଷେ ଶଉରା ସମ୍ପ୍ରଦାୟ ନୃତ୍ୟ ପ୍ରସ୍ତୁତ କରିଥାନ୍ତି । ମୟୂରପୁଚ୍ଛ ଧାରଣ ସହ ବିଭିନ୍ନ ରଙ୍ଗବେରଙ୍ଗ ପୋଷାକ ପରିଧାନ କରି ଏମାନେ ନୃତ୍ୟ ପରିବେଷଣ କରନ୍ତି । ପୁରୁଷମାନେ ପଗଡ଼ି ବ୍ୟବହାର କରନ୍ତି । ଶଉରାମାନଙ୍କ ଦ୍ୱାରା ଶିଙ୍ଗାବାଦ୍ୟ, ଝାଞ୍ଜ ଓ ପିତଳ ଘଣ୍ଟା ବ୍ୟବହୃତ ହୁଏ ।

୮) ଶିଙ୍ଗବାଇଦ ନୃତ୍ୟ:

ଏହା ଏକ ଆକର୍ଷଣୀୟ ଲୋକନୃତ୍ୟ ଯାହା ଅବିଭକ୍ତ କୋରାପୁଟ ଜିଲ୍ଲାର କେତେକ ଆଦିବାସୀ ସମ୍ପ୍ରଦାୟ ଦ୍ୱାରା ପ୍ରଦର୍ଶିତ ହୋଇଥାଏ । ଏହି ନୃତ୍ୟରେ ୮/ ୧୦ଜଣ ବାଦକ ବାଦ୍ୟ ବଜାନ୍ତି । ତନ୍ମଧ୍ୟରୁ ଦୁଇଜଣ ଶିଙ୍ଗବାଦ୍ୟ ବଜାନ୍ତି ଯାହା ଟାମକ୍ ଭଳି ଦେଖାଯାଏ । ଏଥିରେ ଦୁଇପାର୍ଶ୍ୱରେ ସଂଲଗ୍ନ ଦୁଇଟି ମୋଟା ଲୁହା ମଇଁଷି ଶିଙ୍ଗ ଭଳି ଦୃଶ୍ୟମାନ ହୁଏ । ଏହାଛଡ଼ା ଝୁମୁକା, ମହୁରୀ, ଢୋଲ ଓ ତସା- ସବୁଥିରୁ ଗୋଟିଏ ଲେଖାଁ ବଜାଯାଏ । ବାଦ୍ୟ କଳାକାର ମାନଙ୍କୁ ଛାଡ଼ି ୬ରୁ ୧୦ଜଣ ନର୍ତ୍ତକୀ ଗୀତ ଗାଇ ଗାଇ ନୃତ୍ୟ ପରିବେଷଣ କରନ୍ତି । **'ଶିଙ୍ଗ ବାଇଦ'** ନୃତ୍ୟ ସଦୃଶ ସେମାନଙ୍କର ଅନ୍ୟ ଏକ ଅବିକଳ ନୃତ୍ୟ ହେଉଛି **'ଗୋଟି ବାଇଦ ନାଚ'**। ଶିଙ୍ଗ ବାଇଦ କଳାକାର ଦ୍ୱୟ ବାଦ୍ୟସହ ଅନ୍ୟାନ୍ୟ ଅନେକ ସାହସିକ କ୍ରୀଡ଼ା ଓ ମନମୋହନ କୌତୁକ ମାନ ପରିବେଷଣ କରି ଦର୍ଶକ ସଭିଙ୍କୁ ଆକର୍ଷିତ କରନ୍ତି । ବିଶ୍ୱ ପ୍ରସିଦ୍ଧି ଲାଭ କରିଥିବା ନୃତ୍ୟମାନଙ୍କ ମାନଙ୍କରେ ଏହା ଅନ୍ୟତମ ।

୯) ଝୁମର ନାଚ:

ଏହି ଲୋକନୃତ୍ୟ ଦେଶ ବାହାରେ ମଧ୍ୟ ବେଶ୍ ପ୍ରସିଦ୍ଧି ଲାଭ କରିଛି । ସୁନ୍ଦରଗଡ଼, କଳାହାଣ୍ଡି, ମୟୂରଭଞ୍ଜ ଆଦି ଜିଲ୍ଲାରେ ଏହାର ପ୍ରଚଳନ ଖୁବ୍ ଅଧିକ । ଶକ୍ତି ଉପାସନା ସହ ଏହା ସଂଶ୍ଳିଷ୍ଟ । କାଳୀପୂଜା, ଚଇତ ପରବ, ବିଭାଘର ଇତ୍ୟାଦି ଅବସରରେ ଏହାର ପ୍ରଦର୍ଶନ ଦେଖାଯାଏ । ଏହାକୁ ଏକ ନୃତ୍ୟ ପ୍ରଧାନ ଲୋକନାଟକ ରୂପେ ସ୍ୱୀକାର କରାଯାଏ । ଅନ୍ୟ କେତେକଙ୍କ ମତରେ ଏହା ଆଦିବାସୀ ନୃତ୍ୟଗୀତ ହୋଇଥିବା ବେଳେ କେନ୍ଦ୍ର ସାହିତ୍ୟ ଏକାଡେମୀଙ୍କ ଦ୍ୱାରା ଏହାକୁ (ଝୁମର ନାଚକୁ) ଆଦିବାସୀ ନୃତ୍ୟ ଭାବରେ ସ୍ୱୀକୃତି ପ୍ରଦାନ କରାଯାଇଛି । ଏହା ରାତ୍ରି ବା ଦିବା ସମୟରେ ପ୍ରଦର୍ଶିତ ହୋଇଥାଏ । ଏବେ ଏହା ଓଡ଼ିଆ, ମିଶ୍ରିତ ଓଡ଼ିଆ, ବଙ୍ଗଳା, କୁର୍ମାଳି ଭାଷାରେ ରଚିତ ହେଉଥିଲେ ମଧ୍ୟ ଏହାର ପ୍ରାରମ୍ଭିକ ଭାଷା ମୈଥିଳୀ ଥିଲା ବୋଲି କୁହାଯାଏ । ଯୁଗରୁଚିକୁ ପ୍ରାଧାନ୍ୟ ଦେଇ ପରିବର୍ତ୍ତନଶୀଳତାକୁ ଗ୍ରହଣ କରିନେଇଥିବା କାରଣରୁ ଏହି ପ୍ରାଚୀନ ପାରମ୍ପରିକ ଲୋକନୃତ୍ୟ ବୋଧହୁଏ ନିଜର ଜନ ଆଦୃତିକୁ ଅଦ୍ୟାବଧି ବଜାୟ ରଖି ପାରିଛି ।

୧୦) ନବରଙ୍ଗପୁରର ବିବିଧ ନୃତ୍ୟ ସମୂହ:

କ) ଖଣିଙ୍ଗିନାଚ:

ଖଣିଙ୍ଗି ହେଉଛି ବାଉଁଶ ପାତିଆ ନିର୍ମିତ ଏକ ବୃତ୍ତାକାର ଉପକରଣ ଯାହା ଧାନ, ବିରି ଇତ୍ୟାଦି ଶସ୍ୟମାନଙ୍କୁ ଖରାରେ ଶୁଖାଇବା ପାଇଁ ଉପଯୋଗ କରାଯାଏ । ଏହି ଉପକରଣଟି ନୃତ୍ୟପାଇଁ ପ୍ରମୁଖ ଭାବରେ ବ୍ୟବହୃତ ହେଉଥିବାରୁ ଏହି ନୃତ୍ୟର ନାମକରଣ ଏପରି ହୋଇଛି । ଦୁଇଜଣ ପୁରୁଷ ମଧ୍ୟରୁ ଜଣେ ପୁରୁଷ ଓ ଅନ୍ୟଜଣେ ନାରୀ ବେଶରେ ନିଜ ନିଜ ଅଣ୍ଟାରେ ଖଣିଙ୍ଗି ଝୁଲାଇ (ପରିଧାନ)କରି ନୃତ୍ୟ ପରିବେଷଣ କରନ୍ତି । ଖଣିଙ୍ଗିକୁ ଶାଢ଼ି ସଦୃଶ ଝାଲିର ଦ୍ୱାରା ଆବୃତ୍ତ କରାଯାଇ ଅଣ୍ଟାରେ ପିନ୍ଧାଯାଏ । ପୁରୁଷ କଳାକାର ଲାଲରଙ୍ଗର କୁର୍ତ୍ତା ପେଣ୍ଟ ପରିଧାନ କରେ ତଥା ମୁଣ୍ଡରେ ପଗଡ଼ି, ଗଳାରେ ହାର ଇତ୍ୟାଦି ଅଳଂକାରରେ ସଜ୍ଜିତ ହୋଇଥାଏ । ପେଣ୍ଟଜୋତା ପିନ୍ଧା ଏକ ଜୀବନ୍ତ ମଣିଷର ଭ୍ରମ ସୃଷ୍ଟି କରୁଥିବା ଗୋଟିଏ ପାଳ ତିଆରି ଯୁବକ ଅଥବା ଯୁବତୀ ମୂର୍ତ୍ତିକୁ ଖଣିଙ୍ଗି ଉପରେ ବସାଇ ତାହାକୁ ସେ ସ୍ୱୟଂ ଧାରଣ କରି ନୃତ୍ୟ ପରିବେଷଣ କରିଥାଏ । ସେଇପରି ସ୍ତ୍ରୀ ରୂପଧାରୀ କଳାକାର ମଧ୍ୟ ଆଉ ଗୋଟିଏ ଖଣିଙ୍ଗି ପରିଧାନ କରି ପାଳ ନିର୍ମିତ କଣ୍ଢେଇ ଧାରଣ କରି ନୃତ୍ୟ କରିଥାଏ । ବାଦ୍ୟର ତାଳେ ତାଳେ ସେମାନେ ନୃତ୍ୟ ପ୍ରଦର୍ଶନ କରୁଥିଲାବେଳେ ସେମାନଙ୍କ ସହ ଆହୁରି ୧୨/୧୫ ଜଣ ଯୁବତୀ ଏହି ନୃତ୍ୟରେ ଅଂଶ ଗ୍ରହଣ କରନ୍ତି । ବୃତ୍ତାକାର ଭାବରେ ହେଉଥିବା ଏହି ନୃତ୍ୟ ଦର୍ଶକମାନଙ୍କୁ ବେଶ୍ ଆମୋଦିତ କରିଥାଏ । ବିଭାଘର, ପର୍ବପର୍ବାଣି ଇତ୍ୟାଦିରେ ଏହି ନୃତ୍ୟ ପ୍ରଦର୍ଶିତ ହୁଏ ।

ଖ) ଖଟ୍‌ଲା ନାଚ:

'ଖଟ୍‌ଲା ନାମକ ବାଜା' ଏହି ନୃତ୍ୟର ପ୍ରମୁଖ ବାଦ୍ୟଯନ୍ତ୍ର । ଏଣୁ ନୃତ୍ୟର ନାମକରଣ **'ଖଟଲା ନୃତ୍ୟ'** ରଖାଯାଇଛି । ଏହି ବାଜାରେ ଚମଡ଼ା ବ୍ୟବହୃତ ହୁଏନାହିଁ । ଏହା କାଷ୍ଠ ନିର୍ମିତ୍ତ । ଗାଈ ମଇଷିଙ୍କ ବେକରେ ପିନ୍ଧା ଯାଉଥିବା କାଠଘଣ୍ଟି ଭଳି ଶବ୍ଦ ଏଥିରୁ ନିଷ୍ପନ୍ନ ହୁଏ । ଏହି ନୃତ୍ୟର ସମାନ ସଂଖ୍ୟକ ଧାଙ୍ଗଡ଼ା ଧାଙ୍ଗଡ଼ି ଅଂଶ ଗ୍ରହଣ କରନ୍ତି । ଅର୍ଥାତ୍ ମୋଟ ଭାଗ ନେଉଥିବା ୧୦ରୁ ୨୦ଜଣ କଳାକାରଙ୍କ ମଧ୍ୟରୁ ଅଧା ଧାଙ୍ଗଡ଼ା ହୋଇଥିଲେ ଆଉ ଅଧକ ଧାଙ୍ଗଡ଼ି ହୋଇଥାନ୍ତି । ଏହି ଖଟ୍‌ଲା ବାଜା ପରଜାମାନଙ୍କର ଏକ ପ୍ରଧାନ ବାଦ୍ୟଯନ୍ତ୍ର ରୂପେ ପ୍ରାଚୀନ

କାଳରୁ ବ୍ୟବହୃତ ହୋଇ ଆସୁଛି । ଏହି ନୃତ୍ୟରେ ଖଟ୍‌ଲା ବ୍ୟତୀତ ଢୋଲ, ଝିକା, ଗିନି ଓ ଟାମକ୍ ଇତ୍ୟାଦି ମଧ୍ୟ ବ୍ୟବହୃତ ହୋଇଥାଏ ।

ଗ) **ମାଢ଼ିଆ ନାଚ :**

ନବରଙ୍ଗପୁରର ଏହି ପ୍ରମୁଖ ନୃତ୍ୟ ଦଶାଘର, ବିଭାଘର, ଚଇତ ପରବ, ଦଶହରା, ଦିଆଲି ଇତ୍ୟାଦି ବିଭିନ୍ନ ପର୍ବ ଉତ୍ସବ ଅବସରରେ ପ୍ରଦର୍ଶିତ ହୁଏ । ଆଦିବାସୀମାନଙ୍କ ମଧ୍ୟରେ ଥିବା **'ଭତରା'** ସମ୍ପ୍ରଦାୟର ଏହା ଅତି ପ୍ରିୟ ନୃତ୍ୟ ଅଟେ । ନବରଙ୍ଗପୁରର ସୀମାବର୍ତ୍ତୀ ରାଜ୍ୟ ଛତିଶଗଡ଼ର ବିଭିନ୍ନ ସ୍ଥାନରେ ମଧ୍ୟ ଏହାକୁ ପ୍ରଧାନ ନୃତ୍ୟ ରୂପେ ଗଣନା କରାଯାଏ । ସେଠାକାର ଭତରା-ଆଦିବାସୀମାନେ ବିଶେଷକରି ଦେବୀ ଦନ୍ତେଶ୍ୱରୀଙ୍କ ଆଶୀର୍ବାଦ ପ୍ରାପ୍ତି ନିମନ୍ତେ ଏହି ନୃତ୍ୟ ପରିବେଷଣ କରିଥାନ୍ତି । ଏହି ନୃତ୍ୟରେ ପୁରୁଷ-ବେଶୀ ଧାଙ୍ଗଡ଼ାମାନଙ୍କୁ 'ମାଢ଼ିଆ' ଓ ସ୍ତ୍ରୀବେଶୀ 'ଧାଙ୍ଗଡ଼ି' ମାନଙ୍କୁ **'ମାଢ଼େନି'** ରୂପେ ସମ୍ବୋଧନ କରାଯାଏ । ଏହି ନୃତ୍ୟ ପାଇଁ ତିନିଜଣ ଯୁବତୀ (ମାଢ଼େନି) ଓ ଦୁଇଜଣ ଯୁବକ (ମାଢ଼ିଆ) କଳାକାର ଆବଶ୍ୟକ ହୁଅନ୍ତି ।

ଘ) **ଧୁଡ୍ରା ନାଚ:**

ଚଇତ ପରବ୍, ବିଭାଘର, ଦଶାଘର, ପୁଷ୍‌ପୁନେଇଁ ଓ ଅନ୍ୟ ଉତ୍ସବ ପର୍ବ ଅବସରରେ ଏହି ଲୋକନୃତ୍ୟ ସାରା ନବରଙ୍ଗପୁରରେ ବିଭିନ୍ନ ସ୍ଥାନରେ ପ୍ରଦର୍ଶିତ ହୁଏ । ଏହି ନୃତ୍ୟଦଳରେ ୧୦/୧୫ଜଣ ଅଂଶ ଗ୍ରହଣ କରନ୍ତି । କିଛି କଳାକାର ନୃତ୍ୟ କରୁଥିବା ବେଳେ ଅନ୍ୟମାନେ ବାଦ୍ୟ ବଜାନ୍ତି । ଏଥିରେ ମଧ୍ୟ ଜଣେ ଗୁରୁଙ୍କ ମାର୍ଗଦର୍ଶନରେ ନୃତ୍ୟଗୀତ ସମାନ୍ତର ଭାବରେ ମଞ୍ଚସ୍ଥ ହୁଏ । ତିଡ଼ିବିଡ଼ି, ଝୁମୁକା, ଗିନି, ଟାମକ୍ ଇତ୍ୟାଦି ବାଦ୍ୟଯନ୍ତ୍ର ବ୍ୟବହୃତ ହୁଏ । ମୁଖ୍ୟ ବାଦ୍ୟଯନ୍ତ୍ର ହେଲା କାଠ ତିଆରି 'ଧୁଡୁରା' ଯେଉଁଥିରୁ ଠକ୍‌ଠାକ୍ ଶବ୍ଦ ବାହାରିଥାଏ ।

ଙ) **ଗୁରୁଣ୍ଡି ନାଚ :**

ଏହି ପ୍ରାଚୀନ ଲୋକନୃତ୍ୟ ଦଶାଘର, ବିଭାଘର, ପୁଷ୍ ପୂନେଇଁ, ଚଇତ ପରବ୍, ରଥଯାତ୍ରା, ଦଶହରା ଇତ୍ୟାଦି ପୂଜା ପାର୍ବଣ ସମୟରେ ନବରଙ୍ଗପୁରର

ଭିନ୍ନ ଭିନ୍ନ ଅଞ୍ଚଳରେ ଅନୁଷ୍ଠିତ ହୁଏ । କେତେକ ଆଦିବାସୀ ସମ୍ପ୍ରଦାୟ ଏହି ନୃତ୍ୟକୁ ଜୀବିକା ଭାବରେ ଗ୍ରହଣ କରି ବିଭିନ୍ନ ସ୍ଥାନରେ ପ୍ରଦର୍ଶନ କରନ୍ତି । ଏହି ନୃତ୍ୟ ପାଇଁ ୧୦/୧୫ ଜଣ କଳାକାର ଆବଶ୍ୟକ ହୁଅନ୍ତି । ଏହା ରଥଯାତ୍ରାରୁ ଆରମ୍ଭ ହୋଇ ନୂଆଁଖାଇ ପର୍ଯ୍ୟନ୍ତ ବିଶେଷ ଭାବରେ ପ୍ରଦର୍ଶିତ ହୁଏ ।

ଉପରୋକ୍ତ ନୃତ୍ୟ ବ୍ୟତୀତ ନବରଙ୍ଗପୁର ଜିଲ୍ଲାରେ **ଘୁଡୁକି ନୃତ୍ୟ, ହଂସ ନୃତ୍ୟ, ପେଟା ପର୍ଶୁ ନୃତ୍ୟ** ଇତ୍ୟାଦି ନାଚ ମଧ୍ୟ ଅତ୍ୟନ୍ତ ଲୋକପ୍ରିୟ ଏବଂ ଆକର୍ଷଣୀୟ ଅଟେ ।

୧୧) **ଦୁରୁଆ ନୃତ୍ୟ:**

ଦୁରୁଆ ନାମକ ଆଦିବାସୀ ସମ୍ପ୍ରଦାୟ ମୁଖ୍ୟତଃ କୋରାପୁଟ ଜିଲ୍ଲାର ବାସିନ୍ଦା ହେଲେ ମଧ୍ୟ ଓଡ଼ିଶାର ଅନ୍ୟାନ୍ୟ ସ୍ଥାନରେ ବି ଉଣା ଅଧିକ ଦେଖା ଯାଆନ୍ତି । କର୍ମବ୍ୟସ୍ତ ଜୀବନକୁ ଉପଭୋଗ କରିବା ନିମିତ୍ତ **'ଦୁରୁଆ'** ମାନେ ନୃତ୍ୟଗୀତକୁ ପ୍ରମୁଖ ସ୍ଥାନ ଦେଇଥାନ୍ତି । ସେମାନଙ୍କର ସବୁଠୁଁ ପ୍ରିୟ ନୃତ୍ୟ ମଧ୍ୟରେ **'ବର୍ଲିନୃତ୍ୟ'** ଓ **'ଏଡୁଏଡୁ ନାଚ'**କୁ ନିଆଯାଇ ପାରେ -

କ) **ବର୍ଲିନୃତ୍ୟ :**

ପୁଷ୍ ପୁନେଇଁର ଦୁଇ ସପ୍ତାହ ପୂର୍ବରୁ ଦୁରୁଆ ଆଦିବାସୀ ଯୁବକ-ଯୁବତୀମାନଙ୍କ ଦ୍ୱାରା ଏହି ନୃତ୍ୟ ଆରମ୍ଭ ହୋଇଯାଏ । ଏହି ନୃତ୍ୟପାଇଁ ସେମାନେ ରାତିଦିନ ମଧ୍ୟ ଭୁଲି ଯାଆନ୍ତି । ଦୁରୁଆ ଗଉଡ଼ 'ଶିଂଗା' ବଜାଇ ସଂକେତ ଦେଲାପରେ ପ୍ରତ୍ୟହ ରାତିରେ ଏହି ନୃତ୍ୟ ଆରମ୍ଭ ହୋଇ ରାତିସାରା ଅବ୍ୟାହତ ରହେ । ନୃତ୍ୟ ପୂର୍ବରୁ ନର୍ତ୍ତକ ନର୍ତ୍ତକୀ ମାନେ ଲନ୍ଦା, ପେଣ୍ଡମ୍ ଇତ୍ୟାଦି ଏକ ପ୍ରକାର ମଦ୍ୟ ପାନ କରିଥାନ୍ତି । ମଇଁଷି ଶିଙ୍ଗ ସଦୃଶ ଦେଖା ଯାଉଥିବା 'ଶିଂଗା' ହେଉଛି ଏଭଳି ଏକ ବାଦ୍ୟ ଯାହା ବିପଦ ଆପଦ ସମୟରେ ବା ବେଣ୍ଟ ଯାତ୍ରା (ଶିକାର ଯାତ୍ରା)ଅଥବା ଆନନ୍ଦ ଉତ୍ସବ ସମୟରେ ଦୁରୁଆମାନଙ୍କୁ ଏକତ୍ରିତ ହେବା ପାଇଁ ସଂକେତ ପ୍ରଦାନ କରିଥାଏ । ପୁଷ୍ ପୁନେଇଁ, ଦିଆଲି, ନୂଆଖିଆ, ଚଇତ୍‌ପରବ, ବିଭାଘର, ଧାନକଟା, ଶିଶୁଜନ୍ମ ଓ ଦଶାଘର ଇତ୍ୟାଦି ଉତ୍ସବ ପର୍ବ ସମୟରେ ବର୍ଲିନାଚ ଅନୁଷ୍ଠିତ ହୁଏ । ଏହି ନୃତ୍ୟରେ ୩୦/୪୦ ଧାଙ୍ଗଡ଼ା ଧାଙ୍ଗଡ଼ି ସାମିଲ ହୋଇ ପାରନ୍ତି । ଏଥି ସକାଶେ

ବ୍ୟବହୃତ ହେଉଥିବା ବାଦ୍ୟଯନ୍ତ୍ର ଗୁଡ଼ିକ ହେଲା ବଂଶୀ, ତିଡ଼ିବିଡ଼ି, ମାଦଲ ଇତ୍ୟାଦି । ଧାଙ୍ଗଡ଼ାମାନେ ନାଚ ପୂର୍ବରୁ ଧନୁ, ଶର, ସିଙ୍ଗା, ମଇଁଷି ଶିଙ୍ଗ, ହରିଣ ଶିଙ୍ଗ, ଟାଙ୍ଗିଆ ଏପରି କି କୃଷି ଉପକରଣ ମାନ ଧାରଣ କରି ନୃତ୍ୟ ପାଇଁ ବାହାରି ପଡ଼ନ୍ତି । ନର୍ତ୍ତକ ନର୍ତ୍ତକୀ ଉଭୟ 'ଟାଇଫଳ' (ଜଙ୍ଗଲି ଫଳ)କୁ ଘୁଙ୍ଗୁର ଭାବରେ ଗୋଡ଼ରେ ବାନ୍ଧନ୍ତି ଓ ଏକ ପ୍ରକାର ଖଦି ଯାହାକୁ 'ଦୁରୁଆ ପାଟେଇ' କୁହାଯାଏ– ତାହା ପରିଧାନ କରନ୍ତି । ଯୁବତୀମାନେ ଗଳାରେ 'ଦୁରୁଆ ମାଳି' ଏବଂ ହାତରେ 'ଚିନ୍‌ଫୁଲ୍' (ଖଡୁ) ପିନ୍ଧି ନୃତ୍ୟ ପାଇଁ ସଜେଇ ହୁଅନ୍ତି ।

ଖ) **ଏଡୁ ଏଡୁ ନୃତ୍ୟ:**

ଉପର ବର୍ଣ୍ଣିତ ଦୁରୁଆ ଆଦିବାସୀ ସମ୍ପ୍ରଦାୟର ଏହି ନାଚ ସବୁଠୁଁ ଲୋକପ୍ରିୟ ନୃତ୍ୟ କହିଲେ ଅତ୍ୟୁକ୍ତି ହେବନାହିଁ । ଏହି ନାଚରେ ଯୁବତୀ, କିଶୋରୀମାନେ ଗୋଟିଏ ଦଳରେ ଏବଂ ବୟସ୍କା ଓ ବୃଦ୍ଧାମାନେ ଅନ୍ୟ ଦଳରେ ରହି ନୃତ୍ୟଗୀତ ପରିବେଷଣ କରନ୍ତି । ପୁରୁଷମାନେ କେବଳ ଦର୍ଶକ ଭାବରେ ଥାଇ ମଜା ଉଠାଇଥାନ୍ତି । ଏହା ଏକ ଆମୋଦଦାୟକ ନୃତ୍ୟ । 'ବିର୍ଲିନୃତ୍ୟ' ପରି **'ଏଡୁ ଏଡୁ ନୃତ୍ୟ'** ମଧ୍ୟ ପୁଷ୍ପୁନେଇଁ ପର୍ବର ଦୁଇସପ୍ତାହ ପୂର୍ବରୁ ଆରମ୍ଭ ହୁଏ । ଏହି ସମୟରେ କିଶୋରୀ ଓ ଯୁବତୀ ମାନେ ଗାଁ ଗାଁ ବୁଲି ଚାଉଳ ଓ ଭୋଜନ ସାମଗ୍ରୀମାନ ମାଗଣ କରନ୍ତି । ସେମାନେ ଏଥିପାଇଁ ସକାଳେ ବାହାରିଯାନ୍ତି ଓ ସନ୍ଧ୍ୟାରେ ଘରକୁ ଫେରନ୍ତି । ମାଗଣରୁ ଫେରିବା ପରେ ଗୃହ କର୍ମରୁ ନିବୃତ୍ତ ହୋଇ ନୃତ୍ୟ ନିମନ୍ତେ ପ୍ରସ୍ତୁତ ହୋଇ ଏକଜୁଟ ହୁଅନ୍ତି । ଏହି ନୃତ୍ୟରେ କୌଣସି ବାଦ୍ୟଯନ୍ତ୍ର ବ୍ୟବହୃତ ହେବା ଦେଖାଯାଏ ନାହିଁ କିନ୍ତୁ ନାଚଗୀତରେ ଆସର ଚାଲେ । ପୂର୍ବରୁ କୁହାଯାଇଛି ନୃତ୍ୟ ପାଇଁ ଦୁଇଦଳ ଆବଶ୍ୟକ ହୁଅନ୍ତି । ଯେଉଁ ଦଳରେ ବୟସ୍କା ସ୍ତ୍ରୀଲୋକ ମାନେ ଥାନ୍ତି ସେମାନେ ନିଜ ହାତରେ ଧାତୁଗଢ଼ା ଖଡୁ ପିନ୍ଧନ୍ତି । ସେମାନେ ଦୁଇହାତର ଖଡୁକୁ ଖଡୁ ସହ ବଜାଇ ଏକ ପ୍ରକାର ସାଙ୍କେତିକ ଇଙ୍ଗିତ ମାଧ୍ୟମରେ ଯୁବତୀ ନର୍ତ୍ତକୀମାନଙ୍କୁ ବିବିଧ ପ୍ରଶ୍ନ ପଚାରନ୍ତି । ଏଇ ପ୍ରଶ୍ନର ଉତ୍ତର ଯୁବତୀମାନେ **'ଏଡୁ ଏଡୁ ଗୀତ'** ଦ୍ୱାରା ସାମୁହିକ ଭାବରେ ପ୍ରଦାନ କରିଥାନ୍ତି । ସାଧାରଣତଃ ଯୁବତୀମାନଙ୍କୁ ସେମାନଙ୍କ ଗାଁ ଗାଁ ମାଗଣ ସମୟରେ ମଜାଳିଆ ଅନୁଭବ, ସେମାନଙ୍କ ପ୍ରେମ ସମ୍ପର୍କ ବା କେଉଁ ଯୁବତୀ କେଉଁ ଗାଁର କେଉଁ

ଯୁବକକୁ ଭଲ ପାଇଲାଣି–ଇତ୍ୟାଦିକୁ ନେଇ ପ୍ରଶ୍ନ ଗୁଡ଼ିକ କରାଯାଇଥାଏ । ଅଥବା ବଣ ଜଙ୍ଗଲ ଝରଣା ପ୍ରକୃତି ଓ ବନ୍ୟଜନ୍ତୁ ଇତ୍ୟାଦି ବିଷୟରେ ସେମାନଙ୍କ ଧାରଣା ଓ ଅନୁଭବ ବିଷୟରେ ପ୍ରଶ୍ନ କରାଯାଏ । ଯୁବତୀମାନେ ଗୀତ ମାଧ୍ୟମରେ ଏସବୁର ଉତ୍ତର ଦେଇଁ ଦେଇଁ ଗୀତର ତାଳେତାଳେ ନୃତ୍ୟ କରିବାକୁ ଆରମ୍ଭ କରି ଦିଅନ୍ତି । ନୃତ୍ୟ ସମୟରେ ସେମାନେ ପରସ୍ପର କାନ୍ଧରେ ଅଣ୍ଟାରେ ହାତଛନ୍ଦି ନୃତ୍ୟ କରନ୍ତି । ନିୟମ ଅନୁଯାୟୀ ଯୁବତୀମାନେ ନିଜ ନିଜ ଦକ୍ଷିଣ ହସ୍ତକୁ ତାର ଦକ୍ଷିଣ ପାର୍ଶ୍ୱସ୍ଥ ଯୁବତୀର କାନ୍ଧରେ ରଖନ୍ତି ଏବଂ ବାମହସ୍ତଟି ବାମପଟେ ଥିବା ଯୁବତୀର ଅଣ୍ଟାରେ ରଖି ନୃତ୍ୟ ଚାଲେ । ନୃତ୍ୟବେଳେ ସେମାନେ ଦୁଇପାଦ ଆଗକୁ ଯାଇ ପୁଣି ଦୁଇପାଦ ପଛକୁ ଫେରି ଉପଯୁକ୍ତ ପଦପାତ-ତାଳ ନିୟମରେ ନୃତ୍ୟ କରନ୍ତି । ଏହି ନୃତ୍ୟ ବେଶ୍ ଉପଭୋଗ୍ୟ ଏବଂ ଆନନ୍ଦ ପ୍ରଦାନକାରୀ ହୋଇଥାଏ ।

୧୨) **କୋୟା ନୃତ୍ୟ :**

ଏହା କୋୟା ଆଦିବାସୀମାନଙ୍କର ଏକ ଅତ୍ୟନ୍ତ ପ୍ରାଚୀନ ଓ ପାରମ୍ପରିକ ଲୋକପ୍ରିୟ ନୃତ୍ୟ ଅଟେ । ଓଡ଼ିଶାର ମାଲକାନଗିରି ଜିଲ୍ଲାର ବାସିନ୍ଦା କୋୟା ସମ୍ପ୍ରଦାୟ ମଧ୍ୟରେ ଏହି ନୃତ୍ୟ ଦୃଷ୍ଟିଗୋଚର ହୁଏ । ତେବେ ସମଗ୍ର ଅବିଭକ୍ତ କୋରାପୁଟ ଜିଲ୍ଲାରେ କୋୟାମାନେ ବାସ କରନ୍ତି ଏମାନେ ଏହି ନୃତ୍ୟକୁ ପ୍ରାଣଭରି ଭଲ ପାଆନ୍ତି । ଏବେ ତ ଏହି ନୃତ୍ୟ ସମଗ୍ର ଦେଶରେ ଏକ ଲୋକପ୍ରିୟ ନୃତ୍ୟ ଭାବରେ ଖ୍ୟାତି ପ୍ରାପ୍ତ ହୋଇଯାଇଛି । ଦୀର୍ଘାକାର ଢୋଲ ସହିତ କାଠ ବା ବାଉଁଶ ତିଆରି ନୃତ୍ୟଦଣ୍ଡକୁ ଏହି ନୃତ୍ୟ ନିମନ୍ତେ ବାଦ୍ୟଯନ୍ତ୍ର ଭାବରେ ଗ୍ରହଣ କରାଯାଏ । ନୃତ୍ୟଦଣ୍ଡ ଏପରି ଭାବରେ ନିର୍ମିତ ଯେ ଏହାକୁ ଭୂମିରେ ବାଡ଼େଇଲେ ତାହା ଝଣଝଣ ଶବ୍ଦ ସୃଷ୍ଟିକରେ ଯାହା ଯୁବତୀମାନଙ୍କ ଦ୍ୱାରା ବ୍ୟବହୃତ ହୁଏ । ଏହି ନୃତ୍ୟ ପୁଷ୍ ପରବ, ଚଇତ ପରବ୍, ନୂଆଁଖିଆ, ଶିଶୁଜନ୍ମ ବା ବିଭାଘର ଇତ୍ୟାଦି ଉତ୍ସବରେ ଅନୁଷ୍ଠିତ ହୁଏ । କୋୟାମାନେ ମହୁଲି ମଦ୍ୟପାନ କରି ନୃତ୍ୟ କରନ୍ତି । ଗୋଟିଏ ନୃତ୍ୟଦଳରେ ସମାନ ସଂଖକ ନର୍ତ୍ତକ (୧୦/୧୫ଜଣ) ଓ ନର୍ତ୍ତକୀ (୧୦/୧୫ଜଣ) ନୃତ୍ୟ କରନ୍ତି । ସେମାନେ ବାଦ୍ୟତାଲ ଅନୁରୂପ ପଦପାତ କରି ନୃତ୍ୟ କରନ୍ତି । ଯୁବକମାନେ ବାଦ୍ୟର ତାଲକୁ ଧୀରେଧୀରେ ବଢ଼େଇ ବଢ଼େଇ ସେ ଅନୁଯାୟୀ ପଦପାତକୁ ଅନୁସରଣ କରନ୍ତି । ଯୁବତୀମାନେ କାଳେ ପଛରେ ପଡ଼ିଯିବେ

ଏଥିପାଇଁ ସେମାନେ ମଧ୍ୟ ବାଦ୍ୟର ତାଳେତାଳେ ପଦପାତକୁ ଆବୋରି ନିଅନ୍ତି । ସେମାନଙ୍କ ଭିତରେ ଏକପ୍ରକାର ପ୍ରତିଯୋଗିତା ଚାଲେ । ଯେଉଁ ଦଳ ପଛରେ ରହିଯାଏ ବା ଥକିପଡ଼େ ସେ ହାରିଗଲା ବୋଲି ବୁଝାଯାଏ । ଏହି ନୃତ୍ୟ ଯେପରି ମନୋଜ୍ଞ ସେଇପରି ହୃଦୟଗ୍ରାହୀ ।

୧୩) **ଗଣ୍ଡନୃତ୍ୟ:**

ଗଣ୍ଡ ଯୁବକ ଓ ଯୁବତୀମାନେ ପର୍ବପର୍ବାଣି ଯଥା ଚଇତ ପରବ, ନୂଆଁଖିଆ, ପୁଷ୍ ପୁନେଇଁ, ଅକ୍ଷୟ ତୃତୀୟା, ଚାଉଳ ଧୁଆ ଯାତରା, ଦଶରା, ଦିଆଲି, ବିଭାଘର ଇତ୍ୟାଦି ସମୟରେ **'ମାଟି ମନ୍ଦର ନାଚ'** ନାମକ ନୃତ୍ୟ ରଚନା କରନ୍ତି । ଯୁବକ ଓ ଯୁବତୀ ଉଭୟ ଏଥିରେ ଭାଗ ନେଇଥାନ୍ତି । ଗଣ୍ଡମାନେ ଅଧିକ ସଂଖ୍ୟାରେ ନବରଙ୍ଗପୁର ଜିଲ୍ଲାର ବିଭିନ୍ନ ସ୍ଥାନରେ ବାସବାସ କରନ୍ତି । ଏହି ନୃତ୍ୟରେ ସେମାନେ **'ଧୁଡୁରା'** ନାମକ ପ୍ରମୁଖ ବାଦ୍ୟଯନ୍ତ୍ର ସହ ଟାମକ୍, ମାନ୍ଦଲ, ଚିଟ୍‌କଲି ଇତ୍ୟାଦି ବ୍ୟବହାର କରନ୍ତି । ଏହା ଏକ ଉପଭୋଗ୍ୟ ପ୍ରଣୟଭିତ୍ତିକ ଲୋକନୃତ୍ୟ । ଯୁବତୀମାନେ ଗୀତ ଗାଇ ଗାଇ ନୃତ୍ୟ କରନ୍ତି । ଏହି ନୃତ୍ୟ ଅର୍ଦ୍ଧବୃତ୍ତାକାର ବା ସିଧାଧାଡ଼ିରେ ପଦପାତ ପୂର୍ବକ ପରିବେଷିତ ହୁଏ । ଯୁବକମାନେ ବାଦ୍ୟ ସହ ନୃତ୍ୟକୁ ଧୀର ଗତିରୁ ପ୍ରାରମ୍ଭକରି କ୍ରମେ କ୍ଷିପ୍ରତର ନୃତ୍ୟ ଅବଲମ୍ବନ କରନ୍ତି । ମଝିରେ ମଝିରେ ସେମାନଙ୍କ ଉତ୍ସାହ ବୃଦ୍ଧି ହୋଇ ନୃତ୍ୟର ତାଳ ସହ ଉପରକୁ କୁଦି ନାଚ କରନ୍ତି । ନର୍ତ୍ତକୀମାନେ ନାଲିଧଡ଼ି ଯୁକ୍ତ ଧଳାଶାଢ଼ି ପରିଧାନ କରନ୍ତି । ସେମାନଙ୍କ ପାଦରେ ଘୁଙ୍ଗୁର ଥାଏ । ଏମାନେ ନାଚ ସହ ଗୀତ ମଧ୍ୟ ଗାଇଥାନ୍ତି । ପୁରୁଷ କଳାକାରମାନେ ଏକପ୍ରକାର ଅଣ୍ଟାପଟି (ପେଟା) ପିନ୍ଧନ୍ତି ଯାହା କଉଡ଼ି ଦ୍ୱାରା ତିଆରି ହୋଇଥାଏ । ସେମାନଙ୍କ ମୁଣ୍ଡରେ ପକ୍ଷୀପର ଓ ଫୁଲ ଲଗା ପଗଡ଼ି ତଥା ଗୋଡ଼ରେ ଘୁଙ୍ଗୁର ଥାଏ । ଏମାନେ ନୀଳ ବା କଳା କୁର୍ତ୍ତା ଓ ଅଣ୍ଟାରେ ଏକପ୍ରକାର ନାଲିରଙ୍ଗ 'କପଡ଼ା ଘେରା' ପିନ୍ଧିଥାନ୍ତି । ଗଳାରେ ପିନ୍ଧିବା ପାଇଁ ଫୁଲ ହାର ବ୍ୟବହାର କରନ୍ତି । ନାଚ ପାଇଁ ଜଣେ ବଡ଼ ମୁଖିଆ ଓ ଜଣେ ସାନ ମୁଖିଆ ଥାନ୍ତି । ସେମାନେ ମୁଣ୍ଡରେ ଶିଙ୍ଗ ଥିବା ମୁକୁଟ ପରିଧାନ କରନ୍ତି । ଏହି ଶିଙ୍ଗ କାଠରେ ତିଆରି ହୋଇଥାଏ । ମୁଖିଆ ବ୍ୟବହାର କରୁଥିବା ଏକ ହୁଇସିଲ ଦ୍ୱାରା ନୃତ୍ୟର ଭିନ୍ନଭିନ୍ନ ପର୍ଯ୍ୟାୟ ନିୟନ୍ତ୍ରିତ ହୁଏ ।

୧୪) ଧାଙ୍ଗଡ଼ାଧାଙ୍ଗଡ଼ି ନୃତ୍ୟ:

ଏହା ଡଙ୍ଗରିଆ କନ୍ଧ ମାନଙ୍କର ଏକ ବିଳାସପ୍ରିୟ ନୃତ୍ୟ । ଏହି ନୃତ୍ୟକୁ ଯୁବକ ଯୁବତୀମାନେ ପରସ୍ପର ମଧ୍ୟରେ ପ୍ରେମ ସମ୍ଭାଷଣ ନିବେଦନ କରି ନିଜ ନିଜର ଜୀବନ ସାଥୀ ସ୍ଥିର କରିବା ପାଇଁ ବ୍ୟବହାର କରିଥାନ୍ତି । ଏଥିରେ ୧୫/୨୦ବା ଅଧିକ ସଂଖ୍ୟକ ଧାଙ୍ଗଡ଼ାଧାଙ୍ଗଡ଼ି ଭାଗ ନେବା ଦେଖାଯାଏ । ଯୁବକ ଓ ଯୁବତୀ ଅଲଗା ଅଲଗା ଦଳ ରଚନା କରି ନୃତ୍ୟ କରନ୍ତି । ରାୟଗଡ଼ା ଜିଲ୍ଲାରେ ଅଧିକ ସଂଖ୍ୟାରେ ଡଙ୍ଗରିଆ କନ୍ଧ ବସବାସ କରନ୍ତି । ଧାଙ୍ଗଡ଼ିମାନେ ପ୍ରତ୍ୟେକ ନିଜର ଦକ୍ଷିଣ ହସ୍ତ ଡାହାଣ ପାଖରେ ଥିବା ଧାଙ୍ଗଡ଼ିର କାନ୍ଧରେ ରଖି ବାମହାତରେ ନିଜ ବାମପାଖରେ ଥିବା ନର୍ତ୍ତକୀର ଅଣ୍ଟାକୁ ଧରେ । ସେମାନେ ନୃତ୍ୟବେଳେ ଦୁଇପାଦ ବାଦ୍ୟ ତାଳକ୍ରମରେ ଆଗକୁ ଅଗ୍ରସର ହୋଇ ପୁଣି ଦୁଇପାଦ ପଛ ଆଡ଼କୁ ଫେରନ୍ତି । ଏଇ ସମୟରେ ଗୀତ ଗାଇ ସେମାନେ ଯୁବକମାନଙ୍କୁ ପ୍ରେମ ନିବେଦନ ସହ ହସ ମଜ୍ଜା ଓ ଟାହି ଟାପରା କରିଥାନ୍ତି । ଏଥିରେ ଯୁବକମାନେ ଡାପୁ, ନିଶାଣି ଇତ୍ୟାଦି ବାଦ୍ୟଯନ୍ତ୍ର ବାଦନ କରୁଥିବା ବେଳେ ଯୁବତୀମାନଙ୍କ ମଧ୍ୟରୁ ଜଣେ ଦୁଇଜଣ କାଠ ନିର୍ମିତ ଗିନି ବଜାନ୍ତି । ଏହି ନୃତ୍ୟ ଡଙ୍ଗରିଆ କନ୍ଧମାନଙ୍କ ଦ୍ୱାରା ସେମାନଙ୍କ ମୁଖ୍ୟ ଦେବୀ ଧରଣୀ ପେନୁ ବା ଭୂମି ମାତାଙ୍କ ଉପାସନା ଉପଲକ୍ଷେ କରାଯାଏ । ଏହା କେଡୁ ପର୍ବ କହନ୍ତି । 'କେଡୁ' ଅର୍ଥ ମଇଁଷି । ଏହି ପୂଜାରେ ମଇଁଷି ବଳି ଦିଆଯାଏ । ପୂର୍ବେ ଏହାକୁ 'ମେରିଆ ପର୍ବ' କୁହାଯାଉଥିଲା । 'ମେରିଆ' ଅର୍ଥ ମାନବ । ପୂର୍ବେ ଏହି ପର୍ବରେ ମଣିଷ ବଳି ଦିଆଯାଉଥିଲା । ଏବେ ଡଙ୍ଗରିଆ ମାନେ ସେ ପରମ୍ପରାରୁ ଓହରି 'କେଡୁ ପର୍ବ' ପାଳନ କରିଥାନ୍ତି । ଏ ପର୍ବ ବ୍ୟତୀତ ବିଭାଘର, ଦଶାଘର, ବାଲିଯାତ୍ରା, ରଥଯାତ୍ରା ଇତ୍ୟାଦି ସମୟରେ ସେମାନେ **'ଧାଙ୍ଗଡ଼ା ଧାଙ୍ଗଡ଼ି ନୃତ୍ୟ'** ଆୟୋଜନ କରନ୍ତି । ଏଇ ନୃତ୍ୟ ସାରା ଦେଶରେ ପ୍ରସିଦ୍ଧି ଅର୍ଜନ କରିଛି ।

୧୫) ଶବର ନାଚ:

ଏହି ପ୍ରାଚୀନ ନୃତ୍ୟ କୋରାପୁଟ ଜିଲ୍ଲାର ଅଧିବାସୀ ଶବର ସମ୍ପ୍ରଦାୟ ଦ୍ୱାରା ପରିବେଷିତ ହୋଇଥାଏ । ଏଥିରେ ପୌରାଣିକ କାହାଣୀ ବା କଥାବସ୍ତୁକୁ ଆଧାର କରି ରଚିତ ଗୀତମାନ ବୋଲା ଯାଇଥାଏ । ଚଇତ ପରବ୍, ଦିଆଲି,

ପୁଷ୍ ପୁନେଇଁ, ବିଭାଘର, ଦଶାଘର ଇତ୍ୟାଦି ପର୍ବପର୍ବାଣି ଉପଲକ୍ଷେ ଶବର ଶବରୁଣୀମାନଙ୍କ ଦ୍ୱାରା ଏହା ଆୟୋଜିତ ହୁଏ । ନୃତ୍ୟଗୁରୁଙ୍କ ଦ୍ୱାରା ଗୀତ ଆବୃତ୍ତି ହୁଏ । ୩/୪ଜଣ ବାଦ୍ୟକାର ମହୁରୀ, ଢାପୁ, ତିଡ଼ିବିଡ଼ି, ଗିନି, ଟାମକ୍, ଝୁମୁକା ଇତ୍ୟାଦି ବାଦନ କରନ୍ତି । ଏବେ ଆଦିବାସୀମାନେ ମଧ୍ୟ 'ଶବର ଶବରୁଣୀ ନୃତ୍ୟ' କଲେଣି । ନୃତ୍ୟ ସମୟରେ ଯୁବକ ନର୍ତ୍ତକ ମୁଣ୍ଡରେ ମୟୂର ପର ଲଗାଇ ହାତରେ ଧନୁଶର ଧାରଣ କରନ୍ତି । ଜରିକାମ ହୋଇଥିବା ଆଭୂଷଣ ପରିଧାନ କରନ୍ତି । ନର୍ତ୍ତକୀ ଶାଢ଼ି ପିନ୍ଧନ୍ତି । ଏଥିରେ ଦୁଇଜଣ ନର୍ତ୍ତକ ଓ ଜଣେ ନର୍ତ୍ତକୀ ହେଲେ କାମ ଚଳେ । ଯୁବକ ମଧ୍ୟ ଶାଢ଼ି ପିନ୍ଧି ନର୍ତ୍ତକୀ ବେଶରେ ନୃତ୍ୟରେ ଅଂଶ ଗ୍ରହଣ କରିପାରନ୍ତି । ଏହି ନୃତ୍ୟ ପ୍ରଦର୍ଶନ କରି ଜୀବିକା ନିର୍ବାହ ସକାଶେ ଆଦିବାସୀ କଳାକାରମାନେ ଗାଁକୁ ଗାଁ ବୁଲି ମାଗଣ ମଧ୍ୟ କରନ୍ତି ।

୧୬) **ଆଦିବାସୀଙ୍କ ଦେଶିଆନାଟ:**

ଆଦିବାସୀ ସମାଜରେ 'ଦେଶିଆ ନାଟ' ଅତ୍ୟନ୍ତ ଜନପ୍ରିୟ ଲୋକକଳା ଭାବରେ ପ୍ରାଚୀନ କାଳରୁ ପ୍ରସିଦ୍ଧି ପ୍ରାପ୍ତ କରି ଆସିଛି । ପୂର୍ବେ ଏହା ସାଧାରଣତଃ ପୂର୍ଣ୍ଣିମା ଅଥବା ଉଜ୍ଜ୍ୱଳ ଚନ୍ଦ୍ର କିରଣ ଉପଲବ୍ଧ ଥିବା ରାତ୍ରିମାନଙ୍କରେ ଅଭିନୀତ ହେଉଥିଲା । ପରବର୍ତ୍ତୀ କାଳରେ ପେଟ୍ରୋମାକ୍ସ ଓ ଏବେ ତ ବିଦ୍ୟୁତ ଆଲୁଅ ବ୍ୟବସ୍ଥା ହେବାରେ କୌଣସି ଅସୁବିଧା ହେଉନାହିଁ । ଲୋକେ ରାତି ତମାମ ବଡ଼ ଉତ୍ସାହ ଓ ଆନନ୍ଦ ସହ ଏହାର ଅଭିନୟକୁ ଉପଭୋଗ କରିଥାନ୍ତି । ଦେଶିଆ ନାଟ ଆୟୋଜନର ଖବର ପ୍ରସାରିତ ହେବା ମାତ୍ରେ ପ୍ରଦର୍ଶନସ୍ଥଳକୁ ଯେପରି ଏକ ଜନସ୍ରୋତ ବିଭିନ୍ନ ରାସ୍ତା ଦେଇ ଛୁଟି ଆସେ । ଏହାର ଅଧିକ ଲୋକପ୍ରିୟତା କାରଣରୁ ବିଭିନ୍ନ ଗାଁମାନଙ୍କରେ 'ନାଟ୍ୟଦଳ' ଗୁଡ଼ିକ ଗଢ଼ି ଉଠିଥିବା ଦୃଷ୍ଟିଗୋଚର ହୁଏ । ନାଟକଗୁଡ଼ିକ ସାଧାରଣତଃ ସାମାଜିକ, ପୌରାଣିକ, ପାରିବାରିକ ଅଥବା କାଳ୍ପନିକ କଥାବସ୍ତୁକୁ ଆଧାର କରି ରଚିତ ହୋଇଥାଏ । ଦେଶିଆ ନାଟଗୁଡ଼ିକ ମନୋରଞ୍ଜନଧର୍ମୀ ହୋଇଥିବାରୁ ଦର୍ଶକମାନଙ୍କ ଦ୍ୱାରା ବେଶ୍ ଉପଭୋଗ୍ୟ ହୋଇଥାଏ । କେତେକ ନାଟ୍ୟକାର ଏକାଧିକ, ଏପରିକି ଶହଶହ ସଂଖ୍ୟାରେ ଦେଶିଆ ନାଟକ ରଚନା କରିଥିବା ଦୃଷ୍ଟିଗୋଚର ହୁଏ ।

ଦେଶିଆ ନାଟକ ଦଳମାନେ ଜଣେ ଜଣେ ଗୁରୁଙ୍କ ତତ୍ତ୍ୱାବଧାନରେ

ଅଭ୍ୟାସ କରି ନାଟକ ପ୍ରଦର୍ଶନ କରନ୍ତି । ଗୋଟିଏ ଗୋଟିଏ କଥାବସ୍ତୁ ବିଶିଷ୍ଟ ନାଟକକୁ ଅଭ୍ୟାସ କରିବା ସକାଶେ ନାଟ୍ୟଗୁରୁଙ୍କ ଠାରୁ ୩/୪ ମାସର ଶିକ୍ଷା ଗ୍ରହଣ ଆବଶ୍ୟକ ହୋଇଥାଏ । ଏହାର ପ୍ରଦର୍ଶନ ପାଇଁ ଏକ ମଞ୍ଚର ଆବଶ୍ୟକ ଅନୁଭୂତ ହୁଏ । ଏଥି ନିମନ୍ତେ ବ୍ୟବହୃତ ହେଉଥିବା ବାଦ୍ୟଯନ୍ତ୍ର ମଧ୍ୟରେ ଢୋଲକ, ଝୁମୁକା, ହାରମୋନିୟମ୍, ଜେ୍କ ବାଜା, ଟାମକ୍ ଇତ୍ୟାଦି ପ୍ରମୁଖ ଅଟେ । ଏହା ଅଧିକ ଭାବରେ କୋରାପୁଟ ଓ ଜୟପୁର ଆଦି ସ୍ଥାନରେ ପ୍ରଦର୍ଶିତ ହୁଏ ।

ଏହି ନାଟ ଚଇତି ପରବ, ନୂଆଁଖାଇ, ପୁଷ୍ପରବ, ଦୋଳଯାତ୍ରା, ଫସଲ ଅମଳ, ସନ୍ତାନ ଜନ୍ମ, ସହରାଇ ଇତ୍ୟାଦି ବିଶେଷ ଅବସର ଅଥବା ପର୍ବପର୍ବାଣିରେ ମଞ୍ଚସ୍ଥ ହୁଏ । ଦେଶିଆନାଟର ଅନ୍ୟ ଏକ ପ୍ରଧାନ ବୈଶିଷ୍ଟ୍ୟ ହେଉଛି ଏଥିରେ ଅନୁସୃତ ହେଉଥିବା ମୁଖାର ବ୍ୟବହାର । କଳାକାରମାନେ ଦେବା-ଦେବୀ, ରାକ୍ଷସ-କିନ୍ନର, ଭୂତ-ପ୍ରେତ, ପଶୁ-ପକ୍ଷୀ ରୂପରେ ଅଭିନୟ କଲାବେଳେ ତତ୍‌ସମ୍ବନ୍ଧିତ ମୁଖା ପରିଧାନ କରି ମଞ୍ଚରେ ଅବତୀର୍ଣ୍ଣ ହୁଅନ୍ତି । ଦେଶିଆନାଟର ନୃତ୍ୟ-ଗୀତରେ ଦାକ୍ଷିଣାତ୍ୟ ଅଞ୍ଚଳର କଳାକୌଶଳର କେତେକ ପ୍ରଭାବ ଅନୁଭୂତ ହୁଏ । ବିଦୂଷକ ଓ ଦ୍ୱାରୀ ରୂପେ ଅଭିନୟରେ ଅବତୀର୍ଣ୍ଣ ହେଉଥିବା ଅଭିନେତା ମାନେ ଦର୍ଶକମାନଙ୍କର ହାସ୍ୟରସ ଓ ମନୋରଞ୍ଜନ ସୃଷ୍ଟିପାଇଁ ପ୍ରୟାସ କରିଥାନ୍ତି ।

୧୭) **କୈସାବାଡ଼ି ନୃତ୍ୟ:**

ଏହାକୁ ଏକ ପ୍ରକାର **'ଲଉଡ଼ି ନୃତ୍ୟ'** ବା **'ବାଡ଼ିନାଚ'** କହିଲେ ଅତ୍ୟୁକ୍ତି ହେବନାହିଁ । ପଶ୍ଚିମ ଓଡ଼ିଶାରେ ପ୍ରଦର୍ଶିତ ହେଉଥିବା ଏହି କୈସାବାଡ଼ି ନୃତ୍ୟ ସାଧାରଣତଃ ଗଣ୍ଡ, ଭୂୟାଁ, ଗୌଡ଼ମାନଙ୍କ ଦ୍ୱାରା ଆୟୋଜିତ ହୋଇଥାଏ । ଏହାର ସମତୁଲ **'ଲଗୁଡ଼ ନୃତ୍ୟ'** ଅଥବା **'ନଉଡ଼ି ନୃତ୍ୟ'** ଦୋଳପୂର୍ଣ୍ଣିମା ଅବସରରେ ଓଡ଼ିଶାର ପୂର୍ବ ଉପକୂଳ ବା ପୂର୍ବାଞ୍ଚଳ ଜିଲ୍ଲାମାନଙ୍କରେ ଗଉଡ଼ ଅଥବା ଗୋପାଳମାନଙ୍କ ଦ୍ୱାରା ଏହା ଆୟୋଜିତ ହୋଇଥାଏ । ଓଡ଼ିଶାର ଉପକୂଳବର୍ତ୍ତୀ ଅଞ୍ଚଳରେ ଅର୍ଥାତ୍ ଯାଜପୁର, କେନ୍ଦ୍ରାପଡ଼ା, କଟକ, ପୁରୀ, ବାଲେଶ୍ୱର, ଜଗତସିଂହପୁର ଆଦି ଜିଲ୍ଲାମାନଙ୍କରେ ବସବାସ କରୁଥିବା ଗୋପାଳ ଜାତିର ଲୋକେ ଦୋଳପର୍ବରେ କୃଷ୍ଣନାମ ଭଜନ ସହ ନୃତ୍ୟ କରିଥାନ୍ତି । ଠିକ୍ ସେଇପରି କୈସାବାଡ଼ି ନୃତ୍ୟ ମଧ୍ୟ ପଶ୍ଚିମ ଓଡ଼ିଶାର ଆଦିବାସୀ ଗଣ୍ଡ ଭୂୟାଁ ଇତ୍ୟାଦିଙ୍କ ଦ୍ୱାରା

ଅଭିନୀତ ହୁଏ । ଏହା ଦଳଗତ ଭାବରେ ଓ ପୁରୁଷମାନଙ୍କ ଦ୍ୱାରା ମଞ୍ଚସ୍ଥ ହୁଏ । ଏଥିରେ ବାଉଁଶକାଠିକୁ ବାଡ଼େଇ ସେଥିରୁ ଉତ୍ପନ୍ନ ହେଉଥିବା ତାଳ କ୍ରମରେ ପାଳି ସଂଗୀତ ଗାନ ସହ ନୃତ୍ୟ କରାଯାଏ । ରାଧା-କୃଷ୍ଣ ଲୀଳାକୁ ନେଇ ଏହି ନୃତ୍ୟ ଅଭିନୀତ ହୋଇଥାଏ ।

୧୮) **ଦଣ୍ଡନାଚ :**

ଦଣ୍ଡନାଚ ବା ଦଣ୍ଡନାଟ ମୁଖ୍ୟତଃ ଆଦିବାସୀ ସମ୍ପ୍ରଦାୟର ଏକ ପାରମ୍ପରିକ ଜନପ୍ରିୟ ଲୋକନୃତ୍ୟ ଭାବରେ ପ୍ରସିଦ୍ଧି ଲାଭ କରି ଆସିଛି । ପରେ ସମୟ ସ୍ରୋତରେ ଅଣ ଆଦିବାସୀମାନଙ୍କ ଦ୍ୱାରା ଏହା ଗୃହୀତ ହୋଇ ଆଜି ବିଭିନ୍ନ ସମାଜରେ ଏହାର ବ୍ୟାପକ ପ୍ରଚଳନ ଓ ପ୍ରଦର୍ଶନ ଦେଖା ଯାଉଛି । ସେହି କ୍ରମରେ ଦଣ୍ଡନାଚ ମଧ୍ୟରେ ବିବିଧ ସଂସ୍କୃତିର ଅପୂର୍ବ ସମନ୍ୱୟ ସଂଘଟିତ ହୋଇ ଆଜି ଏହା ସମଗ୍ର ଉତ୍କଳୀୟ ସମାଜକୁ ପ୍ରଭାବିତ କରିପାରିଛି । ଦିନେ ଗ୍ରାମ୍ୟ ସମାଜ ନିମନ୍ତେ ଏହାର ଭୂମିକା ଅପରିହାର୍ଯ୍ୟ ଥିବାବେଳେ ଆଜିର ପରିବର୍ତ୍ତିତ ପରିସ୍ଥିତିରେ ଏହା ନଗର ସଭ୍ୟତା ଓ କୃତ୍ରିମତାକୁ ଆତ୍ମସାତ କରି ନୂତନ ସ୍ୱରୂପରେ ଅବତୀର୍ଣ୍ଣ ହୋଇଛି । ଏହି ନାଚ ମଧ୍ୟରେ ରାଧାକୃଷ୍ଣ, ଶିବପାର୍ବତୀ, କାର୍ତ୍ତିକେୟ, ଗଣେଶ, ସଉରା ସଉରାଣୀ, ନାରଦ, ଲଳିତା, ଚଢ଼େୟାଚଢ଼େୟାଣୀ ଇତ୍ୟାଦି ଷୋଳଗୋଟି ଚରିତ୍ର ସମାବିଷ୍ଟ ହୋଇ ପାରୁଥିବାରୁ କେତେକ ଏହାକୁ 'ଷୁଳହ ସୁଆଙ୍ଗ' ରୂପେ ନାମିତ କରନ୍ତି । କେହି କେହି ଏହାକୁ 'ବାଣ୍ଡିବୁତଲ' ନାମରେ ସମ୍ବୋଧିତ କରନ୍ତି ।

ଏହି ନାଚରେ କନ୍ଧମାନେ ଢୋଲ ଓ ମହୁରୀ ଇତ୍ୟାଦି ବାଦ୍ୟର ଉପଯୋଗ କରନ୍ତି । ମୁଖ୍ୟତଃ ଏହି ନାଚ ଚଇତ ପରବ୍ ଉପଲକ୍ଷେ ପଶ୍ଚିମ ଓଡ଼ିଶା ଓ ସମ୍ବଲପୁର ଅଞ୍ଚଳରେ ଅଭିନୀତ ହୋଇଥାଏ । ବିବାହ ଇତ୍ୟାଦି ବିଭିନ୍ନ ଉତ୍ସବ ବା ଅବସରରେ ମଧ୍ୟ ଏହା ପ୍ରଦର୍ଶିତ ହୋଇଥାଏ । କେତେକଙ୍କ ମତରେ ଶୈବଧର୍ମୀ ସୋମଗୁପ୍ତ ବଂଶର ରାଜତ୍ୱ କାଳରେ ସୋନପୁର ଓ ବୌଦ ଇତ୍ୟାଦି ଅଞ୍ଚଳରେ ବୌଦ୍ଧଧର୍ମର ପ୍ରାଦୁର୍ଭାବକୁ ପ୍ରତିହତ କରିବା ପାଇଁ ଦଣ୍ଡନାଚକୁ ଶୈବଧର୍ମର ପ୍ରଚାର ପ୍ରସାର ନିମନ୍ତେ ଉପଯୋଗ କରାଯାଇଥିଲା । ଏଣୁ କାଳିକା ଓ ହର ପାର୍ବତୀଙ୍କୁ ଇଷ୍ଟ ଦେବାଦେବୀ ଭାବରେ ଏଥିରେ ଗ୍ରହଣ କରାଯାଇଥାଏ । ଦଣ୍ଡନାଚ ଈଶ୍ୱରଙ୍କ

ଭାରତୀୟ ପରମ୍ପରାରେ ଲୋକନାଟ୍ୟ ଓ ଲୋକନୃତ୍ୟ

ନିମନ୍ତେ ସମର୍ପିତ ହେଲେ ଦେବାନୁଗ୍ରହ ପ୍ରାପ୍ତ ହୋଇ ଶାରୀରିକ ଓ ସାଂସାରିକ ଦୁଃଖକଷ୍ଟରୁ ମୁକ୍ତି ମିଳେ ବୋଲି ଲୋକ ବିଶ୍ୱାସ ରହିଛି । ଏଥିପାଇଁ ଜାତି ସମ୍ପ୍ରଦାୟ ନିର୍ବିଶେଷରେ ଈଶ୍ୱରଙ୍କ ପ୍ରତି ଆସ୍ଥାଶୀଳ ବ୍ୟକ୍ତିମାନେ ଏହି ନାଚରେ ଭାଗ ନେଇଥାନ୍ତି । ଚୈତ୍ରମାସରେ ଏଇ ସକାଶେ ୧୩ଦିନରୁ ୨୧ଦିନ ଏହା ଆୟୋଜିତ ହୋଇ ସଂକ୍ରାନ୍ତିରେ ଏହାର ପରିସମାପ୍ତି ଘଟେ । କେତେକ ଶିବଙ୍କ ପ୍ରତୀକମାନ (ଛତ୍ର, ଦଣ୍ଡ ଇତ୍ୟାଦି) ଧାରଣ କରି ଚୈତ୍ର ସଂକ୍ରାନ୍ତିଠାରୁ ପଣା ସଂକ୍ରାନ୍ତି ଅର୍ଥାତ୍ ଏକମାସ ପାଇଁ ନିଜ ଘର ପରିତ୍ୟାଗ କରି ହବିଷ୍ୟାନ୍ନ ଭୋଜନ ପୂର୍ବକ ଗାଁ ଗାଁ ବୁଲି ରାତି କାଳରେ ଦଣ୍ଡନାଚ କରନ୍ତି । କିନ୍ତୁ ଦିନବେଳେ ଅନ୍ୟ ନିୟମଗୁଡ଼ିକୁ ପାଳନ ସହ ଧୂଳିଦଣ୍ଡ, ପାଣି ଦଣ୍ଡ ଶେଷ କରିବାକୁ ପଡ଼େ । ରାତ୍ରିରେ ଦଣ୍ଡନାଚ ସାରି ଦଣ୍ଡୁଆମାନେ ପରଦିନ ଏକଜୁଟ ହୁଅନ୍ତି ଓ ଶିବଙ୍କ ପତାକା ସହ ଢୋଲ ବଜାଇ ଗ୍ରାମ ପରିକ୍ରମା କରନ୍ତି । କେହି କେହି ବ୍ୟକ୍ତି ପରିବାରର ମଙ୍ଗଳକାମନା ସକାଶେ ପୂର୍ବ ମାନସିକ ପୂରଣ ପାଇଁ ଦଣ୍ଡଦଳ ସମକ୍ଷରେ ପାଣି ଢାଳି ଗୋଟିଏ ଦିନର ଦଣ୍ଡନାଚ ଖର୍ଚ୍ଚ ଦେଇ ସେଦିନ ପାଇଁ ସେଠାରେ ଦଣ୍ଡନାଚର ଆୟୋଜନ କରନ୍ତି । ସେଦିନ ସେଠାରେ ଦଣ୍ଡନାଚ ଦଳ ମଧ୍ୟାହ୍ନର ଧୂଳିଦଣ୍ଡ ଅନୁଷ୍ଠାନ କରନ୍ତି । ଏହି ଧୂଳିଦଣ୍ଡ ସମୟରେ କୃଷି ବିଷୟକ କେତେ କଥାବସ୍ତୁକୁ ନେଇ ଅଭିନୟ ସମ୍ପନ୍ନ କରାଯାଏ । ନର୍ତ୍ତକମାନେ ଗୀତ ଗାଇ ନୃତ୍ୟ କରନ୍ତି ଓ ନାଚ ସହ ଧୂଳିରେ ମଧ୍ୟ ଗଡ଼ନ୍ତି । ଏହାପରେ 'ପାଣି ଦଣ୍ଡ' ଅନୁଷ୍ଠିତ ହୋଇଥାଏ । ଦଣ୍ଡନାଚ ଆରମ୍ଭ ଠିକ୍ ପୂର୍ବରୁ ସନ୍ଧ୍ୟାକାଳରେ କଳାକାରମାନେ ଏକତ୍ରିତ ହୋଇ ମଶାଲ ଜଳାଇ ଦିଅଁଙ୍କ ସମକ୍ଷରେ ଦଣ୍ଡ ଜଣାନ୍ତି । ଏହାପରେ ହୁଏ 'ପ୍ରଭାନୃତ୍ୟ' ଯାହା ଅତି କଷ୍ଟକାରକ ଓ ଭୟ ଉଦ୍ରେକକାରୀ । ଏହି ନୃତ୍ୟ ପରେ ବୀଣାକାରଙ୍କ ଦ୍ୱାରା ପଞ୍ଚଦେବତାଙ୍କ ଉଦ୍ଦେଶ୍ୟରେ ଜଣାଣ ହେବାପରେ ଆରମ୍ଭ ହୁଏ ରାତ୍ରିକାଳର ଦଣ୍ଡନାଚ । ଧୀରେ ଧୀରେ ଦଣ୍ଡନାଚ ମଧ୍ୟରେ ଆଧ୍ୟାତ୍ମିକ ଭାବର ଅବକ୍ଷୟ ଘଟି ଏହା କୃତ୍ରିମତାର ଶିକାର ହେବା ଓ ସିନେମା ସଙ୍ଗୀତ ଇତ୍ୟାଦିକୁ ଆପଣେଇବା ଦେଖାଯାଉଛି । ଏହା ଯେ ଏକ ଅବକ୍ଷୟମୁଖୀ ପାଶ୍ଚାତ୍ୟଧର୍ମୀ ଅନୁକରଣ ଓ ମୂଲ୍ୟବୋଧ ଅବମୂଲ୍ୟାୟନକାରୀ ପ୍ରକ୍ରିୟା, ଏଥିରେ ସନ୍ଦେହର ଅବକାଶ ନାହିଁ ।

୧୯) ଡାଲଖାଇ ନୃତ୍ୟ:

ପଶ୍ଚିମ ଓଡ଼ିଶାର ଆଦିବାସୀମାନଙ୍କ ଲୋକପ୍ରିୟ ଗଣନୃତ୍ୟ କହିଲେ **'ଡାଲଖାଇ'** ନୃତ୍ୟର ନାମ ସାମନାକୁ ଆସେ । ସମ୍ବଲପୁର, କଳାହାଣ୍ଡି, ବଲାଙ୍ଗୀର, ମଧ୍ୟପ୍ରଦେଶର ରାୟପୁର ଓ ସୁନ୍ଦରଗଡ଼ ଆଦି ଜିଲ୍ଲାରେ ପ୍ରାଚୀନ କାଳରୁ ଏକ ପ୍ରଖ୍ୟାତ ଲୋକନୃତ୍ୟ ଭାବରେ ଆଦିବାସୀ ସମାଜରେ ଏହାର ପ୍ରଚଳନ ରହି ଆସିଛି । ଶାରଦୀୟ ନବରାତ୍ରି କାଳରେ ଅର୍ଥାତ୍ ଆଶ୍ୱିନ ଶୁକ୍ଳ ଅଷ୍ଟମୀ ତିଥି (ମହାଷ୍ଟମୀ)ରୁ ଦଶମୀ (ଦଶହରା)-ଏଇ ତିନିଦିନ ମଧ୍ୟରେ ଆଦିବାସୀମାନେ ଏହି ନୃତ୍ୟର ପ୍ରଦର୍ଶନ କରନ୍ତି । ଗ୍ରାମର କୌଣସି ଏକ ପିଣ୍ଡା ସଂଲଗ୍ନ କାନ୍ଥରେ ଏକ ଷୋହଳ ବଖରା ବିଶିଷ୍ଟ ଡାଲଖାଇ କୋଠି ନିର୍ମିତ ହୁଏ । ଉକ୍ତ କୋଠି ମଧ୍ୟରୁ ଦେବୀଦୁର୍ଗାଙ୍କ ନିମନ୍ତେ ପ୍ରମୁଖ ବଖରାଟିକୁ ରଖାଯାଇ ଅନ୍ୟ ବଖରା ମଧ୍ୟରୁ ପ୍ରତ୍ୟେକଟି ଜଣେ ଜଣେ ଦେବଦେବୀଙ୍କ ନିମନ୍ତେ ଉଦ୍ଦିଷ୍ଟ ଥାଏ । ଡାଲଖାଇ ଦେବୀଙ୍କୁ ଜଗଜ୍ଜନନୀ ଦୁର୍ଗାଙ୍କ ସ୍ୱରୂପ ଭାବରେ ଆଦିବାସୀମାନେ ଗ୍ରହଣ କରନ୍ତି । ଦୁର୍ଗାଙ୍କ ସହ ଅନ୍ୟ ଦେବଦେବୀଙ୍କ ଆରାଧନା ମଧ୍ୟ କରାଯାଏ । ଏଥି ସହିତ ସେମାନେ ଡାଲଖାଇ ନୃତ୍ୟର ଆୟୋଜନ କରନ୍ତି । ଏହି ନୃତ୍ୟରେ ଗାନ କରାଯାଉଥିବା ସଂଗୀତକୁ ଡାଲଖାଇ ଗୀତ କହନ୍ତି । ଏହି ଗୀତର ପ୍ରତ୍ୟେକ ପଦ ଶେଷରେ ଯେଉଁ ଘୋଷା ବୋଲାଯାଏ ସେଥିରେ 'ଡାଲଖାଇବୋ' ପଦଟି ବାରମ୍ବାର ଆବୃତ୍ତି କରିବାକୁ ପଡ଼େ । ସେ ଅନୁଯାୟୀ ଗୀତର ନାମ ମଧ୍ୟ 'ଡାଲଖାଇ ଗୀତ' କୁହାଯାଏ । ଆଦିବାସୀ ତରୁଣୀଗଣ ସଂଘବଦ୍ଧ ଭାବରେ ନୃତ୍ୟଗୀତ ପ୍ରଦର୍ଶନ କରନ୍ତି । ଡାଲଖାଇ ପୂଜା ପାଇଁ ଅନେକ ନିଷ୍ଠା ଓ ନିର୍ଜଳା ଉପବାସ ରହି ଉପାସନା କରାଯାଏ । ଏହାକୁ ଡାଲଖାଇ ଓଷା ଅଥବା **'ଭାଇଜୀଉନ୍ତିଆ ଓଷା'** କୁହାଯାଏ । ଏପରି ମଧୁର ନୃତ୍ୟଗୀତର (ଡାଲଖାଇ ନାଚ) ଆସର ସେଇ ଆଧ୍ୟାତ୍ମିକ ପରିବେଶକୁ ବର୍ଣ୍ଣାଢ୍ୟ ଓ ଆନନ୍ଦମୟ କରି ତୋଳେ । ଡାଲଖାଇ ନୃତ୍ୟରେ ଢୋଲ, ମହୁରୀ, ମାଦଳ ଓ ଟମକ ପ୍ରଭୃତି ବାଦ୍ୟଯନ୍ତ୍ରର ବ୍ୟବହାର କରାଯାଏ । ମୁଣ୍ଡ ନୁଆଁଇ ଅର୍ଦ୍ଧବୃତ୍ତାକାରରେ ରହି ପ୍ରଦର୍ଶିତ ହେଉଥିବା ଏହି ଗଣନୃତ୍ୟ ବେଶ ଉପଭୋଗ୍ୟ ହୋଇଥାଏ । ତରୁଣୀମାନେ ଗୀତଗାଇ ମୁଣ୍ଡ ନୁଆଁଇ ନୃତ୍ୟ କରନ୍ତି । ପରସ୍ପର ଅଣ୍ଟାରେ ହାତଛନ୍ଦି, ଦୋହଲି ଦୋହଲି ଆଗପଛ ହୋଇ ବାଦ୍ୟ ଓ ତାଳକ୍ରମରେ ନୃତ୍ୟ ଚାଳେ । ନର୍ତ୍ତକୀମାନଙ୍କ

ଅଣ୍ଟାରୁ ପାଦ ପର୍ଯ୍ୟନ୍ତ ସଳଖଥାଏ ଏବଂ ଅଣ୍ଟାଠାରୁ ଶରୀରର ଊର୍ଦ୍ଧାଙ୍ଗ ସମକୋଣୀ ସ୍ଥିତିରେ ଭୂମି ସହ ସମାନ୍ତରାଳ ଥାଏ । ନୃତ୍ୟାଙ୍ଗନା ମାନଙ୍କ ବେଶଭୂଷା ବେଶ୍ ଆକର୍ଷଣୀୟ । ସେମାନେ ମୁଣ୍ଡରେ ଫୁଲ ଓ ପତ୍ର ଇତ୍ୟାଦି ଖୋସି ବେକରେ ମାଳି ପକାଇଥାନ୍ତି । ସମ୍ବଲପୁରୀ ଶାଢ଼ି ପରିଧାନ କରି ଏକ ସୁନ୍ଦର ରଙ୍ଗୀନ ଗାମୁଛା ମୁଣ୍ଡ ଉପରେ ଦୁଇହାତରେ ଧରି ସେମାନେ ନୃତ୍ୟ ପରିବେଷଣ କରନ୍ତି । ସେମାନଙ୍କୁ ସହଯୋଗ କରୁଥିବା ପୁରୁଷମାନେ ପହଲିମାନି କଛା ଭିଡ଼ି ଦେହରେ ହାତଖଣ୍ଡି ରଙ୍ଗିନ ଗଞ୍ଜି ପିନ୍ଧିଥାନ୍ତି ।

୨୦) **ରସରକେଲୀ:**

ଏହି ନୃତ୍ୟ 'ଡାଲଖାଇ', 'ବାଙ୍କିଝୁଲକୀ' 'ସାଇଁଲଡ଼ି' ଇତ୍ୟାଦି ନୃତ୍ୟ ସହ ବହୁ ସାମଞ୍ଜସ୍ୟ ବହନ କରେ । ଡାଲଖାଇ ଗୀତ ଘୋଷାରେ ବାରମ୍ବାର 'ଡାଲଖାଇ' ଶବ୍ଦ ଉଚ୍ଚାରିତ ହେଉଥିବାବେଳେ **'ରସରକେଲୀ ନୃତ୍ୟ'**ର ପ୍ରତିଟି ଘୋଷାରେ 'ରସର କେଲୀରେ' ବୋଲି ଉଚ୍ଚାରିତ ହୋଇଥାଏ ।

୨୧) **ଯାଦୁର ନୃତ୍ୟ :**

ଆଦିବାସୀମାନଙ୍କ ଦ୍ୱାରା ଏହା ମଧ୍ୟ ଏକ ଉପାସନା କେନ୍ଦ୍ରିତ ଭକ୍ତିଭାବ ଉଦ୍ରେକକାରୀ ନୃତ୍ୟ ଅଟେ । ଶାରଦୀୟ ଦୁର୍ଗାପୂଜା ଉପଲକ୍ଷେ ଅର୍ଥାତ ଆଶ୍ୱିନ ମାସରେ ଏହି ନୃତ୍ୟ ପରିବେଷିତ ହୋଇଥାଏ । ଉପାସନା କୈନ୍ଦ୍ରିକ ହେଲେ ମଧ୍ୟ ଏହା ଦର୍ଶକମାନଙ୍କ ମନୋରଞ୍ଜନ ସକାଶେ ଅନନ୍ୟ । ବାଲେଶ୍ୱର, ମୟୂରଭଞ୍ଜ ଓ କେନ୍ଦୁଝର ଇତ୍ୟାଦି ଜିଲ୍ଲାର ଆଦିବାସୀ ସମାଜ ଦ୍ୱାରା ଏହି ନୃତ୍ୟ ଆୟୋଜିତ ହୁଏ । ଏହାର ପ୍ରଦର୍ଶନ ସାଧାରଣତଃ ମୁକ୍ତମଞ୍ଚରେ ରାତ୍ରିକାଳରେ ହୋଇଥାଏ । ଏହି ନୃତ୍ୟ ସକାଶେ ଯେଉଁ ବାଦ୍ୟଯନ୍ତ୍ରଗୁଡ଼ିକ ବ୍ୟବହୃତ ହୁଏ ସେଗୁଡ଼ିକ ହେଲା: ମାଦଳ, ନାଗରା, ଢୋଲ ଇତ୍ୟାଦି ।

୨୨) **ବଳିଯାତ୍ରା :**

ଆଦିବାସୀ ସଂସ୍କୃତିର ଅତ୍ୟନ୍ତ ପ୍ରାଚୀନ ପରମ୍ପରା ମଧ୍ୟରୁ **ବଳିଯାତ୍ରା** ଅଥବା **ବଳିନାଟକ** ଅନ୍ୟତମ । ବଲାଙ୍ଗୀର ଓ ସୋନପୁର ଇତ୍ୟାଦି ଅଞ୍ଚଳର

ଆଦିବାସୀ ସମାଜ ଦ୍ୱାରା ଏହି ନୃତ୍ୟ ଆଶ୍ୱିନ ଅମାବାସ୍ୟା ତିଥିରେ ପରିବେଷିତ ହୁଏ । କାଳଚକ୍ରର ଅସଂଖ୍ୟ ଘାତ ପ୍ରତିଘାତକୁ ପ୍ରତିହତ କରି ଏହି ପ୍ରାଚୀନ ପରମ୍ପରା ଯେ ଅଦ୍ୟାବଧି ନିଜର ଅସ୍ତିତ୍ୱକୁ ବଜାୟ ରଖି ପାରିଛି ତାହା ହିଁ ଆଶ୍ୱାସନାର ବିଷୟ । ପୂର୍ବେ ବଳି ନିମିତ୍ତ ଉଦ୍ଦିଷ୍ଟ ପଶୁମାନଙ୍କୁ ଆଦିବାସୀମାନେ ସଂଘବଦ୍ଧ ଭାବରେ ଯେତେବେଳେ ସେମାନଙ୍କ 'ଦେବଦେବୀ ସ୍ଥାନ' ନିକଟସ୍ଥ ଯୂପକାଷ୍ଠ ଅଭିମୁଖେ ଚଲାଇ ଚଲାଇ ନେଇ ଯାଉଥିଲେ ସେଇ ଅବସରରେ ଦେବତାଙ୍କ ଉଦ୍ଦେଶ୍ୟରେ ସେମାନେ ଗୋଷ୍ଠୀବଦ୍ଧ ନୃତ୍ୟଗୀତର ଆୟୋଜନ କରୁଥିଲେ । ତାହାହିଁ ବଳିଯାତ୍ରା । ଏଥିରେ ମହୁରୀ, ଢୋଲ ଓ ତାସା ଇତ୍ୟାଦି ବାଦ୍ୟଯନ୍ତ୍ରମାନ ବ୍ୟବହୃତ ହୁଏ । ଏହି ବଳିଯାତ୍ରା ନୃତ୍ୟ ଆଦିବାସୀ ସମାଜର ଆଧ୍ୟାତ୍ମିକ ଭାବ ପ୍ରବଣତା ଓ ପରମାର୍ଥିକ ଆବେଦନ କୁ ପ୍ରଦର୍ଶିତ କରିଥାଏ ।

୨୩) **ବନ୍ଦନା ନୃତ୍ୟ:**

ଗୋବର୍ଦ୍ଧନ ପୂଜାର ଶ୍ରେଷ୍ଠତ୍ୱକୁ ପ୍ରତିପାଦିତ କରି ପ୍ରତିବର୍ଷ ହିନ୍ଦୁ ସମାଜ ଦ୍ୱାରା ପାଳିତ ହେଉଥିବା ପର୍ବକୁ ଆମର ଆଦିବାସୀ ଭାଇମାନେ ମଧ୍ୟ ଐକାନ୍ତିକ ନିଷ୍ଠା ଓ ଉତ୍ସାହର ସହ ପାରମ୍ପରିକ ଭାବରେ ପାଳନ କରଥାନ୍ତି । ପ୍ରତିବର୍ଷ କାର୍ତ୍ତିକ କୃଷ୍ଣ ଅମାବାସ୍ୟା ତିଥିରେ ଗୋବର୍ଦ୍ଧନ ପୂଜା ଉପଲକ୍ଷେ ଆଦିବାସୀମାନେ **'ବନ୍ଦନା ନୃତ୍ୟ'**ର ବ୍ୟାପକ ଆୟୋଜନ ଗାଁ ଦାଣ୍ଡରେ କରିଥାନ୍ତି । ସୁନ୍ଦରଗଡ଼, କେନ୍ଦୁଝର ଓ ମୟୂରଭଞ୍ଜ ଇତ୍ୟାଦି ଅଞ୍ଚଳରେ ଏହା ବହୁଳ ଭାବରେ ପାଳିତ ହୁଏ । ମାଦଳ ଓ ବଂଶୀ ଇତ୍ୟାଦି ବାଦ୍ୟଯନ୍ତ୍ର ପ୍ରମୁଖ ଭାବରେ ଏଥିରେ ବ୍ୟବହୃତ ହୁଏ । ଏହି ନୃତ୍ୟର ପରିବେଷଣ ଦିନ ବା ରାତ୍ରି ଉଭୟ କାଳରେ ହୋଇପାରେ ।■

ଚାଙ୍ଗୁ ନୃତ୍ୟର ପରମାର୍ଥିକ ବିଭବ

ଚାଙ୍ଗୁ ନୃତ୍ୟ ହେଉଛି ଆଦିବାସୀ ବିଶେଷ କରି ବାଥୁଡ଼ି ସମ୍ପ୍ରଦାୟ ଦ୍ୱାରା ଦେବତାମାନଙ୍କ ଉଦ୍ଦେଶ୍ୟରେ ଅନୁଷ୍ଠିତ ହେଉଥିବା ପର୍ବ ଉପଲକ୍ଷେ ଉଭୟ ସ୍ତ୍ରୀ ଓ ପୁରୁଷମାନଙ୍କ ଦ୍ୱାରା ଏକ ସାମୁହିକ ନୃତ୍ୟ । ଏହି ନୃତ୍ୟର ତାଳେ ତାଳେ ଚାଙ୍ଗୁବାଦ୍ୟ ଝଙ୍କୃତ ହେଉଥିବାରୁ ନୃତ୍ୟର ନାମ ମଧ୍ୟ **ଚାଙ୍ଗୁନୃତ୍ୟ** ରୂପେ ଅଭିହିତ ହୋଇଥାଏ । ଚାଙ୍ଗୁବାଦ୍ୟକୁ ଦେବବାଦ୍ୟ ଭାବରେ ଗ୍ରହଣ କରାଯାଏ କାରଣ ବଡ଼ାମ ଦେବତା ହିଁ ଏହି ବାଦ୍ୟ ସୃଷ୍ଟି କରି ତାଙ୍କ ଭକ୍ତବୃନ୍ଦଙ୍କୁ ପ୍ରଦାନ କରିଥିଲେ । ଏହି ବାଦ୍ୟକୁ 'ବାଇକୁଣ୍ଡଳ' ବାଦ୍ୟ ବୋଲି ମଧ୍ୟ କୁହାଯାଏ । ଓଡ଼ିଶାରେ ଚାଙ୍ଗୁ ନୃତ୍ୟକୁ ବିଶେଷ ସ୍ଥାନ ପ୍ରଦାନ କରାଯାଏ । କେବଳ ବାଥୁଡ଼ି ସମ୍ପ୍ରଦାୟ ବା ଆଦିବାସୀ ସମାଜ ନୁହେଁ ବରଂ ସମଗ୍ର ଓଡ଼ିଶାବାସୀ ଏହି ନୃତ୍ୟକଳା ଦ୍ୱାରା ବିମୋହିତ ହୁଅନ୍ତି । ଓଡ଼ିଆ ସଂସ୍କୃତି ଓ ଜନଜୀବନ ଉପରେ ଏହି ଲୋକକଳାର ପ୍ରଭାବ ଯେ ଗଭୀର ଏବଂ ସୁଦୂରପ୍ରସାରୀ ଏଥିରେ ସନ୍ଦେହ ନାହିଁ ।

ଏହି ଦେବବାଦ୍ୟର ନିର୍ମାଣ ପ୍ରଣାଳୀକୁ ସୂକ୍ଷ୍ମଭାବେ ଅନୁଶୀଳନ କଲେ ଏହି ନୃତ୍ୟର ଛତ୍ରେ ଛତ୍ରେ ଯେ ଆଧାତ୍ମିକ ଭାବଧାରା ଓ ପ୍ରେମଭକ୍ତିର ଅନ୍ତଃସଲିଳା ଫଲ୍‌ଗୁ ପ୍ରବାହିତ, ତାହା ସହଜରେ କଳ୍ପନା କରିହୁଏ । ଚାଙ୍ଗୁବାଦ୍ୟର ନିର୍ମାଣ ପାଇଁ ଏକ ପାବନ ଦିବସରେ ନିର୍ଜଳା ଉପବାସ ପୂର୍ବକ ଶୁକ୍ଳ ପୋଷାକ ପରିଧାନ

କରି ଚୟନିତ ବୃକ୍ଷକୁ ପୂଜନ କରାଯାଏ । ବୃକ୍ଷକୁ ପୂଜନ ସହିତ ତାହାକୁ ମଧ୍ୟ ଶୁକ୍ଳବସ୍ତ୍ର ପିନ୍ଧାଇ ଦିଆଯାଏ । ସେଇ ବୃକ୍ଷରୁ ପାଞ୍ଚହାତ ଏକ ଚାଖଣ୍ଡ ଲମ୍ବ ବିଶିଷ୍ଟ ନିରୂପିତ ଅଂଶକୁ ଛେଦନ କରି ସେଇ କାଷ୍ଠଗଣ୍ଡିଟି ଶୁଷ୍କ ହେବା ନିମନ୍ତେ ରଖାଯାଏ । ସେଇଥିରୁ ନିର୍ମିତ କୁଣ୍ଡଳକୁ ୩୩ଗୋଟି କିଳା ଦେଇ ଛାଗଚର୍ମ ଦ୍ୱାରା ବାଦ୍ୟ ପ୍ରସ୍ତୁତ କରାଯାଏ । ଏଥିପାଇଁ ବରଗଛ ଓହଳ, ଧଅକାଷ୍ଠ ଇତ୍ୟାଦି ଉପଯୋଗ କରାଯାଏ ।

ଜୀବନକୁ ଉପାସନା ପ୍ରଧାନ ଓ ଭକ୍ତିମୟ କରି ଗଢ଼ିବା ସକାଶେ ଆଦିବାସୀମାନେ ସାମୁହିକ ନୃତ୍ୟଗୀତକୁ ସ୍ୱତନ୍ତ୍ର ମର୍ଯ୍ୟାଦା ପ୍ରଦାନ କରିଥାନ୍ତି । ଚାଙ୍ଗୁନୃତ୍ୟ ମଧ୍ୟ ସେଇଭଳି ଏକ ନୃତ୍ୟ ଯାହା ପରମାର୍ଥିକ ଭକ୍ତି ଭାବ ସହ ଦୁର୍ଲଭ ମଣିଷ ଜୀବନକୁ ଆନନ୍ଦ ଉଲ୍ଲାସରେ ଭରି ଦେଇଥାଏ । ପୁରୁଷମାନେ ଶ୍ୱେତ ପୋଷାକ ଓ ଧଳା ପଗଡ଼ି ଧାରଣ କରି ମଥାରେ ତାଳପତ୍ର ଖୋସି ଚାଙ୍ଗୁ ବାଦନ ସହ ନୃତ୍ୟରତ ହେଉଥିଲାବେଳେ ନାରୀମାନେ ଧଳାଶାଢ଼ି ପିନ୍ଧି ମର୍ଯ୍ୟାଦିତ ଭାବରେ ନୃତ୍ୟରେ ଅଂଶ ଗ୍ରହଣ କରନ୍ତି । ନୃତ୍ୟ ସହ ବିଭିନ୍ନ ବାଦ୍ୟ ଗୀତର ଉପଯୋଗ ହୁଏ । ଚାଙ୍ଗୁବାଦ୍ୟ ବ୍ୟତୀତ ମାଦଳ ଓ ବଂଶୀସ୍ୱନଯୁକ୍ତ ସୁମଧୁର ସାମୁହିକ ସଂଗୀତ ପରିବେଶକୁ ମଧୁମୟ କରି ତୋଳେ । ଦୁର୍ଗାପୂଜାର ଦଶହରା, ବଡ଼ାମ ଦେବତା ଓ ଦେବୀ ବଡ଼ାମଣୀଙ୍କ ପୂଜା, ନୂଆଁଖିଆ, ମକର ପର୍ବ, ରଜପର୍ବ, କୁମାର ପୂର୍ଣ୍ଣିମା ଓ ଡାଳିପୂଜା ଇତ୍ୟାଦି ଅବସରରେ ଏହି ନୃତ୍ୟଗୀତର ଆୟୋଜନ କରାଯାଏ ।

ଶିମିଳିପାଳସ୍ଥିତ ବାଥୁଡ଼ି ଜନଜାତିର ପ୍ରମୁଖ ଦେବପୀଠ ଅଠର ଦେଉଳ, ମୟୂରଭଞ୍ଜର ବାଥୁଡ଼ିମାନଙ୍କ ବିଭିନ୍ନ ଦେବାଦେବୀ ଓ ପୂଜାପୀଠ, କେନ୍ଦୁଝର ଓ ବାଲେଶ୍ୱର ଇତ୍ୟାଦି ଓଡ଼ିଶାର ଉତ୍ତରାଞ୍ଚଳରେ ଚାଙ୍ଗୁନୃତ୍ୟର ଆୟୋଜନ ବିଶେଷ ଭାବରେ ଦୃଷ୍ଟିଗୋଚର ହୋଇଥାଏ । ■

ଭାରତୀୟ ପରମ୍ପରାରେ ଲୋକନାଟ୍ୟ ଓ ଲୋକନୃତ୍ୟ

ଲୋକନାଟ୍ୟର ପ୍ରାଚୀନତମ ସ୍ୱରୂପ - ସୁଆଙ୍ଗ

ଲୋକନାଟ୍ୟ ପରମ୍ପରାରେ ସୁଆଙ୍ଗର ପ୍ରଭାବ ଅତ୍ୟନ୍ତ ପ୍ରାଚୀନ । ଏପରିକି ବ୍ୟାକରଣ ଶାସ୍ତ୍ରର ମହାନ ଜ୍ଞାତା ମହର୍ଷି ପାଣିନିଙ୍କ ସମୟରୁ ଏହା ପ୍ରଚଳିତ ରହି ଆସିଛି । ଏହା ଏକ ଲୋକପ୍ରିୟ ନାଟ୍ୟ ପରମ୍ପରା ଯାହାକୁ ନାଟକର ମୂଳଦୁଆ ରୂପେ ସ୍ୱୀକାର କରାଯାଏ । ଏହାକୁ 'ସ୍ୱାଙ୍ଗ' ବୋଲି ମଧ୍ୟ କୁହାଯାଏ । ମହର୍ଷି ପତଞ୍ଜଳି ସୁଆଙ୍ଗକୁ 'ଶୌଭିକ' ଅଥବା 'ଶୋଭନିକ' ଶବ୍ଦ ଦ୍ୱାରା ବ୍ୟକ୍ତ କରିଥିଲେ । ଏହି ଶବ୍ଦରୁ 'ସୁଆଙ୍ଗ' ନାମଟି ଅପଭ୍ରଂଶ କ୍ରମେ ରୂପ ନେଇଥିବା ଅନେକ କହନ୍ତି । ଏପରି କି ବୌଦ୍ଧମାନଙ୍କ ସାହିତ୍ୟ ଓ ଶାସ୍ତ୍ରାଦିରେ ଏହି ଶବ୍ଦର ପ୍ରଚଳନ ଦୃଷ୍ଟିଗୋଚର ହୁଏ । ଏ ସବୁ ଯେ ଏହାର ପ୍ରାଚୀନତାର ପ୍ରମାଣ ପ୍ରଦାନ କରିଥାଏ, ଏଥିରେ ସନ୍ଦେହର ଅବକାଶ ନାହିଁ । ଖ୍ରୀଷ୍ଟଜନ୍ମର ବହୁ ପୂର୍ବରୁ ଏହାର ସୃଷ୍ଟି । ଏଥି ମଧ୍ୟ ସ୍ଥିତ କରୁଣ ରସ ଓ ହାସ୍ୟରସ ହିଁ ଏହାକୁ ଏକ ଜନପ୍ରିୟ ଲୋକନାଟକର ପରିଚିତି ପ୍ରଦାନ କରିଛି । ଏହାର କଥାବସ୍ତୁର ପ୍ରଦର୍ଶନ ସଙ୍ଗୀତ ଅଥବା ପଦ୍ୟାଶ୍ରୟୀ ହେଲେ ମଧ୍ୟ ଏଥି ମଧ୍ୟରେ ବୀର ଓ ଶୃଙ୍ଗାର ରସର ପ୍ରାଧାନ୍ୟ ଦୃଷ୍ଟିଗୋଚର ହୁଏ । ସୁଆଙ୍ଗ ପ୍ରଦର୍ଶନର ପୃଷ୍ଠଭାଗରେ ଏହାର ଦର୍ଶକମାନଙ୍କ ମଧ୍ୟରେ ପର୍ଯ୍ୟାପ୍ତ ମନୋରଞ୍ଜନ ସହ ବ୍ୟାପକ ସମାଜ ସଂସ୍କାର ତଥା ପରମାର୍ଥିକ ଚେତନା ଆନୟନ କରିବାର ଉଦ୍ଦେଶ୍ୟ ନିହିତ ଥାଏ । ନିଜର ଲାଳିତ୍ୟମୟ ରଚନା ମାଧ୍ୟମରେ ସମାଜକୁ

ବହୁବିଧ ଆଦର୍ଶରେ ଉଦ୍‌ବୁଦ୍ଧ କରିବା ଦିଗରେ ସୁଆଙ୍ଗ ଏକ ମହତ୍ତ୍ୱପୂର୍ଣ୍ଣ ଭୂମିକା ନିଭେଇ ଥାଏ । ଧ୍ରୁବ ବାରିକଙ୍କ ଲିଖିତ 'ଲକ୍ଷ୍ମୀ ଲାଖବିନ୍ଧା', ଭିକାରୀ ନାୟକଙ୍କ 'ଚନ୍ଦ୍ରାବତୀ ହରଣ', ବନ୍ଧୁ ନାୟକଙ୍କ 'ସୁଲୋଚନା ହରଣ', ତ୍ରିଲୋଚନ ନାୟକଙ୍କ ରଚିତ 'ବଳିବାମନ', ଲକ୍ଷ୍ମୀନାରାୟଣ ଦାସଙ୍କ 'ପଠାଣସୁଆଙ୍ଗ', ବୈଷ୍ଣବ ପାଣିଙ୍କ 'ଜଳନ୍ଧର ବଧ', ମାଗୁଣି ସାହୁଙ୍କ 'ତ୍ରିନାଥ ମେଳା', ବନ୍ଧୁ ନାୟକଙ୍କ 'ସବାଖିଆ' ଇତ୍ୟାଦି ସୁଆଙ୍ଗମାନ ଏ ଦୃଷ୍ଟିରୁ ସୁପ୍ରସିଦ୍ଧ ଅଟନ୍ତି । ଡଃ ମାୟାଧର ମାନସିଂହ ସୁଆଙ୍ଗକୁ ଲୋକନାଟ୍ୟର ଆଦ୍ୟତମ ସ୍ୱରୂପ ଭାବରେ ସ୍ୱୀକୃତି ପ୍ରଦାନ କରିଥାନ୍ତି । ଉତ୍କଳୀୟ ପୃଷ୍ଠଭୂମିରେ ପ୍ରାଚୀନ ରଚନା ମଧ୍ୟରେ ସାରଳାଦାସ କୃତ 'ଲକ୍ଷ୍ମୀନାରାୟଣ ବଚନିକା' ତଥା ବଳରାମ ଦାସଙ୍କ ରଚିତ 'ଲକ୍ଷ୍ମୀପୁରାଣ'କୁ ମଧ୍ୟ ବହୁ ସମୀକ୍ଷକମାନଙ୍କ ଦ୍ୱାରା ସୁଆଙ୍ଗ ପରମ୍ପରା ମଧ୍ୟରେ ଅନ୍ତର୍ଭୁକ୍ତ କରାଯାଇଥାଏ । ସେଇପରି 'ଇଚ୍ଛାବତୀ ହରଣ' ନାମକ ସୁଆଙ୍ଗ ତଥା 'ଗଣ୍ଡାବଧ ସୁଆଙ୍ଗ' ଯଥାକ୍ରମେ ଶେଖ୍‌ନଜୀର ମହମ୍ମଦ (୧୯୧୯) ଏବଂ ସୈୟଦ ଉମରଅଲ୍ଲୀ (୧୯୨୧)ଙ୍କ ଦ୍ୱାରା ରଚିତ ହୋଇ ଜନାଦୃତି ଲାଭ କରିଥିଲା । ପାଶ୍ଚାତ୍ୟ କଳାର ଅନ୍ଧାନୁକରଣ ଓ ଯୁଗରୁଚିର ପରିବର୍ତ୍ତନ ମଧ୍ୟରେ ସୁଆଙ୍ଗ ଭଳି ପ୍ରାଚୀନ ଲୋକକଳାକୁ ଏହାର ଯଥାର୍ଥ ମର୍ଯ୍ୟାଦା ପ୍ରଦାନ କରି ଏହାକୁ ସୁରକ୍ଷା ପ୍ରଦାନ କରିବା ସମୟର ଆବଶ୍ୟକତା ମନେହୁଏ । ■

ଲୋକନାଟ୍ୟର ଅନ୍ୟତମ ବିଭବ : ଲୀଳା

ଲୀଳାର ଗୋଟିଏ ଅର୍ଥ ହେଉଛି 'ଅନୁକରଣ' ଏବଂ ଅନ୍ୟଟି 'କ୍ରୀଡ଼ା'। ଏହା ହେଉଛି ଏପରି ଏକ ଲୋକନାଟ୍ୟ ଯେଉଁଥିରେ କଳାକାର ନିଜ ପ୍ରିୟତମର ଅନୁକରଣ କରି ତାଙ୍କରି ଅନୁରୂପ ଅଙ୍ଗଭଙ୍ଗି ଅଥବା ହାତଗୋଡ଼ ହଲାଇ (ଅବଲମ୍ବ) ଠିକ୍ ସେଇ ଧରଣର ସଂକେତ ପ୍ରଦର୍ଶନ କରନ୍ତି ତଥା ନିଜର ବେଶଭୂଷା, ସଂଳାପ (କଥୋପକଥନ), ଦୃଷ୍ଟି, ଗତି ଇତ୍ୟାଦିକୁ ନେଇ ମଧ୍ୟ ପ୍ରିୟତମ ସହ ସାଦୃଶ୍ୟ ବହନ ମାଧ୍ୟମରେ ଦର୍ଶକ ମାନଙ୍କ ମନୋରଞ୍ଜନର କାରଣ ହୁଅନ୍ତି। ଆଧ୍ୟାତ୍ମିକତା ବା ଧାର୍ମିକତାକୁ ଆଧାର କରି ସାଧାରଣତଃ ଲୀଳାଗୁଡ଼ିକ ରଚିତ ହୋଇଥାଏ। ଗୀତଗୋବିନ୍ଦ, ଭାଗବତ ଅନ୍ତର୍ଗତ 'ରାସଲୀଳା' ଇତ୍ୟାଦି ଲୀଳାତ୍ମକ ଅଭିନୟର ପ୍ରକୃଷ୍ଟ ଉଦାହରଣ। ଓଡ଼ିଆ ଭାଗବତର ରଚୟିତା ଜଗନ୍ନାଥ ଦାସଙ୍କୁ ଓଡ଼ିଆ ଲୀଳା-ପରମ୍ପରାର ଆଦ୍ୟସ୍ରଷ୍ଟା ରୂପେ ସ୍ୱୀକାର କରା ଯାଇଥାଏ। ଏହା ଅସଂଖ୍ୟ ପରବର୍ତ୍ତୀ ଲୀଳା ରଚୟିତାଙ୍କୁ ନୂତନ ଲୀଳାମାନ ସୃଷ୍ଟି କରିବା ଦିଗରେ ଯେ ପ୍ରୋତ୍ସାହିତ କରିଆସିଛି ଏଥିରେ ସନ୍ଦେହ ନାହିଁ। ପୂର୍ବେ ଲୀଳାର ଚରିତ୍ରମାନେ ନିର୍ବାକ ଭାବରେ କେବଳ ଅଭିନୟ ମାଧ୍ୟମରେ ଭାବ ପ୍ରକାଶ କରୁଥିଲାବେଳେ ପରବର୍ତ୍ତୀ କାଳରେ ସେଥିରେ ବଚନିକା ମାନ ସଂଯୋଗୀକରଣ ହୋଇ ଅଭିନୟ ପ୍ରଦର୍ଶିତ ହେଲା। ଫଳରେ ଦର୍ଶକମାନେ ବହୁମାତ୍ରାରେ ଏଥିପ୍ରତି ଆକର୍ଷିତ ହେବାକୁ

ଲାଗିଲେ । ଲୀଳା ସଦୃଶ ଛଉ, ସୁଆଙ୍ଗ, ଭାରତ ଲୀଳା, ଯାତ୍ରା, ଦଣ୍ଡନାଟ, ରାଧାପ୍ରେମଲୀଳା ଇତ୍ୟାଦି ମଧ୍ୟରେ ବି ପରମାର୍ଥିକ ଭାବଧାରା ଦୃଷ୍ଟିଗୋଚର ହୋଇଥାଏ ।

ଲୀଳା ପରିବେଶିତ ହେଉଥିବା ମଞ୍ଚର ଗୋଟିଏ ପାର୍ଶ୍ୱରେ ଜଣେ ଶୁଦ୍ଧାଚାରୀ ପୁରୋହିତ ବ୍ୟାସାସନରେ ପୋଥି ନେଇ ତାହାକୁ ଯେଉଁ ସ୍ୱରରେ ଗାନ କରନ୍ତି ତାହାକୁ ପାଳିଆମାନେ ସ୍ୱର ମିଶାଇ ପାଳି ଧରନ୍ତି । ଆଦ୍ୟାବସ୍ଥାରେ କଳାକାରମାନେ ମୂକ ଭାବରେ ଅଭିନୟରେ ଅଂଶ ଗ୍ରହଣ କରୁଥିଲାବେଳେ ପରବର୍ତ୍ତୀ କାଳରେ ଏଥିମଧ୍ୟରେ କିଛି ବଚନିକା ପ୍ରବିଷ୍ଟ ହେଲା, ଫଳରେ ନାଟ୍ୟଚରିତ୍ରମାନେ ଏଗୁଡ଼ିକର ଉପଯୋଗ କଲେ । ପ୍ରାୟତଃ ବିନା ମଞ୍ଚୋପକରଣରେ ଏହା ଅଭିନୀତ ହେଉଥିଲା । ଅଭିନୟରେ ଅଂଶ ଗ୍ରହଣ କରୁଥିବା ଚରିତ୍ରମାନେ ଶାରୀରିକ ଶୁଦ୍ଧତା ପ୍ରତି ଧ୍ୟାନ ଦେଉଥିଲେ । ଭାବ, ଭକ୍ତି ଓ ପରମାର୍ଥିକ ରସରେ ରସାଣିତ ତଥା ଅନୁକରଣଯୁକ୍ତ ଗୀତିମୟ ଛନ୍ଦୋବଦ୍ଧ ରଚନାଗୁଡ଼ିକୁ ସେମାନଙ୍କର ଅନୁକରଣାତ୍ମକ ଶୈଳୀ ସକାଶେ 'ଲୀଳା' ରୂପେ ପରିଗଣିତ କରାଯାଉଥିଲା ବୋଲି କୁହାଯାଏ । ଏଠାରେ ଏହା ଉଲ୍ଲେଖ ଯୋଗ୍ୟ ଯେ କେତେକ 'ବିଶିରାମାୟଣ'କୁ ଓଡ଼ିଆ ଲୀଳା ପରମ୍ପରାର ଆଦ୍ୟ ରଚନା ଭାବରେ ସ୍ୱୀକାର କରିଥିବାବେଳେ ସଂଖ୍ୟାଧିକ ଗବେଷକ 'ରାସଲୀଳା' ସପକ୍ଷରେ ନିଜର ମତ ସାବ୍ୟସ୍ତ କରନ୍ତି । ତେବେ ଏହା ଦ୍ୱିଧାବିହୀନ ଭାବରେ ସ୍ୱୀକୃତ ଯେ 'ବିଶିରାମାୟଣ' ସ୍ଥିତ ଅସଂଖ୍ୟ ସଙ୍ଗୀତ ଲୀଳାଭିନୟ କ୍ଷେତ୍ରରେ ପ୍ରାୟୋଜିତ ହୋଇଥାଏ ।

କୃଷ୍ଣଲୀଳା:

ପଞ୍ଚଦଶ ଓ ଷୋଡ଼ଶ ଶତାବ୍ଦୀରେ ଆମଦେଶରେ ଭକ୍ତି ଆନ୍ଦୋଳନର ପ୍ରାବଲ୍ୟ ସମଗ୍ର ଜନଜୀବନକୁ ପ୍ରଭାବିତ କରିଥିଲା । ଭାରତୀୟ ନାଟ୍ୟକଳା ମଧ୍ୟ ଏଥିରୁ ଦୂରେଇ ରହି ପାରିନଥିଲା । ଦ୍ୱାଦଶ ଶତାବ୍ଦୀରେ ମହାକବି ଜୟଦେବଙ୍କ ଦ୍ୱାରା 'ଗୀତଗୋବିନ୍ଦ' ରଚିତ ହୋଇ ଅଭିନୀତ ହୋଇଥିଲା । ଏହା ଏପରି ଲୋକପ୍ରିୟ ହୋଇ ଉଠିଥିଲା ଯେ ଏହାର ପ୍ରସାର ବହୁଳ ଭାବରେ ବାହାର ରାଜ୍ୟମାନଙ୍କରେ ମଧ୍ୟ ଘଟିଥିଲା । ଗୀତଗୋବିନ୍ଦ, ଭାଗବତ ଓ ହରିବଂଶ ଆଦିରୁ କୃଷ୍ଣଲୀଳା ବିଷୟକ ତଥ୍ୟମାନ ସଂଗୃହୀତ ହୋଇ ଓଡ଼ିଶାରେ ପ୍ରଥମେ

ଲୋକନାଟ୍ୟମାନ ରଚିତ ଓ ଅଭିନୀତ ହେବାକୁ ଲାଗିଲା । ଏହାର ପ୍ରସାର ଶ୍ରୀମନ୍ତଶଙ୍କର ଦେବଙ୍କ ଦ୍ୱାରା ଆସାମ, ବିଦ୍ୟାପତିଙ୍କ ଦ୍ୱାରା ମିଥିଳା ଆଦି ରାଜ୍ୟରେ ଘଟିଥିଲା । ଏହିପରି ଅନ୍ୟାନ୍ୟ ବହୁ ରାଜ୍ୟକୁ 'କୃଷ୍ଣଲୀଳା' ପ୍ରସାରିତ ହୋଇଥିଲା । ରାସଲୀଳା ତ୍ରୟୋଦଶ ଶତାବ୍ଦୀରୁ ଦେବମନ୍ଦିର ମାନଙ୍କରେ ପ୍ରଦର୍ଶିତ ହୋଇ ଆସୁଥିବା କଥା ଡଃ ବଂଶୀଧର ମହାନ୍ତି ମତ ପ୍ରଦାନ କରନ୍ତି ।

ଇତିହାସରୁ ଜଣାପଡ଼େ ଶ୍ରୀଚୈତନ୍ୟ ଦେବ ପୁରୀ ଶ୍ରୀକ୍ଷେତ୍ରରେ 'ରାବଣବଧ ଲୀଳା'ରେ ନିଜେ ଅଭିନୟ କରିଥିଲେ । ଏହା 'ଦଶହରା' ଅବସରରେ ଆୟୋଜିତ ହେଉଥିଲା । ସେ ଏପ୍ରକାର 'ଲୀଳା' ଆୟୋଜନକୁ ଧର୍ମ ପ୍ରଚାର ପାଇଁ ବିନିଯୋଗ କରିଥିଲେ । ପଞ୍ଚସଖା କବିଗଣ କୃଷ୍ଣଙ୍କୁ କେନ୍ଦ୍ର କରି ଅସଂଖ୍ୟ ବୈଷ୍ଣବଧର୍ମୀ କାବ୍ୟମାନ ରଚନା କରିଥିଲେ । ସେଇ ଧାରାରେ 'ବଂଶୀଚୋରୀ', କାଳୀୟଦଳନ, ପ୍ରେମାନୁରାଗ, ଗୋପକେଳି, ଦାନଲୀଳା, ଗୋଧନ ବାହୁଡ଼ା ଇତ୍ୟାଦି ପର୍ଯ୍ୟାପ୍ତ ଲୀଳା ରଚିତ ହୋଇଥିଲା । ଏଣୁ ଓଡ଼ିଶାକୁ ଲୀଳା ପରମ୍ପରା ସୃଷ୍ଟିର ଆଦ୍ୟ ଭୂମି ବୋଲି କୁହାଯାଏ । ସପ୍ତଦଶ ଶତାବ୍ଦୀରେ କୃଷ୍ଣଙ୍କ ବାଲ୍ୟଲୀଳା ସନ୍ଦର୍ଭରେ ବିପ୍ର ସଦାଶିବ 'ଗୋପଲୀଳା' ରଚନା କରିଥିଲେ । ଜଗତ୍‌ସିଂପୁରର ସୁପ୍ରସିଦ୍ଧ ନିର୍ଦ୍ଦେଶକ ନାଟ୍ୟକାର ଦ୍ୱିଜ ଚୈତନ୍ୟଙ୍କ ଦ୍ୱାରା 'କୃଷ୍ଣଲୀଳା' ରଚିତ ହୋଇଥିଲା । ଷୋଡ଼ଶ ଓ ସପ୍ତଦଶ ଶତାବ୍ଦୀର ଅନ୍ତର୍ବର୍ତ୍ତୀ କାଳରେ ଶିଶୁବନମାଳୀ ଦାସଙ୍କ ଦ୍ୱାରା 'ରାସଲୀଳା' ରଚିତ ହୋଇ ଲୋକପ୍ରିୟ ହୋଇ ପାରିଥିଲା । ସେଇପରି ଅଷ୍ଟାଦଶ ଶତାବ୍ଦୀରେ ରଚିତ 'ଗୋପଲୀଳା', 'କାଳୀୟ ଦମନଲୀଳା ଓ ବୃନ୍ଦାବତୀ ହରଣ ଲୀଳା' ଇତ୍ୟାଦି ବେଶ ପ୍ରସିଦ୍ଧି ଲାଭ କରିଥିଲା । ଏଥିମଧ୍ୟରୁ ପ୍ରଥମଟିର ରଚୟିତା ଶ୍ୟାମସାହୁ ହୋଇଥିବା ବେଳେ ଶେଷଦ୍ୱୟର ରଚନାକାର ଥିଲେ ଦୁଃଖୀଶ୍ୟାମ ଦାସ । ସମୟାନୁକ୍ରମେ ବିଶ୍ୱମ୍ଭର ରାଜେନ୍ଦ୍ର, ଦୀନବନ୍ଧୁ ସାମନ୍ତରାୟ, ନରହରି ଦାସ, କୃଷ୍ଣଦାସ, ବନମାଳୀ ଦାସ, ଗୋବିନ୍ଦ ଶୂରଦେଓ, କାଳୀଚରଣ ପଟ୍ଟନାୟକ, ମୋହନଗୋସେଇଁ, ବନମାଳୀ ସାମନ୍ତରାୟ, ଦୀନବନ୍ଧୁ ସାମନ୍ତରାୟ, ଲକ୍ଷ୍ମୀକାନ୍ତ ମହାପାତ୍ର, ପିଣ୍ଡିକ ଶ୍ରୀଚନ୍ଦନ ଇତ୍ୟାଦି ବହୁ ରଚନାକାର ଲୀଳା ସାହିତ୍ୟକୁ ସମୃଦ୍ଧ କରିଥିଲେ । କିନ୍ତୁ ରାଜପୁତ୍ର ଗୋବିନ୍ଦ ଚନ୍ଦ୍ର ଶୂରଦେଓଙ୍କ ଦ୍ୱାରା ଲୀଳା ମଧ୍ୟରେ ସର୍ବପ୍ରଥମ ଗଦ୍ୟ ବଚନିକାର ସମାବେଶ କରାଯାଇ ଏହାକୁ ସମ୍ପୂର୍ଣ୍ଣ ଭାବେ ଅଭିନବ ଶୈଳୀରେ

ଏକମୁଖୀ ମଞ୍ଚରେ ଅଭିନୀତ କରାଯାଇଥିଲା । ସେ ଥିଲେ ନୟାଗଡ଼ର ସୁପ୍ରସିଦ୍ଧ ନାଟ୍ୟକାର । ଲୀଳା ମଞ୍ଚନକୁ ସେ ପ୍ରଥମ ଗଦ୍ୟ ସଂଳାପଯୁକ୍ତ ନାଟକ ରୂପ ପ୍ରଦାନ କରି ଚିର ସ୍ମରଣୀୟ ହୋଇ ରହିଛନ୍ତି । ବାବାଜୀ ବୈଷ୍ଣବ ଚରଣ ଦାଶ ମଧ୍ୟ ରାଧା ବିନୋଦ, ନିକୁଞ୍ଜ ବିହାର ମଥୁରା ଯାତ୍ରା, ପ୍ରେମ ବିଳାସ, ଗୋଷ୍ଠଯାତ୍ରା, ଆନନ୍ଦ ବୃନ୍ଦାବନ ଚମ୍ପୂ ଇତ୍ୟାଦି ଅନେକ ଲୀଳା ନାଟକର ସ୍ରଷ୍ଟା ଥିଲେ । କାନ୍ତକବି ଲକ୍ଷ୍ମୀକାନ୍ତଙ୍କ ଦ୍ୱାରା ସୃଷ୍ଟ ଶରତ ରାସ, ବେଶ ବଦଳା, ବସନ୍ତ ବିଳାସ, ବଂଶୀ ଶିକ୍ଷା, କାଳୀୟ ଦଳନ ଇତ୍ୟାଦି ଲୀଳାମାନ ବେଶ ଜନାଦୃତି ଲାଭ କରିଥିଲା । ଏହା ତାଙ୍କୁ ଏକ ସୁପ୍ରସିଦ୍ଧ ଲୀଳାକାର ଭାବରେ ପ୍ରତିଷ୍ଠା ଆଣିଦେଇଥିଲା । କିନ୍ତୁ ଲୀଳା ମଞ୍ଚନକୁ ଆଧୁନିକତା ପ୍ରଦାନ କରି ଏକ ନୂତନ ଯୁଗର ସୂତ୍ରପାତ କରାଇବା କ୍ଷେତ୍ରରେ କାଳୀଚରଣ ପଟ୍ଟନାୟକଙ୍କ ଅବଦାନ ଥିଲା ଅବିସ୍ମରଣୀୟ । କବିଚନ୍ଦ୍ର କାଳୀଚରଣଙ୍କ ସୃଷ୍ଟ ଲୀଳାମାନଙ୍କ ମଧ୍ୟରେ ଦାରିଦ୍ର୍ୟ ଭଞ୍ଜନ, ଶ୍ରୀରାଧା, ବାଁଶରୀ ବିଳାସ, କୌତୁକ ଚିନ୍ତାମଣି, ବିଦ୍ୟାବଳୀ, ଗୀତଗୋବିନ୍ଦ, ପ୍ରୀତି ସୁଧାକର ଓ ସର୍ବଶେଷ ରଚନା 'ମାନିନୀ' (୧୯୩୮) ଇତ୍ୟାଦି ଥିଲା ଅନନ୍ୟ, ସମୃଦ୍ଧ ଓ ଲୋକପ୍ରିୟତାରେ ଶୀର୍ଷ ସ୍ଥାନୀୟ ।

ରାମଲୀଳା:

ଆଜିକାଲି ରାମନବମୀ ଉପଲକ୍ଷେ ପ୍ରାୟ ସାରା ଓଡ଼ିଶାରେ ବ୍ୟାପକ ଭାବରେ ରାମଲୀଳା ମଞ୍ଚସ୍ଥ ହୋଇଥାଏ । ମନ୍ଦିର ପ୍ରାଙ୍ଗଣ ଅଥବା ଗ୍ରାମ୍ୟ ପରିବେଶର ମୁକ୍ତାକାଶୀ ମଞ୍ଚରେ ଏହା ପ୍ରଦର୍ଶିତ ହେଉଥିବା ଦୃଷ୍ଟିଗୋଚର ହୁଏ । ଗୋସ୍ୱାମୀ ତୁଳସୀଦାସଙ୍କ ରାମଚରିତ ମାନସର କଥାବସ୍ତୁ ଆଧାରିତ ରାମଲୀଳାର ବହୁଳ ପ୍ରଦର୍ଶନ ଉତ୍ତର ଭାରତରେ ଖୁବ୍ ପ୍ରସିଦ୍ଧ । ତାହାରି ଅନୁକରଣରେ ଓଡ଼ିଶାରେ ମଧ୍ୟ ରାମଲୀଳା ମଞ୍ଚସ୍ଥ ହେଉଥିବା କଥା କେତେକ-ଗବେଷକ ମତ ପୋଷଣ କରନ୍ତି । ଯେପରିକି ପ୍ରିୟରଞ୍ଜନ ସେନ୍ କହନ୍ତି: "It is not difficult to speculate that this Ramalila was a gift of the north, where Rama has always been a favoured deity." କିନ୍ତୁ ସାମାନ୍ୟ ଅନୁଶୀଳନରୁ ଏପ୍ରକାରର ମନ୍ତବ୍ୟର ଔଚିତ୍ୟହୀନତା ସୁସ୍ପଷ୍ଟ ହୋଇଯାଏ । କାରଣ ଅତ୍ୟନ୍ତ ପ୍ରାଚୀନ କାଳରୁ ଭଗବାନ

ଭାରତୀୟ ପରମ୍ପରାରେ ଲୋକନାଟ୍ୟ ଓ ଲୋକନୃତ୍ୟ

ରାମଙ୍କୁ ଓଡ଼ିଶାର ଅସଂଖ୍ୟ ଭକ୍ତ ନିଜର ଆରାଧ୍ୟ ରୂପେ ଆରାଧନା କରି ଆସୁଛନ୍ତି । ଶ୍ରୀରାମଙ୍କ ସ୍ମୃତି ସହ ଜଡ଼ିତ ବହୁ କ୍ଷେତ୍ର ଓଡ଼ିଶା ମାଟିରେ ଆଜି ମଧ୍ୟ ବିଦ୍ୟମାନ । ଏତଦ୍‌ବ୍ୟତୀତ ଜଗମୋହନ ରାମାୟଣ, କେଶବ ରାମାୟଣ, ବିଶିରାମାୟଣ, ବିଚିତ୍ର ରାମାୟଣ ଇତ୍ୟାଦି ଓଡ଼ିଆ ଭାଷାର ଲୋକପ୍ରିୟ ରଚନା ଗୁଡ଼ିକ ରାମଚରିତ ମାନସ ଅଥବା ବାଲ୍ମିକୀ ରାମାୟଣ ଠାରୁ ନିଜର ସ୍ୱତନ୍ତ୍ର ବୈଶିଷ୍ଟ୍ୟ ବଜାୟ ରଖିଥିବା କାରଣରୁ ଏଗୁଡ଼ିକ ସ୍ୱତନ୍ତ୍ର ସୃଷ୍ଟି ରୂପେ ବିଶେଷ ଗୌରବର ଅଧିକାରୀ ଅଟନ୍ତି । ଏମାନଙ୍କ ମଧ୍ୟରୁ କେହି ବି ମୂଳ ରାମାୟଣର ଅନୁବାଦ ନୁହଁନ୍ତି । ଓଡ଼ିଶାରେ ରାମଲୀଳାର ପ୍ରଦର୍ଶନ ସପ୍ତଦଶ ଶତାବ୍ଦୀରେ ବିଶେଷ ଭାବରେ ରୂପ ନେଇଥିଲା । ଅଷ୍ଟାଦଶ ଶତକ ଥିଲା 'ରାମଲୀଳା' ରଚନା କ୍ଷେତ୍ରରେ ସୁବର୍ଣ୍ଣକାଳ । ଏହି କାଳରେ ପଣ୍ଡିତ ରଘୁନାଥ ଦାସ, ଚିକିଟୀର ରାଜା କୃଷ୍ଣଚନ୍ଦ୍ର ରାଜେନ୍ଦ୍ର, କେଶବ ହରିଚନ୍ଦନ, ପୀତାମ୍ବର ରାଜେନ୍ଦ୍ର, ବୈଶ୍ୟ ସଦାଶିବ, ବିକ୍ରମ ନରେନ୍ଦ୍ର, ବିପ୍ର ଜନାର୍ଦ୍ଦନ ଇତ୍ୟାଦି ଲୋକପ୍ରିୟ ଲୀଳାକାରମାନେ ରାମଲୀଳା ରଚନାରେ ପ୍ରବୃତ୍ତ ହୋଇ ଖ୍ୟାତି ଅର୍ଜନ କରିଥିଲେ ।

ଏତଦ୍‌ବ୍ୟତୀତ ରଘୁନାଥ ପରିଚ୍ଛା, ଅନୁଗୁଳର ରାଜା ବ୍ରଜବନ୍ଧୁ ସାମନ୍ତସିଂହାର, ଈଶ୍ୱର ଦାସ, କେଶବ ପଟ୍ଟନାୟକ, କମଳଲୋଚନ ପଟ୍ଟନାୟକ, ରଘୁନାଥ ସିଂ, ଯୁଧିଷ୍ଠିର ସାହୁ, କଳ୍ପତରୁ ଦାସ, ବିପ୍ର ପ୍ରଧାନ ପ୍ରମୁଖ ଊନବିଂଶ ଶତାବ୍ଦୀର ଲୀଳାକାରମାନେ 'ରାମଲୀଳା' ରଚନା ଦିଗରେ ଅତ୍ୟନ୍ତ ଯଶସ୍ୱୀ ଭୂମିକାର ନିର୍ବାହ କରିଥିଲେ । ଉତ୍ତର ଭାରତୀୟ 'ରାମଲୀଳା' ପ୍ରଦର୍ଶନ ଠାରୁ ଉପରୋକ୍ତ ରଚୟିତା ମାନଙ୍କର ରଚନା ପ୍ରସୂତ ମଞ୍ଚନ ଶୈଳୀ ପୂର୍ଣ୍ଣ ଭାବରେ ସ୍ୱତନ୍ତ୍ର ଓ ବୈଶିଷ୍ଟ୍ୟପୂର୍ଣ୍ଣ । ପୂର୍ବରୁ ହନୁମାନ, ରାବଣ ଓ ଜଟାୟୁ ପ୍ରଭୃତିଙ୍କ ନିମନ୍ତେ ଅଭିନୟ ସମୟରେ ମୁଖା ବ୍ୟବହୃତ ହେଉଥିଲା । କଳାକାରମାନେ ଭ୍ରାମ୍ୟମାଣ ପ୍ରଦର୍ଶନରେ ଅଭ୍ୟସ୍ତ ଥିଲେ । ପରବର୍ତ୍ତୀକାଳରେ ଏହା ଏକ ନିର୍ଦ୍ଦିଷ୍ଟ ମଞ୍ଚରେ ଅଭିନୀତ ହେଲା । ପୂର୍ବେ ମୃଦଙ୍ଗ, ବଂଶୀ, ବେହେଲା, ଗିନି ତଥା ହାରମୋନିୟମ ଇତ୍ୟାଦି ବାଦ୍ୟଯନ୍ତ୍ର ବ୍ୟବହୃତ ହେଉଥିଲା ବେଳେ ଏବେ ଏଥିରେ ଅନେକ ପରିବର୍ତ୍ତନ ଘଟିଥିବା ଲକ୍ଷ୍ୟ କରାଯାଏ । ତଥାପି ଆଧୁନିକତାକୁ ଆତ୍ମସାତ କରି 'ରାମଲୀଳା'ର ଐତିହ୍ୟ ଯେ ଚିରଞ୍ଜୀବୀ ହେବ ଏଥିରେ ସନ୍ଦେହର ଅବକାଶ ନାହିଁ ।

ରାଧାପ୍ରେମ ଲୀଳା:

ଏଥି ମଧ୍ୟରେ ସଙ୍ଗୀତ ଓ ରାଗରାଗିଣୀର ବହୁଳ ବ୍ୟବହାର ଘଟୁଥିବା କାରଣରୁ ଅନେକ ଏହାକୁ ଗୋଟିଏ ଶାସ୍ତ୍ରୀୟ ନୃତ୍ୟ ବୋଲି ଧାରଣା କରି ନିଅନ୍ତି । କେହି ଏହାକୁ 'ରାସଲୀଳା' ରୂପେ ମଧ୍ୟ ଅଭିହିତ କରନ୍ତି । କାରଣ ଏଥି ମଧ୍ୟରେ ରାଧାକୃଷ୍ଣଙ୍କ ଉଦାତ୍ତ ପ୍ରେମଲୀଳା, ମାନଭଞ୍ଜନ ଇତ୍ୟାଦି ଶାଶ୍ୱତ କଥାବସ୍ତୁ ଦର୍ଶକମାନଙ୍କୁ ଏକ ଅମୃତମୟ ରସ ଆସ୍ୱାଦନର ସ୍ୱର୍ଗୀୟ ରାଜ୍ୟକୁ ନେଇଯାଏ । କବି ଜୟଦେବଙ୍କ ରଚିତ ଗୀତ ଗୋବିନ୍ଦର ପ୍ରଭାବ ସାମଗ୍ରିକ ଭାବରେ ଏହାକୁ ଏକ ସ୍ୱତନ୍ତ୍ର ମର୍ଯ୍ୟାଦା ପ୍ରଦାନ କରେ । ବାଦ୍ୟଯନ୍ତ୍ର ଦୃଷ୍ଟିରୁ ଏହା ଅଭିନୀତ ହେବା ସକାଶେ ମୃଦଙ୍ଗ, ହାରମୋନିୟମ, ବେହେଲା, ଗିନି, ବଂଶୀ ଇତ୍ୟାଦି ଏଥିରେ ବ୍ୟବହୃତ ହୁଏ । ଚିକିଟୀର ରାଜା ପୀତାମ୍ବର ରାଜେନ୍ଦ୍ରଙ୍କ ଦ୍ୱାରା ଏହା ରଚିତ ହୋଇଥିବାରୁ ରାଜକୀୟ ପୃଷ୍ଠପୋଷକତା ପ୍ରାପ୍ତ କରି ଏକଦା ଲୋକପ୍ରିୟତାର ଶୀର୍ଷସ୍ଥାନକୁ ସ୍ପର୍ଶ କରି ପାରିଥିଲା କିନ୍ତୁ ପରବର୍ତ୍ତୀ କାଳରେ ଏହା ରାଜକୀୟତାରୁ ସର୍ବସାଧାରଣ ସ୍ତରକୁ ପ୍ରସାରିତ ହୋଇ 'ରାସଲୀଳା'ର ସ୍ୱରୂପ ପ୍ରାପ୍ତ ହୋଇଛି । ସେ ଯାହାହେଉ କିଶୋର ମାନଙ୍କ ଦ୍ୱାରା ମଞ୍ଚସ୍ଥ ହେଉଥିବା **'ରାଧାପ୍ରେମ ଲୀଳା'** ଯେ ଏକ ଜନପ୍ରିୟ ଲୋକକଳା ଏଥିରେ ସନ୍ଦେହର ଅବକାଶ ନାହିଁ । ଅନେକଙ୍କ ମତରେ ଆଠଗଡ଼ ସ୍ଥିତ ଜଗନ୍ନାଥପୁର ଶାସନର ସୁପ୍ରସିଦ୍ଧ ପଣ୍ଡିତ ରଘୁନାଥ ରାଜଗୁରୁଙ୍କ ଦ୍ୱାରା ସର୍ବପ୍ରଥମେ ପ୍ରବର୍ତ୍ତିତ ହୋଇ ଊନବିଂଶ ଶତାବ୍ଦୀର ଅନ୍ତିମ ଭାଗରେ ଏହା ଚିକିଟୀ ରାଜାଙ୍କ ନାମରେ ଭଣତି ହୋଇଥିଲା । କେତେକ ବିଶ୍ୱମ୍ଭର ରାଜେନ୍ଦ୍ରଙ୍କ ଦ୍ୱାରା ଏହା ରଚିତ ହୋଇ ଚିକିଟୀ ରାଜା କିଶୋର ଚନ୍ଦ୍ରଙ୍କ ନାମରେ ଭଣତି ହୋଇଥିବା ମତ ପୋଷଣ କରନ୍ତି ।

ଭାରତ ଲୀଳା:

ସାରଳା ମହାଭାରତର 'ସୁଭଦ୍ରା ହରଣ' କଥାବସ୍ତୁ ତଥା ଭଗବାନ ଶ୍ରୀକୃଷ୍ଣଙ୍କୁ କେନ୍ଦ୍ର କରି ଯେଉଁ ଲୀଳା ରଚିତ ହୁଏ ତାହାକୁ **'ଭାରତ ଲୀଳା'** ରୂପେ ଅଭିହିତ କରାଯାଏ, ଯାହାକି ଯଥାର୍ଥ ମଧ ମନେହୁଏ । କାରଣ ଏହାର ଭାବବସ୍ତୁ 'ମହାଭାରତ' ଆଧାରିତ । ନଗଣ୍ୟ ମାତ୍ରାରେ ବ୍ୟବହୃତ ଗଦ୍ୟ ସଂଳାପକୁ ବାଦ୍ ଦେଲେ ଏଥି ମଧ୍ୟରେ ନୃତ୍ୟ ଓ ସଂଗୀତର ବହୁଳତା ଏହାକୁ 'ଲୀଳା'

ପରିଚୟ ପ୍ରଦାନ କରିଥାଏ । କିନ୍ତୁ ଏଥି ମଧ୍ୟରେ ପ୍ରଚଳିତ ବେଶ ବିନ୍ୟାସ, ରସ ଓ ସଂଗୀତର ଉପଯୋଗ ତଥା ସାମାଜିକ ଆବେଦନ ଦୃଷ୍ଟିରୁ ଏହା ଯେ 'ଯାତ୍ରା'ର ସମପର୍ଯ୍ୟାୟବାଚୀ ଏକ ଜନପ୍ରିୟ ଲୋକକଳା ଏଥିରେ ବହୁ ସମାଲୋଚକ ସହମତ ହୁଅନ୍ତି । ଭାରତଲୀଳାକୁ ଏକଦା ଖୁବ୍ ପ୍ରଭାବଶାଳୀ କରାଇବା ଦିଗରେ କାନ୍ତକବି ଲକ୍ଷ୍ମୀକାନ୍ତ ମହାପାତ୍ର ଓ କବିଚନ୍ଦ୍ର କାଳୀଚରଣଙ୍କ ଭୂମିକା ଥିଲା ଅନନ୍ୟ ଅସାଧାରଣ । କାନ୍ତକବିଙ୍କ ନେତୃତ୍ୱରେ 'ଗୋପୀନାଥ ସଙ୍ଗୀତ ସମାଜ' ଭାରତଲୀଳାକୁ ବହୁ ଭାବରେ ବ୍ୟାପକତା ପ୍ରଦାନ କରିଥିଲା । କାଳୀଚରଣ ଏଥି ମଧ୍ୟରେ ବହୁ ପରିବର୍ତ୍ତନ ଆନୟନ ଦିଗରେ ଯଶସ୍ୱୀ ଭୂମିକା ନିର୍ବାହ କରିଥିଲେ । ଦୀନବନ୍ଧୁ ଦାସ (ଭୂମା)ଙ୍କୁ ଭାରତ ଲୀଳାର ଆଦ୍ୟ ରଚୟିତା ଭାବରେ ସ୍ୱୀକୃତି ଦିଆଯାଏ । ଏଥିରେ ଦୁଆରୀ ବା 'ଦ୍ୱାରୀ' ମୁଖ୍ୟ ଚରିତ୍ର ଅଟେ । ଏଣୁ ଏହାକୁ 'ଦ୍ୱାରୀ ନାଟ' ବୋଲି ଅନେକ କହନ୍ତି । ମର୍ଦ୍ଦଳ, ଝୁମୁକା, ଗିନି ଓ ହାରମୋନିୟମ ଇତ୍ୟାଦି ବାଦ୍ୟଯନ୍ତ୍ର ଏଥିରେ ବ୍ୟବହୃତ ହୁଏ । ଦ୍ୱାରୀଙ୍କର ଶାସ୍ତ୍ରରେ ପାଣ୍ଡିତ୍ୟ ତଥା ଗାୟନକଳାର ପାରଦର୍ଶିତା ଥିବା ଆବଶ୍ୟକ ବୋଲି ବିଚାର କରାଯାଏ । ମୁଖ୍ୟ ଚରିତ୍ରକୁ ଛାଡ଼ି ଏଥିରେ ଜଣେ ଅର୍ଜୁନ, ଅନ୍ୟ ଦୁଇଜଣ ସଖୀଙ୍କ ମଧ୍ୟରୁ ଜଣେ ସୁଭଦ୍ରା ତଥା ଅନ୍ୟ ଜଣକ ସଖୀ ଭୂମିକାରେ ଅଭିନୟ କରିଥାନ୍ତି । ଏହାକୁ ଗଞ୍ଜାମ ଅଞ୍ଚଳର ନିଜସ୍ୱ କଳା ବୋଲି କୁହାଯାଏ । ଏବେ ମଧ୍ୟ ସେଠାରେ ଏହାର ପ୍ରଦର୍ଶନ ଆୟୋଜିତ ହେଉଛି । ଏଥି ମଧ୍ୟରେ ଶୃଙ୍ଗାର, ହାସ୍ୟ ଓ ବୀର ରସର ଉପଯୋଗ ହୋଇଥିବା ଦୃଷ୍ଟିଗୋଚର ହୋଇଥାଏ ।■

ଉଭଟ ନାଟକର ସଂଜ୍ଞା, ଶୈଳୀ ଓ ବିକାଶଧାରା

ସଂଜ୍ଞା :

ଚିରାଚରିତ ପରମ୍ପରାର ବିରୁଦ୍ଧ, ସାମାଜିକ ରୀତିନୀତିର ବିପରୀତ, ବେତୁକା, ବେଖାପ, ଅଯୌକ୍ତିକ, ହାସ୍ୟାସ୍ପଦ, ଅମେଳ, ଅସଂଲଗ୍ନ, ଅହେତୁକ, ଅସଂଗତ, ଅବ୍ୟବସ୍ଥିତ ଓ ଅବାସ୍ତବ ଚିନ୍ତାଧାରା ପ୍ରସୂତ ନାଟ୍ୟକଳାକୁ ଉଭଟ (Absurd) ନାଟକ ବୋଲି କୁହାଯାଏ । ଉଭଟ (Absurd) ନାଟକ ହେଉଛି ଏକ ପ୍ରକାର ଅସାହିତ୍ୟ ଆନ୍ଦୋଳନ (Anti Literary Movement) ଯାହା ସମୟ ସ୍ରୋତର ଗୋଟିଏ ନିର୍ଦ୍ଦିଷ୍ଟ କାଳଖଣ୍ଡର ବ୍ୟର୍ଥତାରୁ ସୃଷ୍ଟ । ଉଭଟ ଶବ୍ଦର ସଂଜ୍ଞା ନିରୂପଣ କରାଯାଇ କୁହାଯାଇଛି - "Absurd is a term used originally to describe a violation of the rules of logic. It has acquired wide and diverse connotations in modern theology, philosophy and the arts, in which it expresses the failure of traditional values to fulfill man's spiritual and emotional needs."(ଆମେରିକୀୟ ଜ୍ଞାନକୋଷ / Encyclopedia Americana page-57)। Collins English Dictionary ଅନୁଯାୟୀ ଉଭଟ ନାଟକ ହେଉଛି–"A drama in which normal conventions and dramatic structures are ignored or modified in order to present life as irrational or meaningless."

ଅତଏବ ଉଦ୍ଭଟ ନାଟକ ହେଉଛି ଏପରି ଏକ ନୂତନ ନାଟ୍ୟ ଆନ୍ଦୋଳନ ଯାହା ମାଧ୍ୟମରେ ମନୁଷ୍ୟ ଜୀବନର ଅସୀମ ହତାଶା ଓ ନୈରାଶ୍ୟବାଦ ତଥା ନିଃସଂଗତା ବୋଧକୁ ଅବ୍ୟବସ୍ଥିତ, ଅସଂଗତ ଏବଂ ଅଯୌକ୍ତିକ ଶୈଳୀରେ ମଞ୍ଚ ଉପରେ ଅଭିନୀତ ହୋଇଥାଏ । ଅର୍ଥାତ୍ ମନୁଷ୍ୟର ବିଚାର ଶକ୍ତିକୁ ତିଳତିଳ କରି ପ୍ରଭାବହୀନ ଓ ନଷ୍ଟପ୍ରାୟ କରି ଦେଉଥିବା ପ୍ରାଚୀନ ରୂଢ଼ିବାଦ ବିରୁଦ୍ଧରେ ସ୍ୱରୋତ୍ତଳନର ପ୍ରଚେଷ୍ଟା ସ୍ୱରୂପ ଯେଉଁ ନାଟକ ମାଧ୍ୟମରେ ଜୀବନର ଯଥାର୍ଥବାଦିତାକୁ (ପ୍ରଚଳିତ ପ୍ରାଚୀନ ଯୁକ୍ତି ଓ ପରମ୍ପରା ବିପରୀତ) ବେଖାପ, ଅଯୌକ୍ତିକ, ଅସଂଲଗ୍ନ ଓ ଅବାସ୍ତବ ଶୈଳୀରେ ରଙ୍ଗମଞ୍ଚରେ ଅଭିନୀତ କରାଯାଏ ତାହାହିଁ ହେଉଛି ଉଦ୍ଭଟ ନାଟକ ବୋଲି କେତେକ ମତ ବ୍ୟକ୍ତ କରନ୍ତି । ମାର୍ଟିନ ଏସ୍‌ଲିନ (Martin Esslin) କହନ୍ତି - "ବ୍ୟର୍ଥତାର ଝଡ଼ ଏବଂ ଅବଜ୍ଞା ମିଶ୍ରିତ କ୍ରୋଧ ସବୁବେଳେ ନୂତନ ପରମ୍ପରା ସୃଷ୍ଟି କରିବାକୁ ପରିବେଶ ତିଆରି କରେ । ଉଦ୍ଭଟ ନାଟକ ସେଇଭଳି ଚଳନ୍ତି ସମୟର ବ୍ୟର୍ଥତାରୁ ଉଦ୍ଭବ ଏକ ଅସାହିତ୍ୟ (Anti Literary Movement) ଆନ୍ଦୋଳନ ।" (ସନ୍ଦର୍ଭ: ଦି ଥିଏଟର ଅଫ ଦି ଏବସର୍ଡ୍ ପୁସ୍ତକ: ପୃଷ୍ଠା ୨୬)। ଏଠାରେ ଏହା ଉଲ୍ଲେଖନୀୟ ଯେ ଭାରତୀୟ ସଂସ୍କୃତି ପ୍ରଦତ୍ତ ନାଟ୍ୟ ସାହିତ୍ୟ ବେଦମୂଳକ (ନାଟ୍ୟଶାସ୍ତ୍ର ଅ୧/ ଶ୍ଳୋକ ୧୭) ଏବଂ ଏହାର ଆଦ୍ୟ ପ୍ରବର୍ତ୍ତକ ହେଉଛନ୍ତି ଭଗବାନ ନଟରାଜ ଶିବ । ଏଣୁ ମହାକବି କାଳିଦାସ ତାଙ୍କର ମାଳବିକାଗ୍ନି ମିତ୍ରମ୍ (୧/୪)ରେ ନାଟ୍ୟକଳାକୁ ଦେବତାମାନଙ୍କ ନିମନ୍ତେ ଆଦାନପ୍ରଦାନକାରୀ ଯଜ୍ଞ ରୂପେ ବର୍ଣ୍ଣନା କରିଛନ୍ତି । ଏତଦ୍‌ବ୍ୟତୀତ ଏହାକୁ (ନାଟ୍ୟକଳାକୁ) ଜନମାନସରେ କର୍ତ୍ତବ୍ୟ ପରାୟଣତା, ସାହସ, ସାତ୍ତ୍ୱିକ ରୁଚି, ଜ୍ଞାନୀମାନଙ୍କର ଅଧିକ ଜ୍ଞାନ, ଅଜ୍ଞାନୀ ମାନଙ୍କଠାରେ ଜ୍ଞାନର ବିକାଶ, ଶୋକ ଦୁଃଖରେ ଜର୍ଜରିତ ମାନଙ୍କ ମଧ୍ୟରେ ଧୈର୍ଯ୍ୟ, ଭାଙ୍ଗି ପଡ଼ିଥିବା ବ୍ୟକ୍ତିଙ୍କଠାରେ ସ୍ଫୂର୍ତ୍ତି, ବୁଦ୍ଧି-ଯଶ, ଆୟୁ-ପ୍ରଜ୍ଞା ଇତ୍ୟାଦି ବିକାଶର ସାଧନ ରୂପେ ଗ୍ରହଣ କରାଯାଇଥାଏ । ଏହି ଦୃଷ୍ଟିକୋଣକୁ ବିଚାରକୁ ନିଆଗଲେ ପାଶ୍ଚାତ୍ୟ ଶୈଳୀ ପ୍ରସୂତ ଉଦ୍ଭଟ ନାଟ୍ୟକଳା ଯେ ଭାରତୀୟ ସଂସ୍କୃତି ଅନୁରୂପ ଆଦୌ ନୁହେଁ ତାହା ହୃଦ୍‌ବୋଧ ହୋଇଥାଏ । ଭାରତର ବିବିଧ

ପ୍ରଦେଶରେ ଏହି ଉଦ୍ଭଟ ନାଟ୍ୟ ଶୈଳୀ ବିକାଶ ଲାଭ କରିଥିଲେ ମଧ୍ୟ ତାହା ମଧ୍ୟରେ ଭାରତୀୟ ମୂଲ୍ୟବୋଧ ଓ ସଂସ୍କାରର ସମ୍ପୂର୍ଣ୍ଣ ବିଲୁପ୍ତିକରଣ ସମ୍ଭବ ହୋଇ ପାରିନାହିଁ । ଏହା ହୁଏତ ଉଦ୍ଭଟ ନାଟ୍ୟକାରଗଣଙ୍କ ମଧ୍ୟରେ ରହି ଆସି ଅସ୍ଥିମଜ୍ଜାଗତ ଭାରତୀୟ ସଂସ୍କୃତିର ଅଲିଭା ଛାପର ଗଭୀର ପ୍ରଭାବ ହୋଇପାରେ । ପାଶ୍ଚାତ୍ୟ ଅନ୍ଧାନୁକରଣ ସର୍ବଦା ଆମର ଭବିଷ୍ୟତ ସମାଜଜୀବନ ପ୍ରତି ଯେ ବିପଜ୍ଜନକ ତାହା ଭବିଷ୍ୟତର ଉଦ୍ଭଟ ନାଟ୍ୟକାରଗଣ ହୃଦୟଙ୍ଗମ କରିପାରିଲେ ଦେଶ ଦଶ ପ୍ରତି ନିଶ୍ଚିତ ଭାବରେ ମଙ୍ଗଳକାରୀ ହେବ ।

ନାଟ୍ୟଶୈଳୀ:

୧) **ବୈଚାରିକ ଓ ବ୍ୟବହାରିକ ଅସଂଗତି :** ସାମ୍ପ୍ରତିକ ମନୁଷ୍ୟର କଥା ଓ କାର୍ଯ୍ୟ ମଧ୍ୟରେ ଅନ୍ତର ଖୁବ୍ ବେଶୀ ଦୃଷ୍ଟି ଗୋଚର ହୁଏ । ଅର୍ଥାତ୍ କଥା ଏକ ପ୍ରକାର କାର୍ଯ୍ୟ ଅନ୍ୟ ପ୍ରକାର ଅଥବା ବିଚାର ଯାହା ବ୍ୟବହାର ତାହାର ବିପରୀତ । ଏଇ ପ୍ରକାର ଅସଂଗତି କୁ ଉଦ୍ଭଟ (Absurd) ନାଟକର ପ୍ରମୁଖ ଶୈଳୀ ଭାବରେ ସ୍ଥାନିତ କରାଯାଇଥାଏ ।

୨) **ପ୍ରାଚୀନତାର ଅନୁସରଣ ଓ ଅନୁକରଣ:**

ଉଦ୍ଭଟ ନାଟକରେ ଗୃହୀତ ହୋଇଥିବା ଏହା ଅନ୍ୟତମ ଶୈଳୀ । ଅର୍ଥାତ୍ ପାରମ୍ପରିକ ବିଚାରକୁ ପ୍ରକାଶ କରିବା ସକାଶେ ଉଦ୍ଭଟ ନାଟକରେ ତାହାକୁ ନୂତନତ୍ୱର ପୁଟ ଦେଇ ଅସଂଲଗ୍ନ ବା ହାସ୍ୟାସ୍ପଦ ଭାବରେ ପ୍ରଦର୍ଶନ କରାଯାଏ ।

୩) **ନୈରାଶ୍ୟବାଦର ପ୍ରଦର୍ଶନ:**

ଦ୍ୱିତୀୟ ବିଶ୍ୱଯୁଦ୍ଧର ପରବର୍ତ୍ତୀ କାଳରେ ସମାଜ ମଧ୍ୟରେ ବ୍ୟାପ୍ତି ଲାଭ କରିଥିବା ନୈରାଶ୍ୟବାଦକୁ ଲୋକଲୋଚନରେ ମୁକ୍ତ ଭାବରେ ତୋଳି ଧରିବା ସକାଶେ ତତ୍ଅନୁକୂଳ ଶୈଳୀକୁ ଉଦ୍ଭଟ ନାଟକ ମଧ୍ୟରେ ସ୍ଥାନିତ କରାଯିବା ପ୍ରକ୍ରିୟାକୁ ନାଟ୍ୟକାର ମାନଙ୍କ ଦ୍ୱାରା ଏକ ଅନିବାର୍ଯ୍ୟ ଆବଶ୍ୟକତା ରୂପେ ଅଦ୍ୟାବଧି ଗ୍ରହଣ କରାଯାଇଆସିଛି ।

୪) ଅବୋଧ ଚରିତ୍ରର ମଞ୍ଚନ :

ଉଭଟ ନାଟକରେ ଗୃହୀତ ଅନ୍ୟତମ ଶୈଳୀ ହେଉଛି ଅବୋଧ, ବେଖାପ ଓ ବେମେଳ ଚରିତ୍ରର ମଞ୍ଚନ । ଏଣୁ ବିଦ୍ୱାନ ସମାଲୋଚକ ଏଲସିନ୍ ଦର୍ଶକ ମାନଙ୍କ ମନସ୍ତାତ୍ତ୍ୱିକ ଭାବନାକୁ ହୃଦୟଙ୍ଗମ କରି ସେମାନଙ୍କ ପକ୍ଷରେ ଏହି ଅସଂଗତି ସମ୍ପନ୍ନ ଚରିତ୍ର ଗୁଡ଼ିକର ଲକ୍ଷ୍ୟ ଓ ଉଦ୍ଦେଶ୍ୟକୁ ବୁଝିବା ଏବଂ ଚିହ୍ନିବା ଯେ କେତେ କଷ୍ଟକର (ବୁଝିବା ଏକପ୍ରକାର ଅସମ୍ଭବ ବୋଲି କୁହାଯାଇପାରେ) ତାହା ରେଖାଙ୍କିତ କରିଛନ୍ତି । ଏ ପ୍ରକାର ସ୍ଥିତିର ଫଳ ସ୍ୱରୂପ ଦର୍ଶକର ଚିନ୍ତା-ଚେତନା ଓ ମଞ୍ଚାଭିନୟ ମଧ୍ୟରେ ଯେଉଁ ଶୂନ୍ୟତା ସୃଷ୍ଟି ହୁଏ ତାହାର ନିରାକରଣ ସକାଶେ ଭାଷା ଅପେକ୍ଷା ଯେ ଭାବର ଆବଶ୍ୟକତା ଯଥେଷ୍ଟ ଅଧିକ; ତାହା ନାଟକର ସମ୍ପୃକ୍ତ ନାଟ୍ୟକାର ହୃଦୟଙ୍ଗମ କରିବା ଉଚିତ ବୋଲି ପରାମର୍ଶ ଦିଅନ୍ତି । ଅତଏବ ଏଠାରେ ଦର୍ଶକଙ୍କର ଭୂମିକା ନିତାନ୍ତ ଗୁରୁତ୍ୱପୂର୍ଣ୍ଣ କାରଣ ନାଟକରେ ପ୍ରଦର୍ଶିତ ଅସଂଗତି ପୂର୍ଣ୍ଣ ଓ ଇତସ୍ତତଃ ବିଚାରଗୁଡ଼ିକୁ ତାଙ୍କୁ ନିଜର ଅନୁଭୁତି ଓ କଳ୍ପନା ମାଧ୍ୟମରେ ଏକତ୍ର ସୂତ୍ରବଦ୍ଧ କରି ନାଟ୍ୟକାରଙ୍କ ବିଚାରକୁ ସମଗ୍ରତା ଆଧାରରେ ବୁଝିବାକୁ ପଡ଼ିବ ଓ ତାହାର ଅନ୍ତର୍ନିହିତ ତତ୍ତ୍ୱକୁ ଆହରଣ କରିବାକୁ ପଡ଼ିବ ।

ସଂକ୍ଷିପ୍ତ ସଂଳାପ:

ଉଭଟ ନାଟକରେ ଭାବକୁ ଅଧିକ ଗୁରୁତ୍ୱ ଦିଆଯାଇଥାଏ । ଏଣୁ କ୍ଷୁଦ୍ର ସଂଳାପ ମାଧ୍ୟମରେ ଚରିତ୍ରମାନେ ନିଜ ଅନ୍ତର୍ନିହିତ ଭାବର ପରିପ୍ରକାଶ କରନ୍ତି । ମନସ୍ତାତ୍ତ୍ୱିକ ବ୍ୟାଖ୍ୟା ପାଇଁ ଅଧିକ ସଂଳାପର ଆବଶ୍ୟକତା ନଥାଏ । ଯେପରି ମାନସିକ ସ୍ଥିତି ଠିକ୍ ନଥିଲେ ଅଧିକ ବାର୍ତ୍ତାଳାପ ପାଇଁ ଅନ୍ତର୍ନିହିତ ପ୍ରେରଣା ସୃଷ୍ଟି ହୋଇନଥାଏ । ଏଣୁ କ୍ଷୁଦ୍ର ସଂଳାପକୁ ଏକ ପ୍ରମୁଖ ଶୈଳୀ ରୂପେ ଉଭଟ ନାଟକରେ ଗୁରୁତ୍ୱ ପ୍ରଦାନ କରାଯାଏ ।

ତଥ୍ୟାତ୍ମକ ବାର୍ତ୍ତା:

ଏହି ନାଟକରେ ଚିରତ୍ରମାନଙ୍କର ବାର୍ତ୍ତାକୁ ଦର୍ଶକମାନଙ୍କୁ ହୃଦୟଙ୍ଗମ କରିବାକୁ ପଡ଼ିଥାଏ । କାରଣ ଏଥିରେ ସଂଳାପକୁ ଗୁରୁତ୍ୱ ଦିଆନଯାଇ ତଥ୍ୟ

ଉପରେ ଜୋର ଦିଆଯାଇଥାଏ । ଚରିତ୍ରମାନେ ସଂକ୍ଷିପ୍ତ ବାର୍ତ୍ତା ମାଧ୍ୟମରେ ଗମ୍ଭୀର ତଥ୍ୟାତ୍ମକ ସୂଚନା ପ୍ରଦାନ କରିଥାନ୍ତି ।

୭) ଉଭଟ ଶୈଳୀରେ ବାସ୍ତବବାଦ:

ଉଭଟ ନାଟ୍ୟକାରମାନେ ସେମାନଙ୍କ ନାଟ୍ୟଶୈଳୀ ମଧ୍ୟରେ ଯଥାର୍ଥ ବାସ୍ତବତାର ସନ୍ଧାନ ପ୍ରଦାନ କରିଥାନ୍ତି ବୋଲି ଦାବୀ କରନ୍ତି । ସେମାନଙ୍କ ମତରେ ତଥାକଥିତ ବାସ୍ତବବାଦୀ ବୋଲି କୁହାଯାଉଥିବା ନାଟକ ମଧ୍ୟରେ ଦୃଶ୍ୟମାନ ହେଉଥିବା ବାହ୍ୟ ବାସ୍ତବତା ପ୍ରକୃତ ପକ୍ଷରେ ବାସ୍ତବ ପଦବାଚ୍ୟ ନୁହେଁ । ବରଂ ଅତ୍ୟାଧୁନିକ ଶୈଳୀଯୁକ୍ତ ଉଭଟ ନାଟକ ମଧ୍ୟରେ ଅନ୍ତର୍ନିହିତ ଦୃଷ୍ଟିକୋଣ ଆଧାରିତ ପ୍ରକୃତ ବାସ୍ତବତା ନିହିତ ରହିଛି ବୋଲି ସେମାନଙ୍କ ମତ ।

୮) ସତ୍ୟାଶ୍ରୟୀ ନାଟ୍ୟଶୈଳୀ :

ଉଭଟ ନାଟକ ସମ୍ବନ୍ଧରେ ସାଧାରଣ ଭାବେ ଧାରଣା ପୋଷଣ କରାଯାଏ ଯେ "ଏହା କାବ୍ୟିକ କଳ୍ପନାର ଗନ୍ତାଘର । ଏହା କୌଣସି ଗୁରୁତ୍ୱପୂର୍ଣ୍ଣ ବୌଦ୍ଧିକ ଚିନ୍ତାଧାରାର ଧାର ଧାରେ ନାହିଁ । ଏହା ମାନବିକ ବା ସାମାଜିକ ସମସ୍ୟାର ସମାଧାନ ନିମନ୍ତେ କୌଣସି ଅନୁକୂଳ ମାର୍ଗଦର୍ଶନ କରାଏ ନାହିଁ । ଏଥିରୁ ନୀତି ଆଦର୍ଶର ଶିକ୍ଷା ମିଳେନାହିଁ ।" କିନ୍ତୁ ଉଭଟ ନାଟକର ସପକ୍ଷବାଦୀ ମାନେ ଏହାର ବିପରୀତ ଯେଉଁ ତର୍କ ଉପସ୍ଥାପନ କରନ୍ତି ତାହା ତାତ୍ପର୍ଯ୍ୟପୂର୍ଣ୍ଣ । ସେମାନଙ୍କ ମତରେ ମାନବର ସାମ୍ପ୍ରତିକ ସମସ୍ୟାଗୁଡ଼ିକୁ ଭିତ୍ତି କରି ଗଭୀର ବଶ୍ଳେଷଣ ମାଧ୍ୟମରେ ମନସ୍ତାତ୍ତ୍ୱିକ ଦୃଷ୍ଟିକୋଣରୁ ଯେଉଁ ନିଚ୍ଛକ ସତ୍ୟଗୁଡ଼ିକ ଆବିଷ୍କୃତ ହୁଏ ତାହାକୁ ନାଟ୍ୟକାର ନିଜର ଏକାନ୍ତ ଅନୁଭୂତି ଓ ତାଦାତ୍ମ୍ୟ ଭାବ ଆଧାରରେ ଉଭଟ ନାଟକ ମଧ୍ୟରେ ରୂପାୟନ କରିଥାନ୍ତି । ଏଣୁ ଉଭଟ ନାଟକ ହେଉଛି ନିରାଟ ସତ୍ୟାଶ୍ରୟୀ ଅଥବା ଏକାନ୍ତ ସତ୍ୟନିଷ୍ଠ ।

୯) ବିଜ୍ଞାନ ଆଧାରିତ ଶୈଳୀ:

ପୂର୍ବେ ମଣିଷ ମନସ୍ତାତ୍ତ୍ୱିକ ଭାବରେ ଈଶ୍ୱର, ଧର୍ମ, ସଂସ୍କୃତି, ନୀତିବାଦ ଓ ଶାସ୍ତ୍ର-ପୁରାଣ ଉପରେ ଭରସା ରଖି ଜୀବନ ଅତିବାହିତ କରୁଥିଲା । ଏବେ ସେ

ସନ୍ଦେହ, ସଂଶୟ ଓ ଚିନ୍ତିତ ହୋଇ କାଳାତିପାତ କରୁଛି । ବିଜ୍ଞାନର ଆଧାରକୁ ହିଁ ପ୍ରମାଣ ଭାବରେ ଗ୍ରହଣ କରୁଛି । ଧର୍ମ ଓ ଶାସ୍ତ୍ର-ପୁରାଣ ପ୍ରତି ଅତୀତରେ ସେ ପୋଷଣ କରୁଥିବା ଭୟ ପ୍ରତିବଦଳରେ ବିଜ୍ଞାନ ଉପରେ ଆସ୍ଥା ପ୍ରକଟ କରୁଛି । ମାନବର ଏ ପ୍ରକାର ସାଂପ୍ରତିକ ମାନସିକ ସ୍ଥିତିକୁ ଉଦ୍ଭଟ ନାଟକର ଜନକ ସାମୁଏଲ ବେକେଟ ତାଙ୍କ ନାଟକରେ 'ଜନ୍ମ ଓ ମୃତ୍ୟୁ ମଧ୍ୟର ପ୍ରତୀକ୍ଷା' ରୂପେ ଅଭିହିତ କରିଛନ୍ତି । ଏଥିପାଇଁ ସେମାନଙ୍କ ମତରେ, ଉଦ୍ଭଟ ନାଟ୍ୟଶୈଳୀ ମଧ୍ୟରେ ବିଜ୍ଞାନ ଆଧାରିତ ମନସ୍ତତ୍ତ୍ୱ ଗୁରୁତ୍ୱ ପୂର୍ଣ୍ଣ ଭୂମିକା ଗ୍ରହଣ କରିଛି ।

୧୦) ଉପସ୍ଥାପନା ଶୈଳୀରେ ଭିନ୍ନତା ଓ ସାମଞ୍ଜସ୍ୟତା:

ଉଦ୍ଭଟ ନାଟକରେ ଉପସ୍ଥାପନା ଶୈଳୀରେ କେତେକ ଭିନ୍ନତା ପରିଦୃଷ୍ଟ ହୁଏ । ତାହା ହେଉଛି ଜଣେ ନାଟ୍ୟକାରର ଉପସ୍ଥାପନା ଶୈଳୀ ଠାରୁ ଅନ୍ୟଜଣେ ନାଟ୍ୟକାରଙ୍କର ଶୈଳୀ ସମ୍ପୂର୍ଣ୍ଣ ଭିନ୍ନ । ଉପସ୍ଥାପନା ଶୈଳୀ ସଦୃଶ ଉଦ୍ଭଟ ନାଟକର ଲକ୍ଷ୍ୟ ବା ଉଦ୍ଦେଶ୍ୟ ତଥା ପ୍ରକାଶ ଶୈଳୀ ମଧ୍ୟ ଭିନ୍ନ ଭିନ୍ନ । ପାଶ୍ଚାତ୍ୟ ଦେଶମାନଙ୍କରେ ଦୃଷ୍ଟିଗୋଚର ହେଉଥିବା ପରମ୍ପରା, ପ୍ରାଚ୍ୟ ଦେଶମାନଙ୍କର ଅନୁସୃତ ପରମ୍ପରା ଠାରୁ ବହୁ ଭାବରେ ଭିନ୍ନ ଅଟେ । ପାଶ୍ଚାତ୍ୟ ଦେଶମାନଙ୍କରେ ଆଧ୍ୟାତ୍ମିକତା ଉପରେ ଭରସାହୀନତା ଓ ପ୍ରବଳ ପ୍ରାଚୁର୍ଯ୍ୟପୂର୍ଣ୍ଣ ଜୀବନ ଯାତ୍ରା ସତ୍ତ୍ୱେ ଘନଘୋର ନିରାଶାବାଦିତାକୁ କେନ୍ଦ୍ର କରି ଉଦ୍ଭଟ ନାଟକ ରଚିତ ହେଉଥିବା ବେଳେ ଭାରତ ଭଳି ପ୍ରାଚ୍ୟ ଦେଶରେ ଅର୍ଥନୀତି କ୍ଷେତ୍ରରେ ନିରାଶାତ୍ମକ ଭାବ ତଥା ରାଜନୀତି କ୍ଷେତ୍ରର ଜୟ ପରାଜୟ ବା ସଫଳତା ବିଫଳତା ନିରାଶାତ୍ମକ ପୃଷ୍ଠଭୂମିକୁ ଅବଲମ୍ବନ କରି ଉଦ୍ଭଟ ନାଟକ ରଚିତ ହୁଏ । ଅର୍ଥାତ୍ ଉଦ୍ଭଟ ନାଟକର ପୃଷ୍ଠଭୂମି ଦେଶକାଳ ଓ ପାତ୍ରକୁ ନେଇ ଭିନ୍ନ ଭିନ୍ନ ହୋଇଥାଏ ।

ଉଦ୍ଭଟ ନାଟକ ମଧ୍ୟରେ ଶୈଳୀର ସାମଞ୍ଜସ୍ୟତା କହିଲେ ଯାହା ପରିଦୃଷ୍ଟ ହୁଏ ତାହାହେଲା କେତେକ ନାଟକ ଗୋଟିଏ ଅଙ୍କ ଯୁକ୍ତ ହେଉଥିବା ବେଳେ ପ୍ରତ୍ୟେକ ନାଟକ ପ୍ରାୟ ଗୋଟିଏ ମାତ୍ର ଦୃଶ୍ୟପଟକୁ ନେଇ ସୀମିତ ଥାଏ । ଏହି ପ୍ରକାର ନାଟକ ଉଦ୍ଭଟ ଚିନ୍ତାଧାରାକୁ ନେଇ ରଚିତ ହୋଇଥିଲେ ମଧ୍ୟ, ସେଗୁଡ଼ିକର ପରିପ୍ରକାଶ ଓ ପରିବେଷଣ ଶୈଳୀରେ ପାର୍ଥକ୍ୟ ତଥା ଦୃଷ୍ଟିକୋଣର ଭିନ୍ନତା ନିର୍ବିଶେଷରେ ତାହା ଏକ ନିର୍ଦ୍ଦିଷ୍ଟ ଲକ୍ଷ୍ୟ ପଥରେ ଧାବମାନ

ହୋଇଥାଏ । ସେଇ ଲକ୍ଷ୍ୟ ହେଉଛି, ପ୍ରାଚୀନ ପରମ୍ପରା ଗୁଡ଼ିକୁ ହଟାଇ ସାଂପ୍ରତିକ ଜୀବନକୁ ଏକ ଅସମ୍ଭାବିତ ଢାଞ୍ଚା ଉପରେ ନିର୍ମାଣ କରିବା । ଉଦ୍ଭଟ ନାଟକର ଚରିତ୍ରମାନେ ପ୍ରାୟ ଲଗାମହୀନ ଓ ମୁକ୍ତ ଏଣୁ ସେମାନେ ନିଜର ମନୋଭାବକୁ ଖୋଲାଖୋଲି ପ୍ରକାଶ କରିବାକୁ ଅନୁଚିତ ମନେ କରନ୍ତି ନାହିଁ । ଆହୁରି ମଧ୍ୟ ସେମାନେ ସ୍ପଷ୍ଟବାଦୀ ହୋଇଥିବାରୁ ନିଜର ମନୋଭାବକୁ ସ୍ପଷ୍ଟ ଭାବରେ ଉପସ୍ଥାପିତ କରନ୍ତି । ଅନ୍ୟତମ ସାମଞ୍ଜସ୍ୟ ହେଲା, ଉଦ୍ଭଟ ନାଟକ ଗୁଡ଼ିକ ଗଭୀର ବୌଦ୍ଧିକ ଅନୁଭୂତି ଆଧାରରେ ରଚିତ ହୋଇଥିବା କାରଣରୁ ସେଗୁଡ଼ିକ ଅଧିକ ଦୁର୍ବୋଧ ହୁଅନ୍ତି ଅଥବା ନାଟ୍ୟକାରମାନେ ପ୍ରଚେଷ୍ଟା ପୂର୍ବକ ସେଗୁଡ଼ିକୁ ଅଧିକ ଦୁର୍ବୋଧ କରିଦିଅନ୍ତି । ଏହି ତଥ୍ୟକୁ ସ୍ୱୀକାର ପୂର୍ବକ ଜର୍ମାନ ନାଟ୍ୟକାର ବ୍ରେଖଟ କହନ୍ତି, "ଅତି ପରିଚତ ଜିନିଷକୁ କୌଣସି ଉପାୟରେ ଦୁର୍ବୋଧ କରିବା ଦ୍ୱାରା ଆମେ ପରେ ତାକୁ ପ୍ରକୃତ ଅର୍ଥରେ ଅଧିକ ବୋଧଗମ୍ୟ କରିବାରେ ସମର୍ଥ ହେଉ । ଅତି ପରିଚିତ କୌଣସି ଜିନିଷର ନିଜସ୍ୱ ରୂପ ପ୍ରତି ପୂର୍ଣ୍ଣଭାବରେ ସଚେତନ ହେବାକୁ ହେଲେ, ପ୍ରଥମେ ତା'ରି ସାଧରଣତାରୁ ତାକୁ ମୁକ୍ତ କରିବାକୁ ପଡ଼ିବ । ଜିନିଷଟିର କୌଣସି ଅର୍ଥ ଦରକାର ନାହିଁ, ଏହି ଅଭ୍ୟାସଗତ ଦୃଷ୍ଟିକୋଣ ପ୍ରଥମେ ପରିବର୍ତ୍ତିତ ହେବା ଦରକାର ।" (ସନ୍ଦର୍ଭ: 'ଆଧୁନିକ ଜର୍ମାନ ନାଟକ ଓ ବ୍ରେଖଟ', ଲେଖକ: ପ୍ରଭାତ ନଳିନୀ ଦାସ; 'ପ୍ରଜ୍ଞା ପତ୍ରିକା'-୨ୟ ସଂଖ୍ୟା-୧୯୭୦)

୧୧) ରୋମାଣ୍ଟିସିଜିମ୍ ଶୈଳୀ :

ପ୍ରାୟତଃ ନାଟ୍ୟକାରମାନେ ଉଦ୍ଭଟ ନାଟକ ମାନଙ୍କରେ ରୋମାଣ୍ଟିସିଜମ୍ ଶୈଳୀକୁ ସମାବିଷ୍ଟ କରିବାକୁ ଯାଇ ନଗ୍ନତା, ସେକ୍‌ସ ଅଥବା ଅଶ୍ଳୀଳତାର ଅତିରଞ୍ଜନକୁ ପ୍ରାଧାନ୍ୟ ଦେଇଥାନ୍ତି ।

ଉଦ୍ଭଟ ନାଟକର ବିକାଶଧାରା:

ଉଦ୍ଭଟ ନାଟକର ନିର୍ଦ୍ଦିଷ୍ଟ ଭାବରେ କେବେ ସୂତ୍ରପାତ ହେଲା ତାହା ନିର୍ଦ୍ଧାରଣ କରିବା ଅଦ୍ୟାବଧି ସମ୍ଭବ ହୋଇନାହିଁ । ତେବେ ପ୍ରାଚୀନ ଭାରତରେ ଅର୍ଥାତ୍ ସମ୍ଭବତଃ ନବମରୁ ଦଶମ ଶତକର କାଳଖଣ୍ଡରେ 'କର୍ପୂର ମଞ୍ଜରୀ' ନାମକ ପ୍ରାକୃତ ଭାଷାର ନାଟକ ସୁପ୍ରସିଦ୍ଧ ନାଟ୍ୟକାର ରାଜଶେଖରଙ୍କ ଦ୍ୱାରା

ଭାରତୀୟ ପରମ୍ପରାରେ ଲୋକନାଟ୍ୟ ଓ ଲୋକନୃତ୍ୟ

ରଚିତ ହୋଇଥିଲା । ରାଜଶେଖର ଥିଲେ ଉଭୟ ସଂସ୍କୃତ ଓ ପ୍ରାକୃତ ଭାଷାର ଅସାଧାରଣ ପଣ୍ଡିତ, ସୁପ୍ରସିଦ୍ଧ କାବ୍ୟ ମୀମାଂସକ ଓ ନାଟ୍ୟକାର । ସେ ରାଜା ମହିପାଳଙ୍କ ଦରବାର ର ରାଜପଣ୍ଡିତ ଭାବରେ ଶୋଭା ମଣ୍ଡନ କରିଥିଲେ । ସେଇ ନାଟକର ବିଦୂଷକ ଭୂମିକାରେ ଅବତୀର୍ଣ୍ଣ ଚରିତ୍ର ମାନଙ୍କୁ ଉଦ୍ଭଟତାର ସର୍ବପ୍ରାଚୀନ ଉଦାହରଣ ଭାବରେ ଗ୍ରହଣ କରାଯାଏ । ସେଇପରି ଷୋଡ଼ଶ ଶତାବ୍ଦୀର ପୂର୍ବ ଓ ପରବର୍ତ୍ତୀ କାଳରେ ଅଭିନୀତ ହେଉଥିବା ସାଧାରଣ ନାଟକ ଓ ଥିଏଟର ମାନଙ୍କରେ ହାସ୍ୟରସ ସୃଷ୍ଟି ପାଇଁ ମଝିରେ ମଝିରେ ମଞ୍ଚ ଉପରେ ଆସି ଉଭା ହୋଇ ଯାଉଥିବା ଭାଣ୍ଡ ବା ଭୋଜବାଦି ଚରିତ୍ର ମାଧ୍ୟମରେ ଏଇ ଧରଣର ଉଦ୍ଭଟ, ଯୁକ୍ତିହୀନ, ଅସଂଲଗ୍ନ, ଅଦ୍ଭୁତ ସଂଳାପମାନ ଉଭାସିତ ହେଉଥିଲା, ଯାହା ଦର୍ଶକମାନଙ୍କୁ ସବୁଠୁଁ ଅଧିକ ଉଲ୍ଲସିତ ତଥା ସେମାନଙ୍କ ଚିତ୍ତବିନୋଦନ କରି ପାରୁଥିଲା । ଏଥିରୁ ସହଜରେ ଯେଉଁ ନିଷ୍କର୍ଷ ଉପଲବ୍ଧି କରିହୁଏ ତାହାହେଲା ଉଦ୍ଭଟ ଚିନ୍ତାଧାରା ଅନାଦି କାଳରୁ ଆରମ୍ଭ କରି ମାନବ ସମାଜ, ସାହିତ୍ୟ ଅଥବା ମାନବ ଜୀବନକୁ ଅଦ୍ୟାବଧି ରସାଣିତ କରି ଆସିଛି, ଯାହାର ଆଦ୍ୟପୀଠ ହେଉଛି ଭାରତ । କାରଣ ଚୀନ, ଜାପାନ, ଜାଭା, ସୁମାତ୍ରା, ବାଲି, ଶ୍ୟାମ ଦେଶରେ ଆଜି ମଧ୍ୟ ପ୍ରଚଳିତ ନାଟ୍ୟକଳା ମଧ୍ୟରେ ଭାରତୀୟ ନାଟ୍ୟକଳାର ଛାପ ସହଜରେ ବାରି ହୋଇ ପଡ଼େ ।

ତେବେ ଆଧୁନିକ ବିଶ୍ୱ ପରିପ୍ରେକ୍ଷୀରେ ଫ୍ରାନ୍ସର ସାମୁଏଲ ବେକେଟଙ୍କୁ ଉଦ୍ଭଟ ନାଟକର ଜନକ ଭାବରେ ଅନେକ ଗ୍ରହଣ କରନ୍ତି । ଆଉ କେତେକ ସେକ୍‌ସପିଅରଙ୍କ ନାଟକ ସ୍ଥିତ ଏଇ ଧରଣର ଚିତ୍ତ ବିନୋଦନ ପାଇଁ ବ୍ୟବହୃତ ଚରିତ୍ରମାନଙ୍କୁ ଉଦ୍ଭଟତାର ପ୍ରଥମ ସୂତ୍ରଧର ରୂପେ ଅଭିହିତ କରନ୍ତି । ସେଇପରି ଏଫ୍ ସ୍କଟ ଫିଜ୍‌ରାଲ୍‌ଡ (F. Scott Fitzrald) ନାମକ ଆମେରିକାନ ନାଟ୍ୟକାରଙ୍କ ରଚିତ 'ଦି ଭେଜିଟେବଲ' ନାଟକକୁ କେହି କେହି ଆଦ୍ୟ ଉଦ୍ଭଟ ନାଟକର ମାନ୍ୟତା ପ୍ରଦାନ କରିଥାନ୍ତି ।

କିନ୍ତୁ ହେନେରିକ୍ ଜୋହାନ ଇବସନ (୧୮୨୮-୧୯୦୬) ଦକ୍ଷିଣ ନରୱେ ଜନ୍ମିତ ଜଣେ ବିଶ୍ୱବିଖ୍ୟାତ ନାଟ୍ୟକାର ଯିଏକି ତାଙ୍କର "ଏ ଡଲସ୍ ହାଉସ୍", 'ଘୋଷ୍ଟ', 'ଦି ଲେଡି ଫ୍ରମ ଦି ସି', 'ଦି ମାଷ୍ଟାର ବିଲ୍ଡର', 'ଏନିମି ଅଫ୍ ଦି ପିପ୍‌ଲ' ଇତ୍ୟାଦି ସୁପ୍ରସିଦ୍ଧ ନାଟକମାନଙ୍କ ଦ୍ୱାରା ଚିରାଚରିତ ପରମ୍ପରା

ବିରୁଦ୍ଧରେ ଯେଉଁ ଯଥାର୍ଥବାଦୀ ସ୍ୱର ଉତ୍ତୋଳନ କରିଥିଲେ ତାହା ପରବର୍ତ୍ତୀ ନବ ନାଟ୍ୟ ଆନ୍ଦୋଳନକୁ ପ୍ରୋତ୍ସାହିତ କରିଥିଲା । ସେଇ କ୍ରମରେ ଆଲ୍‌ଫ୍ରେଡ୍ ଜେରୀ (୧୮୭୩-୧୯୦୭) ନାମକ ଫ୍ରେଞ୍ଚ ନାଟ୍ୟକାରଙ୍କ 'ଉବୁରୟ' ନାମକ ନାଟ୍ୟକୃତି ଉଦ୍ଭଟ ନାଟକର ସୃଷ୍ଟି ନିମନ୍ତେ ପରବର୍ତ୍ତୀ ସ୍ରଷ୍ଟାମାନଙ୍କ ପଥ ପ୍ରଶସ୍ତ କରିଥିଲା । ଏଣୁ ଜେରୀଙ୍କୁ ମଧ୍ୟ କେତେକ ଉଦ୍ଭଟ ନାଟକର ଆଦ୍ୟ ପୁରୋଧା ରୂପେ ଗ୍ରହଣ କରନ୍ତି । ସେଇପରି ଜେମ୍‌ସ ଜାୟସି (୧୮୮୨-୧୯୪୧), ଫ୍ରାନ୍‌ଜ କାଫ୍‌କା (୧୮୮୩-୧୯୨୪), ଗୁଇଲାମ୍ ଆପୋଲ ନାୟାର, ଇଉଜିନ ଆଇନେସ୍କୋ, ଆର୍ଥାର ଆଡାମୋଭ ଆଦିଙ୍କ ଉଦ୍ଭଟ ନାଟକ ବିଶ୍ୱବାସୀଙ୍କୁ ବହୁ ଭାବରେ ପ୍ରଭାବିତ କରିଥିଲା । ଓସ୍‌କାର କୋକୋସ୍‌କା, କ୍ରିଷ୍ଟାନ ଜାରା, ଇଭାନ୍ ଗଲ୍, ରୋଜର୍ ଭିଟ୍ରାକ୍, ଆଣ୍ଟୋନିନ୍ ଆର୍ତୋଡ୍ ଓ ଜାଁ ଜେନେ ଇତ୍ୟାଦି ନାଟ୍ୟକାରମାନେ ନିଜ ନିଜ କୃତି ମାଧ୍ୟମରେ ନାଟକରେ ଉଦ୍ଭଟ ଚିନ୍ତାଧାରାକୁ ଶାଣିତ କରିବା ଦିଗରେ ଯଥେଷ୍ଟ ପ୍ରୟାସ କରିଥିଲେ । ଏତଦ୍‌ବ୍ୟତୀତ ଉଦ୍ଭଟ ନାଟ୍ୟକଳାର ବିକାଶ ଦୃଷ୍ଟିରୁ ଅନ୍ୟ ନାଟ୍ୟକାର ଯେଉଁମାନଙ୍କ ବିଶ୍ୱସ୍ତରୀୟ ପ୍ରତିଭା ଇତିହାସରେ ଲିପିବଦ୍ଧ ରହିଛି ସେମାନେ ହେଲେ ଏଡ୍‌ୱାର୍ଡ୍ ଆଲ୍‌ବୀ, ହାରଲ୍‌ଡ ପିଣ୍ଟର, ଫରନାଣ୍ଡୋ ଆରାବଲ୍, ଏଣ୍ଟନ୍ ପାଭଲୋଭିଚ ଶେକଭ, ଗର୍କୀ, ମାଇକୋଭସ୍କି, ଜାପାନର ମିସିମାୟୁକିଓ, କିନୋସିତା କୁନ୍‌ଜି, ମାଫିଉନ୍, ଚୀନର ତଇୟେନ୍ ହାନ୍, ସାଓୟୁ ଇତ୍ୟାଦି ।

ଭାରତରେ ଉଦ୍ଭଟ ନାଟ୍ୟକଳାର ବିକାଶ:

ଦ୍ୱିତୀୟ ବିଶ୍ୱଯୁଦ୍ଧ ପରେ ମୁଖ୍ୟତଃ ଅର୍ଥନୀତିକ ଦୁଃସ୍ଥତା, ସାମାଜିକ ପରିସ୍ଥିତି ଓ ଆଧାତ୍ମିକ ଆସ୍ଥା ପ୍ରତି ବିମୁଖତା ଭାରତୀୟମାନଙ୍କ ଭିତରେ ଏକ ପ୍ରକାର ହାତାଶା ଓ ନୈରାଶ୍ୟ ଭାବର ଜାଗୃତି ସୃଷ୍ଟି କଲା । ସେଇ ଭାବର ଲାଘବ ଏବଂ ସେଥିରୁ ମୁକ୍ତି ଲାଭ ପାଇଁ ସ୍ୱାଧୀନତା ପ୍ରାପ୍ତିର ପ୍ରାୟ ଏକ ଦଶକରୁ ଊର୍ଦ୍ଧ୍ୱ ବା ଦେଢ଼ ଦଶକ ଅନ୍ତରାଳରେ ଏଠାରେ ସୃଷ୍ଟି ହେଲା ଉଦ୍ଭଟ ସାହିତ୍ୟ । ଯାହା ଉପନ୍ୟାସ, ଗଳ୍ପ, କବିତା ବିଶେଷ କରି ନାଟକ ଉପରେ ଏହାର ସୁଦୂରପ୍ରସାରୀ ପ୍ରଭାବ ସୃଷ୍ଟି କଲା । ପାରମ୍ପରିକ ରୀତି, ନୀତିକୁ ଅଣଦେଖା କରି ପ୍ରଥମେ ଉଦ୍ଭଟ ଚିନ୍ତାଧାରାଯୁକ୍ତ ନାଟକ 'ଓପରେସନ୍ ତୟେଟର' ସୃଜିତ ହେଲା ନାଟ୍ୟକାର

॥ ୧୪୦ ॥

କେ.ଟି. ମହମ୍ମଦଙ୍କ ଦ୍ୱାରା ମାଲୟାଲମ୍ ଭାଷାରେ ୧୯୫୦ ମସିହାରେ । ଏହି ନୂତନ ଚିନ୍ତାଧାରା ପ୍ରସୂତ ନାଟକ କାଲିକଟ୍‌ର ଏକ ନାଟ୍ୟ-ଉତ୍ସବରେ ପୁରସ୍କୃତ ମଧ୍ୟ ହେଲା । ଏହା ପରେ ବହୁ ପ୍ରଥିତଯଶା ନାଟ୍ୟକାରଗଣ ଯଥା: ଶଙ୍କର ପିଲ୍ଲେ, ଶ୍ରୀରାଧାକ୍ରିଷ୍ଣନ୍, ରଷି, ଶ୍ରୀକଣ୍ଠନ୍ ନାୟାର, ଏନ୍.ଏନ୍, ପିଲ୍ଲେ ଇତ୍ୟାଦି ନିଜ ନିଜର ନାଟ୍ୟ ରଚନା ମାଧ୍ୟମରେ ଉଭଟ ନାଟ୍ୟକଳାର ବିକାଶ ପର୍ବରେ ହସ୍ତ ପ୍ରସାରଣ କରିଥିଲେ ।

ସେଇପରି ରାଷ୍ଟ୍ରଭାଷା ହିନ୍ଦୀର ବିଖ୍ୟାତ ନାଟ୍ୟକାରମାନେ ଏ ଦୃଷ୍ଟିରୁ ପଛରେ ରହି ନଯାଇ ଉଭଟ ନାଟ୍ୟକଳାକୁ ସ୍ୱକୀୟ ସାଧନା ଓ ସୃଷ୍ଟି ଦ୍ୱାରା ବିକଶିତ କରିବା ସକାଶେ ନିଜ ନିଜର ଯୋଗଦାନ ଅବ୍ୟାହତ ରଖିଥିଲେ । ସେମାନଙ୍କ ମଧ୍ୟରେ କିଛି ଉଲ୍ଲେଖଯୋଗ୍ୟ ନାମ ହେଲା: ରମେଶ ଉପାଧ୍ୟାୟଙ୍କ ନାଟକ 'ପେପର ୱେଟ୍', ଡ. ଲକ୍ଷ୍ମୀନାରାୟଣଙ୍କ ନାଟକ 'କରଫ୍ୟୁ', ସୁରେନ୍ଦ୍ର ବର୍ମାଙ୍କ ନାଟକ 'ଦ୍ରୌପଦୀ' -ଯାହାର ମରାଠୀ ଅନୁବାଦ 'ଅମଲ ପାଲେକର'ଙ୍କ ଦ୍ୱାରା କରାଯାଇ ମୂଳ ନାଟକ ଅପେକ୍ଷା ବି ବହୁ ଭାବରେ ଉଚ୍ଚ ପ୍ରଶଂସିତ ହୋଇ ପାରିଥିଲା । ସେଇପରି ଶୋଭନା ସିଦ୍ଦିକ୍‌ଙ୍କ ନାଟକ 'ସାୟଦା ହାଁ', ମୋହନ ରାକେଶଙ୍କ 'ଆଷାଢ଼ କା ଏକଦିନ' ଓ 'ଲହରୋ କେ ରାଜହଂସ' ଇତ୍ୟାଦି ଆଧୁନିକ ନାଟକମାନ ହିନ୍ଦୀ ଭାଷାକୁ ଗୌରବାନ୍ୱିତ କରି ପାରିଥିଲା ।

ଭାରତୀୟ ଭାଷା ମଧ୍ୟରେ କନ୍ନଡ଼ ନାଟ୍ୟକଳା ଯଥେଷ୍ଟ ଉନ୍ନତ । ଏଠାକାର ନାଟ୍ୟକଳା ସଂସ୍କୃତ ଓ ଇଂରାଜୀ ନାଟକ ଦ୍ୱାରା ପ୍ରତ୍ୟକ୍ଷ ଭାବରେ ଅନୁପ୍ରେରିତ । ଉଭଟ ନାଟ୍ୟପରମ୍ପରାକୁ ଆଗେଇ ନେଇଥିବା ନାଟ୍ୟକାର ମାନଙ୍କ ମଧ୍ୟରେ ଗିରୀଶ କନ୍ନଡ଼ଙ୍କ ନାମ ଶୀର୍ଷ ସ୍ଥାନୀୟ କହିଲେ ଅତ୍ୟୁକ୍ତି ହେବନାହିଁ । ତାଙ୍କର 'ହୟବଦନ' ନାଟକ ର ହିନ୍ଦୀ ରୂପାୟନ ଖୁବ୍ ଯଶସ୍ୱୀ ହୋଇଥିବା ନଜରକୁ ଆସେ । ଡ. ଶାନ୍ତି ଲାଲ ଦେଶାଇଙ୍କ 'ହସିରୁ ବେଙ୍କି'; ଶ୍ରୀମତୀ ସରିତା ଜ୍ଞାନାନନ୍ଦଙ୍କ 'ନାୟିକୋଡ଼େ'; ଚନ୍ଦ୍ରଶେଖର ପାଟିଲଙ୍କ 'ଟିଙ୍ଗର ବଡ଼ନ୍ତଣ୍ଣା'; ପି ଲଙ୍କେଶ ଙ୍କ 'ତେରେଗଲୁ', 'ପୋଲିସ ରିଦ୍ଧାରେ ଏଚାରିକେ'; ଅନନ୍ତ କଲ୍ଲୋଲା ଙ୍କ 'ଦାରି'; ଚନ୍ଦ୍ରଶେଖର କଂବାରଙ୍କ 'ଚାଲିଶ' ଇତ୍ୟାଦି ଉଭଟ ନାଟକମାନ ଭାରତୀୟ ନାଟ୍ୟକଳାକୁ ସମୃଦ୍ଧ କରି ପାରିଥିଲା ।

ବଂଗୀୟ ଉଭଟ ନାଟ୍ୟକଳାର ପୁରୋଧା ଭାବରେ ସ୍ୱୀକୃତ ନାମ ହେଉଛି

ବାଦଲ ସରକାର । ତାଙ୍କର ନାଟକ 'ବାକି ଇତିହାସ', 'ଏବଂ ଇନ୍ଦ୍ରଜିତ', 'ପାଗଲା ଘୋଡ଼ା'; ବୁଦ୍ଧଦେବ ବସୁଙ୍କ 'କ୍ଷନିକର ଜନ୍ୟ'; ଉତ୍ପଲ ଦତ୍ତଙ୍କ 'ସୂର୍ଯ୍ୟ ଶିକାର', 'ବର୍ଗୀ ଏଲୋ ଦେଶେ'; ଉମାନାଥ ଭଟ୍ଟାଚାର୍ଯ୍ୟଙ୍କ 'ଦିବାରାତ୍ରି'; ବିଜନ ଭଟ୍ଟାଚାର୍ଯ୍ୟଙ୍କ 'ଗର୍ଭବତୀ ଜନନୀ' ଇତ୍ୟାଦି ଉଭଟ ନାଟ୍ୟ ଆନ୍ଦୋଳନଙ୍କୁ ପରିବ୍ୟାପ୍ତ କରିବା ଦିଗରେ ଯେ ଐତିହାସିକ ଭୂମିକା ନିର୍ବାହ କରିଥିଲା ଏଥିରେ ସନ୍ଦେହ ନାହିଁ ।

ଉଭଟ ନାଟ୍ୟକଳାକୁ ବିକଶିତ କରିବା ଦୃଷ୍ଟିରୁ ମରାଠୀ ନାଟକାରମାନଙ୍କ ଭୂମିକା ଅତୀବ ସ୍ମରଣୀୟ । ଏହି ଦୃଷ୍ଟିରୁ ଯେଉଁ ସୁବିଖ୍ୟାତ ନାଟ୍ୟକାରଗଣ ଉଲ୍ଲେଖନୀୟ ଯୋଗଦାନ ଦେଇଛନ୍ତି ସେମାନଙ୍କ ମଧ୍ୟରେ 'ବିଜୟ ତେନ୍ଦୁଲକର (ନାଟକ : 'ଅସୀ ପାଖରେ ଯେତୀ', 'ଶାନ୍ତାତା : କୋର୍ଟ ଚାଲୁ ବହେ', 'ଶାଗୁଣା', 'ଓ ରାତ୍'); ସୁପ୍ରସିଦ୍ଧ କବି ସୁମନ୍ତ କାଲେ; ବହୁ ପୁରସ୍କୃତ ନାଟ୍ୟକାର ସୁରେଶ ଖାରେ (ନାଟକ : 'ମଲା ଉତ୍ତର ହବଂୟ'); ପ୍ରଫେସର ସଦାନନ୍ଦରେଗେ (ନାଟକ: 'ଅନ୍ତନାହିଁ'-ବାଦଲ ସରକାରଙ୍କ 'ଶେଷନେଇ' -ଏହା ବଙ୍ଗୀୟ ନାଟକର ମରାଠୀ ରୂପାନ୍ତର); ଖାନୋଲକର (ନାଟକ : 'ଏକ୍ ଶୂନ୍ୟ ବାଜିରାଓ') ଇତ୍ୟାଦିଙ୍କ ଭୂମିକା ଅବିସ୍ମରଣୀୟ ।

ଓଡ଼ିଆରେ ଉଭଟ ନାଟ୍ୟକଳାର ବିକାଶ ପର୍ବ:

ମନୋରଞ୍ଜନ ଦାସ: ଓଡ଼ିଆ ଭାଷାରେ ଉଭଟ ନାଟ୍ୟକଳାର ବିକାଶ ପର୍ବରୂପୀ ଯଜ୍ଞରେ ଯେଉଁ ନାଟ୍ୟକାରଗଣ ଆଗ୍ନେୟ ପୁରୋଧା ସାଜିଛନ୍ତି ସେମାନଙ୍କ ମଧ୍ୟରେ ଅଗ୍ରଗଣ୍ୟ ହେଉଛନ୍ତି ଶ୍ରୀ ମନୋରଞ୍ଜନ ଦାସ । ତାଙ୍କର ନାଟକ ଗୁଡ଼ିକ ହେଲା 'ଆଗାମୀ' (୧୯୫୦), 'ବନହଂସୀ' (୧୯୬୮), 'ଅରଣ୍ୟ ଫସଲ' (୧୯୬୯), 'ଅମୃତସ୍ୟ ପୁତ୍ରଃ' (୧୯୭୧), 'କାଠଘୋଡ଼ା' (୧୯୭୩), 'ଶବ୍ଦଲିପି' (୧୯୭୫), 'କ୍ଳାନ୍ତ ପ୍ରଜାପତି' (୧୯୭୮), 'ବିତର୍କିତ ଅପରାହ୍ନ' (୧୯୭୯) ଇତ୍ୟାଦି ।

ବିଜୟ କୁମାର ମିଶ୍ର: ବିଜୟ କୁମାର ମିଶ୍ର, ଆଗଧାଡ଼ିର ନାଟ୍ୟକାର ଭାବରେ ଜଣେ ଅବିସ୍ମରଣୀୟ ବ୍ୟକ୍ତିତ୍ୱ । ତାଙ୍କର ବିପୁଳ ସୃଷ୍ଟି ମଧ୍ୟରୁ ସର୍ବଶ୍ରେଷ୍ଠ କୃତି ଭାବରେ ଯେଉଁ ନାଟକଗୁଡ଼ିକ ଅନନ୍ୟ ରୂପେ ବିବେଚିତ ହୁଅନ୍ତି ସେଗୁଡ଼ିକ

ହେଲା 'ଶବ ବାହକମାନେ' (୧୯୬୮), 'ଦୁଇଟି ସୂର୍ଯ୍ୟ ଦଗ୍ଧ ଫୁଲକୁ ନେଇ', 'ଚନ୍ଦ୍ରଚୋରୀ', 'ଯାଯାବର (୧୯୬୮)', 'ଅସତ୍ୟ ସହର (୧୯୬୮)', 'ଏଠି ସେଠି ସବୁଠି (୧୯୭୧)', 'ଯାଦୁକର (୧୯୭୮)', 'ତଟ ନିରଞ୍ଜନା' ଇତ୍ୟାଦି ।

ଜଗନ୍ନାଥ ପ୍ରସାଦ ଦାସ: ଜଗନ୍ନାଥ ପ୍ରସାଦ ଦାସ ପ୍ରମୁଖ ଭାବରେ ଜଣେ କବି ହେଲେ ମଧ୍ୟ ନାଟକ ସୃଷ୍ଟି ଦିଗରେ ସିଦ୍ଧହସ୍ତ । ତାଙ୍କ ନାଟକ ମାନଙ୍କ ମଧ୍ୟରେ ଏ ଯୁଗର ଯନ୍ତ୍ରଣାପ୍ରଦ ଜୀବନ କିପରି ବିଷମୟ, କ୍ଷତାକ୍ତ ହୋଇ ଅସହାୟତାର ଶିକାର ହୋଇଛି ତାହା ନିଖୁଣ ଭାବରେ ବିଶ୍ଳେଷିତ । ନିଃସଙ୍ଗତା, ମହାନଗରର ବୋଧ, ଅସୁରକ୍ଷାର ଭୟ ତଥା ସଂଶୟସିକ୍ତ ଭାବନା କିପରି ଜୀବନ ଯନ୍ତ୍ରଣାର ମୁଖ୍ୟ କାରଣ ହୋଇ ଦଣ୍ଡାୟମାନ ତାହା ତାଙ୍କ ନାଟକ ମଧ୍ୟରେ ପରିସ୍ଫୁଟ । ତାଙ୍କର ସଫଳ ନାଟକଗୁଡ଼ିକ ହେଲା 'ସୂର୍ଯ୍ୟାସ୍ତ ପୂର୍ବରୁ' (୧୯୭୭), 'ସବାଶେଷ ଲୋକ' (୧୯୭୮), 'ଅସଂଗତ ନାଟକ' (୧୯୮୧), 'ପୂର୍ବରାଗ' (୧୯୮୫), 'ସୁନ୍ଦର ଦାସ' (୧୯୯୪) ଓ 'ଉଭଟ ନାଟକ' ନାମକ ଏକ କ୍ଷୁଦ୍ର ନାଟକ ଓଡ଼ିଆ ନାଟ୍ୟ ସାହିତ୍ୟକୁ ଋଦ୍ଧିମନ୍ତ କରିଛି ।

ଯଦୁନାଥ ଦାଶ ମହାପାତ୍ର : ଯଦୁନାଥ ଦାଶ ମହାପାତ୍ର ହେଉଛନ୍ତି ବହୁ ନାଟକର ରଚୟିତା । ସେ ଏକାଧାରରେ ଲୋକପ୍ରିୟ କବି, ଗାଳ୍ପିକ ଓ ନାଟ୍ୟକାର ଭାବରେ ଜଣେ ଯଶସ୍ୱୀ ସ୍ରଷ୍ଟା । ତାଙ୍କର ନାଟକଗୁଡ଼ିକ ହେଲା : 'ସୂର୍ଯ୍ୟମନ୍ଦିର' (୧୯୬୨), 'ଭୁଲି ହୁଏନା' (୧୯୬୫), 'ଅଥବା ଅନ୍ଧାର' (୧୯୭୦), 'କ୍ଷମା କରିବେ କି' (୧୯୭୦) ଇତ୍ୟାଦି ।

ପ୍ରସନ୍ନ କୁମାର ମିଶ୍ର : ନାଟକ, ଗଳ୍ପ, ଶିଶୁ ସାହିତ୍ୟ, ଉପନ୍ୟାସ ଓ କବିତା ଇତ୍ୟାଦି ସହ ଆଧୁନିକ ଓଡ଼ିଆ ସାହିତ୍ୟ କ୍ଷେତ୍ରରେ ପ୍ରସନ୍ନ କୁମାର ମିଶ୍ର ଏକ ସୁପ୍ରସିଦ୍ଧ ନାମ । ତାଙ୍କ ନାଟକ ଗୁଡ଼ିକରେ ପ୍ରୟୋଗବାଦୀ ଓ ମନସ୍ତାତ୍ତ୍ୱିକ ବିଶ୍ଳେଷଣ, ଯୁଗଯନ୍ତ୍ରଣାର ଚିତ୍ର ସହ ମାର୍ଜିତ ତଥା ସାବଲୀଳ ବର୍ଣ୍ଣନା ଶୈଳୀ ସକାଶେ ସେ ଦର୍ଶକମାନଙ୍କ ଦ୍ୱାରା ଆଦୃତ ହୋଇଛନ୍ତି । ତାଙ୍କର ଯଶସ୍ୱୀ ନାଟକଗୁଡ଼ିକ ହେଲା: 'ପ୍ରେମଖେଳ' (୧୯୭୭), 'ସୁବର୍ଣ୍ଣ ବସୁଧା' (୧୯୮୧), 'ଗୋଟିଏ ଛଣ

ମୂର୍ତ୍ତିକୁ ନେଇ' (୧୯୭୮), 'ଅନାଟକ' (୧୯୭୬), 'ଜନସେବକ' (୧୯୮୪), 'ହୁଲସ୍ଥୁଲ ପୃଥିବୀ' (୧୯୭୫)। ଏତଦ୍‌ବ୍ୟତୀତ ତାଙ୍କର ଅନ୍ୟ କେତେକ ନାଟକ ହେଉଛି –' ଜୀବନ ନାମକ ଗଛରେ ଦୁଃଖ ନାମକ ଫୁଲ'; 'ବଉଳ ଗଛର ଗାଥା'; 'ସେରକ ପୁରିଲା'; 'ମାଣକ ପୁରିଲା' ଇତ୍ୟାଦି ।

ବିଶ୍ୱଜିତ ଦାସ: ବିଶ୍ୱଜିତ୍ ଦାସ ଜଣେ ପ୍ରତିଶ୍ରୁତି ସମ୍ପନ୍ନ ନାଟ୍ୟକାର ଭାବରେ ଓଡ଼ିଆ ନାଟ୍ୟ ସାହିତ୍ୟକୁ ତାଙ୍କର ଅବଦାନ କିଛି କମ୍ ନୁହେଁ । ବିବିଧ ଏକାଙ୍କିକା, ନାଟକ ଓ ଅନୁବାଦ ନାଟକ ସୃଷ୍ଟି କରି ସେ ଓଡ଼ିଆ ନାଟ୍ୟ ସାହିତ୍ୟର ଗୌରବ ବୃଦ୍ଧି କରି ପାରିଛନ୍ତି । ୧୯୫୭ରେ ତାଙ୍କର ନାଟକ 'ବହ୍ନି' ସର୍ବ ଶ୍ରେଷ୍ଠ ବିବେଚିତ ହୋଇଥିଲା । ତାଙ୍କର ଅନ୍ୟ ନାଟକଗୁଡ଼ିକ ହେଲା 'ନିଶିପଦ୍ମ' (୧୯୫୭), 'ପ୍ରତାପଗଡ଼ରେ ଦି'ଦିନ' (୧୯୬୭), 'ଶୁଣ ସୁଜନେ' (୧୯୬୮), 'ନିଜ ପ୍ରତିନିଧିଙ୍କ ଠାରୁ' (୧୯୬୮), 'ନାଲିପାନ ରାଣୀ କଳାପାନ ଟୀକା' (୧୯୬୮), 'ମୃଗୟା' (୧୯୭୦)।

ରମେଶ ପ୍ରସାଦ ପାଣିଗ୍ରାହୀ : ପ୍ରଚଳିତ ପରମ୍ପରା ବିରୁଦ୍ଧରେ ଏକ ପରିବର୍ତ୍ତନର ସ୍ୱର ରମେଶ ପ୍ରସାଦ ପାଣିଗ୍ରାହୀଙ୍କ ନାଟକ ଗୁଡ଼ିକରୁ ସ୍ପଷ୍ଟ ବାରି ହୋଇପଡ଼େ । ତାଙ୍କର କେତେଗୁଡ଼ିଏ ନାଟକ ହେଲା 'ମୁକ୍ତି ମଣ୍ଡପ' (୧୯୬୨), 'ପ୍ରେମଗନ୍ଧ' (୧୯୬୭), 'ବିନ୍ଦୁ ଓ ବଳୟ' (୧୯୬୬), 'ମୁଁ ଆମ୍ଭେ ଆମ୍ଭେମାନେ' (୧୯୬୮), 'ଧୃତରାଷ୍ଟ୍ରର ଆଖି' (୧୯୭୨), 'ଜଣେ ମହାପୁରୁଷଙ୍କ ଜନ୍ମମୃତ୍ୟୁ ସମ୍ପର୍କରେ' (୧୯୭୩), 'ବହୁ ବିଳମ୍ବରେ' (୧୯୭୮), 'ଆତ୍ମଲିପି' (୧୯୭୬), 'ଗୁଣ୍ଡା' (୧୯୭୮)। ଏତଦ୍‌ବ୍ୟତୀତ 'କମଳପୁର ଡାକଘର' (୧୯୬୮), 'ମହାନାଟକ' (୧୯୭୨), 'ଦୁର୍ଘଟଣା ବଶତଃ' (୧୯୭୧), 'ବିବର' (୧୯୭୭), 'ଶେଷ ପାହାଚ' (୧୯୭୯) ଇତ୍ୟାଦି ନାଟକଗୁଡ଼ିକ ତାଙ୍କୁ ଉଚ୍ଚ ପ୍ରଶଂସିତ କରିଛି ।

କାର୍ତ୍ତିକ ଚନ୍ଦ୍ର ରଥ: ୧୯୪୯ ମସିହା ଗଞ୍ଜାମ ଜିଲ୍ଲାରେ ଜନ୍ମଗ୍ରହଣ କରିଥିବା ସଫଳ ନାଟ୍ୟକାର କାର୍ତ୍ତିକ ଚନ୍ଦ୍ର ରଥ ଯଥେଷ୍ଟ ପରୀକ୍ଷାଧର୍ମୀ ନାଟକ ରଚନା କରି

ଓଡ଼ିଆ ନାଟ୍ୟ ସାହିତ୍ୟରେ ନିଜ ପ୍ରତିଭାର ପରାକାଷ୍ଠା ପ୍ରମାଣିତ କରିଛନ୍ତି । ତାଙ୍କର ପ୍ରଥମ ନାଟକ 'ଜୀବନ ଯଜ୍ଞ' ସର୍ବୋତ୍କୃଷ୍ଟ ନାଟକ ରୂପେ ପୁରସ୍କୃତ ହୋଇଥିବା ବେଳେ ତାଙ୍କର ଅନ୍ୟାନ୍ୟ ସୃଷ୍ଟି ଗୁଡ଼ିକ ହେଲା 'ରଙ୍ଗ ଯନ୍ତ୍ରଣା' (୧୯୭୨), 'ସ୍ମୃତି, ସାନ୍ତ୍ୱନା ଓ ଶୂନ୍ୟତା' (୧୯୭୧), 'ଜଉଘର' (୧୯୭୨), 'ଆଜିର ରାଜା' (୧୯୭୩), 'ଅନ୍ୟ ଆକାଶ' (୧୯୭୫), 'ମୁଁ ଦୁହେଁ' (୧୯୭୬), 'ବହ୍ନିମାନ' (୧୯୭୭) ଓ 'ସ୍ୱର୍ଗଦ୍ୱାର' (୧୯୭୯) । ଏହାଛଡ଼ା 'ଈଶ୍ୱର ଜଣେ ଯୁବକ', 'ତୃତୀୟ ପୃଥିବୀ', 'ମାଂସର ଫୁଲ' ଓ 'ଚଇତି ଘୋଡ଼ା' ଇତ୍ୟାଦି ନାଟକଗୁଡ଼ିକୁ ରଚନା କରି ସେ ଜଣେ ଖ୍ୟାତି ସମ୍ପନ୍ନ ନାଟ୍ୟକାର ଭାବରେ ପ୍ରତିଷ୍ଠା ଅର୍ଜନ କରିଛନ୍ତି ।

ରତ୍ନାକର ଚଇନି: ୧୯୪୫ କଟକ ଜିଲ୍ଲାରେ ଜନ୍ମିତ ରତ୍ନାକର ଚଇନି ଉତ୍ତର ଷାଠିଏରେ ଜଣେ ପ୍ରତିଶ୍ରୁତି ସମ୍ପନ୍ନ ଶକ୍ତିଶାଳୀ ନାଟ୍ୟକାର । ଶ୍ରମିକ ସମସ୍ୟା କେନ୍ଦ୍ରିତ ତାଙ୍କର ପ୍ରଥମ ନାଟକ 'ଅସ୍ତରାଗର ଚନ୍ଦ୍ର' ଆତ୍ମପ୍ରକାଶ କରେ ୧୯୬୫ ମସିହାରେ । ପରବର୍ତ୍ତୀ ନାଟକ ଗୁଡ଼ିକ ହେଲେ 'ଶେଷ ଅଶ୍ରୁ' (୧୯୬୬), 'ଅନ୍ଧାରର ସୂର୍ଯ୍ୟମୁଖୀ' (୧୯୭୦), 'କଳଙ୍କିତ ସୂର୍ଯ୍ୟ' (୧୯୭୬), 'ରାଜହଂସ', 'ମଞ୍ଜନାୟିକା', 'ପୁନଶ୍ଚ ପୃଥିବୀ', 'ଅପଦେବତା', 'ରଙ୍ଗ ତରଙ୍ଗ', 'ନଚିକେତା ଉବାଚ୍' (୧୯୭୭), 'ନିଜ ନିଜ କୁରୁକ୍ଷେତ୍ର', 'ଅନେକ ରାତ୍ରିର ଆକାଶ', 'ସୁନାକଳସ', 'ମୁଖା', 'କେତେ ପ୍ରତିଶ୍ରୁତି', 'ଅଥଚ ଚାଣକ୍ୟ', 'ଶୂନ୍ୟତାର ସିଡ଼ି' ଇତ୍ୟାଦି । ତାଙ୍କର ଏ ସମସ୍ତ ସୃଷ୍ଟି ଓଡ଼ିଆ ନବ-ନାଟ୍ୟ ସାହିତ୍ୟର ବିକାଶ ପଥରେ ଯେ ଗୋଟିଏ ଗୋଟିଏ ସଫଳତାର କଡ଼ି ସଦୃଶ ଶୋଭାୟମାନ ଏଥିରେ ସନ୍ଦେହ ନାହିଁ ।

ହରିହର ମିଶ୍ର: ଅଭିନବ ଆଙ୍ଗିକ ଓ ଆତ୍ମିକ ଶୈଳୀ ଯୁକ୍ତ ନାଟକଗୁଡ଼ିକର ସ୍ରଷ୍ଟା ଭାବରେ ହରିହର ମିଶ୍ରଙ୍କର ଓଡ଼ିଆ ନବ-ନାଟ୍ୟ ସାହିତ୍ୟର ବିକାଶ ଦିଗରେ ବଳିଷ୍ଠ ଭୂମିକା ଅନସ୍ୱୀକାର୍ଯ୍ୟ । ତାଙ୍କର ପ୍ରଥମ ସୃଷ୍ଟି 'ମଧୁଲିତା' (୧୯୬୮) –ଏକ ପାରମ୍ପରିକ ରୋମାଣ୍ଟିକ ପ୍ରେମ କାହାଣୀ କେନ୍ଦ୍ରିତ ନାଟକ ଅଟେ । ତାଙ୍କର ଅନ୍ୟ ନାଟକଗୁଡ଼ିକ ହେଲା– ହଂସଧ୍ୱନି (୧୯୭୨), ନିନ୍ଦିତ ଗଜପତି (୧୯୭୨), ରାତ୍ରିର ଦୁଇଟି ଡେଣା (୧୯୭୪), କାଗଜ ଡଙ୍ଗା (୧୯୭୪), ହେ ନିଷାଦ ନିବୃତ୍ତ ହୁଅ (୧୯୭୪-୭୫) ଓ ଅଦୃଶ ନଟ (୧୯୮୦) ଇତ୍ୟାଦି ।

ଓଡ଼ିଆ ନାଟ୍ୟକଳାର ସାମ୍ପ୍ରତିକ ସ୍ଥିତି : ଏକ ସଂକ୍ଷିପ୍ତ ବିଶ୍ଳେଷଣ

ସଂସାରର ପ୍ରତିଟି ବସ୍ତୁ ଯାହାର ଆରମ୍ଭ ଅଛି ତାହାର ଶେଷ ମଧ୍ୟ ଅଛି । ଆଜି ଯାହା ନୂଆ, ଧୀରେଧୀରେ ତାହା ପୁରୁଣା ପାଲଟି ଯାଏ । ସଂସାରରେ ନୂତନ ବସ୍ତୁ ପ୍ରତି ମନରେ ସ୍ପୃହା ବା ଅନୁରକ୍ତି ସୃଷ୍ଟି ହେଉଥିବା ବେଳେ ପୁରାତନ ବସ୍ତୁ ପ୍ରତି ବୀତସ୍ପୃହତା ବା ବିରାଗ ଭାବ ଦୃଷ୍ଟିଗୋଚର ହୁଏ । ଯଦିଓ ଏହା ସତ୍ୟ, ସନାତନ ବା ଚିରନ୍ତନ ତତ୍ତ୍ୱ ସନ୍ଦର୍ଭରେ ଲାଗୁ ହୁଏନାହିଁ । ଉପରୋକ୍ତ ସାଂସାରିକ ନିୟମ ଅନୁଯାୟୀ ବୋଧହୁଏ ଉଭଟ ନାଟ୍ୟକଳାର ଜୁଆର ୧୯୭୫ ମସିହା ପରେ ଭଙ୍ଗା ପଡ଼ିବାକୁ ଆରମ୍ଭ କଲା । ଏଇ ସମୟରେ ଜରୁରୀକାଳୀନ ପରିସ୍ଥିତି ଘୋଷିତ ହୋଇ ସମଗ୍ର ଦେଶରେ ଯେଉଁ ଭୟବ୍ୟଞ୍ଜକ ବାତାବରଣ ସୃଷ୍ଟିକଲା, ତାହାର ଗଭୀର ପ୍ରଭାବ ଓଡ଼ିଆ ନାଟ୍ୟ ଆନ୍ଦୋଳନ ଉପରେ ମଧ୍ୟ ଅନୁଭୂତ ହୋଇଥିଲା । ଏତଦ୍ୱାରା ଏଠାକାର ନାଟ୍ୟକଳା ଏକ ପ୍ରକାର ଧ୍ୱଂସାଭିମୁଖୀ ହୋଇଗଲା । ଯାହା ଅଦ୍ୟାବଧି ପ୍ରାୟ ସେମିତି ଅସଜଡ଼ା ସ୍ଥିତିକୁ ନେଇ ଗତି କରି ଚାଲିଛି । ବିଗତ ସତୁରୀ ଦଶକରୁ ପେସାଦାର ନାଟ୍ୟମଞ୍ଚ ଗୁଡ଼ିକ ଏକ ପ୍ରକାର ଅନ୍ତର୍ହିତ ହୋଇଯାଇଛନ୍ତି କହିଲେ ଭୁଲ ହେବନାହିଁ । ନିକଟ ଭବିଷ୍ୟତରେ ମଧ୍ୟ ଏହାର ପୁନରୁଦ୍ଧାର ହେବାର ସମ୍ଭାବନା ଦେଖାଯାଉ ନାହିଁ । ନାଟ୍ୟମଞ୍ଚ ହେଉଛି କଳାପ୍ରେମୀ ଦର୍ଶକ, ତା'ର ପ୍ରିୟ କଳାକାର ତଥା ସୃଜିତ ନବ ନାଟକ ଗୁଡ଼ିକର

ସମ୍ମିଳିତ ପରୀକ୍ଷାଗାର । ଏମାନଙ୍କ ମଧ୍ୟରେ ପ୍ରବାହିତ ହେଉଥିବା ପରସ୍ପର ପ୍ରତି ଆକର୍ଷଣର ଏକ ଅଦୃଶ୍ୟ ଅନ୍ତଃସଲିଳା ଫଲ୍‌ଗୁ ଆଜି ଶୁଷ୍କପ୍ରାୟ ।

ନାଟ୍ୟାଭିନୟ କୁ ମଞ୍ଚସ୍ଥ କରିବା ଦୃଷ୍ଟିରୁ ନାଟ୍ୟକଳା ପାଇଁ ପୂର୍ବେ ଦୃଷ୍ଟିଗୋଚର ହେଉଥିବା ସମାଜବ୍ୟାପି ଆବେଗ-ଉତ୍ସାହ ଓ ବିଭିନ୍ନ କଳାକାର ଦଳର ସାଂଗଠନିକ ତତ୍ପରତା ଏକବିଂଶ ଶତାବ୍ଦୀର ପ୍ରଥମ ଦଶକ ବେଳକୁ କ୍ରମେ ଶିଥିଳ ହୋଇଗଲା । ବିଂଶ ଶତାବ୍ଦୀର ଅଶୀଦଶକର ଅନ୍ତିମ ପର୍ଯ୍ୟାୟ ସୁଦ୍ଧା ଏପରି କ୍ରମ ବର୍ଦ୍ଧମାନ ବିପର୍ଯ୍ୟୟକୁ ଅବଲୋକନ କରି ଅନେକ ପ୍ରଥିତଯଶା ନାଟ୍ୟକାରବୃନ୍ଦ ମିଶ୍ରିତ ନାଟ୍ୟଶୈଳୀ (ଯୁକ୍ତଚେତନାର ନାଟକ)ର ନାଟକ ରଚନା ପାଇଁ ଅଣ୍ଟା ଭିଡ଼ିଥିଲେ । ତନ୍ମଧ୍ୟରୁ ମନୋରଞ୍ଜନ ଦାସ, ରତ୍ନାକର ଚଇନି, ବିଜୟ ମିଶ୍ର, ପ୍ରସନ୍ନ କୁମାର ମିଶ୍ର, ରତିରଞ୍ଜନ ମିଶ୍ର, ନୀଳାଦ୍ରି ଭୂଷଣ ହରିଚନ୍ଦନ, ହରିହର ମିଶ୍ର, ପ୍ରମୋଦ କୁମାର ତ୍ରିପାଠୀ ଇତ୍ୟାଦି ବହୁ ନାଟ୍ୟକାରଙ୍କ ନାମ ସ୍ମରଣ କରାଯାଇ ପାରେ । ଏମାନଙ୍କ ନାଟକ ରଚନା ଦ୍ୱାରା ସଫଳତା ପ୍ରାପ୍ତ ହେଲା ସତ୍ୟ କିନ୍ତୁ ତାହା ମଧ୍ୟ ଜୀବନ୍ତ ନାଟ୍ୟକଳାପ୍ରତି ଦର୍ଶକମାନଙ୍କର ଆଗ୍ରହକୁ ଆଶାନୁରୂପଭାବେ ପୁନରୁଜୀବିତ କରିବାରେ ହେଲା ଅସମର୍ଥ । କାରଣ ବ୍ୟସ୍ତଜୀବନଶୈଳୀ ଯୁକ୍ତ ଦର୍ଶକମାନଙ୍କ ସମ୍ମୁଖରେ ସ୍ୱଳ୍ପ ସମୟ ମଧ୍ୟରେ ମନୋରଞ୍ଜନର ବହୁବିଧ ବିକଳ୍ପମାନ ସୃଷ୍ଟି ହୋଇଗଲା ଏକବିଂଶ ଶତାବ୍ଦୀର ପ୍ରଥମ ପର୍ଯ୍ୟାୟରୁ । ଏବେ ଦୂରଦର୍ଶନ, ଇଲେକ୍‌ଟ୍ରୋନିକ ଗଣ ମାଧ୍ୟମ ଓ ମେଲୋଡ଼ି ପାର୍ଟି ଇତ୍ୟାଦି, ମଞ୍ଚ ନାଟ୍ୟକଳାକୁ ନିଜ ରାସ୍ତାରୁ ଏକପ୍ରକାର ହଟାଇ ଦେଇଛନ୍ତି କହିଲେ ଅତ୍ୟୁକ୍ତି ହେବନାହିଁ । ଏପରିକି ସ୍କୁଲ, କଲେଜ ଓ ଗ୍ରାମଗ୍ରାମେ ଥିବା ଯୁବକସଂଘ ଅଥବା ଗ୍ରାମ୍ୟ କମିଟି ମାନଙ୍କ ଆନୁକୂଲ୍ୟରେ ପୂର୍ବରୁ ସ୍ୱୟଂସ୍ଫୂର୍ତ୍ତ ଭାବରେ ଆୟୋଜିତ ହୋଇ ଆସୁଥିବା ଥିଏଟର, ଅପେରା ଇତ୍ୟାଦି ଉତ୍ସାହପ୍ରଦ ନାଟ୍ୟକଳାମାନ ଧୀରଧୀରେ ବିଲୁପ୍ତି ପଥରେ ଧାବମାନ ହେବାକୁ ଲାଗିଛି ।

ପ୍ରତିଷ୍ଠିତ ନାଟ୍ୟକାରମାନେ ନାଟକ ସୃଜନ କରୁଥିଲେ ମଧ୍ୟ ପତ୍ରପତ୍ରିକା ବା ନାଟ୍ୟ ସାହିତ୍ୟ ମଧ୍ୟରେ ସେଗୁଡ଼ିକ ସୀମିତ ହୋଇ ରହିଯାଉଛି । ମଞ୍ଚସ୍ଥ ହୋଇପାରିବା ତ ଦୂରର କଥା ଏପରିକି ସେଗୁଡ଼ିକ ପୁସ୍ତକ ଆକାରରେ ପ୍ରକାଶ କରିବା ପାଇଁ ପ୍ରକାଶକମାନେ ମଧ୍ୟ ଆଗ୍ରହ କରୁନାହାନ୍ତି । ପୁଣି ଲିଖିତ ହୋଇଥିବା ନାଟକଗୁଡ଼ିକ ମଞ୍ଚସ୍ଥ ହେବାପାଇଁ ରଙ୍ଗମଞ୍ଚ ଓ କଳାକାର ମାନଙ୍କ ଅଭାବ

ଦୃଷ୍ଟିଗୋଚର ହେଉଛି । ସରକାରୀ ପ୍ରୋତ୍ସାହନ ମଧ୍ୟ ଏ ଦୃଷ୍ଟିରୁ ଏତେ ସ୍ୱଳ୍ପ ଯେ ତାହା ସମୁଦ୍ରକୁ ଶଙ୍ଖେ ପାଣି ସଦୃଶ କହିଲେ ଅତ୍ୟୁକ୍ତି ହେବନାହିଁ । ଏପରି ପ୍ରୋତ୍ସାହନର ଅନିବାର୍ଯ୍ୟତା ଥିଲେ ମଧ୍ୟ କେବଳ ଏତଦ୍ୱାରା ଯେ ନାଟ୍ୟକଳା ପ୍ରତି ଥିବା ପୂର୍ବର ସାମୁହିକ ଆକର୍ଷଣକୁ ପୁନଃ ପ୍ରତିଷ୍ଠିତ କରାଯାଇପାରିବ-ତାହା ମଧ୍ୟ ଭାବିନେବା ଯଥାର୍ଥ ମନେହୁଏ ନାହିଁ । କାରଣ ଏଥିପାଇଁ ଏବେକାର ବହୁବିଧ ପାରିପାର୍ଶ୍ୱିକ ଅବସ୍ଥା ଦାୟୀ ଯଦ୍ୱାରା ସମାଜରେ ନାଟ୍ୟକଳା ପ୍ରତି ବିପରୀତ ମାନସିକତା ଦୃଷ୍ଟିଗୋଚର ହେଉଛି । ଏଇ ପରିସ୍ଥିତିର ପରିବର୍ତ୍ତନ ଓ ପୁନରୁଦ୍ଧାର ସକାଶେ ଯେଉଁ ସଫଳ ଉପଚାର ଲୋଡ଼ା ତାହାହେଲା ନିଜ ଭାଷା-କଳା-ସଂସ୍କୃତି ପ୍ରତି ସମର୍ପଣର ସଂଗଠିତ ଭାବନା, ଜାତୀୟବାଦୀ ଚିନ୍ତାଚେତନାର ଜାଗୃତି, କଠୋର ସଂକଳ୍ପ ଓ ତପସ୍ୟା । ତେବେ ଯାଇ ମଞ୍ଚାଭିନୟକଳା କ୍ଷେତ୍ରରେ ହୃତ୍‌ଗୌରବ ପୁନଃ ପ୍ରତିଷ୍ଠିତ ହୋଇ ପାରିବ । ■

ଭାରତୀୟ ପରମ୍ପରାରେ ଲୋକନାଟ୍ୟ ଓ ଲୋକନୃତ୍ୟ

ନାଟକ, ସଂଗୀତ ଓ ନୃତ୍ୟକଳା ସମ୍ପର୍କରେ ସେମାନେ ଯାହା କହନ୍ତି

୧. "Starting from Shakespeare as the source of our Parsi Theatre, at the turn of century to the methods of Stanislavsky, Chekov's nationalism and Gorkey's realism, we have come full circle to the theatre of roots, to tradition, myth, ritual and folklore." – Ugene Barba (ୟୁଜିନ୍ ବାର୍ବା)

୨. A nation is known by its theatre.

୩. The idea that one can be a born playwright is a monstrous lie – W.T.Price

୪. ନାଟକ ମଧ୍ୟରେ ସଙ୍ଗୀତର ଆବଶ୍ୟକତାକୁ ନେଇ ମନ୍ତବ୍ୟ: 'There can be no great drama without soulful music. As it is always a good poetry, that moves men, not prose, it is music that elevates him to higher realms of endeavour. Todays drama can only be of ephemeral value because the element of music has been forshaken (What makes one remember old drama, K. Sarangapani, The Hindu 22.02.1981)

୫ କଳା ମଧ୍ୟରେ ନାଟ୍ୟକଳା ସର୍ବଶ୍ରେଷ୍ଠ–G. Houptmann (ଜି. ହପ୍‌ମାନ୍) ଏ ବିଷୟରେ କହନ୍ତି : 'Drama is undoubtedly the greatest form of literature; all thoughts are thought dramatically, all life is lived dramatically.. The earliest stage is man's mind, plays were enacted long before the first theatre was opened.' (ଜି.ହପ୍‌ମାନ୍)

୬. **ନ ତଜ୍ଜ୍ଞାନଂ ନ ତଚ୍ଛିଳ୍ପଂ ନ ସା ବିଦ୍ୟା ନ ସା କଳା ।**
ନ ସ ଯୋଗୋ ନ ତତ୍‌କର୍ମ ନାଟ୍ୟେଽସ୍ମିନ୍ ଯନ୍ନ ଦୃଶ୍ୟତେ ॥
(ନାଟ୍ୟଶାସ୍ତ୍ର ୧/୧୦୯)

(ଅର୍ଥାତ୍ ସଂସାରରେ ଏପରି କୌଣସି ବସ୍ତୁ ନାହିଁ,
ଯାହା ନାଟ୍ୟ ସାହିତ୍ୟରେ ଦେଖାଯାଏ ନାହିଁ ।)

୭. ନାଟ୍ୟ ସାହିତ୍ୟରେ ଆଦର୍ଶବାଦର ଅନୁପସ୍ଥିତି ଓ ଭାରତର ନବନାଟ୍ୟ ଆନ୍ଦୋଳନ ମଧ୍ୟରେ ଅନ୍ଧାନୁକରଣର ପ୍ରଭାବକୁ ନେଇ ଗ୍ରୋଟୋସ୍କି (ପୋଲାଣ୍ଡର ବିଖ୍ୟାତ ନାଟ୍ୟକଳା ନିର୍ଦ୍ଦେଶକ) କହନ୍ତି: 'That sort of thing is being done in every college in America, I am surprised that the form alone should so excite Indian audiences when there is no major ideology behind it.'– Grotiwski
As becuse Lierature must have some idealistic tendency to uplift humanity.

୮. ଉଦ୍ଭଟ (Absurd) ନାଟକର ବିଫଳତା ବିଷୟରେ ଆଲୋଚନା କରାଯାଇ କୁହାଯାଇଛି: "One of the important reasons, why Modernism ended by seeming so black and dispirited is simply that modernist writers failed to recognize the fact that the poetic and the dramatic are true, the refusal to accept Sophocles and Shakespeare as part of the evidence helps to make modern life look drab."

(Joseph Wood Crutch ଯୋସେଫ ଉଡ୍‌କ୍ରଚ)

୯. 'ବେକେଟ' ପୁଣି ଭାଷା ବଦଳରେ ନବନାଟ୍ୟ ପ୍ରଦର୍ଶନରେ ସଂକେତ/ ଇଙ୍ଗିତ ଇତ୍ୟାଦିକୁ ଗୁରୁତ୍ୱ ପ୍ରଦାନ କରି କହନ୍ତି : Language has come to be treated as huddle rather than a means of communication. (Why modern drama fails, Statesman- 09.08.1980)

୧୦. ନାଟକ ଶୈଳୀ ସମ୍ବନ୍ଧରେ ମନ୍ତବ୍ୟ ଦେବାକୁ ଯାଇ ଜର୍ମାନ ନାଟ୍ୟକାର Bertolt Brechet (ବର୍ଟୋଲଟ୍ ବ୍ରେଖଟ) କହନ୍ତି : "A play is not an integrated structural entity. It is a suggestion of episodes, set off against one another, expressing the disharmony of existence."

୧୧. ନାଟକ ଲେଖିବା ସକାଶେ ସେମିତି କିଛି ନିର୍ଦ୍ଦିଷ୍ଟ ନିୟମ ନଥାଏ । ଏ ସମ୍ପର୍କରେ ଉଇଲିୟମ୍ ଆର୍ଚର (William Archar) କହନ୍ତି : There is no rules for writing a play. There is no absolute rules in fact except such as are dictated by the plainest common sense."

୧୨. ଆଦର୍ଶଯୁକ୍ତ ନାଟକ ସମ୍ପର୍କରେ କବି ୟିଟସ୍ (Yeats) ଙ୍କ ମତ ହେଲା: 'କୌଣସି ନାଟକରେ ଯଦି ଜୀବନର ଯନ୍ତ୍ରଣା ଅଥବା ଜଟିଳ ସମସ୍ୟାର ବିଶ୍ଳେଷଣ ହୋଇନଥାଏ, ସେଥିରେ କେବଳ ହିଂସା, ଦ୍ୱେଷ ଇତ୍ୟାଦିକୁ ପ୍ରଦର୍ଶନ କରାଯାଇ ତାହାକୁ ଖାଲି ମନୋରଞ୍ଜନ ନିମିତ୍ତ ପ୍ରସ୍ତୁତ କରାଯାଇଥାଏ, ତାହା କେବେହେଲେ ଗ୍ରୁପ୍ ଥିଏଟରରେ ପ୍ରଦର୍ଶନ ସକାଶେ ଆଦର୍ଶଯୁକ୍ତ ନାଟକ ଭାବରେ ଗୃହୀତ ହୋଇ ପାରିବ ନାହିଁ ।'

୧୩. The tribals have a great number of dance which are in demand only in certain seasons. A special feature of tribal singing and dancing as that of their special character....They sing and dance for their own pleasure in Jolly company and good fellowship, not for the entertainment of other audience. (The Tribal People of India-Page 75)

୧୪ 'A study of Adibasi dance music and drama would reveal how Culture born out of nature and atuned to nature can live and flourish even without the aid of letters and how it is natural and spontaneous as life itself." (T. Sanganna-Tribal Culture and its preservation and Scientific Development -Souvenir 68th Session, Indian National Congress-1964 / page 104)

୧୫. The Adivasi singing and dancing in their origin, can be best understood as spontaneous and collective rhythmic movement of the voice and feet under the weight of strong emotions, such strong emotions are eviently aroused among the Adivasi owing to the picturesque landscape of their habitat and then owing to the numerous traits relating to their tribal ways of life (ଆଦିବାସୀ ନୃତ୍ୟ ଗୀତର ସ୍ୱତନ୍ତ୍ରତା ସମ୍ପର୍କରେ ବିଶିଷ୍ଟ ନୃତତ୍ତ୍ୱବିତ୍ ଡକ୍ଟର ଏଲ.ପି. ବିଦ୍ୟାର୍ଥୀଙ୍କ ବକ୍ତବ୍ୟ)

୧୬. Music is the poetry of the air – Richter

୧୭. Music is an outburst of the soul
— Frederick Delius

୧୮. Music is the cup which holds the wine of Silence. – Robert Fripp

ଭାରତୀୟ ପରମ୍ପରାରେ ଲୋକନାଟ୍ୟ ଓ ଲୋକନୃତ୍ୟ

୧୯. When words leave off, music begins
                        – Heinrich Heine

୨୦. Music is love in search of a word – Sidney Lanier

୨୧. Music is what life sounds like – Eric Olson

୨୨. Music is the universal language of mankind.
                        (Henry Wadsworth Longfellow)

୨୩. My idea is that there is music in the air, music all around us; the world is full of it, and you simply take as much as you require. (Edward Elgar)

୨୪. Were it not for music, we might in these days say, the Beautiful is dead - Benjamin Disraeli

୨୫. Music is the medicine of the mind –
                        John A .Logan

୨୬. He who hears music, feels his solitude peopled at once – Robert Browning

୨୭. Music is the literature of the heart, it commences where speech ends – Alphonse de Lamartine

୨୮. Music is moonlight in the gloomy night of life.
                        – Jean Paul Richter

୨୯. Music is the shorthand of emotion – Leo Tolstoy

୩୦. Music is the art which is most nigh to tears and memory – Oscar Wilde

୩୧. If I were to begin life again, I would devote it to music. It is the only cheap and unpunished rapture upon earth. – Sydney Smith

ଭାରତୀୟ ପରମ୍ପରାରେ ଲୋକନାଟ୍ୟ ଓ ଲୋକନୃତ୍ୟ

୩୨. And the night shall be filled with music.
And the cares that infest the day
Shall fold their tents like the Arabs
And as silently steal away.
— Henry Wadsworth Longfellow

୩୩. ଲୋକନାଟ୍ୟର ପରିଭାଷା ସମ୍ପର୍କରେ 'ଏନସାଇକ୍ଲୋପେଡ଼ିଆ ବ୍ରିଟାନିକା'ରେ କୁହାଯାଇଛି :
Belonging only remotely to oral literature of folk drama. Dences, many of them elaborate, with masks portraying animal or human characters, and sometimes containing speeches or songs, are to be found in many parts of the preliterate world. Though the action and the dramatic limitation is always the most prominent part of such performances, these may be part of a ritual and involve speaking or chanting of sacred texts learned and passed on by word of mouth. (E.B.-7th vol., Page 457-458)

୩୪. ଚଢ଼େୟା ଚଢ଼େୟାଣୀ ନୃତ୍ୟ ସମ୍ପର୍କରେ ସମାଲୋଚକ ଧୀରେନ୍ଦ୍ର ନାଥ ପଟ୍ଟନାୟକ କହନ୍ତି : "It is presumed before the play that chadheya & the chadheyani are in search of each other."

୩୫. ଛଉନୃତ୍ୟର ଶ୍ରେଷ୍ଠ ଶୈଳୀ ହେଲା ଏଥି ମଧ୍ୟରେ ଭାବର ଅଭିବ୍ୟକ୍ତିକୁ ଶାରୀରିକ କ୍ରିୟାକଳାପ ବା ଅଭିନୟ ମାଧ୍ୟମରେ ସଫଳତା ପୂର୍ବକ ପ୍ରଦର୍ଶିତ କରାଯାଇଥାଏ । ଏଣୁ କୁହାଯାଇଛି : 'The tongue is silent but the whole body does the talking.'

୩୬. ମହାରାଷ୍ଟ୍ରରେ ଆୟୋଜିତ ହେଉଥିବା ତାମସା ଉପରେ ବକ୍ତବ୍ୟ ରଖି ଜେ.ସି. ମାଥୁର ତାଙ୍କର 'Drama in Rural India' ପୁସ୍ତକରେ କହନ୍ତି : 'Tamasha of Maharashtra makes use of this question answer technique very effectively and actors and actresses are well versed in keeping the ball rolling through imporvisation."

୩୭. ସୁପ୍ରସିଦ୍ଧ ନାଟ୍ୟ ସମୀକ୍ଷକ ବଲଓ୍ୱନ୍ତ ଗାର୍ଗୀ Classic ନାଟ୍ୟ ଓ ଲୋକନାଟ୍ୟ ମଧ୍ୟସ୍ଥିତ ରୀତି ବା ଶୈଳୀ ମଧ୍ୟରେ ରହିଥିବା ପାର୍ଥକ୍ୟ ସମ୍ପର୍କରେ ମତ ପ୍ରକାଶ କରି କହନ୍ତି : 'Folk drama is unself conscious, spontaneous, boisterously naive. The classical theatre is rigid, complex, sophisticated. The folk is unwhen, the classical chiseled, the folk sprawls, the classical demands mathematical exactness. One is rural, the other regal.'

୩୮. 'Folk drama originated in primitive rites of song and dance, especially in connection with agricultural activities at the various seasons, that centred vagetations deities and goddesses of fertility – (A Glossory of Literary Terms by M.H. Abrams)

୩୯. Folklore is the material that is handed on by tradition either by words of mouth or by custom and practice. It may be folk songs, folk tales, riddles, proverbs or other materials preserved in words. It may be traditional tools and physical objects. It may be traditional procedures. It may be traditional belief– Archer Taylear

୪୦. Poetry is to prose as dancing is to walking

– John Wain

୪୧. Dancing is the loftiest, the most moving, the most beautiful of the arts, because it is not mere

translation or abstrction from life; it is life itself
– Havelock Ellis

୪୨. Dancing faces you towards Heaven, whichever direction you turn, – Terri Guillemets

୪୩. Dancing can reveal all the Mystery that music conceals – Charles Baudelaire

୪୪. I would believe only in a God that knows how to dance– Friedrich Nietzsche

୪୫. Dance is the hidden language of the soul.– Martha Graham

୪୬. Dance is the supreme art of the teacher to awaken joy in creative expression and knowledge – Albert Einstein

୪୭. Any problem in the world can be solved by dancing – James Brown

୪୮. Never give a sword to a man who cannot dance
– Confucius

୪୯. Let your life lightly dance on the edges of Time like dew on the tip of a leaf.
–Rabindranath Tagore

୫୦. ଗ୍ରାମ୍ୟ ପରିବେଶରେ ପ୍ରାଚୀନ କାଳରୁ ପରିବେଶିତ ହୋଇ ଆସୁଥିବା ଲୋକ ନାଟକ ଗୁଡ଼ିକୁ ଆଧୁନିକ ମାନବ ହେୟ ଦୃଷ୍ଟିରେ ଦେଖୁଥିଲେ ମଧ୍ୟ ସେଗୁଡ଼ିକ ଯେ ଦିନେ ଗ୍ରାମୀଣ ସମାଜର ସଂସ୍କୃତି ଓ ସରଳତାର ସ୍ୱର୍ଗୀୟଗୁଣ ଗୁଡ଼ିକୁ ଉଜ୍ଜୀବିତ କରି ଆସିଥିଲା ଏଥିରେ ସନ୍ଦେହର ଅବକାଶ ନାହିଁ । ସେଇ ପ୍ରାଚୀନ ପାରମ୍ପରିକ ଲୋକନାଟକ ବିଷୟରେ ବିଶେଷ ତଥ୍ୟ ନିମ୍ନ ବର୍ଣ୍ଣନାରୁ ପରିସ୍ଫୁଟ ହଏ : “In rural areas there is an uncultured form of drama. The acting and gestures are indecent. There is neither poetry in the songs nor prose in the dialogue. The dances are mere attempts at mimicry. And the worst part of it is that he rural audience likes and enjoy it."

୫୧. ଭରତ ମୁନିଙ୍କ ରଚିତ ନାଟ୍ୟଶାସ୍ତ୍ରରେ - ଆବନ୍ତୀ, ଦାକ୍ଷିଣାତ୍ୟ, ପାଞ୍ଚାଳୀ ଓ ଓଡ୍ରମାଗଧୀ (ଓଡ୍ର / ଓଡ଼ିଶା, ଅଙ୍ଗ, ବଙ୍ଗ, ବତ୍ସ, ନେପାଳ, ତାମ୍ରଲିପ୍ତ ତଥା ପୂର୍ବ ଭାରତର କେତେକ ଅଞ୍ଚଳ ହେଉଛି ଓଡ୍ରମାଗଧୀ ଅନ୍ତର୍ଗତ) ନାମକ ଚାରିଗୋଟି ଶାସ୍ତ୍ରୀୟ ନୃତ୍ୟଶୈଳୀ ବିଷୟରେ ବର୍ଣ୍ଣନା କରାଯାଇଛି–

"ଚତୁର୍ବିଧା ପ୍ରବୃତ୍ତିଶ୍ଚ ପ୍ରୋକ୍ତା ନାଟ୍ୟ ପ୍ରୟୋକ୍ତିଭିଃ
ଆବନ୍ତୀ, ଦାକ୍ଷିଣାତ୍ୟା ଚ ପାଞ୍ଚାଳୀ ଓଡ୍ରମାଗଧୀ ।"

■

ସନ୍ଦର୍ଭ ଗ୍ରନ୍ଥ ସୂଚୀ

୧. ଭାରତ ନାଟ୍ୟ ଶାସ୍ତ୍ର - ବନାମ୍ବର ଆଚାର୍ଯ୍ୟ

୨. ଅଭିନବ ନାଟ୍ୟଶାସ୍ତ୍ର - ସୀତାରାମ ଚତୁର୍ବେଦୀ

୩. ମଞ୍ଚଧାରା - କାଳିଚରଣ ପଟ୍ଟନାୟକ

୪. ଓଡ଼ିଆ ନାଟ୍ୟ ସାହିତ୍ୟର ବିକାଶଧାରା - ଡ. ହେମନ୍ତ କୁମାର ଦାସ

୫. ନାଟ୍ୟ ସାହିତ୍ୟ ପରିଚୟ - ଡଃ କୃଷ୍ଣ ଚରଣ ବେହେରା

୬. ଓଡ଼ିଶାର ରଙ୍ଗମଞ୍ଚର ଇତିହାସ - ଶାରଦା ପ୍ରସାଦ ଦଳ ବେହେରା

୭. ଉଭଟ ନାଟ୍ୟ ପରମ୍ପରା - ଡ. ରତ୍ନାକର ଚଇନି

୮. History of Oriya Literature - Mayadhar Mansing

୯. Drama in Sanskit Literature - Adya Rangacharya

୧୦. ଗଣକବି ସାହିତ୍ୟ ସମୀକ୍ଷା - ପ୍ରଫେସର ବୈଷ୍ଣବ ଚରଣ ସାମଲ

୧୧. ଓଡ଼ିଆ ଲୋକନାଟର ଉନ୍ମେଷ ଓ ଉତ୍ତରଣ - ଡ. ଶରତ ଚନ୍ଦ୍ର ମହାରଣା

୧୨. ଓଡ଼ିଆ ଯାତ୍ରା ଓ ପାରମ୍ପରିକ ଲୋକପ୍ରିୟ ନାଟ୍ୟଧାରା - ଡ. କୃଷ୍ଣଚରଣ ବେହେରା
୧୩. ଓଡ଼ିଶାର ପର୍ବପର୍ବାଣି ଓ ଯାନିଯାତ୍ରା - ପ୍ରଫେସର ବୈଷ୍ଣବଚରଣ ସାମଲ
୧୪. ଓଡ଼ିଆ ସାହିତ୍ୟ ଓ ଆଦିବାସୀ ସଂସ୍କୃତି - ଓଡ଼ିଶା ସାହିତ୍ୟ ଏକାଡେମୀ
୧୫. The Theatre of the Absurd - Martin Esslin
୧୬. Uba Rai - Alfred Jarry
୧୭. ଦୃଷ୍ଟି ଦିଗନ୍ତ - ଡକ୍ଟର ମନ୍ମଥ କୁମାର ପ୍ରଧାନ
୧୮. ଓଡ଼ିଆ ଯାତ୍ରା ଓ ଲୋକନାଟକ - ଅଧ୍ୟାପକ ପ୍ରହ୍ଲାଦ ଚରଣ ମହାନ୍ତି
୧୯. ଆଦିବାସୀ ନାଚ ଓ ଗୀତ - ରଞ୍ଜନ ପ୍ରଧାନ
୨୦. ଓଡ଼ିଶାର ଆଦିବାସୀ - ରବୀନ୍ଦ୍ର ମୋହନ ସେନାପତି
୨୧. ମାଳବିକାଗ୍ନିମିତ୍ରମ୍ - କାଳିଦାସ
୨୨. ମେଘଦୂତ - କାଳିଦାସ
୨୩. ଶ୍ରୀମଭାଗବତ - ମହର୍ଷି ବ୍ୟାସଦେବ
୨୪. ମୁଦ୍ରାରାକ୍ଷସ - ବିଶାଖା ଦତ୍ତ
୨୫. ଶିବ ପୁରାଣ

ଲୋକ କଲ୍ୟାଣ ଗ୍ରନ୍ଥମାଳା

ଡକ୍ଟର ଅଶ୍ୱିନୀ କୁମାର ଶତପଥୀଙ୍କ ପ୍ରକାଶିତ ପୁସ୍ତକମାଳା	ଓଡ଼ିଶାର ମହାମହିମ ରାଜ୍ୟପାଳଙ୍କ ଦ୍ୱାରା ଲୋକାର୍ପିତ ଦିବସ
୧. ବିଚାର ମନ୍ଥନ - ପୃ୧୫୨	ଅଗଷ୍ଟ ୩, ୨୦୨୧
୨. ବିଚାର ବୈଭବ - ପୃ ୨୧୬	ନଭେମ୍ବର ୧୭, ୨୦୨୧
୩. ବୈଦିକ ସଂସ୍କୃତିରେ ଉତ୍ସବ, ବ୍ରତ ଓ ପର୍ବପର୍ବାଣି - ପୃ୫୪୪	ଜୁଲାଇ ୫, ୨୦୨୨
୪. ସାର୍ବଭୌମ ଦେବତା ଶ୍ରୀ ଜଗନ୍ନାଥ -ପୃ୩୯୨	ଜୁଲାଇ୧୯, ୨୦୨୨
୫. ବେଦ ପୁରାଣରେ ଶିବତତ୍ତ୍ୱ ଓ ଶୈବ ଉପାସନା -ପୃ୩୧୨	ଜୁନ ୭, ୨୦୨୩
୬. ଶକ୍ତି ଉପାସନା ଓ ବୈଦିକ ଦେବୀ ତତ୍ତ୍ୱ - ପୃ୫୫୦	ଜାନୁଆରୀ ୨୨, ୨୦୨୩ (ବାର୍ତ୍ତା)
୭. ଗାନ୍ଧୀ ଦର୍ଶନ (ଏକ ତଥ୍ୟାତ୍ମକ ଆଲୋଚନା) - ପୃ୧୫୨	ମଇ ୩୦, ୨୦୨୩ (ବାର୍ତ୍ତା)
୮. ସ୍ୱାମୀ ବିବେକାନନ୍ଦଙ୍କ ଚିନ୍ତନ ପ୍ରସୂତ 'ବିଚାର ବିବେକ' ପୃ-୨୫୦	ଜାନୁଆରୀ ୨୨, ୨୦୨୩ (ବାର୍ତ୍ତା)
୯. ଭାରତୀୟ ପରମ୍ପରାରେ ଲୋକନାଟ୍ୟ ଓ ଲୋକନୃତ୍ୟ-ପୃ ୧୬୫	ମଇ ୩୦, ୨୦୨୩ (ବାର୍ତ୍ତା)

ପ୍ରକାଶ ଅପେକ୍ଷାରେ ପୁସ୍ତକ ସମୂହ:

୧. ଅମୂଲ୍ୟ ସୁଭାଷିତ -ମୂ୧୦୦

୨. ଜଟିଳ ରୋଗ ସମୂହ ଓ ସହଜ ସ୍ୱାସ୍ଥ୍ୟସୂତ୍ର - ମୂ୧୫୦
(ଲକ୍ଷଣ, ନିଦାନ ଓ ସାବଧାନତା ବିଷୟକ ସାମାନ୍ୟଜ୍ଞାନ)

୩. ବିଶ୍ୱ ପ୍ରସିଦ୍ଧ ବାଣୀରତ୍ନ-ମୂ୮୦

୪. ବଡ଼ ମଣିଷଙ୍କ ଅମରବାଣୀ-ମୂ୧୦୦

୫. ଶିଶୁ କିଶୋର କଥା ବାଟିକାରେ କାହାଣୀ ପଞ୍ଚବିଂଶତି

୬. ଶିଶୁ କିଶୋର କାହାଣୀମାଳା

୭. କୁନାକୁନିଙ୍କ ମହାଭାରତ କାହାଣୀମାଳା

୮. ଶିଶୁ କିଶୋର କାହାଣୀ ଅର୍ଦ୍ଧଶତକ

୯. କୁନାକୁନିଙ୍କ ରାମାୟଣ କାହାଣୀ ଗଳ୍ପମାଳା

୧୦. ବୈଦିକ ନିତ୍ୟକର୍ମ, ସାମାନ୍ୟ ପୂଜାପାଠ ଓ ସାଧନା ପ୍ରଣାଳୀ

ସାହିତ୍ୟକୃତି ନିମନ୍ତେ ବିବିଧ ଅନୁଷ୍ଠାନ ଦ୍ୱାରା ପୁରସ୍କୃତ ଓ ସମ୍ବର୍ଦ୍ଧିତ ହୋଇଥିବା ଲେଖକ ଡକ୍ଟର ଅଶ୍ୱିନୀ କୁମାର ଶତପଥୀ

୧. ୨୦୧୦ - 'ଶହୀଦ୍ ସ୍ମୃତି ସମ୍ମାନ', ତୁଡ଼ିଗଡ଼ିଆ, ବାଲେଶ୍ୱର

୨. ୨୦୧୧ - ଭାରତୀୟ ଜୀବନ ବୀମା ଅଧିକାରୀ ଭାବରେ ବହୁ ଉଲ୍ଲେଖନୀୟ କାର୍ଯ୍ୟ ନିମନ୍ତେ ବିଭିନ୍ନ ପ୍ରଶଂସାପତ୍ର ସହ 'ପ୍ରତିଭା ସମ୍ମାନ-୨୦୧୧'।

୩. ୨୦୧୫ - ଭାଗ୍ୟଲିପି (ମାସିକ ପତ୍ରିକା)- 'ରାଜ୍ୟସ୍ତରୀୟ ବିଶେଷ ସମ୍ମାନ', ରାମଚନ୍ଦ୍ର ଭବନ, କଟକ।

୪. ୨୦୧୬ - ଭାଗ୍ୟଲିପି (ମାସିକ)-'ପ୍ରାଚ୍ୟବିଦ୍ୟା ପଣ୍ଡିତ ସମ୍ମାନ', ରାମଚନ୍ଦ୍ର ଭବନ, କଟକ

୫. ୨୦୧୭ - 'ଦିବ୍ୟଲୋକ ସନ୍ଧାନେ -ରାଜ୍ୟସ୍ତରୀୟ ଲେଖକ ସମ୍ମାନ', ରାମଚନ୍ଦ୍ର ଭବନ, କଟକ।

୬. ୨୦୧୮- 'ଓଡ଼ିଆ ଭାଷା ସଂସ୍କୃତି ବିକାଶ ମଞ୍ଚ ଓ ବାଇଚଢ଼େଇ ସମ୍ମାନ', ବାସୁଦେବପୁର, ଭଦ୍ରକ

୭. ୨୦୧୮-ତ୍ରୈମାସିକ-ସଂସ୍କୃତି-ଆଧ୍ୟାତ୍ମିକ ପତ୍ରିକା- 'ନବକାକଳି ସମ୍ମାନ', ଜଗତସିଂହପୁର।

୮. ୨୦୧୮-ଏସୀୟ ଜ୍ୟୋତିର୍ବିଦ୍ ସମ୍ମିଳନୀ-ଭୃଗୁ ଜ୍ୟୋତିଷ ଟ୍ରଷ୍ଟ - 'ଜ୍ୟୋତିଷ ଦାରୁବ୍ରହ୍ମ ସମ୍ମାନ- ୨୦୧୮', ଭୁବନେଶ୍ୱର।

୯. ୨୦୧୮ - 'ରାଜ୍ୟସ୍ତରୀୟ ତୁଳସୀ ସମ୍ମାନ', ବାରିପଦା, ମୟୂରଭଂଜ।

୧୦. ୨୦୧୯- କୌଶଲ୍ୟା ସାହିତ୍ୟ ଓ ସଂସ୍କୃତି ପରିଷଦ- 'ବାଗ୍ମୀ ବିବେକାନନ୍ଦ ସମ୍ମାନ', କଟକ-୮ ।

୧୧. ୨୦୧୯- ସମୟର ଚକ୍ର - 'ପ୍ରବନ୍ଧ ସମ୍ମାନ', ବାଲେଶ୍ୱର ।

୧୨. ୨୦୧୯ - କଳ୍ପନା ସାହିତ୍ୟ ସାଂସ୍କୃତିକ ଓ ସାମାଜିକ ପରିଷଦ, 'ସୁସାହିତ୍ୟିକ ସମ୍ମାନ', ରାମଚନ୍ଦ୍ରଭବନ, କଟକ ।

୧୩. ୨୦୧୯- 'ସଂଯୋଗୀ ସାରସ୍ୱତ ସମ୍ମାନ', କୁଣ୍ଡାପିଠା, କେନ୍ଦୁଝର ।

୧୪. ୨୦୧୯ - ଶୂନ୍ୟବ୍ରହ୍ମ କଳା ସାହିତ୍ୟ ସଂସ୍କୃତି ପରିଷଦ, 'ଉତ୍କଳପ୍ରଭା-ସାରସ୍ୱତ ସମ୍ମାନ', ସୋର ।

୧୫. ୨୦୧୯ - 'ସାରସ୍ୱତ ପ୍ରଶଂସା ପତ୍ର'-ସୁନ୍ଦର ମୋ ଭାଷା ସାହିତ୍ୟ, ଜମ୍ବୁରା, କେନ୍ଦୁଝର ।

୧୬. ୨୦୧୯ - 'ସମ୍ବର୍ଦ୍ଧନା ପତ୍ର' - 'ଗୁରୁଶ୍ରୀ ସମ୍ମାନ'- ସୁନାଦୂବ, କଟକ ।

୧୭. ୨୦୧୯ - ମାଟିର ମହକ (ନିମ ବସନ୍ତ, ଜଟଣୀ, ପୁରୀ) ମାନପତ୍ର ।

୧୮. ୨୦୧୯- ବନ୍ଦନା ସାହିତ୍ୟ ଓ ସଂସ୍କୃତି ପରିଷଦ, ସାକ୍ଷୀଗୋପାଳ, ପୁରୀ-ମାନପତ୍ର

୧୯. ୨୦୧୯ - 'ନକ୍ଷତ୍ରମାଳି ସମ୍ମାନ' -ଗୋପୀନାଥ ସେବା ସଦନ, ଜରିପୁଟ, ଖୋର୍ଦ୍ଧା ।

୨୦. ୨୦୧୯-ସଂଯୋଗୀ ସଜଫୁଲ- 'ସଂଯୋଗୀ ପ୍ରତିଭା ପ୍ରମାଣପତ୍ର', କେନ୍ଦୁଝର ।

୨୧. 'ଗୋପବନ୍ଧୁ ସ୍ମୃତି ସମ୍ମାନ' - ନିଶିଗନ୍ଧା ସାହିତ୍ୟ ସଂସଦ, ଖୋର୍ଦ୍ଧା, ଭୁବନେଶ୍ୱର

୨୨. ୨୦୧୯- 'ଅନନ୍ୟା ଉତ୍କଳଗୌରବ ସ୍ମୃତି ସମ୍ମାନ' - ସୁନ୍ଦର ମୋ ଭାଷା ସାହିତ୍ୟ, କେନ୍ଦୁଝର ।

୨୩. ୨୦୧୯- 'ଉଦୟନାଥ ସମ୍ମାନ' - ଗୋପୀନାଥ ସେବାସଦନ, ଖୋର୍ଦ୍ଧା ।

୨୪. ୨୦୧୯ - 'ଶ୍ରେଷ୍ଠ କବିରତ୍ନ ସମ୍ମାନ' -ମହାବୀର ଯୁବକ ସଂଘ ଓ ମହାବୀର ସାହିତ୍ୟ ସଂସଦ, କଟକ ।

୨୫. ୨୦୨୦ - 'ସାରସ୍ୱତ ମାନପତ୍ର' - ପଦ୍ମଲୋଚନ ପାଠାଗାର, ଅନନ୍ତପୁର, ବାଲେଶ୍ୱର

୨୬. ୨୦୨୦- 'ଭାଗ୍ୟଲିପି-ପ୍ରାଚ୍ୟ ବିଦ୍ୟା ବାରିଧି ସମ୍ମାନ', ଶ୍ରୀରାମଚନ୍ଦ୍ର ଭବନ, କଟକ ।

୨୭. ୨୦୨୦-'କବିକମଳ ସମ୍ମାନ' - ପଦ୍ମଲୋଚନ ପାଠାଗାର, ଅନନ୍ତପୁର, ବାଲେଶ୍ୱର

୨୮. ୨୦୨୦ - ମାନପତ୍ର, ଶିବମ୍ ସାହିତ୍ୟ ସଂସ୍କୃତି ବିଭାଗ, କୋଲକତା-୩ ।

୨୯. ୨୦୨୦ - ମାନପତ୍ର, ମା' ମଙ୍ଗଳା ସାହିତ୍ୟ ସେବା ସଂସ୍କାର ସଂସଦ, ଖୋର୍ଦ୍ଧା ।

୩୦. ୨୦୨୦- 'ମଧୁସୂଦନ ଦାସ ସମ୍ମାନ' -ଗୋପୀନାଥ ସେବାସଦନ, ଖୋର୍ଦ୍ଧା ।

୩୧. ୨୦୨୦- 'କୋରନା ଯୋଦ୍ଧା ପ୍ରମାଣପତ୍ର'- ମୋ ଅନୁଷ୍ଠାନ ସାହିତ୍ୟ ସଂସଦ, ଖଇରା, ବାଲେଶ୍ୱର

୩୨. ୨୦୨୦- 'ସମ୍ପୂର୍ଣ୍ଣା ଶିକ୍ଷାଜ୍ୟୋତି ସମ୍ମାନ -୨୦୨୦', ଖଇରା, ବାଲେଶ୍ୱର

୩୩. ୨୦୨୧ - 'ଆଚାର୍ଯ୍ୟ ହରିହର ସମ୍ମାନ' -ଖୋର୍ଦ୍ଧା ସାହିତ୍ୟ ସେବା ସଂସ୍କାର ସଂସଦ ।

୩୪. ୨୦୨୧- 'ଆମ ଗାଁ କଳା ସାହିତ୍ୟ ସଂସଦ, ବଚ୍ଛଦା' - ସାରସ୍ୱତ ପ୍ରତିଭା ସମ୍ମାନ ।

୩୫. ୨୦୨୧- 'ସାହିତ୍ୟ ଜ୍ୟୋତି ସାରସ୍ୱତ ପ୍ରତିଭା ସମ୍ମାନ'-ଜଗନ୍ନାଥପୁର, କଟକ ।

୩୬. ୨୦୨୧- 'ପଣ୍ଡିତ ଗୋଦାବରୀଶ ମିଶ୍ର ସମ୍ମାନ', ଖୋର୍ଦ୍ଧା ।

୩୭. ୨୦୨୨ - 'ଫକୀରମୋହନ ସମ୍ମାନ' (ଶ୍ରୀଜଗନ୍ନାଥ ସଂସ୍କୃତି ପ୍ରସାର) ଫକୀରମୋହନ ସାହିତ୍ୟ ପରିଷଦ, ଶାନ୍ତିକାନନ, ବାଲେଶ୍ୱର

୩୮. ୨୦୨୨- 'ପ୍ରଜ୍ଞା ବିଭୂଷଣ ସମ୍ମାନ' -ସାଂସ୍କୃତିକ କଳା ପରିଷଦ, ଅନୁଗୋଳ

୩୯. ୨୦୨୩ - 'ବାଣୀପୁତ୍ର ସାରସ୍ୱତ ସମ୍ମାନ'-ଜଗନ୍ନାଥ କଳା ସାହିତ୍ୟ ସମିତି, କୋଚିଆ କୋଇଲି ।

୪୦. ୨୦୨୩ - 'ଭାଗ୍ୟଲିପି ସୁପ୍ରାବନ୍ଧିକ ସମ୍ମାନ'- ଶ୍ରୀରାମଚନ୍ଦ୍ର ଭବନ, କଟକ

୪୧. ୨୦୨୩ - 'ନିର୍ମାଲ୍ୟ ସମ୍ମାନ' -ବଟଶ୍ରୀ କ୍ଷେତ୍ର ଶ୍ରୀଜଗନ୍ନାଥ ଚାରିଟେବୁଲ ଟ୍ରଷ୍ଟ, ଜଗତସିଂହପୁର ।

BLACK EAGLE BOOKS

www.blackeaglebooks.org
info@blackeaglebooks.org

Black Eagle Books, an independent publisher, was founded as a nonprofit organization in April, 2019. It is our mission to connect and engage the Indian diaspora and the world at large with the best of works of world literature published on a collaborative platform, with special emphasis on foregrounding Contemporary Classics and New Writing.

www.ingramcontent.com/pod-product-compliance
Lightning Source LLC
Chambersburg PA
CBHW060608080526
44585CB00013B/739
* 9 7 8 1 6 4 5 6 0 6 9 8 7 *